HISTÓRIA DA MAGIA

Éliphas Lévi

Autor do clássico do esoterismo ocidental
"Dogma e Ritual da Alta Magia"

HISTÓRIA DA MAGIA

Tradução de
ROSABIS CAMAYSAR

Editora
Pensamento
SÃO PAULO

2ª edição 2010.

3ª reimpressão 2016.

Dados Internacionais de Catalogação na Publicação (CIP)
(Câmara Brasileira do Livro, SP, Brasil)

Lévi, Éliphas, 1810-1875.
História da magia : com uma exposição clara e precisa de seus processos, de seus ritos e de seus mistérios / Éliphas Lévi ; tradução de Rosabis Camaysar. – São Paulo : Pensamento, 2010.

Título original : Histoire de la magie.
ISBN 978-85-315-0298-9

1. Magia – História I. Título.

10-05360 CDD-133.4309

Índices para catálogo sistemático:
1. Magia : Esoterismo : História 133.4309

Direitos reservados
EDITORA PENSAMENTO-CULTRIX LTDA.
Rua Dr. Mário Vicente, 368 – 04270-000 – São Paulo, SP
Fone: (11) 2066-9000 – Fax: (11) 2066-9008
E-mail: atendimento@editorapensamento.com.br
http://www.editorapensamento.com.br
que se reserva a propriedade literária desta tradução.
Foi feito o depósito legal.

FIGURA 1
O pentagrama do Absoluto

SUMÁRIO

LIVRO III – SÍNTESE E REALIZAÇÃO DIVINA DO MAGISMO PELA REVELAÇÃO CRISTÃ

LIVRO IV – A MAGIA E A CIVILIZAÇÃO

LIVRO V – OS ADEPTOS E O SACERDÓCIO

LIVRO VI – A MAGIA E A REVOLUÇÃO

ÍNDICE DE ILUSTRAÇÕES

PREFÁCIO DA PRIMEIRA EDIÇÃO

Os trabalhos de Éliphas Lévi sobre a ciência dos magos formarão um curso completo dividido em três partes:

A primeira parte contém o *Dogma e Ritual da Alta Magia*; a segunda, a *História da Magia*; a terceira, a *Chave dos Grandes Mistérios*.

Cada uma destas partes, estudada separadamente, dá um ensino completo e parece conter toda a ciência. Mas para ter um conhecimento completo, será indispensável estudar com cuidado as duas outras.

Essa divisão ternária de nossa obra nos foi dada pela ciência mesma; porque nossa descoberta dos grandes mistérios dessa ciência repousa inteiramente sobre a significação que os antigos hierofantes davam aos números. *Três* era para eles o número gerador, e no ensino de toda doutrina eles consideravam a princípio a teoria, depois a realização e finalmente a adaptação a todos os usos possíveis. Assim se formaram os dogmas quer filosóficos, quer religiosos. Dessa forma a síntese dogmática do Cristianismo, herdeiro dos magos, impõe à nossa fé três pessoas em Deus e três mistérios na religião universal.

Seguimos, na divisão de nossas duas obras já publicadas, e seguiremos, na divisão da terceira, o plano traçado pela Cabala, isto é, pela mais pura tradição do Ocultismo.

Nosso Dogma e nosso Ritual são divididos cada um em vinte e dois capítulos marcados pelas vinte e duas letras do alfabeto hebreu. Pusemos em frente de cada capítulo a letra que se refere a ele, com as palavras latinas que, segundo os melhores autores, indicam-lhe a significação hieroglífica. Assim, em frente do capítulo primeiro, por exemplo, lê-se:

1 א A
O RECIPIENDÁRIO
Disciplina
Ensoph
Keter

O que significa que a letra aleph, cujo equivalente em latim e francês é A, o valor numeral 1 significa o recipiendário, o homem chamado à iniciação, o indivíduo hábil (o bateleiro do taro), que ele significa também a silepse dogmática (disciplina), o ser em sua concepção geral e primeira (*Ensoph*); enfim a ideia primeira e obscura da divindade expressa por *Keter* (a coroa) na teologia cabalística.

O capítulo é o desenvolvimento do título e o título contém hieroglificamente todo o capítulo. O livro inteiro é composto segundo essa combinação.

A *História da Magia* que vem em seguida e que, depois da teoria geral da ciência dada pelo *Dogma* e o *Ritual*, conta e explica as realizações dessa ciência através das idades, é combinada segundo o número *setenário*, como o explicamos em nossa Introdução. O número setenário é o da semana criadora e da realização divina.

A *Chave dos Grandes Mistérios* será estabelecida sobre o número *quatro*, que é o das formas enigmáticas da esfinge e das manifestações ocultas. É também o número do quadrado e da força, e neste livro estabeleceremos a certeza sobre bases inabaláveis. Explicaremos inteiramente o enigma da esfinge e daremos a nossos leitores essa chave das coisas ocultas, desde o começo do mundo, que o sábio Postel não fizera figurar num dos livros mais obscuros senão de um modo todo enigmático e sem lhe dar uma explicação satisfatória.

A *História da Magia* explica as asserções contidas no *Dogma e Ritual*; a *Chave dos Grandes Mistérios* completará e explicará a história da Magia. De maneira que, para o leitor atento, nada faltará, ou esperamos, à nossa revelação dos segredos da Cabala dos hebreus e da alta Magia, seja de Zoroastro, seja de Hermes.

O autor destes livros dá voluntariamente lições a pessoas sérias e instruídas que o pedirem, mas deve de boa fé prevenir seus leitores que não lê sortes, não ensina a dissolução, não faz predições, não fabrica filtros, não se presta a nenhum feitiço, a nenhuma evocação.

É um homem de ciência, não um homem de prestígio. Ele condena energicamente tudo o que a religião reprova, e por consequência ele não deve ser confundido com os homens que se podem importunar sem receio, propondo-lhes fazer de sua ciência um uso perigoso e ilícito.

Ele procura a crítica sincera, mas não compreende certas hostilidades.

O estudo sério e o trabalho consciencioso estão acima de todos os ataques; e os princípios que ele mistura aos que sabem apreciá-lo, são de uma paz profunda e de uma benevolência universal.

Éliphas Lévi
1º setembro 1879

PREFÁCIO DA SEGUNDA EDIÇÃO BRASILEIRA

Dois motivos principais nos levam a preparar e a publicar a segunda edição brasileira da *História da Magia* de Éliphas Lévi; primeiro, porque o assunto continua tão atual hoje como nos fins do século XIX, quando o autor publicou a obra, e segundo, porque o nome do seu autor continua pesando como um dos mais competentes no assunto. Talvez alguns dos argumentos que ele empregou e fatos que citou em sua época, tenham sido modificados ou mesmo anulados com o progresso da cultura global do mundo atual, porém a matéria propriamente da Magia continua a mesma de milênios atrás, quando então ela imperou soberana entre os povos mais cultos. Pois magia é aplicação de certas leis da natureza, que permanecem imutáveis tanto no mundo objetivo como no subjetivo.

Depois da publicação dessa obra original, a ciência em geral foi enriquecida com a psicologia experimental, a psicanálise, a parapsicologia e uma infinidade de fatos e fenômenos psíquicos ainda não catalogados pelos pesquisadores, porém todos eles vieram apenas confirmar os princípios da antiga Magia, que é uma das ramificações da Ciência Oculta ou Ocultismo. Portanto, esta obra só pode ratificar ou retificar o que se tem verificado nos demais campos de pesquisas científicas ou filosóficas, que todas convergem para o mesmo objetivo, a descoberta da Verdade.

E outro não é o intuito desta edição, digna de figurar em qualquer biblioteca.

A Editora

INTRODUÇÃO

Há muito tempo que se vem confundindo a Magia com o prestígio de charlatães, com as alucinações dos doentes e com os crimes de certos malfeitores excepcionais. Muitas pessoas, aliás, definiram de bom grado a Magia como *a arte de produzir efeitos sem causa*. E segundo essa definição, dirá a multidão, com o bom senso que a caracteriza, até nas suas maiores injustiças, que a Magia é um absurdo.

A Magia não poderia ser o que querem que ela seja os que não a conhecem. Não pertence aliás a ninguém de fazer dela isto ou aquilo; ela é o que é, é por si mesma, como as matemáticas, porque é a ciência exata e absoluta da natureza e de suas leis.

A Magia é a ciência dos antigos magos; e a religião cristã, que impôs silêncio aos oráculos mentirosos e fez cessar todo o poder dos falsos deuses, reverencia estes magos que vieram do Oriente, guiados por uma estrela, para adorar o salvador do mundo no seu berço.

A tradição dá ainda a esses magos o título de *reis*, porque a iniciação à Magia constitui uma verdadeira realeza, e porque a grande arte dos magos é denominada por todos os adeptos: *a arte real*, ou o *santo reino* (*sanctum regnum*).

A estrela que os conduziu é essa mesma estrela de brilho intenso cuja imagem encontramos em todas as iniciações. É para os alquimistas o sinal da quintessência, para os magistas o grande arcano, para os cabalistas o pentagrama sagrado. Ora, nós provaremos que o estudo desse pentagrama devia levar os magos ao conhecimento do novo nome que ia elevar-se acima de todos os nomes e fazer dobrar os joelhos a todos os seres capazes de adorar.

A Magia encerra, portanto, numa mesma essência o que a filosofia pode ter de mais certo e o que tem a religião de infalível e de eterno. Ela concilia perfeita e incontestavelmente estes dois termos que à primeira vista parecem tão opostos; fé e razão, ciência e crença, autoridade e liberdade.

Ela dá ao espírito humano um instrumento de certeza filosófica e religiosa exato como as matemáticas, e corrobora a infalibilidade das próprias matemáticas.

Assim, existe um absoluto nas coisas da inteligência e da fé. A razão suprema não deixou vacilar ao acaso os clarões do entendimento humano. Existe uma verdade incontestável, existe um método infalível de conhecer essa verdade; e pelo conhecimento dessa vontade, os homens que a tomam por regra podem dar à sua vontade uma polêmica soberana que os tornará senhores de todos os inferiores e de todos os espíritos errantes, isto é, árbitros e reis do mundo.

Se é assim, por que ainda é desconhecida essa alta ciência? Como imaginar num céu que se vê tenebroso a existência de um sol tão esplêndido? A alta ciência fora sempre conhecida, mas só por inteligências elevadas, que compreenderam a necessidade de calar-se e esperar. Se um hábil cirurgião chegasse, à meia-noite, a abrir os olhos de um cego de nascença, como lhe faria compreender antes de amanhecer a existência e a natureza do sol?

A ciência tem suas noites e auroras, porque ela dá ao mundo intelectual uma vida que tem seus movimentos e suas fases progressivas. Acontece com as verdades o que sucede com os raios luminosos; não está perdido nada do que está escondido, mas também não é nada absolutamente novo do que se acha. Deus quis dar à ciência, que é o reflexo de sua glória, o selo de sua eternidade.

Sim, a alta ciência, a ciência absoluta é a Magia, e essa asserção deve parecer muito paradoxal aos que não duvidaram ainda da infalibilidade de Voltaire, esse maravilhoso ignorante, que julgava saber tantas coisas, porque achava sempre meio de rir em vez de aprender.

A Magia era a ciência de Abraão e de Orfeu, de Confúcio e de Zoroastro. São os dogmas da Magia que foram esculpidos sobre as mesas de pedra por Enoque e por Trismegisto. Moisés os apurou e os velou de novo (*revoila*), revelou, é o sentido da palavra revelar. Ele lhes deu um novo véu quando fez da santa Cabala a herança exclusiva do povo de Israel e o segredo inviolável de seus sacerdotes; os mistérios de Elêusis e de Tebas conservaram-lhe entre as nações alguns símbolos já alterados, e cuja chave misteriosa se perdia entre os instrumentos de uma superstição sempre crescente. Jerusalém, assassina de seus profetas e prostituída tantas vezes aos falsos deuses dos sírios e dos babilônios, perdera enfim por sua vez a palavra santa, quando um salvador, anunciado aos magos pela estrela sagrada da iniciação, veio rasgar o véu gasto do velho templo para dar à Igreja um novo tecido de lendas e de símbolos que esconde sempre aos profanos e conserva aos eleitos sempre a mesma verdade.

Eis o que nosso sábio e infeliz Dupuis deveria ler nos planisférios indianos e sobre as *tables* de Denderá, e em presença da afirmação unânime de todas as idades ele não concluiria na negação do culto verdadeiramente católico, isto é, universal e eterno.

Era a lembrança desse absoluto científico e religioso, dessa doutrina que se resume numa palavra, dessa palavra, enfim, alternativamente perdida e reencontrada, que se transmitia aos eleitos de todas as iniciações antigas; era essa mesma lembrança, conservada ou profanada talvez na ordem célebre dos templários, que vinha a ser para todas as associações secreta dos rosa-cruzes, dos iluminados e dos franco-maçons, a razão de seus ritos extravagantes, de seus sinais mais ou menos convencionais e sobretudo de seu devotamento mútuo e de seu poder.

A doutrina e os mistérios da Magia foram profanados, o que não discordamos, e essa profanação mesma, renovada de idade em idade, foi para os imprudentes reveladores grande e terrível lição.

Os gnósticos fizeram prescrever a gnose pelos cristãos e o santuário oficial fechara-se à alta iniciação. Assim a hierarquia do saber foi comprometida pelos atentados da ignorância usurpadora, e as desordens do santuário reproduziram-se no Estado, porque sempre, de bom ou mau grado, o rei depende do sacerdote, e é do santuário eterno do ensino divino que os poderes da terra para se tornarem duráveis esperarão sempre sua consagração e sua força.

A chave da ciência fora abandonada às crianças e, como era de esperar, esta chave achava-se atualmente extraviada, como que perdida. Entretanto um homem de alta intuição e grande coragem moral, o conde José de Maistre, o católico determinado, confessando que o mundo estava sem religião e não podia durar muito tempo assim, voltava involuntariamente os olhos para os últimos santuários do ocultismo e aguardava o dia em que a afinidade natural que existe entre a ciência e a fé os reuniria enfim na cabeça de um homem de gênio. "Este será grande!", exclamava ele, "e fará desaparecer o século XVIII, que dura ainda. Então hão de falar de nossa estupidez atual como falamos da barbárie da Idade Média."

A predição do conde de Maistre realiza-se; a aliança da ciência e da fé, consumada já há tanto tempo, mostrou-se enfim, não a um homem de gênio, já que não é preciso ser gênio para ver a luz e, aliás, o gênio nunca provou nada, a não ser sua grandeza excepcional e suas luzes inacessíveis à multidão.

A grande verdade exige apenas que a descubram, porque os mais simples dentre o povo poderão compreendê-la e, sendo preciso, demonstrá-la. Apesar disso, ela nunca se tornará vulgar, porque é hierárquica e porque só a anarquia lisonjeia os preconceitos da multidão; as massas não necessitam de verdades absolutas, ao contrário, o progresso se estacionaria e cessaria a vida da humanidade; o vaivém das ideias contrárias, o choque das opiniões, as paixões da moda determinadas sempre pelo sonho do momento são necessários ao crescimento intelectual dos povos. As multidões bem o sentem, e é por isso que elas abandonam de tão boa vontade a cátedra dos doutores para correr aos bancos do charlatão. Até os homens que se ocupam especialmente de filosofia assemelham-se quase sempre a essas crianças que se divertem com a decifração de enigmas, e que excluem do fogo a que sabe antecipadamente a palavra, receosa de que esta as impeça de jogar, tirando todo seu interesse ao embaraço de suas perguntas.

"Felizes os que têm o coração puro, porque estes verão a Deus", disse a sabedoria eterna. A pureza do coração depura portanto a inteligência, e a retidão da vontade faz a exatidão do entendimento. Aquele que a tudo preferir a verdade e a justiça terá como recompensa a verdade e a justiça, porque a Providência Suprema nos deu a liberdade para que possamos conquistar a vida; e a própria verdade, por mais perigosa que seja, não se impõe senão com doçura, sem violentar jamais os desvairamentos de nossa vontade seduzida pelos atrativos da mentira.

Entretanto, disse Bossuet, "antes de qualquer coisa que agrade ou desagrade nossos sentidos, há uma verdade, e é por ela que nossas ações devem ser pautadas, não por nosso prazer". O reino de Deus não é o império do arbitrário, nem para os homens nem para Deus mesmo.

"Uma coisa, diz S. Tomás, não é justa porque Deus a quer, mas Deus a quer porque ela é justa." A balança divina rege e domina as matemáticas eternas. "Deus fez tudo com o número, o peso e a medida." Nesse ponto é que a Bíblia fala. Meça um canto da criação e faça uma multiplicação proporcionalmente progressiva, e o infinito inteiro multiplicará seus círculos cheios de universos que passarão em segmentos proporcionais entre os ramos ideais e crescentes de seu compasso; e imagine agora que de um ponto qualquer do infinito acima de sua cabeça uma mão sustente um outro compasso ou um ângulo reto, as linhas do triângulo celeste encontrarão necessariamente as do compasso da ciência, para formar a estrela misteriosa de Salomão.

"Serão medidos, diz o Evangelho, com a medida de que vocês se servirem." Deus não entra em luta com o homem para esmagá-lo dessa sua grandeza, nem nunca coloca pesos desiguais em sua balança. Quando ele quer exercer as forças de Jacó, ele toma a figura de um homem, cujo assalto suporta o patriarca durante uma noite inteira, e o fim deste combate é uma bênção para o vencido, e com a glória de ter sustentado um tão grande antagonismo o título nacional de Israel, isto é, um nome que significa: "Forte contra Deus".

Temos ouvido cristãos, mais zelosos que instruídos, explicarem de um modo estranho a eternidade das penas. "Deus, diziam eles, pode vingar-se infinitamente de uma ofensa finita, porque se a natureza do ofensor tem limites, não o tem a grandeza do ofendido." Sob esse pretexto e com esse fundamento um imperador da terra deveria punir de morte a criança sem razão que tivesse por descuido sujado a borda de seu tecido purpurino. Não, tais não são as prerrogativas da grandeza e S. Agostinho as compreendia melhor quando escrevia: "Deus é paciente porque é eterno".

Em Deus tudo é justiça, porque tudo é bondade; ele nunca peca como os homens, porque ele não saberia irritar-se como eles; mas, sendo o mal por sua natureza incompatível com o bem, como a noite com o dia, como a dissonância com a harmonia, sendo o homem, aliás, inviolável em sua liberdade, todo erro se expia, todo mal é punido por um sofrimento proporcional; por mais que chamemos Júpiter em nosso socorro quando nossa carne se arde – se não tomarmos "la pelle et la pioche come le roulier de la fable", o céu não virá ao nosso auxílio. "Ajude-se e o céu o ajudará!" Assim se explica, de modo racional e puramente filantrópico, a eternidade possível e necessária de castigo com uma vereda estreita aberta ao homem, para que dele se afaste – do arrependimento e do trabalho.

Conformando-se com as regras da força eterna, pode o homem assimilar-se à potência criadora e tornar-se criador e conservador como ela. Deus não limitou a um número restrito de degraus a escada luminosa de Jacó. Tudo o que a natureza fez inferior ao homem, ela o submete ao homem, a quem cumpre engrandecer seu domínio subindo sempre! Assim a extensão e mesmo a perpetuação da vida, a atmosfera e suas tempestades, a terra e seus veios metálicos, a luz e suas miragens prodigiosas, a noite e seus sonhos, a morte e seus fantasmas, tudo isso obedece ao cetro real do mago, ao bastão pastoral de Jacó, à vara fulminante de Moisés. O adepto se faz rei dos elementos, transformador dos metais, árbitro das visões, diretor dos oráculos, senhor da vida, enfim, na ordem matemática da natureza e conforme a vontade da inteligência suprema. Eis a magia em toda a sua glória! Mas quem ousará em nosso século acreditar em nossas palavras? Os que quisessem estudar lealmente, e francamente saber, porque não ocultamos mais a verdade sob o véu de parábolas ou de sinais hieroglíficos; é chegado o tempo de se dizer tudo e nós nos propomos a dizer tudo.

Vamos desvendar não somente essa ciência sempre oculta que, como já o dissemos, se escondia sob as sombras dos antigos mistérios; que foi mal revelada, ou antes, indignamente desfigurada pelos gnósticos; que se adivinha sob as obscuridades que cobrem os pretendidos crimes dos templários e que se encontra envolvida de enigmas agora impenetráveis nos ritos da alta Maçonaria. Mas vamos levar à plena claridade o rei fantástico do Sabá, e mostrar ao fundo da própria Magia negra, abandonada há tanto tempo aos gracejos dos netos de Voltaire, assustadoras realidades.

Para um grande número de leitores, a Magia é a ciência do diabo. Sem dúvida. Como a ciência da luz é a da sombra.

Confessamos de antemão ousadamente que o diabo não nos mete medo. "Eu não tenho medo senão dos que temem o diabo, dizia Santa Teresa." Mas também declaramos que ele não nos faz rir, e que achamos muito desajeitadas as zombarias de que ele é alvo tantas vezes.

Seja como for, queremos levá-lo à barra da ciência.

O diabo e a ciência. Parece que, aproximando dois nomes tão estranhamente opostos, o autor deste livro deixará ver de antemão todo o seu pensamento. Apresentar diante da luz a personificação mística das trevas não é aniquilar diante da verdade o fantasma da mentira? Não é dissipar de dias os pesadelos informes da noite? É o que pensarão, não duvidamos, os leitores superficiais, e eles nos condenarão sem nos ouvir. Os cristãos mal instruídos acreditarão que vimos demolir o dogma fundamental de sua moral, negando o inferno, e os outros perguntarão para que serve combater erros que não iludem a mais ninguém; é pelo menos o que eles imaginam. Importa, então, demonstrar claramente nosso fim e estabelecer solidamente nossos princípios. Diremos em primeiro lugar aos cristãos:

O autor deste livro é cristão como outros o são. Sua fé é a de um católico forte e profundamente convencido; logo, ele não vem negar seus dogmas, ele vem combater a impiedade sob suas formas mais perigosas, as da falsa crença e da superstição; ele vem arrancar das trevas o negro sucessor de Arimã, para ostentar à plena luz sua gigantesca impotência e sua pavorosa miséria; vem submeter às soluções da ciência o problema antigo do mal; quer destronar o rei dos infernos e abaixar-lhe a fronte até o pé da cruz! A ciência virgem e mãe, a ciência de que Maria é a imagem doce e luminosa, não estará predestinada a esmagar a cabeça da antiga serpente?

Aos pretensos filósofos o autor dirá: Por que vocês negam o que não podem compreender? A incredulidade que se afirma em face do desconhecido não é mais temerária e menos consoladora que a fé? Como! A temerosa figura do mal personificado nos faz sorrir? Vocês não ouvem então o soluço eterno da humanidade que se contorce e chora aos abraços do monstro? Nunca viram então a risada atroz do mau oprimindo o justo? Nunca sentiram então abrir-se em vocês mesmos essas profundezas infernais que em todas as almas cava insistentemente o gênio da perversidade? O mal moral existe, é uma lamentável verdade; reina em certos espíritos, encarna-se em certos homens; ele está então personificado, existem então demônios e o pior desses demônios é Satã. Eis tudo o que peço que admitam e que lhes será difícil de não me conceder.

Aliás, compreenda-se bem que a ciência e a fé só se auxiliam mutuamente enquanto seus domínios são invioláveis e separados. Que cremos nós? O que não podemos absolutamente saber, ainda que a isso aspiremos com todas as nossas forças. O objeto da fé não é para a ciência mais do que uma hipótese necessária, e as coisas da ciência não devem nunca ser julgadas com os processos da fé, nem, reciprocamente, coisas da fé com os processos da ciência. O verbo da fé não é cientificamente discutível. "Eu creio porque é absurdo", dizia Tertuliano, e essa palavra, de uma aparência tão paradoxal, é da mais alta razão.

De fato, além de tudo o que nós podemos racionalmente supor, há um infinito ao qual aspiramos com uma sede louca, e que foge mesmo aos nossos sonhos. Mas para uma apreciação finita não é o infinito o absurdo? Sentimos entretanto que assim é. O infinito nos invade, nos esmaga e nos dá a vertigem com seus abismos, nos aniquila com toda a sua altura. Todas as hipóteses cientificamente prováveis são os últimos crepúsculos ou as últimas sombras da ciência; a fé começa onde a razão cai esgotada. Além da razão humana, há a razão divina, o grande absurdo para minha fraqueza, o absurdo infinito que me confunde e em que eu creio!

Mas só o bem é infinito; o mal não é, e é por isso que, se Deus é o eterno objeto da fé, o diabo pertence à ciência. Em que símbolo cristão, com efeito, se trata do diabo? Não seria uma blasfêmia dizer: Nós cremos nele? Ele é referido mas não definido na Escritura Santa; a Gênese não se refere em parte nenhuma de uma pretendida queda dos anjos; ele atribui o pecado do primeiro homem à serpente, o mais manhoso e o mais perigoso de todos os animais. Sabemos qual é nesse ponto a tradição cristã; mas se essa tradição se explica por uma das maiores e das mais universais alegorias da ciência, que importará essa solução à fé que aspira a Deus só e despreza as pompas e as obras de Lúcifer?

Lúcifer! O porta-luz! Que nome estranho dado ao espírito das trevas. Como! É ele que leva a luz e que cega as almas fracas? Sim, não duvidem, porque as tradições são cheias de revelações e de inspirações divinas.

"O diabo carrega a luz e muitas vezes até, diz São Paulo, transfigura-se em anjo de esplendor." "Eu vi, dizia o Salvador do mundo, eu vi Satã cair do céu com um raio." "Como você caiu do céu, exclama o profeta Isaías, estrela luminosa, você que desponta de manhã?" Lúcifer é, portanto, uma estrela caída; é um meteoro que arde sempre e que incendeia quando não ilumina mais.

Mas esse Lúcifer é uma pessoa ou uma força? É um anjo ou um trovão desgarrado? A tradição supõe que é um anjo; mas o Salmista não o diz, no salmo 103: "Faz os seus anjos das tempestades e seus ministros dos fogos rápidos?" Na Bíblia a palavra *anjo* se aplica a todos os emissários de Deus; mensageiros ou criações novas, reveladores ou flagelos, espíritos radiantes ou coisas resplandecentes. As flechas de fogo que o Altíssimo arremessa nas nuvens são os anjos de sua cólera, e essa linguagem figurada é familiar a todos os leitores das poesias orientais.

Depois de ter sido durante a Idade Média o terror do mundo, veio a ser o diabo a sua chacota. Herdeiro das formas monstruosas de todos os falsos deuses sucessivamente abatidos, o grotesco espantalho tornou-se ridículo à força de deformidade e hediondez.

Observemos contudo uma coisa; os que não temem a Deus é que ousam rir do diabo. O diabo, para muitas imaginações doentias, seria então a sombra de Deus mesmo, ou antes, não seria muitas vezes o ídolo das almas baixas, que não compreendem o poder sobrenatural senão como o exercício impune da crueldade?

É importante saber enfim se a ideia dessa potência malévola pode conciliar-se com a de Deus. Se em uma palavra, o diabo existe, o que ele é?

Não se trata de uma superstição ou de uma personagem ridícula; trata-se de toda uma religião e por consequência de todo o futuro e de todos os interesses da humanidade.

Somos verdadeiramente raciocinadores estranhos! Julgamo-nos muito fortes quando somos indiferentes a tudo, exceto aos resultados materiais, ao dinheiro, por exemplo; e deixamos correr ao acaso as ideias "mater" da opinião que, por suas reviravoltas, subverte ou pode subverter todas as fortunas.

Uma conquista da ciência é muito mais importante que a descoberta de uma mina de ouro. Com a ciência emprega-se o ouro a serviço da vida; com a ignorância a riqueza só fornece instrumentos de morte.

Seja bem entendido aliás que nossas revelações científicas se detêm diante da fé, e que, como cristão e como católico, submeteremos toda a nossa obra ao Juízo Supremo da Igreja.

E agora àqueles que duvidam da existência do diabo, responderemos:

Tudo que tem um nome existe; a palavra pode ser proferida em vão, mas em si mesma ela não poderia ser vã e tem sempre um sentido.

O Verbo nunca é vazio, e se está escrito que ele está em Deus e que ele é Deus, é que ele é a expressão e a prova do ser e da verdade.

O diabo é nomeado e personificado no Evangelho, que é o Verbo de verdade, logo ele existe, e pode ser considerado como uma pessoa. Mas aqui é o cristão que se inclina; deixemos falar a ciência ou a razão, é a mesma coisa.

O mal existe, é impossível duvidar disso. Podemos fazer o bem ou o mal.

Há seres que ciente e voluntariamente fazem o mal.

O espírito que anima esses seres e que os excita a fazer mal é desencaminhado, desviado do bom caminho, lançado como um obstáculo ao bem; e eis precisamente o que significa a palavra grega *diabolos*, que traduzimos pela palavra *diabo*.

Os espíritos que amam e que fazem o mal são acidentalmente maus.

Há portanto um diabo que é o espírito do erro, da ignorância voluntária, do desvario; há seres que lhe obedecem, que são seus enviados, seus emissários, seus anjos, e eis a razão por que no Evangelho se fala de um fogo eterno que é *preparado*, predestinado de qualquer sorte para o diabo e seus anjos. Estas palavras são toda uma revelação e teremos que aprofundá-las.

Definamos antes de tudo claramente o que seja o mal; o mal é a falta de integridade no ser.

O mal moral é a mentira em ação como a mentira é o crime em palavras.

A injustiça é a essência da mentira; toda mentira é uma injustiça.

Quando é justo o que se diz, não há mentira.

Quando se procede equitativamente e de modo verdadeiro, não há pecado.

A injustiça é a morte do ser moral, como a mentira é o veneno da inteligência.

O espírito de mentira é portanto esse espírito de morte.

Os que o escutam saem envenenados e ludibriados por ele.

Mas se levasse a sério sua personificação absoluta, ele mesmo seria absolutamente enganado, isto é, a afirmação de sua existência implicaria uma evidente contradição.

Jesus disse: "O diabo é mentiroso como seu pai".

Quem é o pai do diabo?

É aquele que lhe dá uma existência pessoal, vivendo segundo suas inspirações; o homem que se faz diabo é o pai do mau espírito encarnado.

Mas é ele uma concepção temerária, ímpia, monstruosa.

Uma concepção tradicional como o orgulho dos fariseus.

Uma criação híbrida que deu uma aparente razão contra as magnificências do cristianismo à mesquinha filantropia do século XVIII.

É o falso Lúcifer da lenda heterodoxa; é esse anjo altivo bastante para julgar-se. Deus, bastante corajoso para comprar a independência a custo de uma eternidade de suplícios, bastante belo para ter podido adorar-se em plena luz divina; bastante forte para reinar ainda nas trevas e na dor e para construir um trono com sua inextinguível fogueira, é o Satã do republicano e herético Milton, é esse pretendido herói das eternidades tenebrosas caluniado de hediondez, coberto de chifres e de garras que assentariam melhor no seu implacável atormentador.

É o diabo, rei do mal, como se o mal fosse um reino.

Esse diabo mais inteligente que os homens de gênio que temiam suas falácias.

Essa luz negra, essas trevas que veem. Esse poder que Deus não quis, e que uma criatura decaída não pôde criar.

Esse príncipe da anarquia servido por uma hierarquia de puros espíritos.

Esse banido de Deus que seria por toda a parte como Deus é sobre a terra, mais visível, mais presente ao maior número, melhor servido que o próprio Deus.

Esse vencido ao qual o vencedor daria seus filhos a devorar.

Esse artífice dos pecados da carne para quem a carne nada vale, e que por consequência não poderia ser nada para a carne, se não o supusessem criador e senhor como Deus!

Uma imensa mentira realizada, personificada, eterna!

Uma morte que não pode morrer!

Um blasfemo que o Verbo de Deus não fará se calar nunca.

Um envenenador das almas que Deus toleraria por uma contradição de seu poder e que ele conservaria como os imperadores humanos conservaram Locusta, entre os instrumentos de seu reino. Um suplício sempre vivo por maldizer seu juiz e para ter razão contra ele, no entanto nunca se arrependerá.

Um monstro aceito como carrasco pela soberana potência, e que, segundo a enérgica expressão de um antigo escritor católico pode chamar Deus a Deus do diabo dando-se a si mesmo como o diabo de Deus.

Eis o fantasma irreligioso que calunia a religião; tire-nos esse ídolo que nos oculta o nosso Salvador! Abaixo o tirano da mentira! Abaixo o Deus negro dos maniqueus! Abaixo o Arimã dos antigos idólatras! Viva Deus apenas, e seu Verbo encarnado, Jesus Cristo, o salvador do mundo, que viu Satã caído do céu! E viva Maria, a divina mãe que esmagou a cabeça da infernal serpente.

Eis o que dizem, unanimemente, a tradição dos santos e os corações de todos os verdadeiros fiéis: Atribuir uma grandeza qualquer ao espírito decaído é caluniar a divindade; prestar uma realeza qualquer ao espírito rebelde é encorajar a revolta, é cometer em pensamento ao menos, o crime dos que na Idade Média chamaram-se com horror *feiticeiros*; visto que todos os crimes de morte punidos antigamente sobre os antigos feiticeiros são reais e são os maiores de todos os crimes.

Eles arrebataram o fogo do céu, como Prometeu. Eles cavalgaram, como Medeia, os dragões alados e a serpente voadora.

Eles envenenaram o ar respirável, como a sombra da mancenilha (*Hippomane mancinella*).

Eles profanaram as coisas santas e fizeram servir o corpo mesmo do Senhor em obras de destruição e de desgraça.

Como é possível tudo isso? É que existe um agente misto, um agente natural e divino, corporal e espiritual, um mediador plástico universal, um receptáculo comum, das vibrações do movimento e das imagens da forma, um fluido e uma força que se poderia denominar mais ou menos a *imaginação da natureza*. Por essa força todos os aparelhos nervosos se comunicam secretamente; daí nascem a simpatia e a antipatia; daí provêm os sonhos e se produzem os fenômenos de segunda vista e de visão extranatural. Esse agente universal das obras da natureza é o *od* dos hebreus e do cavalheiro de Reichembach, é a luz astral dos martinistas, e preferimos, como mais explícita, esta última designação.

A existência e o emprego possível dessa força são o grande arcano da Magia prática. É a vara mágica dos taumaturgos e a clavícula da Magia negra.

É a serpente edênica que transmitiu à Eva as seduções de um anjo decaído.

A luz astral magnetiza, aquece, atrai, repele, vivifica, destrói, coagula, separa, quebra, reúne todas as coisas sob a impulsão das vontades poderosas.

Deus a criou no primeiro dia quando ele disse: *Fiat lux!*

É uma força cega em si mesma, mas que é dirigida pelas *egrégoras*, pelos chefes das almas. Os chefes das almas são os espíritos de energia e de ação, o que já explica toda a teoria dos encantamentos e dos milagres.

Portanto, como poderiam os bons e os maus forçar a natureza a ver as forças excepcionais? Como haveria milagres divinos e milagres diabólicos? Como teria o espírito condenado, o espírito transviado, o espírito perdido, mais força em certo caso e de certo modo do que o justo, tão poderoso com sua simplicidade e com sua sabedoria, se não o considerassem um instrumento de que todos podem se servir, dadas certas condições, uns para o maior bem, outros para o maior mal?

Os mágicos do Faraó faziam a princípio os mesmos prodígios que Moisés. O instrumento de que eles se serviam era contudo o mesmo, sendo diferente apenas a inspiração e quando eles se declararam vencidos, proclamaram que no seu entender as forças humanas estavam esgotadas, e que Moisés devia ter em si alguma coisa de sobre-humano. Note-se que isso se passava neste Egito, mãe das iniciações mágicas, nessa terra onde tudo era ciência oculta e ensino hierárquico e sagrado. Seria mais difícil então de fazer aparecer moscas do que rãs? Não, certamente; mas os mágicos sabiam que a projeção fluídica pela qual se fascinam os olhos não se poderia estender além de certos limites, limites que para eles Moisés já tinha ultrapassado.

Quando o cérebro se congestiona ou se sobrecarrega de luz astral, produz-se um fenômeno particular. Os olhos, em vez de verem para fora, veem para dentro; faz-se a noite no exterior no mundo real e a claridade fantástica irradia só no mundo dos sonhos. O olho então parece revirado e, muitas vezes, de fato, convulsiona-se ligeiramente e parece reentrar girando debaixo da pálpebra. A alma então percebe por imagens o reflexo de suas impressões e de seus pensamentos, isto é, a analogia que existe entre tal ideia e tal forma, visto que a essência da luz viva é o ser configurativo, é a imaginação universal, da qual uma parte maior ou menor cada um de nós vem a apropriar-se, segundo o seu grau de sensibilidade e de memória. Eis aí a fonte de todas as aparições, de todas as visões extraordinárias e de todos os fenômenos intuitivos que são peculiares à loucura ou ao êxtase.

O fenômeno da apropriação e da assimilação da luz pela sensibilidade que vê, é um dos maiores que seja dado à ciência estudar. Talvez um dia se chegue a compreender que ver já é falar, e que a consciência da luz é o crepúsculo da vida eterna no ser, a palavra de Deus que cria a luz, parece ser proferida por toda a inteligência que pode compreender as formas e que quer olhar. Faça-se a luz! A luz, de fato, não existe no estado de esplendor senão para os olhos que a contemplam e a alma apaixonada pelo espetáculo das belezas universais, e aplicando sua atenção a essa escritura luminosa do livro infinito que se chamam as coisas visíveis, parece exclamar, como Deus na aurora do primeiro dia, este Verbo sublime e criador: *Fiat lux!*

Todos os olhos não veem do mesmo modo, e a criação não é para todos os que a contemplam da mesma forma e da mesma cor. Nosso cérebro é um livro impresso dentro e fora, e por menos que se exalte a atenção, as escritas se confundem. É o que se produz constantemente na embriaguez e na loucura. O sonho então triunfa da vida real e mergulha a razão num sono incurável. Esse estado de alucinação tem seus graus, todas as paixões são embriaguez, todos os entusiasmos são loucuras relativas e graduadas. O namorado vê só perfeições infinitas ao redor de um objeto que o fascina e que o inebria. Pobre ébrio de volúpias! Amanhã esse perfume do vinho que o atrai será para ele uma reminiscência repugnante e causa de mil náuseas e de mil desgostos!

Saber empregar essa força e nunca se deixar invadir e sobrepujar por ela, *pisar a cabeça da serpente*, eis o que nos ensina a Magia de luz; nesse arcano estão contidos todos os mistérios do magnetismo, que pode já dar seu nome a toda a parte prática da alta Magia dos antigos.

O magnetismo é a vara de condão dos milagres, mas somente para os iniciados; porque para os imprudentes que queiram empregá-la como brinquedo ou instrumento ao serviço de suas paixões, ela torna-se temível como esta glória fulminante que, segundo as alegorias da fábula, dissolveu a ambiciosa Semele nos abraços de Júpiter.

Um dos grandes benefícios do magnetismo é tornar evidente, por fatos incontestáveis, a espiritualidade, a unidade, a imortalidade da alma. Uma vez demonstradas a espiritualidade, a unidade e a imortalidade, Deus aparece a todas as inteligências e a todos os corações. Depois da crença em Deus e nas harmonias da criação, se é conduzido a essa grande harmonia religiosa que não poderia existir fora da hierarquia milagrosa e legítima da Igreja católica, a única que tinha conservado todas as tradições da ciência e da fé.

A tradição primeira da revelação única foi conservada sob o nome de Cabala pelo sacerdócio de Israel. A doutrina cabalística, que é o dogma da alta

Magia, se acha contida no *Sepher-Jesirah*, o *Sohar* e o *Talmude*. Segundo essa doutrina, o absoluto é o ser no qual se acha o Verbo, que é a expressão da razão de ser da vida.

O ser é o ser אהיה אשר אהיה. Eis o princípio.

No princípio era, isto é, foi e será o Verbo, isto é, a razão que fala.

Εν αρχη ην ο λογος!

O Verbo é a razão da crença e nele está também a expressão da fé que vivifica a ciência. O Verbo, λογος, é a fonte da lógica. Jesus é o Verbo encarnado. O acordo da razão com a fé, da ciência com a crença, da autoridade com a liberdade, tornou-se nos tempos modernos o enigma verdadeiro da Esfinge; e simultaneamente com esse grande problema levantou-se o dos direitos respectivos do homem e da mulher; isso devia ser assim, porque entre todos esses termos de uma grande e suprema questão, a analogia é constante e as dificuldades, com as relações, são invariavelmente as mesmas.

O que torna paradoxal, em aparência, a solução desse nó górdio da filosofia e da política moderna, é que para concordar os termos da equação que se trata de estabelecer, procura-se sempre misturá-los ou confundi-los.

Se há de fato um absurdo supremo, é de saber como a fé poderia ser uma razão, a razão uma crença, a liberdade uma autoridade; e reciprocamente, a mulher um homem e o homem uma mulher. Aqui as mesmas definições se opõem à confusão, e é distinguindo perfeitamente os termos que se consegue pô-los em acordo. Mas, distinção perfeita e eterna dos dois termos primitivos do silogismo criador, para chegar à demonstração de sua harmonia pela analogia dos contrários, essa distinção, dizemos nós, é o segundo grande princípio dessa filosofia oculta, velada sob o nome de Cabala e indicada por todos os hieróglifos sagrados dos antigos santuários e dos ritos ainda tão pouco conhecidos da Maçonaria antiga e moderna.

Lê-se na Escritura que Salomão mandou colocar diante da porta do templo duas colunas de bronze, uma das quais se chamava Jakin e a outra Boaz, o que significa o *forte* e o *fraco*. Essas duas colunas representavam o homem e a mulher, a razão e a fé, o poder e a liberdade. Caim e Abel, o direito e o dever; eram as colunas do mundo intelectual e moral, era o hieróglifo monumental da antinomia necessária à grande lei da criação. De fato, a toda força faz-se necessário uma resistência para apoio, a toda luz uma sombra por oposição, a todo reinado um reino, a todo derramamento um receptáculo, a todo trabalhador uma matéria-prima, a todo conquistador um objeto de conquista. A afirmação se dispõe pela negação, o forte não triunfa senão em comparação com o fraco, a aristocracia não se manifesta senão elevando-se acima do povo.

Que o fraco possa tornar-se forte, que o povo possa conquistar uma posição aristocrática, é uma questão de transformação e de progresso, mas o que se pode dizer disso não chegará senão a confirmação das verdades primeiras, o fraco será sempre fraco, pouco importando que não seja mais a mesma personagem. Igualmente o povo será sempre o povo, isto é, a massa governável e incapaz de governar. No grande exército dos inferiores, toda emancipação pessoal é uma deserção forçada, que se torna infelizmente insensível por uma substituição eterna; um povo-rei ou um povo de reis suporia a escravidão do mundo e anarquia numa só e indisciplinável cidade, como tal foi o caso em Roma no tempo de seu maior esplendor. Uma nação de soberanos seria necessariamente tão anárquica como uma classe de sábios ou de escolares que se julgassem professores; aí ninguém quereria ouvir, e todos dogmatizariam e mandariam ao mesmo tempo.

O mesmo se pode dizer da emancipação radical da mulher. Se a mulher passar da condição passiva à condição ativa, integral e radicalmente, ela abdica ao seu sexo e torna-se homem, ou antes, como tal transformação é fisicamente impossível, ela chega à afirmação por uma dupla negação, e se coloca fora dos dois sexos, como um andrógino estéril e monstruoso. Tais são as consequências forçadas do grande dogma cabalístico da distinção dos contrários para chegar à harmonia pela analogia de suas relações.

Uma vez reconhecido esse dogma, e sendo feita universalmente a aplicação de suas consequências pela lei das analogias, chega-se à descoberta dos maiores segredos da simpatia e da antipatia natural, da ciência do governo, quer em política, quer em casamento, da medicina oculta em todos os seus ramos, quer magnetismo, quer homeopatia, quer influência moral; e, aliás, como o explicaremos, a lei do equilíbrio em analogia conduz à descoberta de um agente universal que era o grande arcano dos alquimistas e dos mágicos da Idade Média. Dissemos que esse agente é uma luz de vida de que são animados os seus magnetizados, dos quais é a eletricidade apenas um acidente e como uma perturbação passageira. Ao conhecimento e ao emprego desse agente se prende tudo que se refere à prática da Cabala maravilhosa de que nos ocuparemos mais tarde, para satisfazer a curiosidade daqueles que procuram nas ciências secretas antes emoções do que sábios ensinamentos.

A religião dos cabalistas é ao mesmo tempo toda de hipóteses e toda de certeza, porque procede por analogia do conhecido ao desconhecido. Eles reconhecem a religião como uma necessidade da humanidade, como um fato evidente e necessário, e somente nela está para eles a revelação divina, permanente, universal. Eles não contestam nada do que é, mas querem saber a razão de tudo.

Por isso sua doutrina, traçando claramente a linha de separação que deve existir eternamente entre a ciência e a fé, dá à fé a mais alta razão por base, o que lhe garante uma eterna e incontestável duração; veem em seguida as fórmulas populares do dogma que, sós, podem variar e destruir-se; o cabalista não se perturba por tão pouco e acha logo uma razão para as mais admiráveis fórmulas dos mistérios. Por isso sua prece pode dirigir-se à de todos os homens para dirigi-la, ilustrando-a com a ciência e a razão, e levá-la à ortodoxia. Falam-lhe de Maria, e ele se inclinará diante dessa realização de tudo o que há de divino nos sonhos da inocência e de tudo que há de adorável na santa loucura do coração de todas as mães. Não será ele que irá recusar flores aos altares da mãe de Deus, fitas brancas às suas capelas, e até lágrimas às suas nativas lendas! Não será ele que irá se rir do Deus recém-nascido do presépio e da vítima sangrenta do Calvário; ele repete entretanto no fundo de seu coração: "Não há senão um Deus, e é Deus"; e que quer dizer para um iniciado nas verdadeiras ciências: "Não há senão um Ser, e é o Ser!" Mas tudo o que há de político e de tocante nas crenças, o esplendor dos cultos, a pompa das criações divinas, a graça das preces, a magia das esperanças do céu, tudo isso não é uma irradiação do ser moral em toda a sua juventude e em toda sua beleza? Sim, se alguma coisa pode afastar o verdadeiro iniciado das preces públicas e dos templos, o que pode fazer nascer nele o desgosto ou a indignação contra uma forma religiosa qualquer, é a visível descrença dos ministros ou do povo, é a pouca dignidade nas cerimônias do culto, é a profanação, numa palavra, das coisas santas. Deus está realmente presente quando almas recolhidas e de corações comovidos o adoram; ele ausenta-se sensível e terrivelmente quando se fala dele sem ardor e sem luz, isto é, sem inteligência e sem amor.

A ideia que se deve ter de Deus, segundo a sábia Cabala, é S. Paulo mesmo que vai nos revelar: "Para chegar a Deus, diz este apóstolo, é preciso crer que ele é, e que ele recompensa os que o procuram".

Assim, nada há fora da ideia do Ser junto à noção de bondade e de justiça, porque essa ideia só é o absoluto. Dizer que Deus não é, ou definir o que é, é igualmente blasfemar. Toda a definição de Deus, aventurada pela inteligência humana, é uma receita de empirismo religioso, por meio da qual a superstição, mais tarde, poderá aprimorar um diabo.

Dos símbolos cabalísticos, Deus é sempre representado por uma dupla imagem, uma reta, outra torta, uma branca, outra preta. Os sábios quiseram exprimir a concepção inteligente e a concepção vulgar da mesma ideia, o Deus da luz e o Deus da sombra; é a esse símbolo mal compreendido que se deve reportar a origem do Arimã dos persas, esse negro e divino antepassado de todos os demônios; o sonho do rei infernal, de fato, é apenas uma falsa ideia de Deus.

A luz só, sem sombra, seria invisível para nossos olhos e produziria um deslumbramento equivalente às mais profundas trevas. Nas analogias dessa verdade física, bem compreendida e bem meditada, se achará a solução do mais terrível dos problemas – a origem do mal. O conhecimento perfeito dessa solução porém e de todas as suas consequências não é feito pela multidão, que não deve entrar tão facilmente nos segredos da harmonia universal. Por isso, quando o iniciado nos mistérios de Elêusis tinha percorrido triunfalmente todas as provas, quando tinha visto e tocado as coisas santas, se o julgavam bastante forte para suportar o último e o mais terrível de todos os segredos, dele se aproximava um sacerdote velado, e lançava-lhe no ouvido essa palavra enigmática: *Osíris é um deus negro*. Assim esse Osíris cujo oráculo é Tifon, esse divino sol religioso do Egito eclipsava-se de repente e não era mais ele mesmo do que a sombra dessa grande e indefinível Ísis, que é tudo o que foi e tudo o que será, mas cujo véu eterno ninguém ainda levantou.

A luz para os cabalistas representa o princípio ativo, e as trevas são análogas ao princípio passivo; é por isso que eles fizeram do sol e da lua o emblema dos dois sexos divinos e das duas forças criadoras; é por isso que eles atribuíram à mulher a tentação e o pecado a princípio, depois o primeiro trabalho, o trabalho materno da redenção, já que é do seio das próprias trevas que se vê renascer a luz. O vácuo atrai o cheio, e é assim que o abismo da pobreza e da miséria, o pretendido mal, o pretendido nada, a passageira rebelião das criaturas atrai ternamente um oceano de ser, de riqueza, de misericórdia e de amor. Assim se explica o símbolo de Cristo descendo aos infernos depois de ter esgotado sobre a cruz todas as imensidades do mais admirável perdão.

Por essa lei da harmonia na analogia dos contrários os cabalistas explicavam também todos os mistérios do amor sexual; por que essa paixão é mais durável entre duas naturezas desiguais e dois caracteres opostos? Porque em amor há sempre um sacrificador e uma vítima, porque as paixões mais obstinadas são aquelas cuja satisfação parece impossível. Por essa lei também eles regularam a precedência entre os dois sexos, questão que em nossos dias só o sansimonismo pôde levantar. Eles acharam que a força natural da mulher sendo a força de inércia ou de resistência, o mais imperceptível de seus direitos, é o direito ao pudor; e que assim ela não deve fazer nada, nem nada ambicionar de tudo o que exija uma sorte de arrogância masculina. A natureza, aliás, a habilitou bem, dando-lhe uma voz doce que não se poderia fazer ouvir nas grandes assembleias sem chegar a tons ridiculamente gritadores. A mulher que aspirasse às funções do outro sexo perderia por isso mesmo as prerrogativas do seu. Nós não podemos saber até que ponto ela viria a governar os homens, mas com toda a certeza os homens, e o que mais cruel seria para ela, as crianças, não a amariam mais.

A lei conjugal dos cabalistas dá por analogia a solução do problema mais interessante, mais difícil da filosofia moderna. O acordo definitivo e durável da razão e da fé, da autoridade e da liberdade de exame, da ciência e da crença. Se a ciência é o sol a crença é a lua; é um reflexo do dia na noite. A fé é o suplemento da razão, nas trevas que deixa a ciência quer na sua frente, quer atrás; ela emana da razão, mas ela não pode nunca nem se confundir com ela, nem confundi-la. As invasões da razão sobre a fé ou da fé sobre a razão, são eclipses do sol ou da lua; quando eles acontecem, tornam inúteis ao mesmo tempo o foco e o refletor da luz.

A ciência perece pelos sistemas que não são outra coisa senão crenças, e a fé sucumbe ao raciocínio. Para que as duas colunas do templo sustentem o edifício, se faz necessário que elas estejam separadas e colocadas em paralela. Desde que se queira aproximá-las violentamente, como Sansão, elas se desmoronam e o edifício inteiro desaba por sobre a cabeça do temerário cego ou do revolucionário, condenado antecipadamente à morte por ressentimentos pessoais ou racionais.

As lutas do poder espiritual e do poder temporal foram em todos os tempos na humanidade grandes questões domésticas. O papado invejoso do poder temporal era uma mãe de família com vontade de suplantar seu marido; por isso perdeu ela a confiança de seus filhos. O poder temporal por sua vez, quando se apodera do sacerdócio, é tão ridículo como seria um homem pretendendo entender melhor que uma mãe, dos cuidados do interior e do berço. Assim os ingleses, por exemplo, no ponto de vista moral e religioso são crianças enfaixadas por homens, do que bem se percebe por sua tristeza e seu tédio.

Se o dogma religioso é um canto de acalentar, contanto que seja engenhoso e de moral benfazeja, ele é perfeitamente verdadeiro para a criança e muito tolo seria o pai de família de contradizê-lo. Às mães, pois, o monopólio das narrativas maravilhosas, dos pequenos cuidados e das canções. A maternidade é o típico dos sacerdócios, e eis por que a Igreja deve ser exclusivamente mãe, que o sacerdote católico renuncie a ser homem e abjure de antemão em presença dela seus direitos à paternidade.

Ninguém jamais venha a esquecer; o papado é uma mãe universal ou ele perde sua razão de ser. A papisa Joana sobre quem fizeram os protestantes uma história escandalosa, não talvez mais do que uma engenhosa alegoria, e quando os soberanos pontífices dirigiram mal os imperadores e os reis, era a papisa Joana quem queria bater em seu marido com grande escândalo do mundo cristão. Por isso os cismas e as heresias não foram no fundo, nós o repetimos, senão disputas conjugais; a Igreja e o protestantismo dizem mal um do outro e se queixam, procuram evitar-se e aborrecem-se de estar um sem o outro, como dois esposos separados.

Assim, pela Cabala, e por ela só, tudo se explica e se concilia. É uma doutrina que tudo vivifica e fecunda todas as outras, nada destrói e dá, pelo contrário, a razão de ser de tudo que existe. Por isso todas as forças do mundo estão ao serviço dessa ciência única e superior, e o verdadeiro cabalista pode dispor à sua vontade sem hipocrisia e sem mentira, da ciência dos sábios e dos entusiasmados crentes. Ele é mais católico que M. de Maistre, mais protestante que Lutero, mais israelita que o grande rabino, mais profeta que Maomé; não está ele acima dos sistemas e das paixões que turvam a verdade, e não pode reunir à vontade todos os seus raios esparsos e diversamente refletidos por todos os fragmentos desse espelho quebrado que é a fé universal, e que os homens tomam por tantas crenças opostas e diferentes? Só há um ser, só há uma verdade, só há uma lei e uma fé, como não há senão uma humanidade neste mundo: **אזיה אשר אהיה**.

Chegado a tais alturas intelectuais e morais, compreende-se que o espírito e o coração humano gozem de uma paz profunda; por isso estas palavras: Paz profunda, meus irmãos! Eram a palavra de mestre na alta Maçonaria, isto é, na associação de iniciados à Cabala.

A guerra que a Igreja declarou à Magia foi necessitada pelas profanações de falsos gnósticos, mas a verdadeira ciência dos magos é essencialmente católica, porque baseia toda sua realização sobre o princípio da hierarquia. Ora, só na Igreja católica há uma hierarquia séria e absoluta. É por isso que os verdadeiros adeptos sempre professaram por essa Igreja o mais profundo respeito e a obediência mais absoluta. Henrique Khunrath só foi um protestante determinado; mas ele era neste ponto mais alemão de sua época do que cidadão místico do reino eterno.

A essência do anticristianismo é a exclusão e a heresia, é a laceração do corpo de Cristo, segundo a bela expressão de S. João: *Omnis spintus qui solvit Christum hic Antechristus est*. É que a religião é a caridade. Ora, não há caridade na anarquia.

A Magia teve também seus heresiarcas e seus sectários, seus homens de prestígio e seus feiticeiros. Teremos que vingar a legitimidade da ciência, das usurpações, da ignorância, da loucura e da fraude, e é nisso sobretudo que nosso trabalho poderá ser útil e será inteiramente novo.

Até agora a Magia foi tratada mais ou menos como os anais de um preconceito, ou como químicas mais ou menos exatas de uma série de fenômenos; ninguém, de fato, julgava mais que a Magia fosse uma ciência. Uma história séria dessa ciência reencontrada deve indicar-lhe os desenvolvimentos e os progressos; nós marchamos então em pleno santuário em lugar de percorrer ruínas, e vamos achar esse santuário amortalhado há tanto tempo sob as cinzas de quatro civilizações, mais maravilhosamente conservado do que essas cidades-múmias saídas ultimamente das cinzas do Vesúvio, em toda sua beleza moral e sua majestade devastada.

Na sua obra mais grandiosa mostrou Bossuet a religião por toda a parte ligada com a história; que diria ele se soubesse que uma ciência, nascida, pode se dizer assim, com o mundo, deu razão aos dogmas primitivos da religião única e universal, unindo-os aos teoremas mais incontestáveis das matemáticas e da razão?

A Magia dogmática é a chave de todos os segredos não ainda aprofundados pela filosofia da história; e só a Magia prática abre à potência, sempre limitada mas sempre progressiva da vontade humana, o templo oculto da natureza.

Nós não temos a pretensão ímpia de explicar pela Magia os mistérios da religião; mas ensinaremos como a ciência deve aceitar e venerar esses mistérios. Nós não diremos mais que a razão deve humilhar-se diante da fé; ela deve pelo contrário honrar-se de ser crente; porque é a fé que salva a razão dos horrores do nada sobre a beira dos abismos para ligá-la ao infinito.

A ortodoxia em religião é o respeito da hierarquia, guarda único da unidade. Ora, não receamos repeti-lo, a Magia é essencialmente a ciência da hierarquia. O que ela prescreve, antes de tudo, convém não esquecer, são as doutrinas anárquicas; e ela demonstra, pelas leis mesmas da natureza, que a harmonia é inseparável do poder e da anarquia.

O que faz, para o maior número de curiosos, o atrativo principal da Magia, é que nela eles veem um meio extraordinário de satisfazer suas paixões.

Não, dizem os avarentos, o segredo de Hermes para a transmutação dos metais não existe, senão nós o compraríamos e seríamos ricos!... E que necessidade teria do seu dinheiro aquele que soubesse fazer ouro? É verdade, responderá um incrédulo, mas você mesmo, Éliphas Lévi, se possuísse esse segredo não seria mais rico do que nós? Oh! quem lhe diz que eu sou pobre? Já lhe pedi alguma coisa? Qual é o soberano do mundo que pode orgulhar-se de ter me pago um segredo? Qual é o milionário ao qual eu já dei alguma vez razão de crer que eu quisesse trocar minha fortuna pela sua? Quando se encaram de baixo as fortunas da terra, a sua aspiração é sempre a soberana felicidade; mas como as desprezamos quando pairamos acima delas, e como ter pouco desejo de retomá-las quando as deixamos cair como ferros!

Oh! exclamará um jovem, se os segredos da Magia fossem verdadeiros, quem me dera possuí-los para ser amado por todas as mulheres. – Todas e nada mais. Pobre criança, virá um dia em que será demais ter uma... O amor sensual é uma orgia de dois, onde a embriaguez traz depressa o desgosto, e então vem o abandono, fazendo com que se lancem os corpos para longe.

Eu, dizia um dia um velho idiota, quisera ser mágico para revolucionar o mundo.

Homem, se você fosse mágico, não seria imbecil; e então, mesmo diante do tribunal de sua consciência, nada lhe forneceria o benefício das circunstâncias atenuantes, se você se torna um criminoso.

Pois bem! dirá um epicuriano, me dê então as receitas da Magia, para gozar sempre e não sofrer nunca!

Nesse ponto é a própria ciência que vai responder.

A religião já lhe disse: Felizes os que sofrem; mas é por isso mesmo que a religião perdeu sua confiança.

Ela disse: Felizes os que choram e é por isso que você ri de seus ensinamentos.

Ouça agora o que dizem a experiência e a razão:

Os sofrimentos depuram e criam sentimentos generosos; os prazeres desenvolvem e fortificam os instintos inferiores.

Os sofrimentos tornam forte contra o prazer, os gozos tornam fraco contra a dor.

O prazer dissipa.

A dor recolhe.

Quem sofre ajunta.

Quem goza gasta.

O prazer é o perigo do homem.

A dor materna é o triunfo da mulher.

É o prazer que fecunda, mas é a dor que concebe e dá à luz.

Infeliz do homem que não sabe e que não quer sofrer! Ele será afligido de dores.

A natureza impele implacavelmente aos que não querem caminhar.

Somos lançados à vida como em pleno mar; é preciso nadar ou perecer.

Tais são as leis da natureza ensinadas pela alta Magia. Veja agora se pode se tornar mágico para gozar sempre e não sofrer nunca!

Mas então, dirão contrariadas as pessoas do mundo, para que pode servir a Magia?

Que você pensaria se o profeta Balaã pudesse responder ao seu burro se este lhe perguntasse para que pode servir a inteligência?

Que responderia Hércules a um pigmeu se este lhe perguntasse para que serve a força?

Certo que não comparamos as pessoas requintadas a pigmeus e muito menos ao burro de Balaã, e que seria falta de polidez e de bom gosto.

Respondemos então, o mais delicadamente possível, a essas pessoas tão brilhantes e tão amáveis, que a Magia não lhes pode servir absolutamente de nada, visto como não se ocuparão dela nunca seriamente.

Nossa obra dedica-se às almas que trabalham e que pensam. Elas encontrarão nela a explicação do que ficou obscuro no *Dogma* e no *Ritual da Alta Magia.** Seguimos, a exemplo dos grandes mestres, no plano e divisão de nossos livros a ordem racional dos números sagrados.

Dividimos nossa história da Magia em sete livros, contendo cada livro sete capítulos.

O primeiro livro é consagrado às origens mágicas, é a Gênese da ciência, e lhe demos por chave a letra *aleph* א, que exprime cabalisticamente a unidade inicial e original.

O segundo livro conterá as *fórmulas históricas e sociais do verbo mágico* na antiguidade. Seu sinal é a letra *beth* ב, símbolo do binário, expressão do verbo realizador, caráter especial da gnose e do Ocultismo.

O terceiro livro será a *exposição das realizações da ciência antiga na sociedade cristã.* Veremos aí, como, pela ciência mesmo, a palavra se encarnou. O número três é o da geração, da realização, e o livro tem por chave a letra *ghimel* ג, hieróglifo do nascimento.

---

* Éliphas Lévi, *Dogma e Ritual da Alta Magia*, Ed. Pensamento.

No quarto livro, veremos a *força reveladora da Magia* entre os bárbaros, e as produções naturais dessa ciência entre os povos ainda jovens, os mistérios dos druidas, os milagres dos eubages, as lendas dos bardos, e como concorre tudo isto para a formação das sociedades modernas preparando ao cristianismo uma vitória brilhante e duradoura. O número quatro exprime a natureza e a força e a letra *daleth* ד, que o representa no alfabeto hebreu, é figurada no alfabeto hieroglífico dos cabalistas por um imperador sobre seu trono.

O quinto livro será consagrado à *era sacerdotal da Idade Média* e nele veremos as dissidências e as lutas da ciência, a formação das sociedades secretas, suas obras desconhecidas, o rito secreto dos engrimanços, os mistérios da divina comédia, as divisões do santuário que devem resultar mais tarde numa gloriosa unidade. O número cinco é o da quinta essência, da religião, do sacerdócio; seu caractere é a letra *hé* ה, representada no alfabeto mágico pela figura do grande sacerdote.

Nosso sexto livro mostrará a *Magia misturada à obra da revolução*. O número seis é o do antagonismo e da luta que prepara a síntese universal. Sua letra é o *vaf* ו, figura do linga (*cabo*) criador, do ferro torto que ceifa.

O sétimo livro será o da síntese, e conterá a exposição dos trabalhos modernos e das descobertas recentes, as teorias novas da luz e do magnetismo, a revelação do grande segredo da rosa-cruz, explicação dos alfabetos misteriosos, a ciência, enfim, do verbo e das obras mágicas, a síntese da ciência e a apreciação dos trabalhos de todos os místicos contemporâneos. Este livro será o complemento e a coroa da obra, como o setenário é a coroa dos números, visto como reúne o triângulo da ideia ao quadrado da forma. Sua letra correspondente é o *dzaïn* ז, e seu hieróglifo cabalístico é um triunfador montado num carro atrelado a duas esfinges. Demos esta figura em nossa obra precedente.

Longe de nós a vaidade ridícula de nos considerar triunfador cabalístico; é a ciência só que deve triunfar, e o que queremos mostrar ao mundo inteligente, montado sobre o carro cúbico e arrastado pelas esfinges, é o verbo da luz, é o realizador divino da Cabala de Moisés, é o sol humano do Evangelho, é o homem-Deus que já veio como Salvador, e que se manifestará depressa como Messias, isto é, como rei definitivo e absoluto das instituições temporais. É esse pensamento que anima nossa obra, e mantém nossa esperança. E agora nos resta submeter todas nossas ideias, todas nossas descobertas e todos nossos trabalhos ao Juízo infalível da hierarquia; tudo o que se refere à ciência, tudo o que se prende à religião, à Igreja só, e só à Igreja hierárquica e conservadora da unidade, católica, apostólica e romana, desde Jesus Cristo até hoje.

Aos sábios nossas descobertas, aos bispos nossas aspirações e nossas crenças! Desgraçada, de fato, a criança que se julga mais sábia que seus pais, o homem que não reconhece o mestre, o sonhador que pensa e que ora só para si! A vida é uma comunhão universal, e é nessa comunhão que se acha a imortalidade. Aquele que se isola, volta-se à morte, e a eternidade do isolamento seria a morte eterna!

ÉLIPHAS LÉVI

FIGURA 2
A cabeça mágica do *Sohar*

LIVRO I

AS ORIGENS MÁGICAS
א, ALEPH

CAPÍTULO 1

ORIGENS FABULOSAS

"Houve, diz o livro apócrifo de Enoque, houve anjos que se deixaram cair do céu para amar as filhas da terra.

"Porque naqueles dias, quando os filhos dos homens se multiplicaram, nasceram-lhes filhas de deslumbrante beleza.

"E quando os anjos, os filhos do céu, as viram, por elas se apaixonaram; e eles diziam entre si: 'Vamos, escolhamos esposas da raça dos homens e procriemos filhos'.

"Então seu chefe Samyasa lhes disse: 'Talvez vocês não tenham coragem de efetivar essa resolução e eu ficarei sozinho responsável pela sua queda'.

"Mas eles lhes responderam: 'Juramos não nos arrepender e de levar a cabo nossa intenção'.

"E foram duzentos deles que desceram sobre a montanha de Armon.

"E foi desde então que essa montanha foi denominada Armon, que quer dizer a montanha do juramento.

"Eis os nomes dos chefes desses anjos que desceram: Samyasa, que era o primeiro de todos, Urakabarameel, Azibeel, Tamiel, Ramuel, Danel, Azkeel,

Saraknyal, Asael, Armers, Batraal, Zavelee, Samsaveel, Ertrael, Turel, Jomiael, Arazial.

"Eles tomaram esposas com as quais viveram, ensinando-lhes a Magia, os encantamentos e a divisão das raízes e das árvores.

"Amazarac ensinou todos os segredos dos encantadores, Barkaial foi o mestre dos que observam os astros, Akibeel revelou os signos e Azaradel o movimento da lua."

Essa narração do livro cabalístico de Enoque é a narração dessa mesma profanação da ciência que vemos representar sob uma outra imagem na história do pecado de Adão.

Os anjos, os filhos de Deus, de que fala Enoque, eram os iniciados da Magia, visto como depois de sua queda eles a ensinaram aos homens vulgares por intermédio das mulheres indiscretas. A volúpia foi seu obstáculo, eles amaram as mulheres, e deixaram surpreender os segredos da realeza e do sacerdócio.

Então a civilização primitiva se desmoronou, os gigantes, isto é, os representantes da força brutal e das ambições desenfreadas, disputaram o mundo que não lhes pôde escapar senão abismando-se sob as águas do dilúvio onde se apagaram todos os traços do passado.

Este dilúvio representava a confusão universal em que cai necessariamente a humanidade quando violou e desconheceu as harmonias da natureza.

O pecado de Samyasa e o de Adão se parecem, ambos são arrastados pela fraqueza do coração, ambos profanaram a árvore da ciência e são expulsos longe da árvore da vida.

Não vamos discutir as opiniões, ou antes, as ingenuidades dos que querem tomar tudo à letra, e que pensam que a ciência e a vida puderam burlar outrora sob forma de árvores, mas admitamos o sentido profundo dos símbolos sagrados.

A árvore da ciência, de fato, dá a morte quando lhe absorvemos os frutos, estes frutos são o enfeite do mundo, esses pomos de ouro são as estrelas da terra.

Existe na biblioteca do Arsenal um manuscrito muito curioso que tem por título: *O livro da penitência de Adão*. Nele é a tradição cabalística representada em forma de lenda e eis o que lá se conta:

"Adão teve dois filhos, Caim que representa a força brutal, Abel que representa a doçura inteligente. Eles não puderam entrar em acordo e morreram um pelo outro, por isso sua sucessão foi dada a um terceiro filho chamado Set".

Eis o conflito das duas forças contrárias, voltando-se em proveito de uma potência sintética e combinada.

"Ora, Set, que era justo, pôde chegar até a entrada do jardim terrestre sem que o querubim o afugentasse com sua espada flamejante." Set representa a iniciação primitiva.

"Set viu então que a árvore da ciência e a árvore da vida se achavam reunidas, formando uma só." Acordo da ciência e da religião na alta Cabala.

"E o anjo lhe deu três grãos que continham toda a força vital desta árvore." É o ternário cabalístico.

"Quando Adão morreu, Set, seguindo as instruções do anjo, colocou os três grãos na boca de seu pai morto, como um penhor de vida eterna.

"Os ramos que saíram destes três grãos formaram a moita ardente no meio da qual Deus revelou a Moisés, seu nome eterno:

.אתית אטך אתית

"O ser que é, que foi e que será."

"Moisés colheu um triplo ramo da moita sagrada e foi para ele a vara dos milagres.

"Essa vara, se bem que separada de sua raiz, não deixou de viver e de florir e foi assim conservada na Arca.

"O rei Davi replantou esse ramo vivo na montanha de Sião, e Salomão mais tarde tomou a madeira dessa árvore no triplo tronco para fazer dela as duas colunas Jakin e Boaz, que estavam na entrada do templo; ele as revestiu de bronze e pôs o terceiro pedaço da madeira mística no frontal da porta principal.

"Era um talismã que impedia tudo o que era impuro de penetrar no templo.

"Mas os levitas corrompidos arrancaram durante a noite esta barreira de suas iniquidades e a arremessaram no fundo da piscina probática, enchendo-a de pedras.

"A partir desse momento o anjo de Deus agitou todos os anos as águas da piscina e lhes comunicou uma virtude milagrosa para evitar que os homens procurassem lá a árvore de Salomão.

"No tempo de Jesus Cristo, limparam a piscina e os judeus achando esse poste, inútil no pensar deles, levaram-no da cidade e fizeram uma ponte sobre o regato de Cedron.

"Foi sobre essa ponte que Jesus passou depois de sua prisão noturna no jardim das Oliveiras e foi do alto dessa prancha que seus algozes o precipitaram para arrastá-lo na torrente e em sua precipitação em preparar de antemão o instrumento de suplício, eles levaram consigo a ponte que era uma tábua de três peças, composta de três madeiras diferentes e com elas fizeram uma cruz."

Essa alegoria encerra todas as altas tradições da Cabala e os segredos tão completamente ignorados atualmente do cristianismo de S. João.

Assim, Set, Moisés, Davi, Salomão e o Cristo colheram da mesma árvore cabalística seus cetros de reis e seus bordões de grandes pontífices.

Devemos compreender agora por que foi no berço o Salvador adorado pelos magos.

Voltemos ao livro de Enoque, porque esse deve ter uma autoridade dogmática maior do que um manuscrito ignorado. O livro de Enoque é, de fato, citado no Novo Testamento pelo apóstolo S. João.

A tradição atribuiu a S. João a invenção das letras. É portanto a ele que remontam as tradições consignadas no *Sepher Jesirah*, este livro elementar da Cabala, cuja redação, segundo os rabinos, seria do patriarca Abraão, o herdeiro dos segredos de Enoque e o pai da iniciação em Israel.

Enoque parece portanto ser o mesmo personagem que o Hermes Trismegisto dos egípcios, e o famoso livro de *Thot*, escrito em hieróglifos e em números, seria essa bíblia oculta e cheia de mistérios, anterior aos livros de Moisés, à qual o iniciado Guilherme Postel faz tantas vezes alusão em suas obras, designando-a sob o nome de Gênese de Enoque.

Diz a Bíblia que Enoque não morreu, mas que Deus o transportou de uma vida para outra. Ele voltará, para no fim dos tempos, opor-se ao Anticristo e será um dos últimos mártires ou testemunhas da verdade, de que se faz menção no Apocalipse de S. João. O que se diz de Enoque, diz-se também de todos os grandes iniciadores da Cabala. S. João mesmo não devia morrer, diziam os primeiros cristãos e por muito se julgou ouvi-lo respirar em seu túmulo, porque a ciência absoluta da vida é um preservativo contra a morte e o instinto dos povos.

Como quer que seja, nos restariam de Enoque dois livros, um hieroglífico, outro alegórico. Um que encerrava as chaves hieráticas da iniciação, o outro a história de uma grande profanação que acarretara a destruição do mundo e o caos depois do reino dos gigantes.

S. Metódio, um bispo dos primeiros séculos do cristianismo, cujas obras se acham na biblioteca dos Padres da Igreja, deixou-nos um apocalipse profético no qual a história do mundo se desenvolve numa série de visões. Esse livro não se acha na coleção das obras de S. Metódio, mas foi conservado pelos gnósticos e o reencontramos impresso no *Liber mirabilis*, sob o nome alterado de *Bermechubus*, que impressores ignorantes puseram em lugar de *Bea-methodius* por *beatus Mithodius*.

Esse livro combina em muitos pontos com o tratado alegórico da penitência de Adão. Descobre-se aí que Set se retirou com sua família para o Oriente, numa montanha vizinha do paraíso terrestre. Foi a pátria dos iniciados, enquanto a posteridade de Caim inventava a falsa Magia na Índia, país do fratricídio, e punha a maldade a serviço da impunidade.

S. Metódio predisse os conflitos e o reino sucessivo dos Ismaelitas, vencedores dos Romanos; dos Franceses, vencedores dos Ismaelitas, depois de um grande povo do Norte, cuja invasão precederá o reino pessoal do anticristo. Então se formará um reino universal, que será reconquistado por um príncipe francês e a justiça reinará durante uma longa série de anos.

Não nos cumpre aqui nos ocuparmos da profecia. O que nos importa notar é a distinção da boa e da má Magia, do santuário dos filhos de Set e da profanação das ciências pelos descendentes de Caim.

A alta ciência, com efeito, se acha reservada aos homens que são senhores de suas paixões e a casta natureza não dá as chaves de sua câmara nupcial a adúlteros. Há duas classes de homens, os homens livres e os escravos; o homem nasce escravo de suas necessidades mas pode libertar-se pela inteligência. Entre os que são libertos e os que não o são ainda a igualdade não é possível. À razão compete reinar, aos instintos obedecer. De outro modo se você der a um cego outro cego para conduzir, cairão ambos no abismo. A liberdade, não o esqueçamos, não é a licença das paixões libertas pela lei. Essa licença seria a mais monstruosa das tiranias. A liberdade é a obediência voluntária à lei; é o direito de cumprir seu dever e só os homens razoáveis e justos são livres. Então, os homens livres devem governar os escravos, e os escravos são convidados a libertar-se; não do governo dos homens livres, mas dessa servidão das paixões brutais, que os condena a não existir sem senhores.

Admita agora conosco a verdade das altas ciências, suponha um instante que existe, de fato, uma força de que podemos nos apoderar e que submete à vontade do homem os milagres da natureza? Diga-nos agora se é possível confiar às brutalidades cobiçosas os segredos da simpatia e das riquezas; aos intrigantes a arte da fascinação, aos que não sabem guiar-se a si próprios o império sobre as vontades?... Causa terror pensar nas desordens que tal profanação pode acarretar. Será preciso uma convulsão para lavar os crimes da terra quando estiver tudo abismado na lama e no sangue. Pois bem! Eis o que nos revela a história alegórica da queda dos anjos no livro de Enoque, eis o pecado de Adão e suas consequências fatais. Eis o dilúvio e suas tempestades; depois, mais tarde, a alta maldição de Canaã. A revelação do ocultismo é representada pela impudência desse filho que mostra a nudez paterna.

A embriaguez de Noé é uma lição para o sacerdócio de todos os tempos. Coitado daqueles que expõem os segredos da geração divina aos olhares impuros da multidão! Conserve fechado o santuário, vocês que não querem entregar seu pai adormecido à chacota dos imitadores de Caim.

Tal é, sobre as leis da hierarquia humana, a tradição dos filhos de Set; mas tais não foram as doutrinas da família de Caim. Os cainistas da Índia inventaram uma Gênese para consagrar a opressão dos mais fortes e perpetuar a ignorância dos fracos; a iniciação tornou-se o privilégio exclusivo das castas supremas e raças de homens foram condenadas a uma servidão eterna sob o pretexto de um nascimento inferior; eles saíam, dizia-se, dos pés ou dos joelhos de Brama!

A natureza não produz nem escravos nem reis; todos os homens nascem para o trabalho.

Aquele que pretende que o homem é perfeito ao nascer, e que a sociedade o degrada e o perverte, seria o mais selvagem dos anarquistas, se não fosse o mais poético dos insensatos.

Mas por mais sentimental e sonhador que fosse J. Jaques, seu fundo de misantropia, desenvolvido pela lógica de seus seids, deu frutos de ódio e de destruição. Os realizadores conscienciosos das utopias do terno filósofo de Genebra foram Robespierre e Marat.

A sociedade não é um ser abstrato que se possa tornar separadamente responsável da perversidade dos homens; é a associação dos homens.

Ela é defeituosa por seus vícios e sublime por suas virtudes; mas em si mesma, ela é santa como a religião que lhe é inseparavelmente unida. A religião, efetivamente, não é a sociedade das mais altas aspirações e dos mais generosos esforços?

Assim, à mentira das classes privilegiadas pela natureza responde a blasfêmia da igualdade antissocial e do direito inimigo de todo dever; o cristianismo só resolverá a questão dando a supremacia ao devotamento, e proclamando o maior aquele que sacrificasse seu orgulho à sociedade e seus apetites à lei.

Os judeus, depositários da tradição de Set, não a conservaram em toda sua pureza e deixaram-se ganhar pelas injustas ambições da posteridade de Caim. Eles a julgaram uma raça de elite e pensaram que Deus lhes havia dado a verdade antes como um patrimônio do que confiada como um depósito pertencente à humanidade inteira. De fato, deparam-se nos talmudistas, ao lado das sublimes tradições do *Sepher Jesirah* e do *Sohar*, revelações bastante estranhas. É assim que eles não receiam atribuir ao patriarca Abraão a idolatria das nações, quando eles dizem que Abraão deu aos israelitas sua herança, a ciência dos verdadeiros nomes divinos; a Cabala, numa palavra, fora a propriedade legítima e hereditária de Isaac; mas o patriarca deu, dizem eles, presentes aos filhos de suas concubinas; e por esses presentes eles entendem dogmas velados e nomes obscuros que se materializaram cedo e se transformaram em ídolos. As falsas religiões e seus absurdos mistérios, as superstições orientais e seus sacrifícios horríveis, que presente de um pai à sua família desconhecida! Não seria bastante expulsar Agar com seu filho no deserto, seria preciso, com seu pão único e seu vaso d'água, dar-lhes um fardo de mentira para desesperar e envenenar seu exílio?

A glória do cristianismo é a de ter chamado todos os homens à verdade, sem distinção de povos e de castas, mas não sem distinção de inteligências e de virtudes.

"Não lancem suas palavras aos porcos, disse o divino fundador do cristianismo, para que eles não as calquem aos pés e, voltando-se contra vocês, não os devorem."

O Apocalipse, ou revelação de S. João, que contém todos os segredos cabalísticos do dogma de Jesus Cristo, não é um livro menos obscuro que o *Sohar*.

Ele é escrito hieroglificamente com os números e imagens, e o apóstolo faz frequente apelo à inteligência dos iniciados. "Compreenda aquele que tiver a ciência e quem compreender calcule", diz ele muitas vezes depois de uma alegoria ou o enunciado de um número. S. João, o apóstolo predileto e o depositário de todos os segredos do Salvador, não escrevia portanto para ser compreendido pela multidão.

O *Sepher Jesirah*, o *Sohar* e o Apocalipse são as obras-primas do ocultismo; eles contêm mais sentido do que as palavras, sua expressão é ilustrada como a poesia e exata como os números. O Apocalipse resume, completa e excede toda a ciência de Abraão e de Salomão, como o provaremos explicando as chaves da alta Cabala.

O princípio do *Sohar* admira pela profundidade de suas exposições e a grandiosa simplicidade de suas imagens. Eis o que lemos nele:

"A inteligência do ocultismo é a ciência do equilíbrio.

"As forças que se produzem sem ser equilibradas perecem no vácuo.

"Assim pereceram os reis do antigo mundo, o príncipe dos gigantes. Caíram como árvores sem raízes e seu lugar não foi mais encontrado.

"É pelo conflito das forças não equilibradas que a terra devastada era nua e uniforme quando o sopro de Deus se manifestou no céu e baixou à massa das águas.

"Todas as aspirações da natureza foram então para a unidade da forma, para a síntese viva das potências equilibradas, e a fronte de Deus, cansada de luz, levantou-se sobre o vasto mar e refletiu-se nas águas inferiores.

"Seus dois olhos apareceram radiantes de claridade, lançando dois traços de chamas que se cruzaram com os raios do reflexo.

"A fronte de Deus e seus dois olhos formavam um triângulo no céu, e o reflexo formava um triângulo nas águas.

"Assim se revelou o número seis, que foi o da criação universal."

Traduzimos aqui, explicando-o, o texto que não seria inteligível, traduzido literalmente.

O autor do livro, aliás, nos declara que essa forma humana que ele dá a Deus é apenas uma imagem de seu verbo, e que Deus não poderia ser expresso por nenhum pensamento nem por nenhuma forma. Pascal disse que Deus é um círculo cujo centro está por toda a parte e a circunferência em nenhuma. Mas como conceber um círculo sem circunferência? O *Sohar* toma o universo dessa figura paradoxal, e diria do círculo de Pascal que sua circunferência está por toda a parte e o centro em nenhuma; mas não é a um círculo, à balança que ele compara o equilíbrio universal das coisas. O equilíbrio está por toda a parte, diz ele, por toda a parte portanto se encontrava também o ponto central onde a balança está suspensa. Nós achamos nesse ponto o *Sohar* mais forte e mais profundo que Pascal.

O autor do *Sohar* continua seu sonho sublime. A síntese do verbo formulada pela figura humana sobe lentamente e sai das águas como o sol que se levanta. Quando os olhos apareceram, a luz foi feita; quando a boca se mostra, são criados os espíritos e a palavra se faz ouvir. Saiu a cabeça inteira, e eis o primeiro dia da criação. Vêm as espáduas, os braços e o peito e o trabalho começa. A imagem divina repele com uma mão o mar e levanta com a outra os continentes e as montanhas. Ela engrandece, engrandece sempre. Sua potência geratriz aparece e todos os seres se vão multiplicar; ei-lo de pé, enfim, põe um pé sobre a terra e outro sobre o mar, e mirando-se todo no oceano da criação, sopra sobre seu reflexo e chama sua imagem à vida. Criemos o homem, disse ele, e o homem foi criado! Não conhecemos nada de tão belo em nenhum poeta como esta visão da criação realizada pelo tipo ideal da humanidade. O homem assim é a sombra de uma sombra! Mas é a representação da potência divina. Pode estender as mãos do Oriente ao Ocidente; a terra lhe é dada por domínio. Eis o Adão Cadmo, o Adão primitivo dos cabalistas; eis com que pensamento eles fizeram dele um gigante; eis por que Swedenborg, atormentado em seus sonhos pela lembrança da Cabala, disse que a criação inteira não é senão um homem gigantesco e que somos feitos à imagem do universo.

O *Sohar* é uma Gênese de luz, o *Sepher Jesirah* é uma escada de verdade. Explicam-se os trinta e dois sinais absolutos da palavra, os números e as letras; cada letra reproduz um número, uma ideia e uma forma, de feição que as matemáticas se aplicam às ideias e às formas, não menos rigorosamente que aos números por uma proporção exata e uma correspondência perfeita. Pela ciência do *Sepher Jesirah*, o espírito humano fixou-se na verdade e na razão, e pode explicar os progressos possíveis da inteligência pelas evoluções dos números. O *Sohar* representa então a verdade absoluta, e o *Sepher Jesirah* dá os meios de aprendê-la, de se apropriá-la e usá-la.

CAPÍTULO 2

MAGIA DOS MAGOS

Zoroastro era muito provavelmente um nome simbólico como o de *Thot* ou de Hermes. Eudóxio e Aristóteles o fazem viver seis mil anos antes do nascimento de Platão; outros, ao contrário, o fazem nascer quinhentos anos antes da guerra de Troia. Uns o consideram rei de Bactriana, outros afirmam a existência de dois ou três Zoroastros diferentes. Eudóxio e Aristóteles só nos parecem ter compreendido a personalidade mágica de Zoroastro, pondo a idade cabalística de um mundo entre o aparecimento de seu dogma e o reino teúrgico da filosofia de Platão. Há, de fato, dois Zoroastros, isto é, dois reveladores, um filho de Oromaso e pai de um documento luminoso, o outro filho de Arimã e autor de uma divulgação profana; Zoroastro é o verbo encarnado dos Caldeus, dos Medas e dos Persas. Sua lenda parece uma predição da de Cristo e ele devia ter também seu Anticristo, segundo a lei mágica do equilíbrio universal.

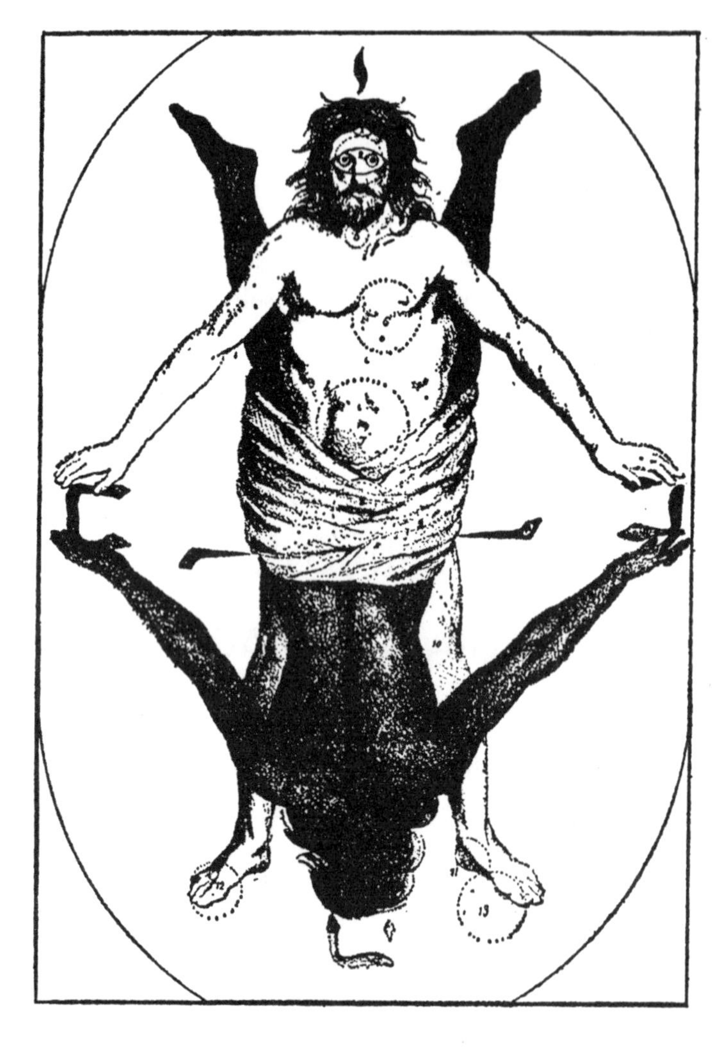

FIGURA 3
O grande símbolo cabalístico do *Sohar*

É ao falso Zoroastro que se deve atribuir o culto do fogo material e o dogma ímpio do dualismo divino que produziu mais tarde a gnose monstruosa de Manés e os princípios errôneos da falsa Maçonaria. O falso Zoroastro é o pai dessa Magia materialista que causou o massacre dos magos e fez cair o verdadeiro magismo sob a proscrição e no esquecimento. A Igreja, sempre inspirada pelo espírito da verdade, devia proscrever sob o nome de *Magia*, de *Maniqueísmo*, *Iluminismo* e de *Maçonaria* tudo o que se ligava de perto ou de longe a essa profanação primitiva dos mistérios. A história até hoje incompreendida dos templários é um exemplo deslumbrante deste.

Os dogmas do verdadeiro Zoroastro são os mesmos que os da pura Cabala, e suas ideias sobre a divindade são as mesmas que a dos Pais da Igreja. Apenas diferem os nomes; assim ele chama *tríade* o que chamamos *trindade*, e em cada número da tríade, ele encontra o ternário todo inteiro. É o que os nossos teólogos chamam *circunsessão*, ou união íntima das pessoas divinas. Zoroastro encerra nessa multiplicação da tríade por si mesmo a razão absoluta do número nove e a chave universal de todos os números e de todas as formas. O que chamamos as três pessoas divinas, Zoroastro as chama as três profundidades. A profundidade primeira ou paternal é a fonte da fé; a segunda ou a do Verbo é a fonte da verdade; a terceira ou ação criadora é a fonte do amor. Pode-se consultar, para se convencer do que afirmamos aqui, a exposição de Psellos sobre os dogmas dos antigos assírios na *Magia Filosófica* de François Patrício, pág. 24, edição de Hamburgo de 1593.

Sobre essa escada de nove degraus, Zoroastro estabeleceu a hierarquia celeste e de todas as harmonias da natureza. Ele conta por três todas as coisas que emanam da ideia, por quatro tudo que se liga à forma, o que lhe dá o número sete por tipo da criação. Termina-se aqui a iniciação primeira, e começam as hipóteses da escola; os números se personificam, as ideias tomam emblemas que mais tarde virão a ser os ídolos. Eis que vêm os Sinóquios, os Teletarcas, os Pais, servidores da tripla Hécate, depois os três Amilictos e as três virgens de Hipézocos; depois os anjos, depois os demônios, depois as almas humanas. Os astros são as imagens e os reflexos dos esplendores intelectuais, e nosso sol é o emblema do sol de verdade, sombra dessa fonte primeira de onde brotam todos os esplendores. É por isso que os discípulos de Zoroastro saudavam o despertar do dia, e passavam entre os bárbaros por adoradores do sol.

Tais eram os dogmas das magias, mas eles possuíam, além disto, segredos que os tornavam senhores das potências ocultas da natureza. Esses segredos, cujos conjuntos se poderiam chamar uma *pirotecnia transcendente*, ligavam-se todos à ciência profunda e ao governo do fogo. É certo que os magos conheciam a eletricidade e tinham meios de produzi-la e de dirigi-la que nos são ainda desconhecidos.

Numa, que estudou seus ritos e foi iniciado em seus mistérios, possuía, segundo Lúcio Pison, a arte de formar e de dirigir o raio. Esse segredo sacerdotal de que o iniciador romano queria fazer o apanágio ou atributo dos soberanos de Roma, foi perdido por Tulo Hostilio que dirigiu mal a descarga elétrica e foi fulminado. Plínio refere esses fatos como uma antiga tradição etrusca* e conta que Numa se serviu com êxito de sua bateria fulminante contra um monstro chamado *Volta*, que devastava os campos de Roma. Não se poderia supor, lendo essa revelação, que nosso físico Volta seja um mito e que o nome das pilhas voltaicas remonta ao século de Numa?

Todos os símbolos assírios se referem a essa ciência do fogo que era o grande arcano dos magos; por toda a parte encontramos o encantador que segura o leão e maneja as serpentes. O leão é o fogo celeste, as serpentes são as correntes elétricas e magnéticas da terra. É a esse grande segredo dos magos que é preciso ligar todas as maravilhas da Magia hermética, cujas tradições dizem ainda que o segredo da grande obra consiste no *governo do fogo*.

O sábio François Patrício publicou, em sua *Magia Filosófica*, os oráculos de Zoroastro, recolhidos nos livros dos platônicos na Teurgia de Proclo, nos comentários sobre Parmênides, nos comentários de Hermias sobre Fedra, nas notas de Olimpiodoro sobre *Tíbio* e o *Fedon*. Esses oráculos são a princípio a fórmula clara e precisa do dogma que acabamos de expor, depois vêm as prescrições do ritual mágico, e eis em que termos elas são expressas:

OS DEMÔNIOS E OS SACRIFÍCIOS

"A natureza nos ensina por indução que existem demônios incorpóreos e que os germes do mal que existem na matéria voltam-se ao bem e à utilidade comum.

"Mas esses são mistérios que se devem esconder nos recônditos mais impenetráveis do pensamento.

"O fogo sempre agitado e movendo-se na atmosfera pode se tornar uma configuração semelhante à dos corpos.

"Digamos melhor, afirmemos a existência de um fogo cheio de imagens e de ecos.

---

* Plínio, liv. II, c. 53.

"Chamemos, se você quiser, esse fogo de uma luz superabundante que irradia, que fala, que se enrosca.

"É o corcel fulgurante da luz, ou antes, é a criança de grandes omoplatas que doma e submete o corcel celeste.

"Vistam-no de chamas e de ouro, ou o representem como o Amor, dando-lhe também flechas.

"Mas se a sua meditação se prolonga você reunirá todos estes emblemas sob a figura do leão.

"Então não se vê mais nada nem da abóbada dos céus nem da massa do universo.

"Os astros cessaram de brilhar e a lâmpada da luz está velada.

"A terra treme e tudo se cerca de raios.

"Então não chame o simulacro visível da alma da natureza.

"Porque você não deve vê-lo antes que seu corpo seja purificado pelas santas privações.

"Enternecendo as almas e as arrastando sempre longe dos trabalhos sagrados, os cães terrestres saem então destes limbos onde se acaba a matéria, e mostram aos olhares mortais aparências de corpos sempre enganadoras.

"Trabalhe ao redor dos círculos descritos pelo rombo de Hécate.

"Não mude nada aos nomes bárbaros da evocação; porque são os nomes panteísticos de Deus; eles são imantados das adorações de uma multidão e seu poder é inebriante.

"E quando vir brilhar esse fogo incorpóreo, esse fogo sagrado cujas flechas atravessam ao mesmo tempo as profundezas do mundo.

"Ouça o que ele dirá a você!"

Esta página admirável, que traduzimos toda do latim de Patrício, contém todos os segredos do magnetismo com profundezas nunca suspeitadas por Du Potet e os Mesmer.

Aí vemos:

1º A princípio a luz astral perfeitamente descrita com sua força configurativa e sua potência para refletir o verbo e repercutir a voz;

2º A vontade do adepto figurada pela criança de *largas espáduas* montada num cavalo branco; hieróglifo que encontramos sobre o antigo *tarô* da Biblioteca Imperial;

3º O perigo de alucinações nas operações mágicas mal dirigidas;

4º O instrumento magnético que é o rombo, espécie de brinco de criança em madeira que gira sobre si mesmo com um ronco sempre crescente;

5º A razão dos encantamentos pelas palavras e os nomes bárbaros;

6º O fim da obra mágica que é o sossego da imaginação e dos sentidos, o estado de sonambulismo completo e a perfeita lucidez.

Resulta dessa revelação do antigo mundo que o êxtase lúdico é uma aplicação voluntária e imediata da alma ao fogo universal ou antes a *esta luz cheia de imagens* que *irradia* e que se *enrola* em redor de todos os objetos e de todos os globos do universo.

Aplicação que se opera pela persistência de uma vontade desprendida dos sentidos e assegurada por uma série de provas.

Era esse o começo da iniciação mágica.

O adepto, chegado à leitura imediata na luz, tornava-se vidente ou profeta; depois, tendo posto sua vontade em comunicação com essa luz, ele aprendia a dirigi-la como se dirige a ponta de uma flecha; ele mandava, à sua vontade, a perturbação ou a paz nas almas, comunicava-se à distância com os outros adeptos, apoderava-se enfim dessa força representada pelo leão celeste.

É o que significam essas grandes figuras assírias que seguram em seus braços leões domados.

É a luz astral, que se torna o instrumento da potência mágica, é espada de dois gumes de ouro de Mitra que sacrifica o touro sagrado.

É a luz astral que é representada por essas gigantescas esfinges, tendo corpos de leões e cabeças de magos.

É a flecha de Tebo que traspassa a serpente Píton.

Reconstruamos agora em espírito essas grandes metrópoles da Assíria, Babilônia, Nínive, ponhamos em seu lugar esses colossos de granito, reedifiquemos esses templos maciços conduzidos por elefantes ou por esfinges, reergamos esses obeliscos acima dos quais pairam dragões de olhos cintilantes e de asas estendidas.

O templo e o palácio dominam esses amontoamentos de maravilhas; lá se conservam ocultas, revelando-se incessantemente por milagres as duas divindades visíveis da terra, o sacerdócio e a realeza.

O templo, à vontade dos sacerdotes, cerca-se de nuvens ou brilha de claridades sobre-humanas; as trevas fazem-se por vezes durante o dia, por vezes também a noite ilumina-se; as lâmpadas do templo acendem-se por si mesmas, os deuses cintilam, ouve-se rugir o trovão e infeliz do ímpio que tivesse atraído sobre sua cabeça a maldição dos iniciados! O templo protege o palácio e os servidores do rei combatem pela religião dos magos; o rei é sagrado, e o deus da terra, todo se prosternam quando ele passa, e o insensato que ousasse sem ordem transpor o limiar de seu palácio, seria imediatamente ferido de morte!

Ferido de morte sem maça e sem espada, ferido por uma mão invisível, morto pelo raio, abatido pelo fogo do céu! Que religião e que poder! Que grandes sombras as de Nemrod, de Bele e de Semíramis! Que é que podiam então ser antes essas cidades quase fabulosas, onde essas imensas realezas dominaram outrora, as capitais desses gigantes, desses mágicos que as tradições confundem com os anjos e chamam ainda os filhos de Deus e os príncipes do céu! Que mistérios dormem nos túmulos das nações; e não somos nós crianças quando, sem nos dar o trabalho de evocar essas assombrosas lembranças, nos congratulamos de nossas luzes e de nossos progressos!

Em seu *Livro Sobre a Magia*, Du Potet avança, com certo temor, que é possível, por uma poderosa emissão de fluido magnético, fulminar um ser vivo.*

O poder mágico estende-se mais longe, mas não se trata somente do pretendido fluido magnético. É a luz astral toda, é o elemento da eletricidade e do raio que pode ser posta ao serviço da vontade do homem; e que é o que se deve fazer para adquirir essa formidável potência? Zoroastro acaba de nos dizê-lo: é preciso conhecer estas leis misteriosas do equilíbrio que submetem ao império do bem as potências mesmas do mal; é preciso ter purificado seu corpo pelas santas provações, lutado contra os fantasmas da alucinação e pegado corpo a corpo a luz, como Jacó na sua luta com o anjo; é preciso ter domado esses cães fantásticos que ladram nos sonhos; é preciso, numa palavra, para nos servir da expressão tão enérgica do oráculo, ter ouvido falar a luz... É então que se é senhor, é então que se pode dirigi-la, como Numa, contra os inimigos dos santos mistérios; mas se não se é perfeitamente puro, se a dominação de alguma paixão animal lhes submete ainda às fatalidades das tempestades da vida, vocês se queimam nos fogos que acendem, vocês são a presa da serpente que desencadeiam e perecerão fulminados como Tulo Hostílio.

Não está de acordo com as leis da natureza o homem poder ser devorado pelos animais selvagens. Deus o armou de poder para lhe resistir; ele pode fasciná-los com o olhar, refreá-los com a voz, detê-los com um sinal..., e vemos, de fato, que os animais mais ferozes temem a fixidez do olhar do homem e parecem estremecer à sua voz. As projeções da luz astral os paralisam e os abatem de medo. Quando Daniel foi acusado de falsa Magia e de impostura, o rei da Babilônia o submeteu, assim como seus acusadores, à prova dos leões.

Os animais não atacam nunca senão os que os temem ou os que eles têm medo. Um homem intrépido e desarmado faria certamente recuar um tigre

* Du Potet, *La Magie Devoilée*, ou *Principes de Science Occulte*, 1852.

pelo magnetismo de seu olhar. Os magos serviam-se desse império e os soberanos da Assíria tinham em seus jardins tigres submetidos, leopardos dóceis e leões domesticados. Outros eram alimentados nos subterrâneos dos templos para servir às provas da iniciação. Os baixo-relevos simbólicos atestam esse fato; são lutas de homens e de animais, e vê-se sempre o adepto vestido com o traje sacerdotal dominá-los com o olhar e detê-los com um gesto da mão. Muitas dessas representações são simbólicas sem dúvida, quando os animais reproduzem algumas das formas da esfinge; mas outras há onde o animal é representado ao natural e onde o combate parece ser a teoria de um verdadeiro encantamento.

A Magia é uma ciência de que ninguém pode abusar sem perdê-la e sem perder a si mesmo. Os soberanos e os sacerdotes do mundo assírio eram muito grandes para não ser expostos a se quebrar se um dia caíssem; eles tornaram-se orgulhosos e caíram. A grande época mágica da Caldeia é anterior aos reinos de Semíramis e de Nino. Nessa época já a religião se materializa e a idolatria começa a triunfar. O culto de Astartéia sucede ao da Vênus celeste, a realeza se faz adorar sob os nomes de Baal e de Bel ou Belus. Semíramis abaixa a religião aquém da política e das conquistas, e substitui os velhos templos misteriosos por faustosos e indiscretos monumentos; a ideia mágica contudo domina ainda as ciências e as artes e imprime às maravilhosas construções dessa época um caráter inimitável de força e de grandeza. O palácio de Semíramis era uma síntese edificada e esculpida de todo o dogma de Zoroastro. Dele nos ocuparemos quando explicarmos os simbolismos dessas sete obras-primas da antiguidade que se chamaram as maravilhas do mundo.

O sacerdócio fizera-se menor que o império, querendo materializar sua própria potência; o império caindo devia esmagá-lo e foi o que sucedeu sob o efeminado Sardanapalo. Esse príncipe amante do luxo e da voluptuosidade fizera da ciência dos magos uma de suas prostitutas. Para que o poder de operar maravilhas se ele não dá prazeres? Encantadores, forcem o inverno a dar flores; aumentem ao vinho o seu sabor; empreguem seu império sobre a luz em fazer resplandecer a beleza das mulheres como as da divindade! Obedecem-lhe e o rei se embriaga. Entretanto a guerra é declarada e o inimigo avança... Que importa o inimigo ao covarde que se diverte e que dorme? Mas é a ruína, é a infâmia, é a morte!... A morte! Sardanapalo não a teme, ele crê que é um sono sem fim; ele saberá esquivar-se aos trabalhos e às afrontas da servidão... A noite suprema chegou; o vencedor está às portas, a cidade não pode mais resistir; amanhã fará parte do reino da Assíria... O palácio de Sardanapalo ilumina-se e irradia esplendores maravilhosos sobre toda a cidade prostrada. Sobre montões de tecidos preciosos, de pedrarias e de vasos de ouro, o rei faz sua última orgia. Suas mulheres, seus favoritos, seus cúmplices, seus sacerdotes abatidos o rodeiam; os clamores da embriaguez se misturam ao ruído de mil instrumentos; os leões enjaulados rugem e uma fumaça de perfume saindo dos subterrâneos do palácio envolve já todas as dependências em uma espessa nuvem. Línguas de chamas já atingem as abóbadas de cedro lavado... Os cantos de embriaguez são substituídos por gritos de terror e gemidos de agonizantes... Porém a Magia que não pôde, entre as mãos de seus adeptos humilhados, conservar o império de Nino, vai ao menos misturar suas maravilhas às terríveis lembranças desse gigantesco suicídio. Uma claridade imensa e sinistra tal como nunca fora vista nas noites da Babilônia, parece alargar de repente a abóboda celeste... Um ruído semelhante ao estrondo simultâneo de muitos trovões abala a terra, sacudindo a cidade, cujas muralhas se abatem... Desce a noite profunda; o palácio de Sardanapalo não existe mais e amanhã seus vencedores não acharão mais nada de suas riquezas, de seu cadáver e de seus prazeres.

Assim findou-se o primeiro império da Assíria, e a civilização feita pelo verdadeiro Zoroastro. Aqui se encerra a Magia propriamente dita e começa o reino da Cabala. Abraão, saindo da Caldeia, levou os seus mistérios. O povo de Deus engrandeceu em silêncio, e nós encontraremos logo Daniel de mãos dadas com os miseráveis encantadores de Nabucodonosor e de Baltasar.*

CAPÍTULO 3

MAGIA NA ÍNDIA

A Índia, que a tradição cabalística nos diz ter sido povoada pelos descendentes de Caim e onde se recolheram mais tarde os filhos de Abraão e de Ceturá, a Índia é por excelência o país da Goecia e dos prestígios. Lá se perpetuou a

* Segundo Suídas, Cedreno e a Química de Alexandre, foi Zoroastro que, sitiado em seu palácio, se fez desaparecer de repente com todos seus segredos e todas suas riquezas numa imensa trovoada. Naquele tempo todo rei que exercia o poder divino passava por uma encarnação de Zoroastro e Sardanapalo fez uma apoteose de seu carniceiro.

FIGURA 4-A
Mistério do equilíbrio universal, segundo as mitologias indiana e japonesa

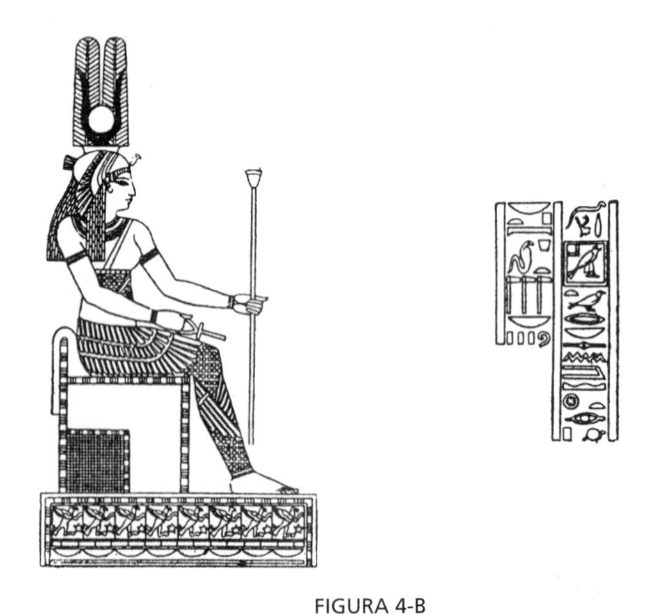

FIGURA 4-B
Iynx Pantomorfo
Chave 21 do *Tarô* egípcio primitivo

Magia negra com as tradições originais do fratricídio lançado pelos poderosos sobre os fracos, continuado pelas castas opressivas e expiado pelos párias.

Pode-se dizer da Índia que ela é a sábia mãe de todas as idolatrias. Os dogmas de seus gimnosofistas seriam a chave da mais alta sabedoria, se elas não abrissem ainda melhor a porta do embrutecimento e da morte. A admirável riqueza do simbolismo indiano faria quase supor que ele é anterior a todos os outros, tanta originalidade primitiva há nas suas poéticas concepções; mas é uma árvore cuja raiz parece foi mordida pela serpente infernal. A deificação do diabo, contra a qual já protestamos energicamente, lá se ostenta em todo seu impudor. A terrível trimurti dos bramas compõe-se de um criador, de um destruidor e de um reparador. Seu *Addha-Narí*, que figura a divindade-mãe ou a natureza celeste, chama-se também *Borohanie*, e os tugs ou estranguladores lhe oferecem assassinatos. Vixnu, o reparador, não se encarna senão para matar um diabo subalterno que renasce sempre, visto como é favorecido por Rutrem ou Xiva, o deus da morte. Sente-se que Xiva é a apoteose de Caim, mas não há nesta mitologia nada que lembre a doçura de Abel. Seus mistérios são, contudo, de uma poesia grandiosa, suas alegorias de uma singular profundidade. É a Cabala profanada; por isso, longe de fortalecer a alma aproximando-a da Suprema Sabedoria, o bramanismo a impele e a faz cair em teorias sábias nos abismos da loucura.

Foi da falsa Cabala da Índia que os gnósticos tiraram seus sonhos alternativamente terríveis e obscenos. É a Magia indiana que, apresentando-se antes de tudo com suas mil deformidades sobre o início das ciências ocultas, apavora os espíritos prudentes e provoca as excomunhões de todas as igrejas sensatas. É esta ciência falsa e perigosa que, muitas vezes confundida pelos ignorantes e meio-sábios com a verdadeira ciência, lhes fez envolver tudo o que traz o nome de ocultismo numa excomunhão à qual este mesmo que escreve estas páginas subscreveu energicamente quando ainda não havia achado a chave do santuário mágico. Para os teólogos dos Vedas, Deus não se manifesta senão na força. Todo o progresso e toda a revelação são determinados por uma vitória. Vixnu encarna-se nos monstruosos leviatãs do mar e nos javalis enormes que cavam a terra primitiva a golpes de focinho.

É uma maravilhosa gênese do panteísmo, e, não obstante, que sonambulismo lúcido, nos autores destas fábulas! O número dez dos Avatars corresponde ao dos Sefirots da Cabala. Vixnu reveste sucessivamente três formas animais, as três formas elementares da vida, depois se faz esfinge e aparece enfim sob a figura humana; ele é brama então e, sob as aparências de uma fingida humildade, invade a terra inteira; logo ele se faz criança para ser o anjo consolador dos patriarcas, torna-se guerreiro para combater os opressores do mundo, depois encarna a política para opô-la à violência, e parece deixar a forma humana para se dar a agilidade do macaco. A política e a violência gastaram-se reciprocamente e o mundo espera um redentor intelectual e moral. Vixnu encarna-se em Krishna; ele aparece proscrito em seu berço perto do qual vigia um asno simbólico; carregam-no para roubá-lo a seus assassinos, ele cresce e prega uma doutrina de misericórdia e de boas obras. Em seguida desce aos infernos, torna cativa a serpente infernal e sobe ao céu glorioso; sua festa anual é em meados de agosto, sob o signo de Virgem. Que admirável intuição dos mistérios do cristianismo! E como não deve parecer extraordinário, quando se pensar que os livros sagrados da Índia foram escritos muitos séculos antes da era cristã. À revelação de Krishna sucede a de Buda que representa a religião mais pura e a mais perfeita filosofia. Então se acha consumada a felicidade do mundo e os homens só têm que esperar a segunda e única encarnação, quando Vixnu retomará sob sua própria figura conduzindo o cavalo do último julgamento, este cavalo terrível cujo pé dianteiro está sempre levantado e abaterá o mundo quando abaixar-se.

Devemos reconhecer aqui os números sagrados e os cálculos proféticos dos magos. Os gimnosofistas e os iniciados de Zoroastro beberam nas mesmas fontes... Mas é o falso Zoroastro, o Zoroastro negro que ficou o Senhor da Teologia da Índia; os últimos segredos desta doutrina degenerada são o panteísmo, e por consequência o materialismo absoluto, sob as aparências de uma negação absoluta da matéria. Mas que importa que se materialize o espírito ou que se espiritualize a matéria, desde que se afirme a igualdade e mesmo a identidade desses dois termos? A consequência desse panteísmo é a destruição de toda moral; não há mais nem crimes nem virtudes num mundo onde tudo é Deus.

Deve-se compreender, segundo esses dogmas, o embrutecimento progressivo dos bramas num quietismo fanático, mas não é ainda bastante; e seu grande ritual mágico, o livro do ocultismo indiano, o *Oupnek'hat*, lhes ensina os meios físicos e morais de consumar a obra de seu embrutecimento e de chegar gradativamente à loucura furiosa que seus feiticeiros chamam o *estado divino*. Esse livro de *Oupnek'hat* é o tronco de todos os engrimanços, e é o monumento mais curioso das antiguidades da Goecia.

Esse livro é dividido em cinquenta seções; é uma sombra misturada de clarões, onde se encontram sentenças sublimes e oráculos de mentira. Ora se julgaria ler o Evangelho de S. João, quando nos deparamos, por exemplo, nas seções onze e quarenta e oito:

"O anjo do fogo criador é a palavra de Deus".

A palavra de Deus produziu a terra e os vegetais que brotam dela e o calor que os alimenta.

"A palavra do Criador é o Criador e ela é o seu filho único."

Ora são desvarios dignos dos heresiarcas mais extravagantes:

"Não sendo a matéria mais do que uma aparência enganadora, o sol, os astros, os elementos mesmo são gênios, os animais são demônios e o homem um puro espírito enganado pelas aparências dos corpos".

Mas nós nos achamos bastante edificados sobre o dogma, voltemos ao ritual mágico dos encantadores indianos.

"Para tornar-se Deus é preciso reter seu alento.

"Isto é, atraí-lo o maior tempo que se puder e dele encher-se abundantemente.

"Em segundo lugar, guardá-lo o maior tempo que for possível e pronunciar quarenta vezes neste estado o nome divino AUM.

"Terceiro, expirar o mais longamente possível, enviando mentalmente seu sopro através dos céus reunindo-se ao éter universal.

"Neste exercício, é preciso tornar-se como cego e surdo, e imóvel como um pedaço de pau.

"É preciso pôr-se sobre os cotovelos e sobre os joelhos, com o rosto voltado para o Norte.

"Com um dedo fecha-se um buraco do nariz, pelo outro se atrai o ar, fechando-o depois com um dedo, pensando que Deus é o criador, que ele está em todos os animais, na formiga como no elefante; é preciso ficar mergulhado nestes pensamentos.

"Em primeiro lugar diz-se *Aum* doze vezes; e durante cada aspiração deve-se dizer *Aum* oitenta vezes, depois tantas vezes quantas possíveis.

"Façam tudo isso durante três meses, sem temor, sem preguiça, comendo e dormindo pouco; no quarto mês os Devas se fazem ver para vocês; no quinto mês terão adquirido todas as qualidades dos devatas; no sexto estarão salvos, vocês terão se transformado em Deus."

É evidente que no sexto mês, o fanático muito imbecil para perseverar em tal prática, estará morto ou doido.

Se ele resiste a esse exercício de sopro místico, o *Oupnek'hat* que não quer deixá-lo em tão belo caminho, vai fazê-lo passar a outros exercícios.

"Com o calcanhar tape o ânus, depois puxe o ar de baixo para cima do lado direito, faça-o girar três vezes em redor da segunda região do corpo; daí faça com que chegue ao umbigo, que é a terceira; depois a quarta, que é o meio do coração; depois a quinta que é a garganta; depois a sexta que é o interior do nariz, entre as duas sobrancelhas; retenha aí o vento; ele tornou-se o sopro da alma universal."

Isso nos parece simplesmente ser um método de magnetizar a si mesmo e de produzir pela mesma ocasião alguma congestão cerebral.

"Então, continua o autor do *Oupnek'hat*, pense no grande *Aum*, que é o nome do Criador, que é a voz universal, a voz pura e indizível que enche tudo; esta voz é o Criador mesmo; ela se faz ouvir ao contemplador de dez modos. O primeiro som é como a voz de um pequeno pardal; o segundo é o duplo da primeira; o terceiro é como o som de um címbalo; o quarto como o murmúrio de uma grande concha; o quinto é como o canto da vina (*espécie de lira indiana*); o sexto como o som do instrumento que se chama *tal*; o sétimo assemelha-se ao som de uma flauta de *bacabon* colocada perto do ouvido; o oitavo ao som do instrumento pakaoudy, tangido com a mão; o nono ao som de uma pequena trombeta e o décimo ao som da nuvem que ruge e que faz *dda, dda, dda*!...

"A cada um destes sons o contemplador passa por diferentes estados, até o décimo onde ele se torna Deus.

"Ao primeiro, os cabelos do corpo todo se eriçam.

"Ao segundo, embotam-se seus membros.

"Ao terceiro, ele sente em todos os seus membros a fadiga que segue aos gozos do amor.

"Ao quarto, gira-lhe a cabeça, como se estivesse embriagado.

"Ao quinto, a *água da vida* reflui em seu cérebro.

"Ao sexto, esta água desce pelo corpo e dela se nutre.

"Ao sétimo, torna-se senhor da visão, ele vê dentro dos corações, e ouve as vozes mais afastadas.

"Ao nono, ele se sente bastante sutil para se transportar para onde quiser, e como os anjos, ver tudo sem ser visto.

"Ao décimo, ele se torna a voz universal e indivisível; ele é o grande criador, o ser eterno, exemplo de tudo, e, tornando-se o repouso perfeito, ele distribui o repouso ao mundo."

É preciso observar, nesta página tão curiosa, a descrição completa dos fenômenos do sonambulismo lúcido misturado a uma teoria completa de magnetismo solitário. É a arte que se põe em êxtase pela tensão da vontade e da fadiga do sistema nervoso.

Nós recomendamos aos magnetizadores o estudo aprofundado dos mistérios de *Oupnek'hat*.

O emprego graduado dos narcóticos e o emprego de uma gama de discos coloridos produzem efeitos semelhantes aos que descreve o feiticeiro indiano, e ele, Bagon, nos dá uma receita em seu *Livro da Maçonaria Oculta*, continuação à ortodoxia maçônica, pág. 400.

O *Oupnek'hat* dá um meio mais simples de perder conhecimento e de chegar ao êxtase; é de olhar com os dois olhos a ponta de seu nariz e de ficar nesta postura até a convulsão do nervo ótico.

Todas estas práticas são dolorosas e perigosas tanto quanto ridículas e não as aconselhamos a ninguém; mas não duvidamos que elas produzam efetivamente, num espaço de tempo mais ou menos longo, conforme a sensibilidade dos indivíduos, o êxtase, a catalepsia e o esvaimento letárgico.

Para obter visões, para chegar aos fenômenos da segunda vista, é preciso se colocar num estado que seja como sono, morte ou loucura. É nisso sobretudo que os índios são hábeis, e é a seus segredos talvez que seja preciso explicar as faculdades estranhas de certos *médiuns* americanos.

Pode-se definir a Magia negra como a arte de conseguir e procurar para os outros uma loucura artificial. É também por excelência a ciência dos envenenamentos. Mas o que nem todo mundo sabe e o que Du Potet, entre nós, foi o primeiro a descobrir, é que se pode matar por congestão ou por subtração súbita da luz astral, quando, por uma série de exercícios quase impossíveis, semelhantes aos que descreve o feiticeiro indiano, fez alguém de seu próprio aparelho nervoso, insensível a todas as tensões e a todas as fadigas, uma sorte de pilha galvânica viva, capaz de condensar e de projetar com força essa luz que embriaga e que fulmina.

Mas não ficam aí os segredos mágicos do *Oupnek'hat*; há ainda um último que o hierofante tenebroso confia a seus iniciados como grande e supremo arcano, e é de fato, a sombra e o inverno desse grande segredo da alta Magia.

O grande arcano dos verdadeiros magos é o absoluto em moral, e por consequência em direção das obras e em liberdade.

O grande arcano do *Oupnek'hat* é o absoluto em imortalidade, em fatalidade e em quietismo mortal.

Eis como se exprime o autor do livro indiano:

"É permitido mentir para facilitar os casamentos e para exaltar as virtudes de um brâmane ou as qualidades de uma vaca.

"Deus chama-se verdade, e nele a sombra e a luz fazem um. Aquele que conhece isto não mente nunca, porque se ele quiser mentir, ele faz de sua mentira uma verdade.

"Qualquer que seja o pecado que cometa, a má obra que faça, ele não é nunca culpado. Ainda mesmo que fosse duas vezes parricida, ainda mesmo que matasse um brâmane iniciado nos mistérios dos Vedas, qualquer coisa que cometa enfim, sua luz não diminuirá, porque, disse Deus, 'eu sou a alma universal, em mim estão o bem e o mal que se corrigem um pelo outro. Aquele que sabe disto, não será nunca um pecador; ele é universal como eu". (*Oupnek'hat*, instrução 108, páginas 85 e 92 do primeiro tomo da tradução de Anquetil.)

Tais doutrinas estão longe de ser civilizadoras, e, aliás, a Índia, imobilizando sua hierarquia social, encerrava a anarquia nas castas; a sociedade não vive senão de permutas. Ora, a permuta é impossível quando tudo pertence a uns e nada a outros. Para que servem os degraus sociais numa pretendida civilização, onde ninguém pode nem descer nem subir? Aqui se mostra enfim o castigo tardio do fratricídio, castigo que envolve toda sua raça e o condena à morte. Venha outra nação orgulhosa e egoísta, ela sacrificará a Índia como as lendas orientais contam que Lamec matou Caim. Infeliz contudo o assassino mesmo de Caim! Dizem os oráculos sagrados da Bíblia.

CAPÍTULO 4

MAGIA HERMÉTICA

É no Egito que a Magia se completa como ciência universal e se formula em dogma perfeito. Nada excede nem iguala como resumo de todas as doutrinas do velho mundo as poucas sentenças gravadas sobre uma pedra preciosa por Hermes e conhecida sob o nome de *tábua de esmeralda*; a unidade do ser e a unidade das harmonias, quer ascendentes, quer descendentes, a escala progressiva e proporcional das analogias universais, a relação da ideia do Verbo dando a medida da relação entre o criador e o criado; as matemáticas necessárias do infinito, provadas pela medida de um só canto do finito; tudo isso é expresso por só esta proposição do grande hierofante egípcio:

"O que é superior é como o que é inferior e o que está embaixo é como o que está em cima para formar as maravilhas da coisa única".

Vem depois a revelação e a descrição sábia do agente criador, do fogo pantomorfo, do grande meio de poder oculto, da luz astral numa palavra.

"O sol é seu pai, a lua sua mãe e o vento a trouxe no seu ventre."

Assim essa luz é emanada do sol, recebe sua forma e seu movimento regular das influências da lua, ela tem a atmosfera como receptáculo e como prisão.

"A terra é sua fonte que nutre."

Isto é, que ela é equilibrada e posta em movimento pelo calor central da terra.

"É o princípio universal, o Telesma do mundo."

Hermes ensina depois como dessa luz que é também uma força, pode se fazer uma alavanca e um dissolvente universal, em seguida também um agente formador e coagulador.

Como é preciso tirar dos corpos onde ela é latente, essa luz em estado de fogo, de movimento, de esplendor, de gás luminoso, de água fervente, e enfim de terra ígnea, para imitar, com auxílio dessas diversas substâncias, todas as criações da natureza.

A tábua de esmeralda é toda a Magia em uma só página.

As outras obras atribuídas a Hermes, tais como o *Pimandro*, o *Asclépio*, a *Minerva do Mundo* etc., são em geral consideradas pelos críticos como produção da escola de Alexandria. As doutrinas de Hermes não poderiam ser perdidas por quem conhece as chaves do simbolismo.

As ruínas do Egito são como as páginas esparsas com as quais se pode ainda, reunindo-as, reconstruir o livro inteiro, livro prodigioso cujas grandes letras eram templos, cujas frases eram cidades pontuadas de obeliscos e de esfinges!

A divisão mesmo do Egito era uma síntese mágica; os nomes de suas províncias correspondiam às figuras dos números sagrados; o reino de Sesóstris dividia-se em três partes: o alto Egito ou a Tebaida, figura do mundo celeste e pátria dos êxtases; o baixo Egito, símbolo da terra; e o Egito médio ou central, país da ciência e das iniciações. Cada uma destas três partes era dividida em dez principais chamadas *nomes* e postas sob a proteção especial de um deus. Esses deuses, em número de trinta, agrupados de três em três, exprimiam todas as concepções do ternário na década, isto é, a tripla significação natural, filosófica e religiosa das ideias absolutas ligadas primitivamente aos números. Assim, a tripla unidade ou o ternário original, o triplo binário ou a miragem do triângulo, que forma a estrela de Salomão; o triplo ternário ou a ideia inteira sob cada um de seus três termos; o triplo quaternário, isto é, o número cíclico das revoluções astrais etc. A geografia do Egito, sob Sesóstris, é portanto um pantaclo, isto é, um resumo simbólico de todo o dogma mágico de Zoroastro, encontrado e formulado de modo mais preciso por Hermes.

Assim, a terra mágica egípcia era um grande livro e os ensinamentos deste livro eram repetidos, traduzidos em pintura, em escultura, em arquitetura, em todas as cidades e em todos os templos. O deserto mesmo tinha seus ensinamentos eternos, e seu Verbo de pedra assentava-se quadrangularmente sobre a base das pirâmides, estes limites da inteligência humana, diante dos quais meditou durante tantos séculos uma esfinge colossal afundando-se lentamente na areia. Hoje, sua cabeça, mutilada pelas idades, ergue-se ainda acima de seu túmulo, como se esperasse para desaparecer e que uma voz humana viesse explicar ao mundo novo o problema das pirâmides.

O Egito é para nós o berço das ciências e da sabedoria; porque ele revestiu de imagens, senão mais ricas, ao menos mais exatas e mais puras que as da Índia, o dogma antigo do primeiro Zoroastro. A arte sacerdotal e a arte real lá formaram adeptos pela iniciação, e a iniciação não se encerrou nos limites egoístas das castas. Viu-se um escravo hebreu iniciar-se e atingir a posição de primeiro ministro, e talvez de grande hierofante, porque se casou com a filha de um sacerdote egípcio e é sabido que o sacerdócio não fazia nunca alianças desiguais. José realizou no Egito o sonho do comunismo; tornou o sacerdócio e o Estado únicos proprietários, árbitros, por consequência, do trabalho e da riqueza. Aboliu assim a miséria, e fez do Egito inteiro uma família patriarcal. É sabido que José deveu sua elevação à ciência pela interpretação dos sonhos, ciência à qual os cristãos de nossos dias, digo mesmo os cristãos fiéis, recusam crer, admitindo que a Bíblia, onde são narradas as maravilhosas adivinhações de José, é a palavra do Espírito Santo.

A ciência de José não era outra coisa senão a inteligência das relações naturais que existem entre as ideias e as imagens, entre o Verbo e suas figuras. Ele sabia que durante o sono, a alma mergulhada na luz astral, vê os reflexos de seus pensamentos mais secretos e mesmo de seus pressentimentos; ele sabia que a arte de traduzir os hieróglifos do sono é a chave da lucidez universal, porque todos os seres inteligentes têm revelações em sonhos.

A ciência hieroglífica absoluta tinha por base um alfabeto onde todos os deuses eram letras, todas as letras ideias, todas as ideias números, todos os números sinais perfeitos.

Esse alfabeto hieroglífico de que Moisés fez o grande segredo de sua Cabala, e que ensinou aos egípcios; porque, segundo o *Sepher Jesirah*, ele vinha de Abraão; esse alfabeto, dizemos nós, é o famoso livro de *Thot*, que Court de

Gébelin suspeitou ser conservado até hoje sob a forma deste jogo de cartas que se chama *tarô*; mal adivinhado depois por Eteila, a quem uma perseverança de trinta anos não pôde suprir ao bom senso e à primeira educação que lhe faltavam; existindo ainda, de fato, entre os destroços dos monumentos egípcios, e cuja chave mais curiosa e mais completa se acha na grande obra do padre Kircher sobre o Egito. É a cópia de uma mesa isíaca que pertenceu ao célebre cardeal Bembo. Essa mesa era de cobre com figuras esmaltadas; ela perdeu-se infelizmente; mas Kircher lhe dá uma cópia exata, e esse sábio jesuíta adivinhou, sem poder contudo levar mais longe sua explicação, que ela continha a chave hieroglífica dos alfabetos sagrados.

Essa mesa é dividida em três compartimentos iguais; no alto as doze casas celestes, embaixo as doze estações laboriosas do ano, no centro os vinte e um sinais sagrados correspondendo às letras.

No meio da região central tem assento a imagem de *Iynx* pantomorfo, emblema do ser universal correspondendo ao *iod* hebraico, a letra única de que se formam todas as outras. Ao redor do *Iynx* vê-se a tríade orfioniana correspondendo às três letras mães dos alfabetos egípcio e hebreu; à direita a tríade *nefteana* e a de Hécate, figuras do ativo e do passivo, do volátil e do fixo, do fogo fecundante e da água geratriz. Cada par de tríades, combinado com o centro, dá um setenário; mesmo o centro contém um. Assim os três setenários dão o absoluto numeral dos três mundos, e o número completo das letras primitivas, às quais se junta um sinal complementar, como aos nove caracteres dos números, ajunta-se o zero.

Os dez números e as vinte e duas letras são o que se chama em Cabala as trinta e duas vias da ciência, e sua descrição filosófica é o assunto do livro primitivo e venerado que se chama *Sepher Jerisah*, e que se pode achar na coleção de Pistório e alguma outra parte. O alfabeto de *Thauth* não é o original de nosso *tarô* senão de um modo incompleto. O *tarô* que temos é de origem judaica e os tipos das figuras não remontam além do reino de Carlos XII. O jogo de cartas de Jacquemin Gringonneur é o primeiro *tarô* que conhecemos, mas os símbolos que ele reproduz são da mais alta antiguidade. Este jogo foi um ensaio de algum astrólogo daquele tempo para chamar o rei à razão com o auxílio desta chave, oráculos, cujas respostas, resultando da combinação variada dos sinais, são sempre exatas como as matemáticas e medidas como as harmonias da natureza. Mas preciso se faz ser muito prudente para saber se servir de um instrumento de ciência e de razão; o pobre rei, infantilizado, viu apenas jogos de criança nas pinturas de Gringonneur, e fez um jogo de cartas dos alfabetos misteriosos da Cabala.

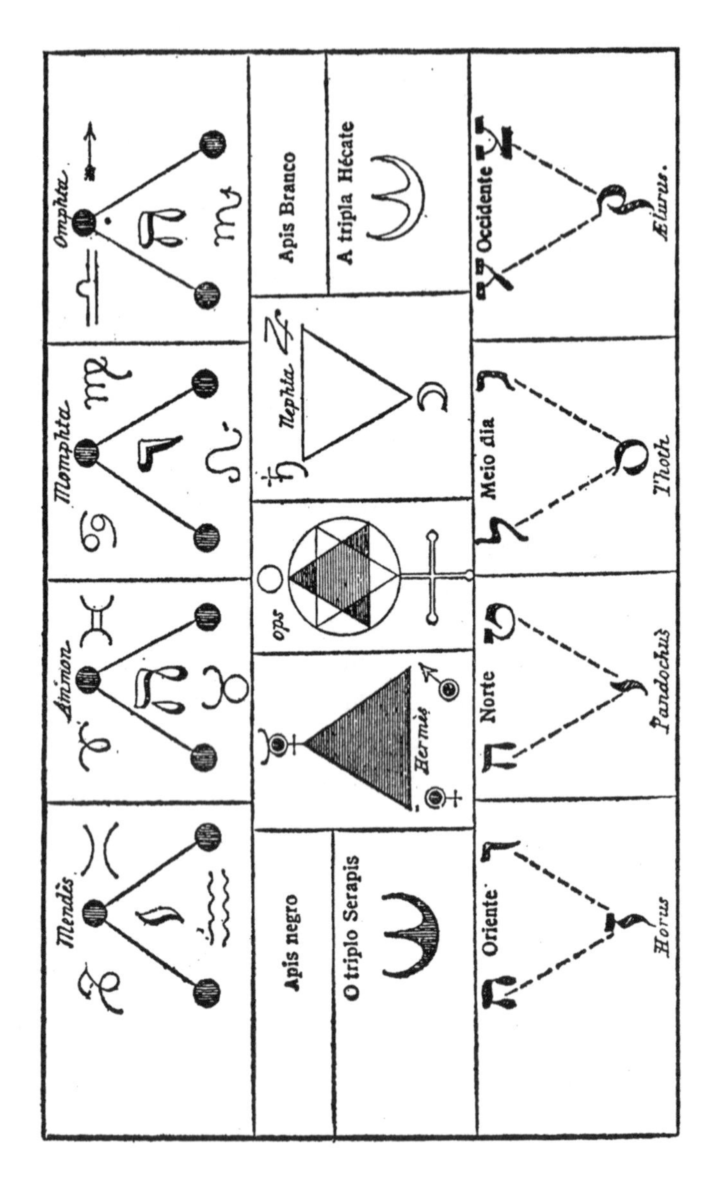

FIGURA 5

Quadro explicativo da tábua astronômica e alfabética, dita de Bembo
(Ver o Édipo de Kircher)

Conta-nos Moisés que os israelitas, ao saírem do Egito, conduziram os vasos sagrados dos egípcios. Essa história é alegórica, e o grande profeta não encorajara seu povo ao roubo. Esses vasos sagrados são os segredos da ciência egípcia que Moisés aprendera na corte do Faraó. Longe de nós a ideia de atribuir à Magia os milagres desse homem inspirado por Deus; mas a Bíblia nos ensinar que Jannés e Mambrés, os mágicos do Faraó, isto é, os grandes hierofantes do Egito, efetuaram a princípio, por sua arte, maravilhas semelhantes às suas. Assim, eles transformaram varinhas em serpentes e serpentes em varinhas, o que se pode explicar por prestígio ou fascinação. Eles transformaram a água em sangue, fizeram aparecer instantaneamente uma grande quantidade de rãs, mas não puderam conduzir nem moscas nem outros insetos parasitas, e já o dissemos por que e como é preciso explicar sua confissão quando se declararam vencidos.

Moisés triunfou e conduziu os israelitas fora da terra da servidão. Nessa época, a verdadeira ciência perdia-se no Egito, porque os sacerdotes, abusando da grande confiança do povo, o deixavam apodrecer numa embrutecedora idolatria; aí estava o grande obstáculo do esoterismo. Era preciso encobrir ao povo a verdade sem ocultá-la; era preciso impedir o simbolismo sem aviltar-se caindo no absurdo; era preciso conservar em toda sua dignidade e em toda sua beleza primeira, o véu sagrado de Ísis. É o que o sacerdócio egípcio não soube fazer. O vulgo imbecil tomou por realidades vivas as formas hieroglíficas de Osíris e de Hermanúbis. Osíris tornou-se um boi e o sábio Hermes um cão. Osíris, tornado boi, passeou cedo sob os falsos ouros do boi Ápis, e os sacerdotes não impediram o povo de adorar uma carne predestinada à sua cozinha.

Era tempo de salvar as santas tradições. Moisés criou um povo novo, e proibiu-lhe severamente o culto das imagens. Infelizmente esse povo vivera já com os idólatras, e as recordações do boi Ápis o perseguiam no deserto. É conhecida a história do veado de ouro que os filhos de Israel adoraram sempre um pouco. Moisés, entretanto, não quis entregar ao esquecimento os hieróglifos sagrados, e os santificou consagrando-os ao culto purificado do verdadeiro Deus. Veremos como todos os objetos que serviam ao culto de Jeová eram simbólicos, e lembravam os sinais venerados da revelação primitiva.

Mas é preciso acabar com a gentilidade e seguir através das civilizações pagãs, a história dos hieróglifos materializados e dos antigos ritos desprezados.

CAPÍTULO 5
MAGIA NA GRÉCIA

Tocamos à época onde as ciências exatas da Magia vão revestir-se de sua forma natural: a beleza. Vimos no *Sohar* o protótipo do homem erguer-se no céu mirando-se no oceano do Ser. Esse homem ideal, essa sombra do Deus pantomorfo, esse fantasma viril da forma perfeita não ficará isolado. Vai nascer-lhe uma companheira sob o doce céu da Helênia. A Vênus celeste, Vênus casta e fecunda, a tríplice mãe das três graças, sai por sua vez, não mais das águas dormentes do caos, mas das ondas vivas e agitadas desse arquipélago murmurador de poesia onde as ilhas matizadas de árvores verdes e de flores parecem ser os barquinhos dos deuses.

O setenário mágico dos caldeus transforma-se em múmia sobre as sete cordas da lira de Orfeu. É a harmonia que cultiva as florestas e os desertos da Grécia. Aos cantos poéticos de Orfeu abrandam-se os rochedos, desraigam-se os carvalhos, e os animais selvagens submetem-se ao homem. É por semelhante Magia que Anfion edifica os muros de Tebas. A sábia Tebas de Cadmo, a cidade que é pentáculo como as sete maravilhas do mundo, a cidade da iniciação. Foi Orfeu que deu a vida aos números, foi Cadmo que ligou o pensamento aos caracteres. Um fez um povo amoroso de todas as belezas, o outro deu a este povo uma pátria digna de seu gênio e de seus amores.

Nas tradições da antiga Grécia, vemos aparecer Orfeu entre os heróis do tosão de ouro, esses conquistadores primitivos da grande obra. O tosão de ouro é um fragmento do sol, é a luz apropriada aos usos do homem; é o grande segredo das obras mágicas, é a iniciação, enfim, que vai procurar na Ásia os heróis alegóricos do tosão de ouro. De outra parte, Cadmo é um exilado voluntário da grande Tebas do Egito. Ele traz à Grécia as letras primitivas e a harmonia que as reúne. Ao movimento dessa harmonia, a cidade típica, a cidade sábia, a nova Tebas edifica-se por si mesma, porque a ciência se acha inteiramente nas harmonias dos caracteres hieroglíficos, fonéticos e numerais que se movem por si mesmos segundo as leis das matemáticas eternas. Tebas é circular e sua cidadela é quadrada, tem sete portas como o céu mágico e sua lenda virá ser cedo a epopeia do ocultismo e a história profética do gênio humano.

Todas essas alegorias misteriosas, todas essas tradições sábias são a alma da civilização na Grécia, mas é nas transformações do simbolismo oriental levado à Grécia pelos hierofantes desconhecidos que se deve procurar a história real dos heróis desses poemas. Os grandes homens daquele tempo escreviam somente a história das ideias e pouco se importavam de nos iniciar nas misérias humanas do parto dos impérios. Homero também seguiu essa trilha; ele põe a trabalhar os deuses, isto é, os tipos imortais do pensamento, e se o mundo se agita é uma consequência forçada da contração das sobrancelhas de Júpiter. Se a Grécia leva o ferro e o fogo na Ásia, é para vingar os ultrajes da ciência e da virtude sacrificadas à volúpia. É para dar a Minerva e a Juno o império do mundo, a despeito dessa voluptuosa Vênus que perdeu todos os que a amaram demais.

Tal é a sublime missão da poesia; ela substitui os deuses pelos homens, isto é, as causas pelos efeitos e as concepções eternas pelas mesquinhas encarnações das grandezas da terra. São as ideias que elevam ou que fazem cair os impérios. No fundo de toda a grandeza há uma crença e para que uma crença seja poética, isto é, criadora, é preciso que dependa de uma verdade. A verdadeira história digna de interessar os sábios é a da luz sempre vitoriosa das trevas. Uma grande jornada desse sol chama-se uma civilização.

A fábula do tosão de ouro liga a Magia hermética às iniciações da Grécia. O aríete solar cujo tosão de ouro se deve conquistar para ser soberano do mundo é a figura da grande obra. O navio dos argonautas, construído com as tábuas dos carvalhos proféticos de Dodone, o *navio falante*, é o barco dos mistérios de Ísis, a arca das sementes e da renovação, o cofre de Osíris, o ovo da regeneração divina. Jasão, o aventureiro, é o iniciável; é um herói por sua audácia, ele tem da humanidade todas as inconstâncias e todas as fraquezas, mas conduz consigo as personificações de todas as forças. Hércules que simboliza a força brutal não deve concorrer à obra, ele desvia-se no caminho ao encalço de seus indignos amores; os outros chegam ao país da iniciação, na Cólquida, onde se conservavam ainda alguns dos segredos de Zoroastro; mas como conseguira a chave desses mistérios? A ciência é ainda uma vez traída por sua mulher. Medeia entrega a Jasão os arcanos da grande obra, ela entrega o reino e os dias de seu pai; porque é uma lei fatal do santuário oculto que a revelação dos segredos acarreta a morte daquele que não os pôde guardar.

Medeia ensina a Jasão quais são os monstros que ele deve combater e como poderá chegar ao triunfo. É a princípio a serpente alada e terrestre, o fluido astral que se deve surpreender e fixar; é preciso arrancar-lhe os dentes e semeá-los numa planície que antes se terá lavrado atrelando ao arado os touros de Marte. Os dentes do dragão são os ácidos que devem dissolver a terra metálica preparada por um duplo fogo e pelas forças magnéticas da terra.

Faz-se então uma fermentação e como um grande combate, o impuro é devorado pelo impuro, e o tosão brilhante torna-se a recompensa do adepto.

Aí termina o romance mágico de Jasão; vem depois o de Medeia, porque nessa história a antiguidade grega quis encerrar a epopeia das ciências ocultas. Depois da Magia hermética vem a Goecia, parricídio, infanticídio, sacrificando tudo a suas paixões não gozando nunca do fruto de seus crimes. Medeia traía seu pai, com Cam; assassina seu irmão, com Caim. Ela apunhala seus filhos, envenena sua rival e só recolhe o ódio daquele por quem queria ser amada. Podemos nos admirar de ver que Jasão, senhor do tosão de ouro não se torne mais sábio, mas nos lembremos de que ele não deve a descoberta de seus segredos senão à traição. Não é um adepto como Orfeu, é um arrebatado como Prometeu. O que ele procura não é a ciência, é o poder e a riqueza. Por isso ele virá infelizmente a morrer, e as propriedades inspiradoras e soberanas do tosão de ouro não serão nunca compreendidas senão pelos discípulos de Orfeu.

Prometeu, o tosão de ouro, a Tebaída, a Ilíada e a Odisseia, cinco grandes epopeias todas cheias dos grandes mistérios da natureza e dos destinos humanos compõem a Bíblia da antiga Grécia, monumento imenso, amontoamentos de montanhas sobre montanhas, obras-primas sobre obras-primas, de formas belas como a luz sobre pensamentos eternos e grandes como a verdade!

Não foi aliás sem riscos e perigos que os hierofantes da poesia iniciaram as populações da Grécia nessas maravilhosas ficções conservadoras da verdade. Ésquilo, que ousou pôr em cena as lutas gigantescas, os queixumes sobre-humanos e as esperanças divinas de Prometeu, o poeta terrível da família de Édipo, foi acusado de ter traído e profanado os mistérios e foi com dificuldade que escapou à severa condenação. Não podemos agora compreender toda a extensão do atentado do poeta. Seu drama era uma trilogia onde se via toda a história simbólica de Prometeu. Ésquilo ousara então mostrar ao povo reunido Prometeu solto por Alcides e derrubando Júpiter de seu trono. A onipotência do gênio que sofreu e a vitória definitiva da paciência sobre a força; era belo sem dúvida. Mas as multidões não podiam ver aí os triunfos futuros da impiedade e da anarquia! Prometeu vencedor de Júpiter não podia ser tomado pelo povo liberto um dia de seus sacerdotes e de seus reis; e esperanças culpadas não entrariam em grande parte nos aplausos esbanjados ao imprudente revelador?

Devemos obras-primas a essas fraquezas do dogma pela poesia e não somos desses iniciados austeros que quereriam, como Platão, exilar os poetas depois de tê-los coroado; os verdadeiros poetas são enviados de Deus sobre a terra e os que os repelem não devem ser abençoados do Céu.

O grande iniciador da Grécia e seu primeiro civilizador foi também o seu primeiro poeta; porque admitindo mesmo que Orfeu fosse simplesmente uma personagem mística ou fabulosa, era preciso crer na existência de Moisés e atribuir-lhe os versos que trazem o nome de seu mestre. Pouco nos importa aliás, que um dos Argonautas seja ou não chamado Orfeu, a personagem poética, fez mais do que viver; ele vive sempre, é imortal! A fábula de Orfeu é toda um dogma, é uma revelação dos destinos sacerdotais, é um ideal novo proveniente do culto da beleza. É já a regeneração e a redenção do amor. Orfeu desce aos infernos a procurar Eurídice, e ele deve trazê-la sem a olhar. Assim o homem puro deve criar uma companheira, deve elevá-la dedicando-se a ela e não a cobiçando. É renunciando ao objeto da paixão que se merece possuir o verdadeiro amor. Já se pressentem aqui os sonhos tão castos da cavalaria cristã. Para arrancar sua Eurídice ao inferno, não é preciso que ele a olhe... Mas o hierofante é ainda um homem, ele enfraquece, ele olha.

Ah miseram Eurydicen!...

Ei-la perdida! A falta está cometida, começa a expiação; Orfeu é viúvo, ele fica casto. É viúvo sem ter tido o tempo de conhecer Eurídice, viúvo de uma virgem ele ficará virgem, porque o poeta não tem dois corações e os filhos da raça dos deuses amam para sempre. Aspirações eternas, suspiros para um ideal que será encontrado além do túmulo, viuvez consagrada à musa sagrada! Que revelação afirmada pelas inspirações futuras! Orfeu tendo no coração uma ferida que só a morte poderá curar, faz-se médico das almas e dos corpos; ele morre, enfim, vítima de sua castidade; ele morre da morte dos iniciadores e dos profetas; ele morre depois de ter proclamado a unidade de Deus e a unidade do amor, e tal foi mais tarde o fundo dos mistérios na iniciação órfica.

Depois de se haver mostrado tão forte acima de sua época, Orfeu devia deixar a reputação de um feiticeiro e de um encantador. Atribuem-lhe, como a Salomão, o conhecimento dos simples e dos minerais, a ciência da medicina celeste e da pedra filosofal. Ele sabia tudo isso sem dúvida, visto como personifica na sua lenda a iniciação primitiva, a queda e a reparação; isto é, as três partes da grande obra da humanidade; eis em que termos, segundo Ballanche, se pode resumir a iniciação órfica:

"O homem depois de ter sofrido a influência dos elementos, deve fazer sofrer aos elementos sua própria influência.

"A criação é o ato de um magismo divino, contínuo e terno.

"Para o homem ser realmente é conhecer-se.

"A responsabilidade é uma conquista do homem, a pena mesma do pecado é um novo meio de conquistas.

"Toda vida repousa sobre a morte.

"A palingenesia é a lei reparadora.

"O casamento é a reprodução na humanidade do grande mistério cosmogônico. Ele deve ser um como Deus e a natureza são um.

"O casamento é a unidade da árvore da vida; a devassidão é a divisão e a morte.

"Sendo única a árvore da vida, e os ramos que se expandem no céu e florescem em estrelas correspondendo às raízes ocultas na terra.

"A astrologia é uma síntese.

"O conhecimento das virtudes, quer medicinais, quer mágicas das plantas, dos metais, dos corpos em que reside mais ou menos a vida, é uma síntese.

"As potências da organização, em seus diversos graus, são reveladas por uma síntese.

"As agregações e afinidades dos metais, como a alma vegetativa das plantas, como todas as forças assimiladoras, são igualmente revelados por uma síntese".*

Dizem que o belo é o esplendor do verdadeiro. É portanto a essa grande luz de Orfeu que se deve atribuir a beleza da forma revelada pela primeira vez na Grécia. É Orfeu que remonta a escola do divino Platão, este pai profano da alta filosofia cristã. É a ele que Pitágoras e os iluminados de Alexandria tomaram emprestados seus mistérios. A iniciação dos discípulos de Pasqualis Martinez são ainda os filhos de Orfeu, mas eles adoram o realizador da filosofia antiga, o verbo encarnado dos cristãos.

Dissemos que a primeira parte da fábula do tosão de ouro encerra os segredos da Magia órfica, e que a segunda é consagrada contra os abusos da Goecia ou da Magia tenebrosa.

A Goecia ou falsa magia, conhecida em nossos tempos pelo nome de *feitiçaria*, não poderia ser uma ciência, é o empirismo da fatalidade. Toda paixão excessiva produz uma força fictícia de que a vontade não poderia ser senhora, mas que obedece ao despotismo da paixão. Foi por isso que dizia Alberto, o Grande: "Não maldiga ninguém quando estiver encolerizado". É a história da maldição de Hipólito por Teseu. A paixão excessiva é uma verdadeira loucura. Ora, a loucura é uma embriaguez ou congestão da luz astral. É por isso que a loucura é contagiosa e que as paixões em geral conduzem consigo um verdadeiro malefício. As mulheres, mais facilmente arrastadas pela embriaguez apaixona-

* Orfeu Ballanche, Liv. XIII, pág. 169, ed. 1833.

da, são em geral melhores feiticeiras que os homens. A palavra *feiticeiro* designa as vítimas da sorte, e por assim dizer os cogumelos venenosos da fatalidade.

As feiticeiras entre os gregos, e especialmente na Tessália, praticavam horríveis ensinamentos e abandonavam-se a ritos abomináveis. Eram em geral mulheres perdidas de desejos que não podiam mais satisfazer, cortesãs envelhecidas, monturos de imoralidade e hediondez. Ciosas do amor e da vida, essas miseráveis mulheres não tinham amantes senão nos túmulos, ou antes, elas violavam sepulcros para devorar de terríveis carícias a carne gelada dos moços. Elas roubavam crianças cujos gritos abafavam, apertando-as contra suas mamas pendentes. Eram chamadas *lâmias*, *estriges*, *empusas*; as crianças, estes objetos de sua inveja e por consequência de seu ódio, eram sacrificadas por elas; umas, como Canídia de que fala Horácio, as enterravam até a cabeça, e as deixavam morrer de fome, cercando-as de alimentos que não podiam atingir; as outras lhes cortavam a cabeça, os pés e as mãos e faziam reduzir sua gordura e sua carne em bacias de cobre, até a consistência de um unguento que misturavam ao suco do meimendro, da beladona e das papoulas negras. Elas enchiam desse unguento o órgão incessantemente irritado por seus detestáveis desejos, friccionavam as têmporas e as axilas, depois caíam numa letargia cheia de sonhos desenfreados e luxuriosos. Convém ousar bem dizê-lo; eis as origens e as tradições da Magia negra; eis os segredos que se perpetuaram até nossa Idade Média; eis, enfim, que pretendidas vítimas inocentes a execração pública, muito mais que a sentença dos inquisidores, condenava a morrer nas chamas.

Era na Espanha, e na Itália sobretudo, que pululava ainda a raça das estriges, das lâmias e das empusas; e os que duvidem disso, podem consultar os mais sábios criminalistas desses países, reunidos por F. Torreblanca em seu *Epitome delictorum*. Medeia e Circe são os dois tipos de magia malfazeja entre os gregos. Circe é a mulher viciosa que fascina e degrada seus amantes, Medeia é a envenenadora amada que a tudo se atreve, e que faz a própria natureza servir a seus crimes. Há, de fato, seres que encantam como Circe e perto dos quais todos se aviltam; há mulheres cujo amor degrada as almas; elas não sabem inspirar senão paixões brutais, elas enervam os homens e depois os desprezam. É preciso que, como Ulisses, saibam fazer essas mulheres os obedecer e subjugá-las pelo temor, depois saber deixá-las sem pesar. São monstros de beleza, não têm coração; só a vaidade as faz viver. A antiguidade as representava ainda sob a figura de sereias.

Quanto a Medeia, é a criatura perversa, que quer o mal e que o opera. Essa é capaz de amar e não obedece ao temor, mas seu amor é mais temível que o ódio. Ela é mãe ruim e matadora de criancinhas. Ama a noite e vai colher ao luar ervas maléficas para preparar venenos. Ela magnetiza o ar, leva a desgraça à terra, infecta a água, envenena o fogo. Os répteis emprestam-lhe sua baba; ela murmura terríveis palavras; traços de sangue a acompanham, caem membros cortados de suas mãos. Seus conselhos endoidecem, suas carícias horrorizam.

Eis a mulher que quis colocar-se acima dos deveres de seu sexo, iniciando-se nas ciências proibidas. Quando ela passa, os homens se desviam e os meninos se escondem. Falta-lhe a razão e o amor, e as decepções da natureza revoltada contra ela são o suplício sempre renascente de seu orgulho.

CAPÍTULO 6

MAGIA MATEMÁTICA DE PITÁGORAS

Numa, cujos conhecimentos mágicos indicamos, tivera por iniciador um certo Tarcon, discípulo de um caldeu chamado Tagés. A ciência então tinha seus apóstolos, que percorriam o mundo para semear nele sacerdotes e reis. Muitas vezes mesmo a perseguição ajudava a realização dos desígnios da Providência e é assim que pela 62ª olimpíada, quatro gerações depois do reino de Numa, Pitágoras, de Samos, chegou à Itália para fugir à tirania de Polícrate.

O grande vulgarizador da filosofia dos números percorrera então todos os santuários do mundo; viera a Judeia onde se fizera circuncidar para ser admitido nos segredos da Cabala, que lhe comunicaram, não sem certa reserva, os profetas Ezequiel e Daniel. Depois se fizera admitir não sem pesar, à iniciação egípcia, sobre a recomendação do rei Amásis. O poder de seu gênio supriu as comunicações imperfeitas dos hierofantes, e ele tornou-se um mestre e um revelador.

Pitágoras definiu Deus: uma verdade viva e absoluta revestida de luz.

Ele dizia que o verbo era o número manifestado pela forma.

Ele fazia tudo descender do *tetractys*, isto é, do quaternário.

Deus, dizia ele, é a música suprema de que a natureza é a harmonia.

Segundo o seu pensar, a expressão mais alta da justiça é o culto; o mais perfeito uso da ciência é a medicina; o belo é a harmonia, a força é a razão, a felicidade é a perfeição, a verdade prática é que se deve desconfiar da fraqueza e da perversidade dos homens. Quando ele veio estabelecer-se em Crotona, os magistrados desta cidade, vendo o domínio que exercia sobre os espíritos e os corações, primeiro o temeram, depois o consultaram.

Pitágoras aconselhou-lhes a mais perfeita harmonia, porque, lhes dizia, são os conflitos entre os senhores que revoltam os servidores; em seguida ele lhes deu o grande preceito religioso, político e social:

"Não há mal nenhum que não seja preferível à anarquia".

Sentença de uma aplicação universal e de profundeza quase infinita, mas que nosso século mesmo não se acha esclarecido bastante para compreendê-lo.

Resta-nos de Pitágoras, além das tradições de sua vida, seus versos áureos e seus símbolos; seus versos áureos tornaram-se lugares comuns de moral vulgar, tal foi o êxito que tiveram através das idades. Eis uma tradução deles:

Επητὰ χρυσᾶ

Aos deuses, segundo as leis, preste justas homenagens;
Respeite o juramento, os heróis e os sábios;
Honre seus pais, seus reis, seus benfeitores;
Escolha para seus amigos os melhores homens;
Seja obsequioso, seja fácil nos negócios.
Não odeie seu amigo por faltas leves;
Sirva com o seu poder a causa do bom direito;
Quem faz tudo o que pode faz sempre o que deve.
Mas saiba reprimir como um mestre severo,
O apetite, o sono, Vênus e a cólera.
Não peque contra a honra nem de longe nem de perto.
E só, seja para si mesmo rigorosa testemunha.
Seja justo em ações, não em palavras;
Não dê pretextos frívolos ao mal.
A sorte nos enriquece, ela pode empobrecer-nos;
Mas fracos ou poderosos devemos todos morrer.
Não se esquive à sua parte de dores.
Aceite o remédio útil e saudável,
E saiba que sempre os homens virtuosos,
São os menos infelizes dos mortais aflitos.
Que seu coração se resigne aos debates injustos;
Deixe falar o mundo e siga sempre o seu caminho,

Mas não faça nada sobretudo levado pelo exemplo
Que seja sem retidão e sem utilidade.
Faça caminhar em sua frente o conselho que o aclara
Para que a absurdidade não venha atrás.
A tolice é sempre a maior das desgraças
E o homem sem conselhos responde por seus erros.
Não trabalhe sem saber, seja cioso para aprender.
Dê ao estudo um tempo que a felicidade deve restituir.
Não seja negligente em cuidar da sua saúde;
Mas tome o necessário com sobriedade.
Tudo que não pode prejudicar é permitido na vida;
Fuja à negligência e à ostentação insolente;
O luxo mais simples é o mais excelente.
Não proceda sem pensar no que vai fazer,
E reflita, à noite, sobre toda sua jornada.
Que fiz? Que ouvi? Que devo lastimar?
Para a justiça divina assim poder subir.

Até este ponto os versos áureos parecem ser simples lições de um pedagogo. Contudo eles têm outro alcance. São as leis preliminares da iniciação mágica, é a primeira parte da grande obra, isto é, a criação do adepto perfeito. A continuação faz vê-lo e o prova:

Eu o tomo por testemunha: Tetractys indizível,
Fonte inesgotável das formas e do tempo;
E você que sabe orar, quando os deuses são por você,
Conclua a sua obra e trabalhe com fé.
Chegará cedo e sem trabalho a conhecer
De onde procede, onde para, para onde volta seu ser.
Sem temor e sem desejos saberá os segredos
Que a natureza oculta aos mortais indiscretos.
Você calcará aos pés esta fraqueza humana
Que ao acaso e sem alvo conduz a fatalidade.
Saberá quem guia o futuro incerto,
E que demônio oculto segura os fios do destino.
Você subirá então sobre o carro de luz.
Espírito vitorioso e rei da matéria,
Compreenderá de Deus o reino paternal
E poderá assentar-se numa calma eterna.

Pitágoras dizia: “Assim como há três noções divinas e três regiões inteligíveis, há também um triplo verbo, porque a ordem hierárquica se manifesta sempre por três. Há a palavra simples, a palavra hieroglífica, e a palavra simbólica; em outros termos, há o verbo que exprime, o verbo que oculta e o verbo que significa; toda inteligência hierática acha-se na ciência perfeita destes três degraus”.

Ele envolvia então a doutrina de símbolos, mas evitava com cuidado as personificações e as imagens que no seu pensar produzem cedo ou tarde a idolatria. Acusaram-no mesmo de detestar os poetas, mas era somente aos maus poetas que Pitágoras proibia a arte dos versos.

Não cante versos se não tem lira.

Dizia ele nestes símbolos. Esse grande homem não podia ignorar a relação que existe entre os sublimes pensamentos e as belas expressões figuradas, seus símbolos mesmos são cheios de poesia.

Não arranque flores que formam coroas.

É assim que ele recomenda a seus discípulos de não diminuir nunca a glória e de não manchar o que o mundo parece ter necessidade de honrar.

Pitágoras era casto, mas longe de aconselhar o celibato a seus discípulos, ele mesmo se casou e teve filhos. Cita-se uma bela palavra da mulher de Pitágoras; perguntaram-lhe se a mulher que acaba de ter relações com um homem não tinha necessidade de algumas expiações e quanto tempo depois ela podia julgar-se pura bastante para aproximar-se das coisas santas.

– Imediatamente, disse ela, se é com seu marido, se é com outro qualquer, nunca!

É por essa severidade de princípios, é com essa pureza de costumes que se iniciava na escola de Pitágoras nos mistérios da natureza, e que se conseguia muito domínio sobre si mesmo para comandar as forças elementares. Pitágoras possuía essa faculdade que se chama entre nós segunda vista e que se chamava então adivinhação. Um dia ele achava-se com seus discípulos à beira-mar.

Mostra-se no horizonte um navio; “Mestre, diz-lhe um de seus discípulos, pensa que eu seria rico se me dessem a carga desse navio? Ela lhe seria muito útil, responde Pitágoras. – Pois bem! eu a guardaria para meus herdeiros. – Então quereria deixar-lhes dois cadáveres?”

O navio entrou no porto um instante depois; ele trazia o corpo de um homem que queria ser sepultado em sua pátria.

Conta-se que os animais obedeciam a Pitágoras. Um dia, no meio dos jogos olímpicos, ele chamou uma águia que atravessava o céu; a águia desceu fazendo giros e continuou seu voo quando o mestre fez sinal de ir-se embora. Uma ursa monstruosa devastava a Apúlia; Pitágoras a mandou vir a seus pés e ordenou-lhe que deixasse o país; depois disso ela não reapareceu mais e como lhe perguntassem a que ciência devia poder tão maravilhoso, respondeu:

– À ciência da luz.

Os seres animados, de fato, são encarnações de luz; as formas saem das penumbras da fealdade para chegar progressivamente aos esplendores da beleza, os instintos são proporcionais às formas e o homem, que é a síntese dessa luz de que os animais são a análise, é criado para comandá-los; perseguidor e seu carrasco, eles o temem e se revoltam contra ele. Eles devem sentir entretanto o poder de uma vontade excepcional, que se mostra para eles benevolente e guia e são então invencivelmente magnetizados, e um grande número de fenômenos modernos pode e deve fazer-nos compreender a possibilidade dos milagres de Pitágoras.

Os fisionomistas observaram que a maioria dos homens lembra por alguns traços de sua fisionomia a semelhança de algum animal. Esta semelhança pode ser simplesmente imaginária e produzir-se pela impressão que fazem sobre nós as diversas fisionomias, revelando-nos os traços salientes do caráter das pessoas. Assim veremos que um homem áspero de gênio assemelha-se a um urso, um homem hipócrita a um gato e assim os outros. Essas sortes de julgamentos exageram-se na imaginação e completam-se nos sonhos, onde muitas vezes as pessoas que nos impressionaram possivelmente na vigília, se transformam em animais e nos fazem sentir todas as agonias do pesadelo. Ora os animais que se acham como nós e mais do que nós sob o império da imaginação, porque não têm o juízo para lhes retificar os desvios. Por isso eles se afeiçoam a nosso respeito conforme suas simpatias ou antipatias muito excitados por nosso magnetismo. Eles não têm aliás nenhuma consciência do que constitui a forma humana e não veem em nós senão outros animais que os dominam. Assim o cão toma o seu dono por outro cão mais perfeito do que ele. É na direção desse instinto que consiste o segredo do império sobre os animais. Vimos um célebre domador de feras fascinar seus leões mostrando-lhes um semblante terrível e fingindo-se de leão furioso; aplica-se aqui o provérbio popular: "É preciso uivar com os lobos e dar balidos com os cordeiros". Aliás, cada forma animal representa um instinto particular, uma aptidão ou um vício. Se fizermos predominar em nós o caráter do animal, tomamos cada vez mais sua forma exterior, a ponto de imprimir-lhe a imagem perfeita na luz astral e de nos vermos, nós próprios, esse estado de sonho ou de êxtase, tais como seríamos vistos por sonâmbulos ou extáticos, e tais como aparecemos sem dúvida aos animais. Que a razão se extinga então, que o sonho perseverante se mude em loucura e acabamos transformados em animais como o foi Nabucodonosor. Assim se explicam as histórias dos lobisomens dos quais foram alguns juridicamente verificados. Os fatos eram constatados, averiguados, mas o que se ignorava era que as testemunhas não eram menos alucinadas que os próprios lobisomens.

Os fatos de coincidência e de correspondência dos sonhos não são raros nem extraordinários. Os extáticos veem-se e se falam de uma extremidade à outra do mundo no estado de êxtase. Vemos uma pessoa pela primeira vez e nos parece que a conhecemos há muito tempo; é que nós muitas vezes a encontramos em sonho. A vida é cheia dessas irregularidades, e quanto à transformação dos seres humanos em animais, a cada passo encontramos os exemplos. Quantas antigas mulheres galantes e gulosas, reduzidas ao estado de idiotismo depois de terem corrido todos os andares da existência, não são mais do que velhas gatas enamoradas de seus gatos!

Pitágoras acreditava acima de tudo na imortalidade da alma e na eternidade da vida. A sucessão contínua dos verões e dos invernos, dos dias e das noites, do sono e do despertar, explicavam-lhe bastante o fenômeno da morte. A imortalidade especial da alma humana consistia na sua opinião na prolongação da lembrança. Ele pretendia lembrar-se, diz-se, de suas existências anteriores e se é verdade que ele o pretendia, é que ele achava, de fato, alguma coisa de semelhante em suas reminiscências, porque um tal homem não podia ser nem um charlatão nem um louco. Mas é provável que ele julgasse reencontrar essas antigas lembranças em seus sonhos e se tomaria por uma afirmação positiva o que não era de sua parte senão uma pesquisa e uma hipótese; como quer que seja seu pensamento era grande e a vida real de nossa individualidade não consiste senão na memória. O rio do esquecimento dos antigos era a verdadeira imagem filosófica da morte. A Bíblia parece dar a essa ideia uma sanção divina quando diz no livro dos Salmos: "A vida do justo estará na eternidade da memória".*

* *In memoria aeterna erit justus.*

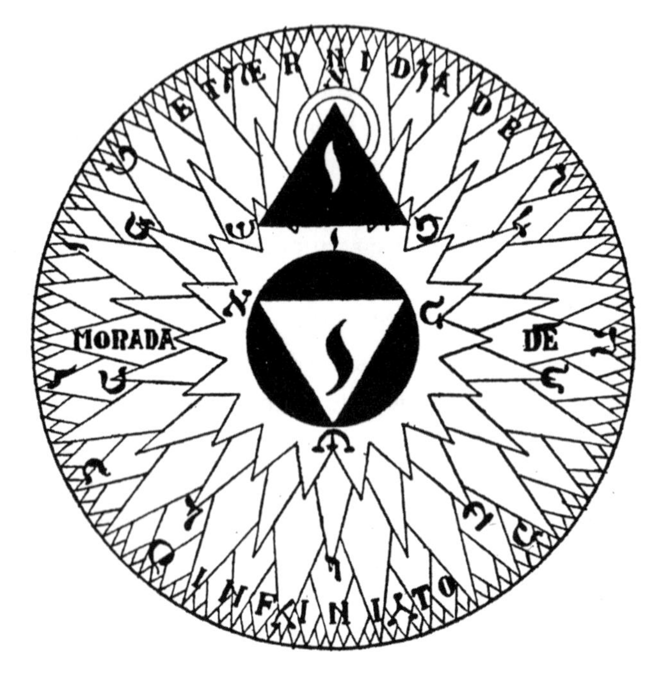

FIGURA 6

Pantaclos de letras cabalísticas. Chave do *Tarô* do *Sepher Jesirah* e do *Sohar*

CAPÍTULO 7

A SANTA CABALA

Remontemos agora às fontes da verdadeira ciência e retornemos à santa Cabala, ou tradição dos filhos de Set, trazida da Caldeia por Abraão, ensinada ao sacerdócio egípcio por José, recolhida e purificada por Moisés, oculta sob símbolos na Bíblia, revelada pelo Salvador a S. João e contida ainda toda sob figuras hieráticas semelhantes à de toda antiguidade no Apocalipse desse apóstolo.

Os cabalistas têm horror a tudo o que parece idolatria, eles dão contudo a Deus a figura humana, mas é uma figura puramente hieroglífica.

Eles consideram Deus como o infinito inteligente, amante e vivo. Não é para eles nem a coleção dos seres, nem a abstração do Ser nem um ser filosoficamente definível. Ele está em tudo, distinto de tudo e maior que tudo. Seu nome mesmo é indizível, e mesmo esse nome exprime apenas o ideal humano de sua divindade. O que Deus é por si mesmo não é dado ao homem compreender.

Deus é o absoluto da fé; mas o absoluto da razão é o Ser.

O ser existe por si mesmo e porque é. A razão de ser do Ser é o Ser mesmo. Alguém pode perguntar: "Por que existe alguma coisa, isto é, por que esta ou aquela coisa existe?" Mas ninguém pode sem absurdo perguntar: "Por que o Ser existe?" Seria supor o Ser antes do Ser.

A razão e a ciência nos demonstram que os modos de existência do Ser equilibram-se segundo leis harmoniosas e hierárquicas. Ora, a hierarquia se sintetiza subindo e torna-se sempre cada vez mais monárquica. A razão entretanto pode ficar em um chefe único sem se apavorar dos abismos que ela parece deixar acima desse Supremo monarca; ela cala-se então e cede o lugar à fé que adora.

O que é certo, mesmo para a ciência e para a razão, é que a ideia de Deus é a maior, a mais santa e a mais útil de todas as aspirações do homem; que sobre essa crença repousa a moral com a sanção eterna. Essa crença é portanto na humanidade o mais real dos fenômenos do Ser, e se ela fosse falsa, a natureza afirmaria o absurdo, o nada formularia a vida, Deus seria e não seria ao mesmo tempo.

É a essa realidade filosófica e incontestável que se chama a ideia de Deus, que os cabalistas dão um nome, neste nome se acham contidos todos os outros. Os algarismos desse nome produzem todos os números, os hieróglifos das letras desse nome exprimem todas as leis e todas as coisas da natureza.

Nós não retornaremos aqui sobre o que dissemos em nosso dogma da alta Magia sobre o tetragrama divino, acrescentaremos apenas que os cabalistas o escrevem de quatro modos principais:

יהזת

JHVA,

que eles não pronunciam, mas que soletram: *Iod, hé vau hé*, e que pronunciamos *Iehovah*, o que é contrário a toda a analogia, porque o tetragrama assim desfigurado se comporia de seis letras.

אדבי

ADNI,

que pronunciamos *Adonai*; este nome quer dizer Senhor.

אהדה

AHIH

que pronunciamos *Eieie*; este nome significa Ser.

א:לא

AGLA

que se pronuncia como se escreve, e que encerra hieroglificamente todos os mistérios da Cabala.

Efetivamente a letra Aleph א é a primeira do alfabeto hebreu; ela exprime a unidade, ela representa hieroglificamente o dogma de Hermes: "O que é superior é semelhante ao que é inferior". Essa letra, de fato, tem como dois braços, um dos quais mostra a terra e o outro o céu com um movimento análogo.

A letra Ghimel ג é a terceira do alfabeto; ela exprime numericamente o ternário e hieroglificamente o parto, a fecundidade.

A letra Lamed ל é a duodécima; ela é a expressão do ciclo perfeito. Como sinal hieroglífico, ela representa a circulação do movimento perpétuo e a relação do raio com a circunferência.

A letra Aleph repetida é a expressão da síntese. O nome Agla significa então:

A unidade que pelo ternário realiza o ciclo dos números para tornar à unidade;

O princípio fecundo da natureza que faz um com ele;

A verdade primeira que fecunda a ciência e a conduz à unidade;

A silepse, a análise, a ciência e a síntese;

As três pessoas divinas que são um só Deus.

O segredo da grande obra, isto é, a fixação da luz astral por uma emissão soberana de vontade, o que os adeptos figuravam por uma serpente traspassada por uma flecha formando com ela a letra Aleph א.

Depois as três operações, dissolver, sublimar, fixar, que correspondem às três substâncias necessárias, sal, enxofre e mercúrio, expressa o todo pela letra Ghimel ג.

Depois, as doze chaves de Basílio (Valentim) expressas por Lamed ל.

Enfim a obra efetuada conforme o seu princípio e reproduzindo o princípio mesmo.

Tal é a origem dessa tradição cabalística que põe toda a Magia em uma só palavra. Saber ler essa palavra e pronunciá-la, é compreender-lhe os mistérios e traduzir em ação esses conhecimentos absolutos, é ter a chave das maravilhas. Para pronunciar o nome Agla, é preciso virar-se para o lado do Oriente, isto é, unir-se de intenção e de ciência à tradição oriental. Não esqueçamos que segundo a Cabala, o Verbo perfeito é a palavra realizada por atos. Daí essa expressão que se encontra muitas vezes na Bíblia: "Fazer uma palavra" (*facere verbum*), no sentido de efetivar uma ação.

Pronunciar cabalisticamente o nome Agla, é portanto sofrer todas as provas da iniciação e completar-lhe todas as obras.

Dissemos em nosso dogma da alta Magia como o nome de Jeová se decompõe em setenta e dois nomes explicativos que se chamam *Schemhamphoras*.

A arte de empregar esses setenta e dois nomes e achar neles as chaves da ciência universal é o que os cabalistas denominaram as *clavículas* de Salomão. Com efeito, atrás dos compêndios de evocações e de preces que trazem este título, encontram-se ordinariamente setenta e dois círculos mágicos que formam trinta e seis talismãs. É quatro vezes nove, isto é, o número absoluto multiplicado pelo quaternário. Esses talismãs trazem cada um deles setenta e dois nomes com o sinal emblemático de seu número e do das quatro letras do nome de Jeová à qual eles correspondem. É o que deu lugar às quatro décadas emblemáticas do *tarô*; o bastão figurado *Yod*; a taça, o *hé*; a espada, o *vaf*; e o dinheiro, o *hé* final. No *tarô* ajuntou-se o complemento da dezena, que repete sinteticamente o caráter da unidade.

As tradições populares da Magia diziam que o possuidor das clavículas de Salomão pode conversar com os espíritos de todas as ordens e fazer-se obedecer por todas as potências naturais. Ora, essas clavículas várias vezes perdidas, depois reencontradas, não são outra coisa que os talismãs dos setenta e dois nomes e os mistérios das trinta e duas vias hieroglificamente reproduzidas pelo *tarô*. Com o auxílio desses sinais e por meio de suas combinações infinitas, como as dos números e das letras podem-se, efetivamente, chegar à revelação natural e matemática de todos os segredos da natureza, e entrar, por consequência, em comunicação com a hierarquia inteira das inteligências e dos gênios.

Os sábios cabalistas estão sempre alertas contra os sonhos da imaginação e as alucinações da vigília. Por isso evitam todas essas evocações doentias que abalam o sistema nervoso e entontecem a razão. Os experimentadores curiosos dos fenômenos de visão extranatural não são mais sensatos que os fumadores de ópio e de haxixe. São crianças que se fazem mal por prazer. Podemos nos deixar surpreender pela embriaguez; podemos mesmo nos esquecer voluntariamente a ponto de querer experimentar-lhe as vertigens; mas ao homem que se respeita basta uma só experiência e as pessoas honestas não se embriagam duas vezes.

O conde José de Maistre diz que um dia virão a zombar de nossa estupidez atual como nós nos rimos da barbárie da Idade Média. Que pensaria ele se visse nossos giradores de mesa? Se ele ouvisse nossos pregadores de teorias sobre o mundo oculto dos espíritos? Pobres criaturas que somos! Nós não escapamos ao absurdo senão pelo absurdo contrário. O século XVIII julgava protestar contra a superstição, negando a religião e nós protestamos contra a impiedade do século VIII voltando aos velhos contos de avós; não se poderia ser mais cristão do que Voltaire e dispensar a crença em fantasmas?

Os mortos não podem mais voltar à terra que deixaram, como uma criança não poderia reentrar no ventre de sua mãe.

O que chamamos *morte* é um nascimento em uma vida nova. A natureza não faz o que ela fez na ordem das progressões necessárias à existência, e ela não poderia dar o desmentido a suas leis fundamentais.

A alma humana, servida e limitada por órgãos, não pode senão por meio desses órgãos mesmos pôr-se em relação com as coisas do mundo visível. O corpo é um invólucro proporcional ao meio material no qual a alma deve viver neste mundo. Limitando a ação da alma, ele a concentra e a torna possível. De fato, a alma sem corpo estaria por toda a parte, mas tão pouco por toda a parte que ela não poderia agir em parte alguma; ela se perderia no infinito, seria absorvida e como aniquilada em Deus.

Imagine uma gota de água doce em um glóbulo e arremessada ao mar; tanto que se o glóbulo não estiver quebrado, a gota de água substituirá em sua própria natureza, mas se o glóbulo se quebrar, procure a gota de água no mar.

Deus criando os espíritos não pôde lhes dar uma personalidade consciente de si mesma senão dando-lhes um invólucro que centraliza sua ação e o impeça de perder-se, limitando-a.

Quando a alma se separa do corpo, ela muda então necessariamente de meio, visto como muda de invólucro. Ela parte somente revestida de sua forma astral, de seu invólucro de luz e sobe acima da atmosfera como o ar remonta acima da água, escapando de um vaso quebrado.

Nós dizemos que a alma sobe porque seu invólucro sobe, e que sua ação e sua consciência estão como o dissemos ligada a seu invólucro.

O ar atmosférico torna-se sólido para esses corpos de luz infinitamente mais leves que ele e que não poderiam tornar a descer senão carregando-se de uma vestimenta mais pesada, mas onde eles tomariam essa vestimenta acima de nossa atmosfera? Eles não poderiam portanto retornar à terra senão encarnando-se de novo; sua volta seria uma queda, eles se diluiriam como espíritos livres e recomeçariam seu noviciado. Mas a religião católica não admite que tal volta seja possível.

Os cabalistas formulam por um só axioma toda a doutrina que expomos aqui:

"O espírito, dizem eles, reveste-se para descer e se despoja para subir".

A vida das inteligências é toda de ascensão, a criança no seio de sua mãe vive de uma vida vegetativa e recebe o alimento por um laço que se liga como a árvore é presa na terra e alimentada ao mesmo tempo por sua raiz. Quando a criança passa da vida vegetativa à vida instintiva e animal, quebra-se seu cordão e ela pode andar.

Quando a criança se torna homem, ela foge às cadeias do instinto e pode agir como ser racional.

Quando o homem morre, ele escapa a essas leis da gravidade que sempre o faziam cair sobre a terra.

Quando a alma expiou suas faltas, ela torna-se forte bastante para deixar as trevas exteriores da atmosfera terrestre e para subir ao sol.

Então começa a ascensão eterna da escada santa, porque a eternidade dos eleitos não poderia ser ociosa; eles vão de virtude em virtude, de felicidade em felicidade, de triunfo em triunfo, de esplendor em esplendor.

A cadeia contudo não poderia ser interrompida e os dos degraus mais altos podem ainda exercer uma influência sobre os mais baixos, mas segundo a ordem hierárquica, e do mesmo modo que um rei governado sabiamente faz o bem ao último de seus súditos.

De degrau em degrau sobem as preces e as graças descem sem se enganar de caminho.

Mas os espíritos uma vez que sobem não descem mais porque à medida que eles sobem os degraus se solidificam sob seus pés.

O grande caos fortificou-se, diz Abraão, na palavra do mau rico; e os que estão aqui não podem mais descer.

O êxtase pode exaltar as forças do corpo sideral a ponto de lhe fazer arrastar no seu arremesso o corpo material, o que prova que o destino da alma é subir.

Os fatos de suspensão aérea são possíveis; mas não há exemplo de que um homem pudesse viver debaixo da terra ou na água.

Seria igualmente impossível que uma alma separada de seu corpo pudesse viver, mesmo um só instante, na espessura de nossa atmosfera. As almas dos mortos não estão portanto ao redor de nós como o supõe os giradores de mesas. Os que amamos podem nos ver e aparecer a nós, mas somente por miragem e por reflexo no espelho comum que é a luz. Eles não podem mais aliás interessar-se nas coisas mortais e só se prendem a nossas pessoas pelos sentimentos elevados que têm algo de conforme ou de semelhante à sua vida na eternidade.

Tais são as revelações da alta Cabala contidas e ocultas no livro misterioso de *Sohar*. Revelações hipotéticas sem dúvida para a ciência, mas apoiadas sobre uma série de induções rigorosas partindo dos fatos mesmos que a ciência menos contesta; ora, é preciso abordar aqui um dos segredos mais perigosos da Magia.

É a hipótese mais que provável das larvas fluídicas conhecidas na antiga Teurgia sob o nome de espíritos elementares.

Nós dissemos algumas palavras a respeito em nosso "Dogma e Ritual da Alta Magia", e o infeliz abade de Villars que havia brincado com essas terríveis revelações, pagou com a vida sua imprudência. Esse segredo é perigoso no que de perto se refere ao grande arcano mágico. Realmente, evocar esses espíritos elementares é ter o poder de coagular os fluidos por uma projeção de luz astral. Ora, esse poder assim dirigido não pode produzir senão desordens e desgraças como o provaremos mais tarde. Eis a teoria da hipótese com as provas da probabilidade:

O espírito que anima a matéria acha-se por toda a parte; ele solta-se da gravidade, aperfeiçoando seu invólucro que é sua forma. Vemos, de fato, a forma progredir com os instintos até a inteligência e a beleza; são os esforços da luz atraída pelos atrativos do espírito, é o mistério da geração progressiva e universal.

A luz é o agente eficiente das formas e da vida, porque ela é ao mesmo tempo movimento e calor. Quando ela chega a fixar-se e a polarizar-se ao redor de um centro, ela produz um ser vivo, depois ela atrai para aperfeiçoá-lo e conservar toda a substância plástica necessária. Essa substância plástica formada em última análise da terra e de água foi, com razão, chamada na Bíblia o limo da terra.

Mas a luz não é espírito, como creem os hierofantes indianos, e todas as escolas de Goecia; ele é simplesmente o instrumento do espírito. Ela não é o corpo do *protoplastés*, como faziam entender os teurgistas da escola de Alexandria; ela é a primeira manifestação física do sopro divino, Deus a criou eternamente e o homem, à imagem de Deus, a modifica e parece multiplicá-la.

Prometeu, diz a fábula, tendo roubado o fogo do céu, animou imagens feitas de terra e água, e é por esse crime que ele foi preso e fulminado por Júpiter. Os espíritos elementares, dizem os cabalistas nos seus livros mais secretos, são os filhos da solidão de Adão; nasceram de seus sonhos, quando aspirava pela mulher que Deus não lhe dera ainda.

Paracelso diz que o sangue perdido, quer regularmente quer em sonhos, pelos celibatários dos dois sexos, povoa o ar de fantasmas.

Pensamos ter indicado claramente aqui, segundo os mestres, a suposta origem dessas larvas sem que haja necessidade de outros comentários.

Essas larvas têm nesse caso um corpo aéreo formado do vapor do sangue. É por isso que elas procuram o sangue derramado e nutriam-se outrora das exalações dos sacrifícios.

São os filhos monstruosos desses pesadelos impuros que se chamavam antigamente os incubos e os sucubos.

Quando eles estão bastante condensados para serem vistos, não é mais do que um vapor colorido pelo reflexo de uma imagem; eles não têm vida própria, mas imitam a vida daquele que os evoca como a sombra imita o corpo.

Eles se produzem, sobretudo ao redor dos idiotas e dos seres sem moralidade que seu isolamento abandona a hábitos desregrados.

A coesão das partes de seu corpo fantástico sendo muito fraco, eles têm o ar livre, o grande fogo e sobretudo a ponta das espadas.

Eles tornam-se assim apêndices vaporosos do corpo real de seus pais, depois eles não vivem senão da vida daqueles que os criaram ou que os apropriam evocando-os. De forma que se ferirem suas aparências de corpo, o pai pode ser realmente ferido, como a criança que ainda não nasceu é realmente ferida ou desfigurada pelas imaginações de sua mãe.

O mundo inteiro é cheio de fenômenos que justificam essas revelações singulares e só por elas se podem explicar.

Essas larvas atraem a si o calor vital das pessoas de boa saúde, e esgotam rapidamente as que são fracas. Daí vieram as histórias de vampiros, histórias terrivelmente reais e periodicamente averiguadas como se sabe.

É por isso que ao aproximar dos *médiuns*, isto é, das pessoas molestadas por estas larvas, sente-se um resfriamento na atmosfera.

Devendo essas larvas a existência às mentiras da imaginação exaltada e ao desregramento dos sentidos, não se produzem nunca em presença de uma pessoa que sabe e que pode desvendar o mistério de seu monstruoso nascimento.

LIVRO II

FORMAÇÃO E REALIZAÇÃO DO DOGMA
ב, BETH

CAPÍTULO 1

SIMBOLISMO PRIMITIVO DA HISTÓRIA

Não nos compete explicar a Escritura Santa no ponto de vista religioso e temperado. Submetidos antes de qualquer outra coisa à ordem hierárquica, deixamos a Teologia aos doutores da Igreja e damos à ciência humana tudo o que é do domínio da experiência e da razão. Quando então parecer que arriscamos uma aplicação nova de uma passagem da Bíblia ou do Evangelho, é sempre salvo o respeito das decisões eclesiásticas. Nós não dogmatizamos, submetemos às autoridades legítimas nossas observações e nossos estudos.

O que logo de início nos chama a atenção, lendo no livro sagrado de Moisés a história original do gênero humano, é a descrição do paraíso terrestre que se resume na figura de um pantaclo perfeito. Ele é circular ou quadrado, visto como é banhado igualmente por quatro rios dispostos em cruz, e no centro se acham as duas árvores que representam a ciência e a vida, a inteligência estável e o movimento progressivo, a sabedoria e a criação. Ao redor da árvore da ciência enrola-se a serpente de Asclépio e de Hermes; ao pé da árvore estão o homem e a mulher, o ativo e o passivo, a inteligência e o amor. A serpente, símbolo do feitiço original e do fogo central da terra, tenta a mulher que é a mais fraca e esta faz sucumbir o homem; porém ela não cede à serpente senão para domá-la mais tarde, e um dia ela lhe esmagará a cabeça, dando ao mundo um Salvador.

Toda a ciência se acha figurada nesse quadro admirável. O homem abdica o domínio da inteligência cedendo às solicitações da parte sensitiva; ele profana o fruto da ciência que deve nutrir a alma, fazendo-o servir a uns de satisfação injusta e material, ele perde então o sentimento de harmonia e de verdade. Ele se acha revestido de uma pele de animal, porque a forma física conforma-se sempre cedo ou tarde com as disposições morais, ele é expulso do círculo banhado pelos quatro rios da vida, e um querubim, armado de uma espada flamejante agitada, o impede de entrar no domínio da unidade.

Como o fizemos observar em nosso dogma, Voltaire, tendo descoberto que em hebreu, um querubim significa um boi se divertiu muito com essa história. Ele riria menos se visse no anjo de cabeça de touro a imagem do simbolismo obscuro e na espada flamejante e móvel esses clarões de verdade mal concedida e enganadora que deram tanto crédito depois da queda original à idolatria das nações.

A espada flamejante representava também essa luz que o homem não sabia mais dirigir e cujos golpes fatais ele suportava em vez de governar-lhe o poder.

A grande obra mágica considerada de modo absoluto é a conquista e a direção da espada flamejante do querubim.

O querubim é o anjo ou a imagem da terra representada sempre nos antigos mistérios sob a figura de um touro.

É por isso que nos símbolos mitríacos, vê-se o Senhor da luz domando o touro terrestre e enterrando-lhe no flanco a espada, de onde faz brotar a vida figurada por gotas de sangue.

A primeira consequência do pecado de Eva é a morte de Abel. Separando o amor da inteligência, Eva o separou da força; a força tornada cega e submetida às ambições terrestres, torna-se ciosa do amor e o mata. Depois os filhos de Caim perpetuam o crime de seu pai. Eles põem ao mundo filhas fatalmente belas, filhas sem amor, nascidas para a danação dos anjos e para o escândalo dos descendentes de Set.

Depois do dilúvio e após a prevaricação de Cam, cujo mistério já indicamos, os filhos dos homens querem realizar um projeto insensato; querem construir um pantaclo e um palácio universal. É um gigantesco ensaio de socialismo igualitário e o falanstério de Fourier é uma concepção mesquinha ao pé da torre de Babel. É um ensaio de protesto contra a hierarquia da ciência, uma cidadela elevada contra as inundações e o raio, um promontório do alto do qual a cabeça do povo divinizado pairasse sobre a atmosfera e sobre as tempestades. Mas ninguém ascende à ciência por escadarias de pedra; os degraus hierárquicos do espírito não se constroem com argamassa como os andares de uma torre. A anarquia protestou contra essa hierarquia materializada. Os homens não se entenderam mais, lição fatal, tão mal compreendida por aqueles que em nossos dias sonharam uma outra Babel. Às doutrinas brutal e materialmente hierárquicas respondem as negações igualitárias; todas as vezes que o gênero humano construir uma torre para si, disputará o seu ápice e a tendência das multidões será de desertar-lhe a base. Para satisfazer todas as ambições, tornando o ápice mais largo que a base, seria necessário fazer uma torre que se abalasse ao vento, caindo ao menor choque.

A dispersão dos homens foi o primeiro efeito da maldição lançada contra os profanadores filhos de Cam. Mas a raça de Canaã suportou de modo todo particular o peso dessa maldição que devia levar mais tarde sua posteridade à maldição.

A castidade conservadora da família é o caráter distintivo das iniciações hierárquicas; a profanação e a revolta são sempre obscenas e tendem à promiscuidade infanticida. A mácula dos mistérios do nascimento, o atentado contra as crianças, eram o fundo dos cultos da antiga Palestina abandonada aos ritos da Magia negra. O deus negro da Índia, o monstruoso Rutrem, de formas principescas, lá reinava sob o nome de Belfegor.

Os talmudistas e o judeu platônico Fílon contam coisas tão vergonhosas do culto deste ídolo que pareceram incríveis ao sábio jurisconsulto Seldeno. Era, dizem eles, um ídolo barbudo, de boca aberta, tendo por língua um gigantesco falo; todos se descobriram sem pudor ante esse semblante, e ofereciam-lhe presentes saídos do esterco. Os ídolos de Moloch e Chamos eram máquinas mortíferas que ora esmagavam contra seu peito de bronze, ora consumiam em seus braços incandescentes infelizes criancinhas. Dançava-se ao ruído das trombetas e dos tambores para não se ouvirem os gritos das vítimas e as mães dirigiam as danças. O incesto, a sodomia, a bestialidade eram usos adotados entre esses povos infames e faziam parte mesmo dos ritos sagrados.

Consequência fatal das harmonias universais! Não se viola impunemente a verdade! O homem revoltado contra Deus é, malgrado seu, levado ao ultraje da natureza. Por isso as mesmas causas produzem os mesmos efeitos e o "sabá" dos feiticeiros da Idade Média não era senão uma repetição das festas de Chamos e de Belfegor.

É contra esses crimes que a natureza mesma lavrou uma sentença de morte eterna. Os adoradores dos deuses negros, os apóstolos da promiscuidade, os teóricos do impudor público, os inimigos da família e da hierarquia, os anarquistas em religião e em política são inimigos de Deus e da humanidade; não separá-los do mundo é consentir no envenenamento do mundo; assim raciocinavam os inquisidores. Estamos longe de lastimar as cruéis execuções da Idade Média e de desejar-lhes o restabelecimento. À medida que a sociedade for se tornando mais cristã, ela compreenderá cada vez melhor que é necessário curar os doentes e não fazê-los morrer. Não são os instintos criminais as mais horrendas de todas as doenças mentais? Não esqueçamos que a alta Magia se denomina a *arte sacerdotal* e a *arte real*; ela teria dividido no Egito, na Grécia e em Roma, as grandezas e as decadências do sacerdócio e da realeza. Toda filosofia inimiga do culto e de seus mistérios é fatalmente hostil aos grandes poderes políticos que perdem sua grandeza, se cessam aos olhos da multidão de ser as imagens do poder divino. Toda coroa quebra-se quando se choca contra a tiara.

Roubar o fogo do céu e destronar os deuses, é o sonho eterno de Prometeu; e o Prometeu popular arrancado do Cáucaso por Hércules, que simboliza o trabalho, conduzira sempre consigo seus pregos e suas cadeias; ele arrastará seu abutre imortal suspenso sobre sua chaga aberta, enquanto não vier a aprender a obediência e a resignação aos pés daquele que, tendo nascido rei dos reis e Deus dos deuses, quis ter por sua vez as mãos pregadas e o peito coberto pela conversão de todos os espíritos rebeldes.

As instituições republicanas, abrindo à intriga a carreira do poder, abalaram fortemente os princípios da hierarquia. O cuidado de formar reis não foi mais confiado ao sacerdócio, o que se supriu quer pela hereditariedade que entrega o trono às probabilidades desiguais da natureza, quer pela eleição popular que deixa fora a influência religiosa, para instituir a monarquia segundo os princípios republicanos.

Assim se formaram os governos que presidiram alternativamente aos triunfos e abaixamentos dos Estados da Grécia e de Roma. A ciência encerrada no santuário foi então negligenciada, e homens de audácia e de gênio, que os iniciadores não acolhiam, inventaram uma ciência que eles opuseram à dos sacerdotes, ou opuseram aos segredos do templo a dúvida e a negação. Esses filósofos, em consequência de sua imaginação aventurosa, chegaram cedo ao absurdo e lançaram à natureza a culpa dos defeitos de seus próprios sistemas. Heráclito se pôs a chorar; Demócrito preferiu rir e eles eram loucos um como o outro. Pirro acabará por não crer em nada, o que não será de natureza a compensá-lo de não saber nada. Neste caos filosófico Sócrates lançou um pouco de luz e de bom senso afirmando a existência pura e simples da moral sem religião. O deísmo abstrato de Sócrates traduzia-se pelo povo, pelo ateísmo; Sócrates carecia absolutamente de dogma, Platão seu discípulo tentou dar-lhe um ao qual Sócrates confessava nunca ter pensado.

A doutrina de Platão fez época, na história do gênio humano, mas esse filósofo não a inventara, e compreendendo que não há verdade fora da religião, ele foi consultar os sacerdotes de Mênfis e fez-se iniciar nos seus mistérios. Julga-se mesmo que ele teve conhecimento dos livros sagrados dos hebreus. Ele não pôde contudo receber no Egito senão uma iniciação imperfeita porque os sacerdotes mesmos haviam esquecido então o sentido dos hieróglifos primitivos. Temos a prova disso na história do sacerdote que passou três dias a decifrar uma inscrição hierática encontrada no túmulo de Alcmena e enviada por Agesilau, rei de Esparta. Cornufir, que era sem dúvida o mais sábio dos hierofantes, consultou todas as antigas coleções de sinais e de caracteres e descobriu, enfim, que essa inscrição era feita em caracteres de *Proteu*; Proteu era o nome que se dava na Grécia ao livro de *Thoth*, de que os hieróglifos modernos podiam tomar tantas formas quantas são as combinações possíveis por meio dos caracteres, dos números e das figuras elementares. Mas sendo o livro de *Thoth* a chave dos oráculos e o livro elementar da ciência, como Cornufir, se estava de fato instruído na arte sacerdotal, devia procurar tanto tempo antes de reconhecer-lhe os sinais? Outra prova do obscurecimento das primeiras verdades da ciência nessa época é que os oráculos se queixavam num estilo que não era mais compreendido.

Quando Platão em sua volta do Egito viajava com Símias, perto dos confins de Cária, ele encontrou homens de Délios que pediram que lhes explicasse um oráculo de Apolo. Este oráculo dizia que para fazer cessar os males da Grécia, era preciso dobrar a pedra cúbica. Os Délios tinham então tentado dobrar uma pedra cúbica que se achava no templo de Apolo. Mas dobrando-a de todos os lados eles conseguiram apenas fazer um poliedro de vinte e cinco faces, e para voltar à forma cúbica eles deveriam aumentar vinte e seis vezes, dobrando-o sempre, o volume primitivo da pedra. Platão mandou os emissários de Délios ao matemático Eudóxio, e lhes disse que o oráculo lhes aconselhava o estudo da Geometria. Se ele mesmo não compreendeu o sentido profundo dessa, ou não se dignou explicá-lo a esses ignorantes, é o que não poderíamos dizer. Mas o que é certo é que a pedra cúbica e sua multiplicação explicam todos os segredos dos números e sobretudo o do movimento perpétuo oculto pelos adeptos e procurado pelos tolos sob o nome de quadratura do círculo. Por essa aglomeração cúbica de vinte e seis cubos ao redor de um cubo central, o oráculo fizera os Délios acharem não somente os elementos da Geometria, mas ainda a chave das harmonias da criação explicadas pelo enca-

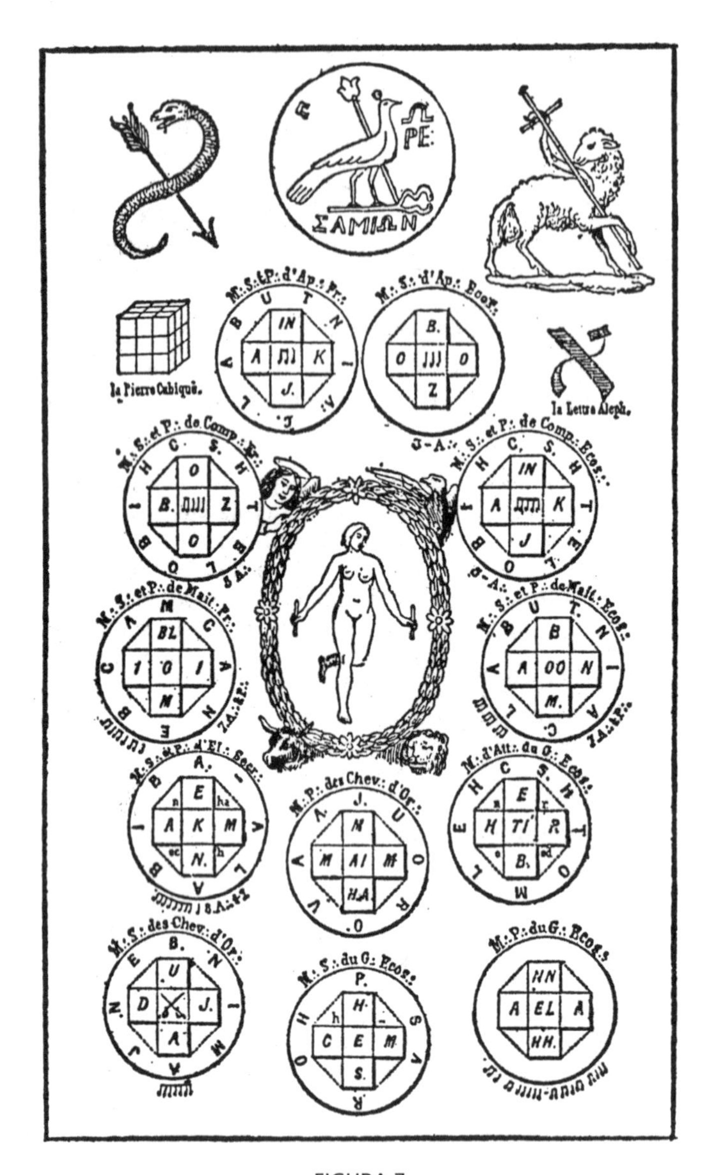

FIGURA 7

O selo de Cagliostro; o selo de Junon Samiana; o selo Apocalíptico e os doze selos de pedra cúbica em torno da chave do *Tarô*

deamento das formas e dos números. O plano de todos os grandes templos alegóricos da antiguidade se acha nessa multiplicação a princípio do cubo pela cruz ao redor da qual se pode descrever um círculo, depois a cruz que se pode mover num globo. Todas essas noções que uma figura fará melhor compreender, foram conservadas até nossos dias nas iniciações maçônicas e justificam perfeitamente o nome dado às associações modernas porque elas são também os princípios fundamentais da arquitetura e da ciência da edificação.

Os Délios julgaram resolver a questão geométrica diminuindo de metade sua multiplicação, mas ainda acharam oito vezes o volume de sua pedra cúbica. Pode-se, ainda mais, aumentar à vontade o número de seus ensaios; porque essa história não é talvez outra coisa que um problema que o próprio Platão propôs a seus discípulos. Se é preciso admitir como um fato a resposta do oráculo, nela acharemos um sentido mais amplo, porque dobrar a pedra cúbica é fazer sair o binário da unidade, a forma da ideia, a ação do pensamento. É realizar no mundo a exatidão das matemáticas eternas, é estabelecer a política sobre a base da ciência, é conformar o dogma religioso à filosofia dos números.

Platão tem menos profundidade porém mais eloquência que Pitágoras. Ele tenta conciliar a filosofia dos raciocinadores com os dogmas imutáveis dos videntes; ele não quer vulgarizar, ele quer reconstituir a ciência. Por isso sua filosofia devia fornecer mais tarde ao cristianismo nascente teorias prontas e dogmas a verificar.

Contudo, se bem que fundasse seus teoremas sobre as matemáticas, Platão, abundando em formas harmoniosas e pródigo de maravilhosas hipóteses, foi mais poeta que geômetra. Um gênio exclusivamente calculador, Aristóteles devia submeter tudo às provas das evoluções numerais e da lógica dos cálculos. Aristóteles, excluindo a fé platônica, quer provar tudo e encerrar tudo em suas categorias; ele traduz o ternário em silogismo, ou dedução formal e o binário em entimema, ou silogismo incompleto. A cadeia dos seres para ele torna-se um sorite. Ele quer abstrair tudo, tudo raciocinar; o Ser mesmo torna-se para ele uma abstração perdida nas hipóteses da ontologia. Platão inspirará os padres da Igreja, Aristóteles será o mestre dos escolásticos da Idade Média, e sabe Deus quantas trevas se acumularão ao redor dessa lógica que não crê em nada e pretende explicar tudo. Uma segunda Babel está se preparando e a confusão das línguas não está longe.

O Ser é o Ser, a razão do Ser está no Ser. No princípio é o Verbo e o Verbo (λογσς) é a lógica formulada em palavra, a razão falada; o Verbo está em Deus, o Verbo é Deus mesmo manifestado à inteligência.

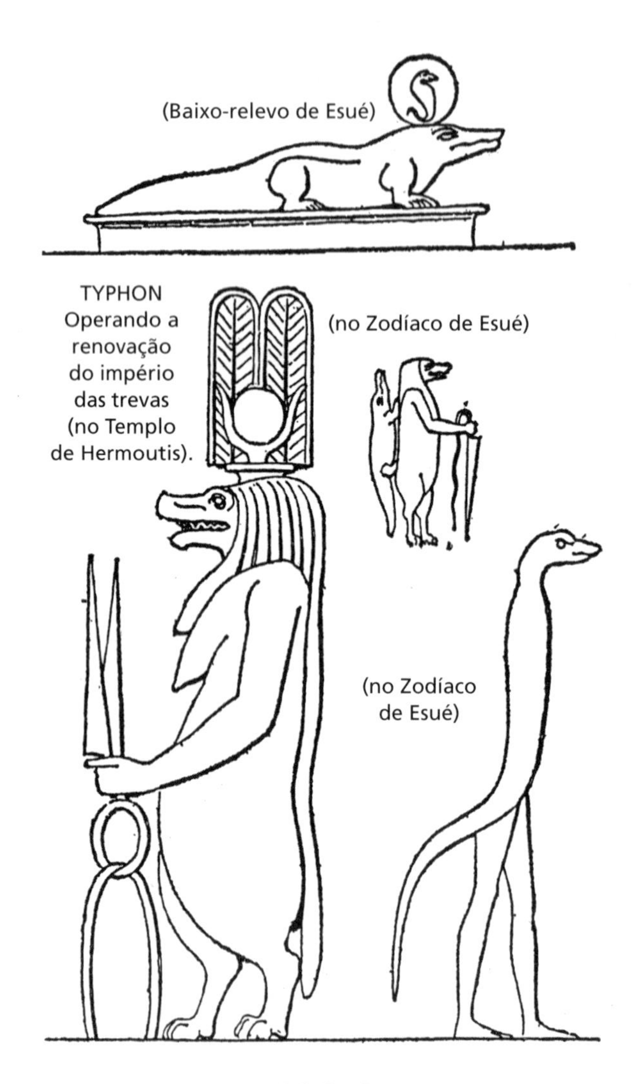

FIGURA 8

Símbolos Tifonianos. Tipos egípcios da Goecia e da Necromancia

Eis o que está acima de todas as filosofias. Eis o que se deve crer sob pena de nunca saber nada e de cair na dúvida absurda de Pirro. O sacerdócio, guarda da fé, repousa todo sobre essa base da ciência, e em seu ensino que se deve saudar o princípio divino do Verbo eterno.

CAPÍTULO 2

MISTICISMO

A legitimidade de direito divino pertence de tal forma ao sacerdócio que sem ela o verdadeiro sacerdócio não existe. A iniciação e a consagração são uma verdadeira hereditariedade.

Assim o santuário é inviolável para os profanos e não pode ser invadido pelos sectários.

Assim as luzes da revelação divina se distribuem com uma suprema razão, porque elas descem com ordem e harmonia. Deus não esclarece o mundo com meteoros e raios, mas em compensação faz gravitar universos cada um ao redor de seu sol.

Essas harmonias perturbam certas almas impacientes do dever, e vêm homens que, não podendo forçar a revelação a concordar-se com seus vícios, se consideram reformadores da moral. "Se Deus falou, dizem eles, como Rousseau, por que eu não ouvi nada do que ele disse?" Depois acrescentaram: "Ele falou mas foi a mim"; eles o sonharam e acabam por crê-lo. Assim começam os sectários, esses fatores de anarquia religiosa que não queríamos ver entregar às chamas, mas que é preciso enclausurar como loucos furiosos.

Assim se formaram as escolas místicas profanadoras da ciência. Vimos por que processo os faquires da Índia chegavam por eretismos nervosos e congestões cerebrais ao que eles chamavam a *luz incriada*. O Egito teve também seus feiticeiros e seus encantadores, e a Tessália na Grécia esteve cheia de conjurações e malefícios. Colocar-se diretamente em relação com os demônios e os deuses é suprimir o sacerdócio, é revolver a base do trono; o instinto anárquico dos pretensos iluminados bem o sabia. Por isso é pelo engodo da licença que eles esperavam recrutar discípulos e eles davam de antemão a absolvição a todos os escândalos dos costumes, contentando-se da rigidez na revolta e da energia no protesto contra a legitimidade sacerdotal.

As bacantes que despedaçaram Orfeu, julgaram-se inspiradas num deus, e sacrificaram o grande hierofante à sua embriaguez divinizada. As orgias de Baco eram excitações místicas, e sempre os sectários da loucura procederam por movimentos desregrados, excitações frenéticas e revoltantes convulsões; desde os sacerdotes efeminados de Baco até aos gnósticos; desde os dervixes giradores até aos epiléticos do túmulo do diácono Paris, o caráter da exaltação supersticiosa e fanática é sempre o mesmo. É sempre sob pretexto de purificar o dogma, é em nome de um espiritualismo demasiado que os místicos de todos os tempos materializaram os sinais do culto. O mesmo sucede com os profanadores da ciência dos magos, porque a alta Magia, não o esqueçamos, é a arte sacerdotal primitiva. Ela reprova tudo o que se faz fora da hierarquia legítima e aplaude não o suplício, mas a condenação dos sectários e dos feiticeiros.

É de propósito que aproximamos essas duas qualificações, todos os sectários foram evocadores de espíritos e de fantasmas que davam ao mundo por deuses; eles se gabavam todos de operar milagres em apoio de suas mentiras. Sob esses títulos, pois eram todos goécios, isto é, verdadeiros operadores de Magia negra.

Sendo a anarquia o ponto de partida e o caráter distintivo do misticismo dissidente, a concórdia religiosa é impossível entre sectários, mas eles se entendem admiravelmente sobre um ponto; é o ódio da autoridade hierárquica e legítima. Nisto portanto consiste realmente sua religião, pois que é o único laço que os liga uns aos outros. É sempre o crime de Cam; é o desprezo do princípio da família, e o ultraje infringido ao pai cuja embriaguez é proclamada por todos os dissidentes, e cuja nudez e sono eles descobrem com risos sacrílegos.

Os místicos anarquistas confundem todos entre a luz intelectual com a luz astral; eles adoram a serpente em vez de venerar a sabedoria obediente e pura que lhe põe o pé na cabeça. Por isso eles se embriagam de vertigens e não tardam a cair no abismo da loucura.

Os loucos são todos visionários e muitas vezes se podem crer taumaturgos, porque a alucinação sendo contagiosa, sucede muitas vezes ou parece suceder ao redor dos loucos coisas inexplicáveis. Aliás, os fenômenos da luz astral atraída ou projetada em excesso, são por si mesmos de natureza a desorientar os meio-sábios. Acumulando-se nos corpos, ela lhes dá pela distensão violenta das moléculas tal elasticidade, que os ossos podem torcer-se e os músculos alongar-se desmedidamente. Formam-se turbilhões e como trombas dessa luz, que levantam os corpos mais pesados e podem sustentá-los no ar durante um tempo proporcional à força de projeção. Os doentes sentem-se então como perto de se arrebentarem e solicitam socorros por compressão mais forte sendo então equilibrados pela tensão fluídica, não fazem nem contusões nem feridas e aliviam o paciente em vez de sufocá-lo.

Os loucos tomam horror aos médicos e os místicos alucinados detestam os sábios, eles os fogem a princípio, eles os perseguem em seguida fatalmente e malgrado seu; se eles são doces e indulgentes, é para os vícios; a razão submetida à autoridade os acha incapazes; os sectários em aparência mais meigos são tomados de furor e de ódio, quando se lhes fala de submissão e de hierarquia. As heresias ocasionaram sempre perturbações. Se um falso profeta não perverte, é preciso que ele mate. Eles reclamam com insistência a tolerância para eles mas recorrem aos outros. Os protestantes declamavam contra as fogueiras de Roma na época mesmo em que J. Calvino, com sua autoridade privada, fazia queimar Miguel Servet.

São os crimes dos donatistas, dos circunceliães e de tantos outros que forçaram os princípios católicos a corromperem-se e a Igreja mesma lhes abandonar os culpados. Não se diria ouvindo os gemidos da irreligião que os Vaudois, os Albigenses e os Hussitas eram cordeiros? Seriam inocentes esses sombrios puritanos da Escócia e da Inglaterra que tinham o punhal numa mão e a Bíblia na outra, pregando a exterminação dos católicos? Uma só Igreja no meio de tantas represálias e de horrores, sempre estabeleceu e manteve em princípio seu horror ao sangue; é a Igreja hierárquica e legítima.

A Igreja, admitindo a possibilidade e a existência dos milagres diabólicos, reconhece a existência de uma força natural de que se pode servir, quer para o bem, quer para o mal. Por isso ela sabiamente decidiu que se a santidade da doutrina pode legitimar o milagre, o milagre só não pode nunca autorizar as novidades da doutrina.

Dizer que Deus cujas leis são perfeitas e não se desmentem nunca, se serve de um meio natural para operar coisas que nos parecem sobrenaturais, é afirmar a razão suprema e o poder imutável de Deus, é engrandecer a ideia que temos de sua providência; não é negar sua intervenção nas maravilhas que se operam em favor da verdade, que os católicos sinceros o compreendam bem.

Os falsos milagres ocasionados pelas congestões astrais têm sempre uma tendência anárquica e imoral, porque a desordem chama a desordem. Por isso os deuses e os gênios dos sectários são ávidos de sangue e prometem ordinariamente sua proteção ao preço do assassinato. Os idólatras da Síria e da

Judeia faziam oráculos com cabeças de crianças que eles arrancavam violentamente do corpo dessas pequenas criaturas. Eles faziam secar as cabeças delas, e depois de lhes ter metido debaixo da língua uma lâmina de ouro com caracteres desconhecidos, eles as colocavam em buracos feitos nos muros, faziam-lhe um corpo de plantas mágicas cercadas de faixas, acendiam uma lâmpada diante desses terríveis ídolos, ofereciam-lhes incenso e vinham religiosamente consultá-los; eles julgavam ouvir falar essa cabeça cujos últimos gritos de agonia tinham sem dúvida abalado sua imaginação. Dissemos aliás que o sangue atrai as larvas. Nos sacrifícios infernais, os antigos cavavam um fosso e o enchiam de sangue tépido e fumegante; eles viam então rastejar, subir, descer, acorrer das profundezas da terra, de todas as profundidades da noite, sombras débeis e pálidas. Eles traçavam com a ponta da espada sangrenta o círculo das evocações, acendiam os fogos do loureiro, do olmo e do cipreste, sobre altares coroados de asfodelo e de verbena; a noite parecia então tornar-se mais fria e mais sombria, a lua escondia-se sob as nuvens e ouvia-se o fraco roçar dos fantasmas que se comprimiam em torno do círculo, enquanto os cães uivavam lamentavelmente em todo o campo.

Para poder tudo é preciso tudo ousar, tal era o princípio dos encantamentos e de seus horrores. Os falsos mágicos se ligavam pelo crime, e eles julgavam-se capazes de fazer medo aos outros quando chegavam a aterrorizar a eles mesmos. Os ritos da Magia negra ficaram horríveis como os cultos ímpios que ela produzira, quer nas associações de malfeitores que conspiravam contra as civilizações antigas, quer entre as povoações bárbaras. É sempre o mesmo amor das trevas, são sempre as mesmas profanações, as mesmas regras sangrentas. A Magia anárquica é o culto da morte. O feiticeiro abandona-se à fatalidade, ele abjura sua razão, renuncia à esperança da imortalidade e imola crianças. Ele renuncia ao casamento honesto e faz voto de devassidão estéril. Sob essas condições ele goza da plenitude de sua loucura, embriaga-se de sua maldade a ponto de crê-la onipotente e transformando em realidade suas alucinações ele se julga senhor de evocar todo o túmulo e todo o inferno.

As palavras bárbaras e os sinais desconhecidos ou mesmo absolutamente insignificantes são os melhores em Magia negra. A melhor alucinação se dá com as práticas ridículas e invocações imbecis do que por meio de ritos ou fórmulas capazes de despertar a inteligência. M. Du Potet afirma ter experimentado o poder de certos sinais sobre os crisíacos, e os sinais que ele traça com sua mão em seu livro oculto, com precaução e mistério, são análogos senão absolutamente semelhantes às pretendidas assinaturas diabólicas que se acham nas antigas edições de grande engrimanço. As mesmas causas devem sempre produzir os mesmos efeitos e não há nada de novo sob a lua dos feiticeiros como sob o sol dos sábios.

O estado de alucinação permanente é uma morte ou uma abdicação da consciência; então se é entregue a todos os acasos da fatalidade dos sonhos. Cada lembrança traz seu reflexo, cada mau desejo cria uma imagem, cada remorso produz um pesadelo. A vida torna-se a de um animal, mas de um animal sombrio e atormentado. Não se tem mais consciência nem da moral nem do tempo. As realidades não existem mais, tudo se agita no turbilhão das formas mais insensatas. Uma hora parece às vezes durar séculos; podem anos passar com a rapidez de uma hora.

Nosso cérebro, todo fosforescente de luz astral, acha-se cheio de reflexos e de figuras sem número. Quando fechamos os olhos, parece-nos muitas vezes que um panorama ora brilhante, ora sombrio e terrível se desenrola sob nossas pálpebras. Um doente atacado de febre, mal fecha os olhos durante a noite, quando é deslumbrado muitas vezes por uma insuportável claridade. Nosso sistema nervoso, que é um aparelho elétrico completo, concentra a luz no cérebro que é o polo negativo do aparelho, ou a projeta pelas extremidades que são as pontas destinadas a pôr em circulação nosso fluido vital. Quando o cérebro atrai violentamente uma série de imagens semelhantes a uma paixão que rompeu o equilíbrio da máquina, a troca de luz não se faz mais, detém-se a respiração astral e a luz extraviada se coagula de alguma forma no cérebro. Por isso os alucinados têm sensações mais falsas e mais perversas. Deles há os que acham prazer em cortar a pele em tiras e descascar-se lentamente, outros comem e saboreiam as substâncias que menos se prestam à alimentação. M. Brierre de Boismont, em seu *Tratado das Alucinações,** reuniu muitas séries de observações excessivamente curiosas; todos os excessos da vida, quer em bem mal compreendido, quer em mal não combatido, podem exaltar o cérebro e produzir estagnações de luz. A ambição excessiva, as pretensões orgulhosas à saúde, uma continência cheia de escrúpulos e de desejos, paixões vergonhosas satisfeitas apesar dos avisos reiterados do remorso; tudo isso conduz ao enfraquecimento da razão, ao êxtase mórbido, à histeria, às visões, à loucura. Um homem não é louco, observa o sábio doutor, porque tem visões, mas porque crê mais em suas visões do que no senso comum. É portanto a obediência e a autoridade apenas que podem salvar os místicos; se eles têm em si mesmos uma confiança obstinada, não há mais remédio, eles

* Brierre de Boismont. *Des hallucinations, ou historie raisonèe des apparitions, des visions, des songes, de l'etase, du magnetisme et du somnambulisme*, 2. edition, 1852, 1 vol. en 8.

são já os excomungados da razão e da fé, são os alienados da caridade universal. Eles julgam-se mais sábios que a sociedade; creem formar uma religião e estão sós; eles pensam ter roubado para seu uso pessoal as chaves secretas da vida e sua inteligência caiu já na morte.

CAPÍTULO 3

INICIAÇÃO E PROVAS

O que os adeptos chamam grande obra não é somente a transmutação dos metais, é também e sobretudo a medicina universal, isto é, o remédio a todos os males, entre os quais a morte.

A obra que cria a medicina universal, é a regeneração moral do homem. É esse segundo nascimento de que falava o Salvador ao doutor da lei. A Nicodemo, que não o compreendia, Jesus lhe dizia: "Como? Você é mestre em Israel e ignora esse mistério!", como se ele quisesse fazer compreender-lhe que se tratava dos princípios fundamentais da ciência religiosa e que não era permitido a um mestre ignorá-lo.

O grande mistério da vida e de suas provas acha-se representado na esfera celeste e no ciclo do ano. As quatro formas da esfinge correspondem aos quatro elementos e às quatro estações. As figuras simbólicas do broquel de Aquiles, em Homero, têm uma significação semelhante a dos doze trabalhos de Hércules. Aquiles deve morrer como Hércules, depois de ter vencido os elementos e combatido contra os deuses. Hércules, vitorioso de todos os vícios representados pelos monstros que ele deve combater, sucumbe um instante ao mais perigoso de todos, ao amor; mas ele arranca enfim de seu peito, com pedaços de sua carne, a túnica ardente de Djanira; ele a abandona culpada e vencida e morre liberto e imortal.

Todo homem que pensa é um Édipo que tem de adivinhar o enigma da esfinge ou morrer. Todo iniciado deve ser um Hércules a realizar o ciclo de um grande ano de trabalhos, e merecendo, pelos sacrifícios do coração e da vida, os triunfos da apoteose.

Orfeu não é rei da lira e dos sacrifícios senão depois de ter alternativamente conquistado e perdido Eurídice. Ônfale e Djanira têm ciúmes de Hércules; uma quer aviltá-lo, a outra cede aos conselhos de uma rival infame que a impele a envenenar o libertador do mundo; porém, ela vai curá-lo de um envenenamento diferentemente nocivo, o de seu indigno amor. A chama da fogueira vai purificar esse coração enfraquecido; Hércules expira em toda a sua força e pode se assentar vitorioso perto do trono de Júpiter.

Jacó, antes de ser o grande patriarca de Israel, combatera durante toda uma longa noite contra um anjo.

A *prova*, tal é a grande palavra da vida; a vida é uma serpente que se procria e se devora sem cessar; é preciso fugir a seus abraços e pôr-lhe o pé sobre a cabeça; Hermes, multiplicando-a, a opõe a si mesmo e num equilíbrio eterno, faz dela o talismã de seu poder e a glória de seu caduceu.

As grandes provas de Mênfis e de Elêusis tinham por alvo formar reis e sacerdotes, confiando a ciência a homens corajosos e fortes. Era preciso, para ser admitido a essas provas, entregar-se de corpo e alma ao sacerdócio e fazer abandono de sua vida. Descia-se então em subterrâneos muito escuros onde se devia atravessar alternativamente fogueiras acesas, correntes de água profunda e rápida, pontes móveis lançadas sobre abismos e isso sem deixar se extinguir ou escapar uma lâmpada que se levava na mão. Aquele que vacilasse ou que tivesse medo, não devia jamais rever a luz; o que transpusesse com intrepidez todos os obstáculos era recebido entre os *mistos*, isto é, era iniciado nos pequenos mistérios. Mas ainda faltava provar sua fidelidade e seu silêncio, e só no fim de muitos anos ele tornava-se *epopta*, título que corresponde ao de adepto.

A filosofia, rival do sacerdócio, imitou essa prática e submeteu seus discípulos a provas. Pitágoras exigia o silêncio e a abstinência durante cinco anos; Platão não admitia em sua escola senão geômetras e músicos, e reservava, aliás, uma parte de seu ensino para os iniciados e sua filosofia tinha seus mistérios. É assim que ele faz criar o mundo pelos demônios, e que faz sair todos os animais do homem. Os demônios de Platão são os mesmos *Eloím* de Moisés, isto é, as forças pelo concurso e a harmonia das quais criou o princípio supremo. Dizendo que os animais saem do homem, ele quer dizer que os animais são a análise da forma viva de que o homem é a síntese. Foi Platão que primeiro proclamou a divindade do verbo, isto é, de sua palavra, e desse verbo criador, ele parece pressentir a encarnação próxima sobre a terra; ele anuncia os sofrimentos e o suplício do justo perfeito, reprovado pela iniquidade do mundo.

Essa filosofia sublime do Verbo pertence à pura Cabala, e Platão não a inventou. Ele aliás não a oculta e declara altamente *que em nenhuma ciência não se deve nunca receber senão o que concorda com as verdades eternas e com os oráculos de Deus*. Dacler, de onde tiramos essa citação; acrescenta que, "para estas verdades eternas, Platão compreende uma antiga tradição, que ele pretende que os primeiros homens receberam de Deus e que transmitiram a seus descendentes". Certo, não se poderia ser mais claro, a menos de não designar positivamente a Cabala. É a definição em lugar do nome; é alguma coisa de mais preciso que o próprio nome.

"Não são os livros, diz ainda Platão, que dão estes altos conhecimentos; é preciso consumi-los em si mesmos por uma profunda meditação e procurar o fogo sagrado em sua própria fonte... Eis por que eu não escrevi nada destas revelações e delas não falarei jamais.

"Todo homem que empreender vulgarizá-las o empreenderá sempre inutilmente, e todo fruto que tirar de seu trabalho, é que salvo um pequeno grupo de homens a quem Deus deu inteligência para ver neles mesmos estas verdades celestes, a uns Ele dará desprezo por elas e encherá os outros de uma vã e temerária confiança, como se eles soubessem coisas maravilhosas que contudo não sabem."*

Ele escreve a Dionísio, o moço:

"É preciso que eu declare a Arquédemo o que é muito mais precioso e mais divino e que você tem grande desejo de saber, visto como você me mandou expressamente; porque, segundo o que ele me disse, você não crê que eu tenha suficientemente explicado o que penso sobre a natureza do primeiro princípio; é preciso que lhe escreva por enigmas, a fim de que se minha carta for interceptada em terra ou no mar, aquele que a ler nada possa compreender.

"Todas as coisas estão ao redor de seu rei, elas estão por causa dele, e ele só é a causa das coisas boas; segunda para as segundas e terceira para as terceiras".**

Há nessas poucas palavras um resumo completo de teologia dos *sephirots*. O rei é *Ensoph*, o ser supremo e absoluto. Tudo irradia desse centro que está por toda a parte, mas que concebemos sobretudo de três modos e em três esferas diferentes. No mundo divino, que é o da primeira causa, ele é único e primeiro. No mundo da ciência que é o das causas segundas, a influência do primeiro princípio se faz sentir, mas ele é concebido apenas como a primeira

* Dacier, *La Doctrine de Platon*, t. III. p. 81.

** Dacier, *loco citato*, t. III, p. 194.

das causas segundas, onde ele se manifesta pelo binário, é o princípio criador passivo. Enfim, no terceiro mundo, que é o das formas, ele se revela como a forma perfeita, o verbo encarnado, a beleza e a bondade suprema, a perfeição criada; ele é portanto ao mesmo tempo o primeiro, o segundo e o terceiro, visto como ele está todo em tudo, o centro e a causa de tudo. Não admiremos aqui o gênio de Platão, reconheçamos somente a ciência exata do iniciado.

Não nos digam mais que nosso grande apóstolo São João bebera na filosofia de Platão o prefácio de seu Evangelho. Foi Platão ao contrário que bebera nas mesmas fontes que São João; mas ele recebera o espírito que vivifica. A filosofia do maior dos reveladores humanos podia aspirar ao verbo feito homem; o Evangelho só podia dá-lo ao mundo.

A Cabala ensinada aos gregos por Platão tomou mais tarde o nome de *Teosofia* e abraçou depois o dogma mágico inteiro. Foi a esse conjunto de doutrina oculta que se ligaram sucessivamente todas as descobertas dos investigadores. Se quis passar da teoria à prática e realizar a palavra pelas obras; as perigosas experiências da adivinhação ensinaram à ciência como se pode abster-se do sacerdócio, o santuário estava traído e homens sem missão ousavam fazer falar os deuses. Foi por isso que a Teurgia partilhou as maldições da Magia negra e foi suspeitada de imitar-lhe os crimes, porque ela não podia evitar partilhar-lhe a impiedade. Não é impunemente que se levanta o véu de Ísis, e a curiosidade é uma blasfêmia contra a fé, quando se trata das coisas divinas. "Felizes os que creem sem ter visto", nos disse o grande revelador.

As experiências da Teurgia e da Necromancia são sempre desastrosas aos que se abandonam a elas. Quando se pôs uma vez o pé no limiar do outro mundo, é preciso morrer e quase sempre de um modo estranho e terrível. A vertigem começa, a catalepsia e a loucura concluem. É certo que em presença de certas pessoas e depois de uma série de atos embriagadores, faz-se uma perturbação na atmosfera, as madeiras estalam, as portas tremem e gemem. Sinais extravagantes e às vezes sanguinolentos parecem imprimir-se por si mesmos sobre o pergaminho virgem ou sobre a roupa branca. Estes sinais são sempre os mesmos e os magistas os classificam sob o nome de *escrituras diabólicas*.

Só a vista desses caracteres faz recair os crisíacos em convulsão ou em êxtase; eles julgam então ver os espíritos e Satã, isto é, o gênio do erro se transfigura para eles em anjo da luz. Estes pretensos espíritos pedem para mostrar-se excitações simpáticas produzidas pela aproximação dos sexos, é preciso colocar as mãos nas mãos, os pés sobre os pés; é preciso soprar no rosto, e muitas vezes seguem-se êxtases obscenos. Os iniciados se apaixonam por esse gênio de embriaguez, julgam-se os eleitos de Deus e os intérpretes do céu, tratam de fanatismo a obediência à hierarquia. São os sucessores da raça caínica da Índia. São os *hatchichims* e faquires. Os conselhos não os iluminarão e eles perecerão porque quiseram perecer.

Os sacerdotes da Grécia, para curar semelhantes doentes, empregavam uma espécie de *homeopatia*; eles os terrificavam exagerando o mal mesmo numa só crise e os faziam dormir na caverna de Tropônio. Preparavam-se as pessoas a esse sono por jejuns, purificações e vigílias, depois desciam ao subterrâneo onde ficavam encerrados sem luz. Gases inebriantes, semelhantes aos da gruta do Cão, que se vê perto de Nápoles, exalavam-se nessa caverna e não tardavam a aterrar o visionário; ele tinha então sonhos pavorosos causados por um começo de asfixia; vinham a tempo socorrê-lo e conduziam-no todo palpitante, pálido e com os cabelos eriçados, sobre uma trípode onde ele profetizava antes de despertar-se inteiramente. Essas espécies de provas causavam tal abalo no sistema nervoso, que os crisíacos não se lembravam delas sem calafrios e não ousavam mais nunca falar de evocações e de fantasmas. Muitos houve que não puderam mais alegrar-se nem rir-se; e a impressão geral era tão triste que passou em provérbio e que se dizia de uma pessoa cuja fronte não se desenrugava mais: "Ela dormiu na caverna de Tropônio".

Não é nos livros dos filósofos, é no simbolismo religioso dos antigos que é preciso procurar os traços da ciência e encontrar-lhe os mistérios. Os padres do Egito conheciam melhor do que nós as leis do movimento e da vida. Eles sabiam modificar ou firmar a ação pela reação, e previam facilmente a realização dos efeitos cuja causa eles tinham estabelecida. As colunas de Set, de Hermes, de Salomão, de Hércules, simbolizaram nas tradições mágicas essa lei universal do equilíbrio; e a ciência do equilíbrio conduzia os iniciados à da gravitação universal em redor dos centros de vida, de calor e de luz. Por isso nos calendários sagrados dos egípcios, cada mês dos quais era, como se sabe, posto sob a proteção de três decanos ou gênios de dez dias, o primeiro decano do signo do leão é representado por uma cabeça humana de sete raios, com uma grande cauda de escorpião e o signo do Sagitário debaixo do manto. Debaixo dessa cabeça está o nome IAO; chamava-se a essa figura *khnoubis*, palavra egípcia que significa ouro e luz. Tales e Pitágoras aprenderam nos santuários do Egito que a terra gira em torno do sol, mas eles não procuraram propagar esse conhecimento; porque seria preciso revelar um dos grandes segredos do templo, a dupla lei de atração e de irradiamento de fixidade e de movimento que é o princípio da criação e a causa perpétua da vida. Por isso o escritor cristão, Lactâncio, que ouvira falar dessa tradição mágica e do efeito sem causa, zomba muito desses teurgistas sonhadores que fazem girar a terra e nos dão opostos, os quais, no seu pensar, deviam ter, enquanto caminhamos com a cabeça para cima, os pés em cima e a cabeça embaixo. Aliás, ajunta ingenuamente Lactâncio com toda a lógica dos ignorantes e das crianças, tais homens não se segurariam à terra, deixariam cair a cabeça no céu inferior.

Assim raciocinavam os filósofos enquanto os padres, sem lhes responder e sem sorrir mesmo de seus erros, escreviam em hieróglifos criadores de todos os dogmas e de todas as poesias, os segredos da verdade.

Em sua descrição alegórica dos infernos, os hierofantes gregos ocultaram os grandes segredos da Magia. Quatro rios se encontram aí, como no paraíso terrestre, mais um quinto que serpenteia sete vezes entre os outros. Um rio de dores e gemidos, o Cocito e um rio do esquecimento, o Lete, depois um rio de água rápida, irresistível, que arrasta tudo e que rola em sentido contrário com um rio de fogo. Estes dois rios misteriosos, o Aqueronte e o Flegetonte, um dos quais representa o fluido negativo e o outro o positivo, giram eternamente um no outro. O Flegetonte aquece e faz fumegar as águas frias e negras do Aqueronte, e o Aqueronte cobre de espessos vapores as chamas líquidas do Flegetonte. Saem desses vapores, aos milhares, larvas e lêmures, imagens vãs dos corpos que viveram e dos que não vivem mais; mas que tenham bebido ou não no rio das dores, todos aspiram ao esquecimento, cuja água soporífica lhes restituirá a juventude e a paz. Os sábios só não querem esquecer, porque suas lembranças são já sua recompensa. Por isso só eles são verdadeiramente imortais, porque têm a consciência de sua imortalidade.

Os suplícios de Tenaro são pinturas verdadeiramente divinas dos vícios e de seu castigo eterno. A cobiça de Tântalo, a ambição de Sísifo, não seriam nunca expiadas, porque não podem ser nunca satisfeitas. Tântalo tem sede de água, Sísifo rola no cume de uma montanha um pedestal sobre o qual ele quer assentar-se e que recai sempre sobre ele, arrastando-o ao fundo do abismo. Íxion, o amante desenfreado, que quis violar a rainha do céu, é fustigado por fúrias infernais. Ele não gozou contudo de seu crime e não pôde abraçar se não um fantasma. Este fantasma talvez pareceu condescender a seus furores e amá-lo, mas quando ele desconhecia o dever, quando se satisfazia pelo sacrílego, o amor, é o ódio em flores!

Não é além da tumba, é na vida mesma que se deve procurar os mistérios da morte. A salvação ou a reprovação começam aqui e o mundo terrestre tem também seu céu e seu inferno. Sempre aqui a virtude é recompensada, sempre aqui o vício é punido; e o que nos faz crer às vezes na impunidade dos maus, é que as riquezas, estes instrumentos do bem e do mal, parecem ser-lhes por vezes dadas ao acaso. Mas infelizes os homens injustos, quando possuem a chave de ouro, ela não lhes abre senão a porta do túmulo e do inferno.

Todos os verdadeiros iniciados reconheceram a imensa utilidade do trabalho e da dor. A dor, disse um poeta alemão, é o cão desse pastor desconhecido que guia o rebanho dos homens. Aprender a sofrer, aprender a morrer, é a ginástica da Eternidade, é o noviciado eterno.

Tal é o sentido moral da divina comédia, esboçada já no tempo de Platão, no quadro alegórico de Cébés. Esse quadro, cuja descrição nos foi conservada, e refeito por muitos pintores da Idade Média, segundo essa descrição, é um monumento ao mesmo tempo filosófico e mágico. É uma síntese moral muito completa, e é ao mesmo tempo a mais audaciosa demonstração que foi feita do grande arcano, desse segredo cuja revelação subverteria o céu e a terra. Não esperem nossos leitores sem dúvida que lhes déssemos a explicação dele. Aquele que acha esse mistério compreende que ele é inexplicável por sua natureza e que ele dá a morte aos que o surpreendem como a quem o revelou.

Esse segredo é a realeza do sábio, é a coroa do iniciado que vemos descer vencedor do alto das provas na bela alegoria de Cébés. O grande arcano o torna senhor do ouro e da luz que no fundo são a mesma coisa, ele resolveu o problema da quadratura do círculo, dirige o movimento perpétuo e possui a pedra filosofal. Aqui os adeptos me hão de compreender. Não há nem interrupção no trabalho da natureza, nem lacuna em sua obra. As harmonias do céu correspondem às da terra, e a vida eterna efetua suas evoluções segundo as mesmas leis da vida de um dia. Deus dispôs tudo com peso, número e medida, diz a Bíblia, e essa luminosa doutrina era também a de Platão. No *Fédon* ele faz Sócrates discorrer sobre os destinos da alma, de modo inteiramente conforme as tradições cabalísticas. Os espíritos depurados pela provação libertam-se das leis da gravidade e sobretudo a atmosfera das lágrimas; os outros rastejam nas trevas, e são esses os que aparecem aos homens fracos e criminosos. Os que se libertaram das misérias da vida material não voltam mais para contemplar-lhe os crimes e partilhar-lhes os erros; uma vez só é bastante.

O cuidado que tinham os antigos de enterrar os mortos protestava altamente contra a Necromancia, e sempre foram encarados como ímpios que perturbam o repouso do túmulo. Chamar os mortos sobre a terra, seria condená-los a morrer duas vezes e o que fazia temer sobretudo aos homens piedosos dos antigos cultos de ficar sem sepultura depois de sua morte, era o receio de que seu cadáver não fosse profanado pelas estriges e não servisse aos encantamentos. Depois da morte, a alma pertence a Deus e o corpo à mãe comum que é a terra. Desgraçados daqueles que ousam tentar contra esses refúgios! Quando se tinha perturbado o santuário da tumba, os antigos ofereciam sacrifícios aos manes irritados, e havia um santo pensamento no fundo desse uso. Com efeito, se era permitido a um homem atrair por uma cadeia de conjurações as almas que nadam nas trevas, aspirando para a luz, ele teria filhos retrocedidos e póstumos, que deveria alimentar com seu sangue e sua alma. Os necromantes são produtores de vampiros, não os lastimemos se morrerem roídos pelos mortos!

CAPÍTULO 4

MAGIA DO CULTO PÚBLICO

As ideias produzem as formas e por sua vez as formas refletem e reproduzem as ideias. Para o que é dos sentimentos, a associação os multiplica na reunião dos que os partilham, de modo que todos são eletrizados pelo entusiasmo de todos. Por isso se o simples homem do povo em particular se engana facilmente sobre o justo e sobre o belo, o povo em massa aplaudirá sempre o que é sublime, com um ardor não menos sublime.

Essas duas grandes leis da natureza observadas pelos antigos magos fizeram-lhes compreender a necessidade de um culto público, único, obrigatório, hierárquico e simbólico como a religião inteira, esplêndida como a verdade, rico e variado como a natureza, estrelado como o céu, cheio de perfumes como a terra, desse culto enfim que devia mais tarde constituir Moisés, que Salomão devia realizar em todos seus esplendores, e que transfigurado ainda uma vez, reside hoje na grande metrópole de S. Pedro de Roma.

A humanidade realmente nunca teve senão uma religião e um culto. Essa luz universal teve suas miragens incertas, seus reflexos enganadores e suas sombras, mas sempre depois das noites do erro, nós a vemos ressurgir única e pura como o Sol.

As magnificências do culto são a vida da religião e se o Cristo quer ministros pobres, sua divindade soberana não quer altares pobres. Os protestantes não compreenderam que o culto é um ensinamento, e que na imaginação da multidão não se deve criar um deus mesquinho e miserável. Veja esses oratórios que se assemelham a mairies e esses honestos ministros, espécie de meirinho ou comissários, não fazem necessariamente tomar a religião por uma formalidade e Deus por um juiz de paz? Os ingleses que prodigalizam tanto ouro nas suas habitações particulares e que afetam amar tanto a Bíblia, não deveriam lembrar-se das pompas extraordinárias do templo de Salomão e achar suas igrejas frias e nuas? Mas o que torna árido seu culto é a secura de seu coração, e como quer que com esse culto sem Magia, sem deslumbramentos e sem lágrimas, sejam esses corações chamados um dia à vida?

A ortodoxia é o caráter absoluto da alta Magia. Quando a verdade vem ao mundo, a estrela da ciência adverte aos magos e eles vêm adorar a criança criadora do futuro. É pela inteligência da hierarquia e a prática da obediência que se obtém a iniciação, e um verdadeiro iniciado não será nunca um sectário.

As tradições ortodoxas foram levadas da Caldeia por Abraão, e reinavam no Egito no tempo de José, com o conhecimento do verdadeiro Deus. Kounj-Tseu quis estabelecê-las na China, mas o misticismo imbecil da Índia devia, sob a forma idolátrica do culto de Fô, prevalecer nesse grande império. Moisés trouxe a ortodoxia do Egito, como Abraão da Caldeia e nas tradições secretas da Cabala achamos uma Teologia inteira, perfeita, única, semelhante ao que a nossa tem de mais grandioso e de melhor explicado pelos padres e doutores, o todo com um conjunto e luzes que não é dado ainda ao mundo compreender. O *Sohar*, que é a chave dos livros santos, abre também todas as profundezas e esclarece todas as obscuridades das mitologias antigas e das ciências escondidas primitivamente nos santuários. É verdade que é preciso conhecer o segredo dessa chave para poder servir-se dela, e que para as inteligências mesmo mais penetrantes, mas não iniciadas nesse segredo, o *Sohar* é absolutamente incompreensível e mesmo ilegível.

Esperamos que os leitores, aplicados aos nossos escritos sobre a Magia, achem por si mesmos o segredo e consigam por sua vez decifrar primeiro, depois de ler este livro que contém a explicação de tantos mistérios.

Sendo a iniciação a consequência necessária da hierarquia, princípio fundamental das realizações mágicas, os profanos, depois de ter tentado inutilmente forçar as portas do santuário, tomaram o partido de elevar altar contra altar, e opor as divulgações ignorantes do cisma às reticências da ortodoxia. Histórias horríveis correram sobre os magos; os feiticeiros e as estriges lançaram sobre eles a responsabilidade de seus crimes; eram bebedores de sangue humano, comedores de criancinhas. Essa vingança da ignorância presunçosa contra a ciência discreta obteve em todos os tempos um êxito que lhe perpetuou o uso. Um miserável não imprimiu, não sei em que panfleto, que ele ouvira, com seus ouvidos, em um clube, o autor deste livro pedir que do sangue dos ricos se fizesse chouriço para alimentar o povo esfomeado? Quanto maior é a calúnia, tanto maior impressão faz sobre os tolos.

Os acusadores dos magos cometiam as atrocidades de que eles os acusavam, e entregavam-se a todos os frenesis de uma feitiçaria desavergonhada. Os próprios deuses desciam em formas visíveis para autorizar as orgias. Os círculos furiosos dos pretendidos iluminados remontam até aos bacantes que assassinaram Orfeu. Um panteísmo místico e luxurioso multiplicou sempre, depois, esses círculos fanáticos e clandestinos onde a promiscuidade e o morticínio se misturavam aos êxtases e às preces. Mas os destinos fatais desse dogma absorvente e destruidor estão escritos numa das mais belas fábulas da mitologia grega. Piratas tirrenianos surpreenderam Iaco adormecido e o levam no seu navio. Eles julgam que o deus da inspiração é seu escravo, mas de repente, em alto-mar, seu navio se transfigura, os mastros tornam-se cepas, os cordames vinhas, por toda parte aparecem sátiros dançando com linces e panteras; a vertigem apodera-se da tripulação e eles se veem todos mudados em bodes e se precipitam ao mar. Iaco então aporta em Beócia, e dirige-se a Tebas, a cidade da iniciação, onde ele acha que Panteu usurpara o poder. Panteu por sua vez quer aprisionar o deus; mas a prisão abre-se por si mesmo, o cativo irradia, vencedor no meio de Tebas, Panteu torna-se furioso e as filhas de Cadmo que se tornam bacantes o despedaçam, julgando sacrificar um touro.

O panteísmo, de fato, não poderia constituir uma síntese e deve perecer divinizado pelas ciências, filhas de Cadmo.

Depois de Orfeu, Cadmo, Édipo e Anfiaraus, os grandes tipos fabulosos do sacerdócio mágico na Grécia são Tirésias e Calcas, mas Tirésias é um hierofante ignorante ou infiel. Um dia encontrando ele duas serpentes entrelaçadas, julga que elas se batem e as separa, ferindo-as com seu bastão; ele não compreendeu o símbolo do caduceu, quer dividir as forças da natureza, quer separar a ciência da fé, a inteligência do amor, o homem da mulher; ele as vê unidas como lutadoras e pensa que se batem e fere-as ao separá-las, e eis que ele perde seu equilíbrio; ele será alternativamente um homem e uma mulher, nunca completamente, porque a realização do casamento lhe é vetada. Aqui se revelam todos os mistérios do equilíbrio universal e da lei criadora. Com efeito, é o andrógino luminoso que procria; o homem e a mulher enquanto separados ficam estéreis, como a religião sem a ciência e reciprocamente, como a inteligência sem o amor, como a justiça sem a misericórdia e a misericórdia sem a justiça, como a doçura sem a força e a força sem a doçura. A harmonia resulta da analogia dos contrários; é preciso distingui-los para uni-los e não separá-los para escolher entre eles. O homem, dizem, vai incessantemente do branco ao preto em suas opiniões e engana-se sempre. Assim deve ser, porque a forma visível, a forma real é branca e preta, ela se produz aliando a sombra e a luz sem confundi-las. Assim se casam todos os contrários na natureza e quem quis separá-los, expõe-se ao castigo de Tirésias. Dizem outros que ele ficou cego por ter surpreendido Minerva toda nua, isto é, por ter profanado os mistérios; é outra alegoria, mas é sempre o mesmo símbolo.

É sem dúvida por causa de sua profanação dos mistérios que Homero fez vagar a sombra de Tirésias nas trevas Cimerianas, e a mostra a nós regressando com as larvas e as sombras infelizes que procuram saciar-se de sangue, quando Ulisses consulta os espíritos com um cerimonial muito mais diferentemente mágico e formidável do que os esgares de nossos médiuns e os papeluchos inocentes dos modernos necromantes.

O sacerdócio é quase mudo em Homero, o divino Calcas não é nem um soberano pontífice, nem um grande hierofante. Parece estar a serviço dos reis cuja cólera teme, e não ousa dizer a Agamenon verdades desagradáveis senão depois de ter implorado a proteção de Aquiles. Ele lança a cisania entre esses chefes e torna-se a causa dos desastres do exército. Homero, cujas narrações são todas importantes e profundas lições, quer também, por esse exemplo, mostrar à Grécia quanto importa que o ministério divino seja independente das influências temporais. A tribo sacerdotal não deve depender senão do supremo pontificado, e o grande sacerdote é condenado à impotência se vier a faltar uma só coroa à sua tiara; é preciso que ele seja rei temporal para ser igual dos soberanos da terra, rei pela inteligência e pela ciência, rei enfim por sua missão divina. Enquanto não existir tal sacerdócio, parece dizer o sábio Homero, faltará alguma coisa ao equilíbrio dos impérios.

O divino Teoclimenes, na Odisseia, representa pouco mais ou menos o papel de um parasita, ele paga aos pretendentes de Penélope sua hospitalidade pouco benevolente por um conselho inútil, depois se retira prudentemente ante o escândalo que ele prevê.

Há uma grande distância entre o papel desses reveladores de boa ou má sorte e o destas sibilas que habitavam nos santuários onde se tornavam invisíveis, e de que ninguém se aproximava senão tremendo.

Novas Circes, elas contudo só cediam à audácia; era preciso penetrar pela destreza ou pela força no seu retiro, tomá-las pelos cabelos, ameaçá-las com a espada e arrastá-las até o fatal trípode. Elas então coravam e empalideciam alternativamente, e agitadas, os cabelos eriçados, elas proferiam palavras sem nexo, depois fugiam furiosas, escreviam sobre folhas de árvores palavras que reunidas deviam formar versos proféticos e arremessavam essas folhas ao vento, depois se encerravam no seu retiro e não respondiam mais se alguém tentava chamá-las.

O oráculo tinha tantos sentidos diferentes quantos fosse possível achá-lo, combinando as folhas de todos os modos. Se em vez de palavras, as folhas tivessem sinais hieroglíficos, o número das interpretações aumentaria ainda e se poderia consultar a sorte, reunindo-as ao acaso; é o que fizeram depois os geomantes que adivinhavam por números e figuras de geometria lançados ao acaso. É o que fazem ainda em nossos dias os adeptos da cartomancia, servindo-se de grandes alfabetos mágicos do *tarô* cujo valor em geral ignoram. Nessas operações, a sorte escolhe somente os sinais que devem inspirar o intérprete, e sem uma faculdade toda especial de intuição e segunda vista, as frases indicadas pela reunião das letras sagradas e as revelações indicadas pela reunião das figuras, profetizarão ao acaso. Não basta só reunir as letras, é preciso saber ler. A cartomancia bem compreendida é uma verdadeira consulta dos espíritos sem necromancia e sem sacrifícios, ela exige portanto a assistência de um bom *médium*; sendo sua prática um tanto perigosa, nós não a aconselhamos a ninguém. Não será bastante a lembrança de nossas misérias para agravar nossos sofrimentos no presente, é preciso ainda sobrecarregá-lo de toda ansiedade do futuro, e sofrer todos os dias adiantadamente as catástrofes que é impossível evitar?

CAPÍTULO 5

MISTÉRIOS DA VIRGINDADE

O império romano não foi mais do que uma transfiguração do dos gregos. A Itália era a grande Grécia, e quando o helenismo aperfeiçoou seus dogmas e seus mistérios, é que era preciso começar a educação dos filhos da loba; Roma era já o mundo.

Um fato especial caracteriza a iniciação dada aos romanos por Numa, é a importância típica prestada à mulher, a exemplo dos egípcios que adoravam a divindade suprema sob o nome de Ísis.

Entre os gregos, o Deus da iniciação é Iaco, o vencedor da Índia, o resplandecente Andrógino de chifres de Amon, e Panteo que segura a taça dos sacrifícios e faz correr o vinho da vida universal, Iaco, o filho do raio e o domador dos tigres e dos leões, mas é profanando os mistérios de Iaco que as bacantes despedaçaram Orfeu; Iaco, sob o nome romano de Baco, não será mais que o deus da embriaguez, e Numa pedirá suas inspirações à sábia e discreta Egéria, a deusa do mistério e da solidão. É preciso que se dê um pai a estas selvagens crianças expostas que não puderam tornar-se esposos senão raptando mulheres por surpresa e por traição. O que deve assegurar o futuro de Roma é o culto da pátria e da família. Numa o compreendeu e ele sabe por Egéria como se honra a mãe dos deuses. Ele eleva-lhe um templo esférico sob a cúpula do qual arde um fogo que não deve nunca apagar-se. Este fogo é mantido por quatro virgens que se chamam *vestais* e que são cercadas de honras extraordinárias se elas são fiéis, punidas com um rigor excepcional se faltam à sua dignidade. A honra da virgem é a da mãe, e a família não pode ser santa senão quando a pureza virginal for reconhecida possível e gloriosa. Já aqui a mulher sai da servidão antiga, não é mais a escrava oriental, é a divindade doméstica, é a guarda do lar, é a honra do pai e do esposo. Roma tornou-se o santuário dos costumes e a esse preço será a soberana das nações e a metrópole do mundo.

A tradição mágica de todas as idades concede à virgindade alguma coisa de sobrenatural e divino. As inspirações proféticas procuram as virgens e é em ódio da inocência e da virgindade que a Goecia sacrifica crianças do sangue das quais reconhece contudo uma virtude sagrada e expiatória. Lutar contra os atrativos da geração é exercitar-se em vencer a morte, e a suprema castidade era a mais gloriosa coroa proposta aos hierofantes. Espalhar a vida nos abraços humanos é lançar raízes no túmulo. A castidade é uma flor que não tem mais haste sobre a terra e que, às carícias do sol que a convida a subir para ele, pode destacar-se sem esforços e voar como um pássaro.

O fogo sagrado das vestais era o símbolo da fé e do casto amor. Era também o emblema desse agente universal cuja forma elétrica e fulminante Numa sabia produzir e dirigir. De fato, para reacender o fogo das vestais, se por uma negligência possível elas o deixassem extinguir-se, era preciso o sol ou o raio. Ele era renovado e consagrado no começo de todos os anos, prática conservada entre nós e observada na véspera da Páscoa.

É sem razão que se acusa o Cristianismo de se ter apropriado do que ele tinha de mais belo nos antigos cultos. O Cristianismo, esta última forma da ortodoxia universal, guardou tudo o que lhe pertencia e só rejeitou as práticas perigosas e as vãs superstições.

O fogo sagrado representava também o amor da pátria e a religião do lar. É a esta religião, é à inviolabilidade do santuário conjugal, que Lucrécia se sacrificou. Lucrécia personifica toda a majestade da antiga Roma; ela podia subtrair-se ao ultraje abandonando sua memória à calúnia, mas a alta reputação é uma nobreza que obriga. Em matéria de honra um escândalo é mais deplorável que uma falta. Lucrécia elevou sua dignidade de mulher honesta até a altura do sacerdócio, sofrendo um atentado para expiá-lo e em seguida possuí-lo.

É em memória dessa ilustre romana que a alta iniciação ao culto da pátria e do lar foi confiada às mulheres, com exclusão dos homens. Aí elas deviam aprender que o verdadeiro amor é o que inspira as mais heroicas dedicações. Diziam-lhe que a verdadeira beleza do homem é o heroísmo e a grandeza; que a mulher capaz de trair ou abandonar seu marido, emurchece ao mesmo tempo seu futuro e passado e põe na fronte a mancha indizível de uma prostituição retrospectiva agravada ainda por um perjúrio. Deixar de amar aquele ao qual ela deu a flor de sua mocidade, é a maior infelicidade que possa afligir o coração de uma mulher honrada; mas declará-lo altamente é renegar sua inocência passada, é renunciar à probidade do coração e à integridade da honra, é a última e a mais irreparável das vergonhas.

Tal era a religião de Roma; é à Magia de uma moral que ela deve todas as suas grandezas, e quando para ela o casamento deixou de ser sagrado, a decadência não estava longe.

Se é verdade que, no tempo de Juvenal, os mistérios da boa deusa eram mistérios de impureza, o que se pode duvidar um pouco, por que só as mulheres admitidas nessas pretendidas orgias seriam denunciadas? Admitindo, dizemos que seja isto verdade, já que tudo era possível depois dos reinos de Nero e de Domiciano, que podemos concluir disso senão que o reino moral da mãe dos deuses passara e que devia dar lugar ao culto popular, mais universal e mais puro de Maria, a mãe de Deus?

Numa, iniciado nas leis mágicas e conhecendo as influências magnéticas da vida comum, instituiu colégios de sacerdotes e de presságios, e os submeteu a regras; era a ideia primeira dos conventos, um dos grandes poderes da religião. Já há muito tempo, na Judeia, os profetas se reuniam em círculos simpáticos, e faziam em comum a inspiração e a prece. Parece que Numa conhecera as tradições da Judeia, seus flamines e seus salianos exaltavam-se por evoluções e danças que lembram a de Davi diante da arca. Numa não instituiu novos oráculos capazes de rivalizar com o de Delfos, mas instruiu seus sacerdotes na arte dos presságios, isto é, revelou-lhes certa teoria dos pressentimentos e da segunda vista, determinada por leis secretas da natureza. Nós desprezamos agora a arte dos arúspices e dos presságios porque perdemos a ciência profunda da luz e das analogias universais de seus reflexos. Voltaire em seu belo conto *Zadig* esboça por brincadeira uma ciência de adivinhação toda natural, mas que é maravilhosa, porque supõe uma fineza de observação excepcional e uma série de deduções que escapa habitualmente à lógica tão limitada do vulgo. Conta-se que Parmênides, mestre de Pitágoras, depois de ter bebido a água de uma fonte, predissera um tremor de terra; nada há nesse fato que deva parecer estranho, porque os sabores betuminosos e sulfurosos espalhados na água puderam advertir o filósofo do trabalho interior dos terrenos circunvizinhos. Era bem possível talvez que a água estivesse somente turva de uma maneira incomum.

Seja como for, prevemos ainda o rigor dos invernos pelo voar dos pássaros, e poderíamos prever certas influências atmosféricas pela inspeção dos órgãos digestivos e respiratórios dos animais.

Ora, as perturbações físicas da atmosfera têm muitas vezes causas morais. As revoluções se traduzem no ar por grandes tempestades e a respiração dos povos agita o céu. O bom êxito marcha com as correntes elétricas, e as cores da luz viva refletem os movimentos do raio. "Há alguma coisa no ar", diz o povo com seu instinto profético. Os arúspices e presságios, ou augúrios, ensinavam a ler os caracteres que traça por toda a parte a luz, e a reconhecer os vestígios das correntes e das revoluções astrais. Eles sabiam por que os pássaros voam isolados ou se reúnem, as influências que os fazem ir para o norte ou para o sul, para o oriente ou ocidente, e é o que ignoramos, nós que zombamos dos augúrios. É muito fácil zombar e muito difícil aprender bem.

É em virtude desse "parti pris" de denegrir e de negar tudo o que não compreendemos, que homens de espírito, como Fontenele, o sábio, como Kircher, escreveram coisas tão temerárias sobre os antigos oráculos. Tudo são manobras e fraudes aos olhos desses espíritos fortes. Eles inventam estátuas maquinadas, porta-vozes ocultos, ecos dirigidos nos subterrâneos dos templos. Por que então caluniar sempre o santuário? Só teria havido sempre impostores entre os sacerdotes? Não se poderiam achar entre os hierofantes de Ceres e de Apolo homens honrados e convencidos? Eram então estes enganados como os outros? Mas quem então os enganava constantemente sem se trair durante uma série de séculos, pois as fraudes não são imortais? Recentes experiências provam que os pensamentos podem transmitir-se e traduzir-se em escrita e imprimir-se pela única força da luz astral. Mãos misteriosas escrevem ainda sobre nossos muros como no festim de Baltasar. Lembremo-nos dessa sábia palavra de um gênio que ninguém o acusará nem de fanatismo nem de credulidade: Árago dizia que fora das matemáticas puras, não tem prudência quem pronunciar a palavra *impossível*.

O calendário religioso de Numa é calcado sobre o dos magos, é uma série de festas e de mistérios que lembram toda a doutrina secreta dos iniciados e que adapta perfeitamente os atos públicos do culto às leis universais da natureza. A disposição dos meses e dos dias ficara a mesma sob a influência conservadora de regeneração cristã. Como os romanos de Numa, santificamos ainda por abstinência os dias consagrados à lembrança da geração e da morte; mas para nós o dia de Vênus é santificado pelas expiações do Calvário. O dia sombrio de Saturno é o em que nosso deus encarnado dorme no seu túmulo, mas ele ressuscitará, e a vida que nos promete, entorpecerá a foice de Cronos. O mês que os romanos consagravam a Maia, a ninfa da juventude e das flores, a jovem mãe que sorri às primícias do ano, dedicamos a Maria, a rosa mística, o livro da pureza, a celeste mãe do Salvador. Assim nossos religiosos são antigos como o mundo, nossas festas assemelham-se às dos nossos pais e o Salvador de cristãos não veio suprimir nada das belezas simbólicas e religiosas da antiga iniciação; ele veio, como ele mesmo dizia a propósito da lei figurativa dos Israelitas, realizar tudo e tudo cumprir.

CAPÍTULO 6

DAS SUPERSTIÇÕES

As superstições são formas religiosas que sobrevivem às ideias perdidas. Todas têm como razão de ser uma verdade que ninguém conhece mais ou que se transfigurou. Seu nome, do latim *superstes*, significa o que sobrevive; são restos materiais das ciências ou das opiniões antigas.

A multidão, sempre mais instintiva que pensante, liga-se às ideias pelas formas, e muda dificilmente de hábitos. Quando se quer combater as superstições, parece sempre ao povo que o ataque é à mesma religião; por isso São Gregório, um dos maiores papas da cristandade, não queria que se suprimissem as práticas. "Purifique os templos, escrevia ele aos seus missionários, mas não os destrua, porque, enquanto a nação vir subsistir seus antigos lugares de oração lá ela se dirigirá por hábito e você a conquistará mais facilmente ao culto do verdadeiro Deus."

"Os bretões, diz ainda esse santo papa, fazem em certos dias sacrifícios e festins, deixe-lhes os festins, não lhes suprima senão os sacrifícios; deixe-lhes a alegria de suas festas, mas de pagã que ela era, se tornará doce e progressivamente cristã."

A religião guardou quase os nomes mesmos dos costumes piedosos que ela substituiu pelos santos mistérios. Assim os antigos celebravam todos os anos um banquete chamado caristia; para esse banquete convidavam as almas de seus antepassados e faziam assim ato de fé na vida universal e imortal. A Eucaristia, isto é, a caristia por excelência, substituiu as caristias e nós comungamos nas Páscoas com todos nossos amigos da terra e do céu. Longe de favorecer por semelhantes progressos as antigas superstições, o cristianismo restituía a alma e a vida aos sinais das crenças universais.

A Magia, essa ciência da natureza que se prende tão de perto à religião, visto como inicia os homens nos segredos da divindade, a Magia, essa ciência esquecida, vive ainda toda nos sinais hieroglíficos e em parte nas tradições vivas ou supersticiosas que ela deixou.

Assim, por exemplo, a observância dos números e dos dias é uma reminiscência cega do dogma mágico primitivo. A sexta-feira, dia consagrado a Vênus, era considerada pelos antigos como um dia funesto, porque recorda os mistérios do nascimento e da morte. Entre os judeus não se começava nada nesse dia, mas se acabava todo o trabalho da semana porque ele precedia o dia do sábado ou do repouso obrigatório. O número treze que segue o ciclo perfeito de doze, representa também a morte depois dos trabalhos da vida. O artigo do símbolo israelita relativo à morte é treze. Em consequência do desmembramento da família de José em duas tribos, achavam-se treze convivas na primeira Páscoa de Israel, na terra prometida, isto é, treze tribos à partilha da seara de Canaã. Uma dessas tribos foi exterminada e foi a de Benjamim, o mais moço dos filhos de Jacó. Daí veio essa tradição que quando se acham treze à mesa das refeições, o mais moço deve morrer muito cedo.

Os magos abstinham-se de carne de certos animais e não bebiam sangue. Moisés pôs sua prática em preceito, e disse, altivamente ao sangue, que a alma dos animais se acha unida a ele e que não devemos nos alimentar de alma de animais. Essas almas animais que ficam no sangue são como um fósforo de luz astral coagulada e corrompida que pode tornar-se o germe de um grande número de moléstias; o sangue dos animais sufocados se digere mal e predispõe às apoplexias e pesadelos. A carne dos carnívoros é igualmente insalubre por causa dos instintos ferozes de que ela foi animada e de que já absorveu de corrupção e de morte.

"Quando a alma de um animal é separada do seu corpo com violência, diz Porfírio, ela não se afasta dele, e como as almas humanas que uma morte violenta fez perecer, ela fica perto de seu corpo. Quando portanto se matam os animais, suas almas ficam com prazer perto dos corpos que foram forçadas a deixar. Nada pode afastá-las deles e elas aí são retidas por simpatia. Muitas já foram vistas que gemiam perto de seus corpos. Assim as almas dos homens cujos corpos não foram sepultados, ficam perto de seus cadáveres; é destas que os mágicos abusam para suas operações, instruindo-as a lhes obedecer, quando eles são donos do corpo morto, quer inteiro, quer em parte. Os teósofos que são instruídos nesses mistérios, e que sabem qual é a simpatia da alma dos animais para com os corpos de que são separadas e com que prazer elas se aproximam deles, proibiam com razão o uso de certas carnes, para que não fôssemos infectados de almas estranhas."

Porfírio acrescenta que podemos tornar-nos profetas, alimentando-nos de coração de corvos, toupeiras e gaviões. Nesse ponto o teurgista de Alexandria cai nas receitas do pequeno Alberto; mas se ele chega tão depressa à superstição, é porque ele se desviou rápido do caminho, porque seu ponto de partida era a ciência.

Os antigos, para designar as propriedades secretas dos animais, diziam que os deuses na época da guerra dos gigantes tomaram diversas formas para esconder-se e que eles se regozijavam em retomá-las às vezes. Assim Diana transforma-se em loba, o sol em touro, em leão, em dragão e em gavião; Hécate em cavalo, em leoa, em cadela. Deram o nome de Ferébate, segundo muitos teósofos, a Proserpina porque ela se alimentava de rolas. As rolas são a oferenda ordinária que as sacerdotisas de Maia fazem a essa deusa que é a Proserpina da terra, a filha da loura Ceres, ama de leite do gênero humano. Os iniciados de Elêusis devem abster-se de pássaros domésticos, de peixes, de favas, de pêssegos e de maçãs; eles não tocam nunca uma mulher gestante ou menstruada. Porfírio, de onde extraímos ainda todas essas informações, acrescenta a frase seguinte:

"Quem quer que tenha estudado a ciência das visões, sabe que é conveniente abster-se de todas as sortes de pássaros se quiser libertar-se do fogo das coisas terrestres e achar um lugar entre os deuses do céu." Mas ele não dá a razão disso.

Segundo Eurípides, os iniciados no culto secreto de Júpiter em Creta abstinham-se da carne dos animais. Eis como ele faz falar esses sacerdotes:

"Filhos de uma Tiriana da Fenícia, descendente de Europa e do grande Júpiter, rei da ilha de Creta, famosa por cem cidades, viemos para você, deixando os templos dos deuses construídos da madeira dos carvalhos e dos ciprestes talhados pelo ferro, nós levamos uma vida pura. Desde o tempo que fui feito sacerdote de Júpiter ideano, não tomo mais parte nas refeições noturnas das bacanais, e não como mais as carnes sanguíneas, mas ofereço archotes à mãe dos deuses; sou sacerdote entre os curetes revestidos de branco; afasto-me do berço dos homens, evito também seus túmulos, e não como nada do que foi animado pelo sopro da vida".

A carne dos peixes é fosforescente e por consequência afrodisíaca. As favas são excitantes e causam delírios. Uma razão profunda sem dúvida seria encontrada em todas as abstinências, mesmo as mais singulares, fora de todas as superstições. Há certas combinações de alimentos que são contrárias às harmonias da natureza. "Não deixe cozinhar o cabrito no leite de sua mãe", dizia Moisés; prescrição tocante como alegoria e sábia sob o ponto de vista da higiene.

Os gregos como os romanos, mas não menos que os romanos acreditavam nos presságios; eles olhavam as serpentes como de bom augúrio quando saboreavam as oferendas sagradas. Se troveja à esquerda ou à direita, o augúrio era auspicioso ou desgraçado. Os espirros eram presságios, e eles observavam também certos outros acidentes naturais ruidosos, mas menos honestos que o espirro. No hino de Mercúrio, Homero conta que Apolo, ao qual o deus dos ladrões ainda no berço, acabava de furtar seus bois, toma a criança e a sacode para fazer confessar o roubo:

"Mercúrio que fora avisado de um estranho milagre, de seus flancos em cólera mandou ouvir o oráculo e o vapor subiu até o grande Apolo e censurando a criança que ele arremessara à terra, se bem que tivesse muita vontade de concluir sua viagem, o Deus se desviou depois, dirigindo-lhe estas palavras: Coragem, belo filho enfaixado, de Maia, excelente em beleza e do grande Júpiter, eu poderei achar por acaso, sem dúvida, sinais de meus bois, guiado por este presságio, mas você me guiará sempre".*

Entre os romanos tudo era presságio. Uma pedra solta em que se tropeçava, o grito de uma coruja, o latir de um cão, um vaso quebrado, uma mulher velha que o olhava, um animal que se encontrava. Esses terrores inúteis ti-

* "Hinos de Homero", traduzido para o francês por Salomão Certon.

nham por princípio essa grande ciência mágica da adivinhação que não despreza nenhum indício e que, de efeito despercebido do povo, remonta a uma série de causas que ela encadeia entre si.

Ele sabe, por exemplo, que as influências atmosféricas que fazem os cães latirem são mortais para certas doenças; que a presença e o giro dos corvos anunciam cadáveres abandonados; o que é sempre de sinistro presságio. Os corvos frequentam sempre de melhor vontade lugares de morte e de suplício. A passagem de certos pássaros anuncia invernos rigorosos, outros por gritos chorosos dão o sinal das tempestades. O que a ciência discerne, a ignorância observa e generaliza. A primeira acha por toda a parte úteis advertências; a outra por tudo se inquieta e tem medo de si mesma.

Os romanos eram também grandes observadores de sonhos; a arte de explicá-los prende-se à ciência da luz vital e à inteligência de sua direção e de seus reflexos. Os homens versados nas matemáticas transcendentais sabem que não há imagem sem luz, quer direta, quer refletida, e pela direção do raio cuja refração eles saberão reconhecer, eles chegarão sempre por um cálculo exato ao foco luminoso e força universal ou relativa do qual eles apreciarão. Eles explicarão também o estado são ou doentio do aparelho visual, quer exterior, quer interior, ao qual eles atribuirão a deformidade ou a retidão aparente das imagens. Os sonhos, para esses, serão toda uma revelação. O sonho é uma aparência de imortalidade nessa morte de todas as noites que chamamos sono. Nos sonhos vivemos da vida universal sem consciência do bem ou do mal, de tempo ou de espaço. Esvoaçamos sobre as árvores, dançamos sobre a água, sopramos sobre as prisões e elas se desmoronam, ou estamos pesarosos, tristes, perseguidos, encadeados, segundo o estado de nossa saúde e muitas vezes também o de nossa consciência. Tudo isso sem dúvida é útil de observar, mas que podem concluir disso os que não sabem e não querem aprender nada?

A ação onipotente da harmonia para exaltar a alma e torná-la dona dos sentidos, era bem conhecida dos antigos sábios, mas o que eles empregavam para acalmar, os encantadores usaram para exaltar e embriagar. As feiticeiras de Tessália e as de Roma estavam convencidas disso; que a lua era arrancada do céu pelos versos bárbaros que elas recitavam e vinha cair sobre a terra toda pálida e sanguínea. A monotonia de sua recitação, os passes de suas varas mágicas, sem rodopios em torno dos círculos, as magnetizavam, as exaltavam, as levavam progressivamente até o furor, até o êxtase, até a catalepsia. Elas sonhavam então despertadas e viam os túmulos abrirem-se, o ar carregar-se de nuvens de demônios e a lua cair do céu.

A luz astral é a alma viva da terra, alma material e fatal, necessitada em suas produções e em seus movimentos pelas leis eternas do equilíbrio! Esta luz que cerca e penetra todos os corpos pode anular-lhes a gravidade e fazê-los girar em torno de um centro poderosamente absorvente. Fenômenos que não foram bem examinados e que se produzem em nossos dias provaram a verdade dessa teoria. É a essa lei natural que se deve atribuir os turbilhões mágicos no centro dos quais se colocavam os encantadores. É o segredo da fascinação exercida sobre os pássaros por certos répteis e sobre as naturezas sensitivas pelas naturezas negativas e absorventes, os *médiuns* são em geral seres doentes em que se faz o vácuo, e que atraem então a luz como os abismos atraem as águas dos turbilhões. Os corpos mais pesados podem ser então levantados como palhas e arrastados pela corrente. Essas naturezas negativas e mal equilibradas, em que o corpo fluido é informe, projetam à distância sua força de atração e traçam no ar membros suplementares e fantásticos. Quando o célebre *médium* Home fez aparecer ao redor dele mãos sem corpos, ele mesmo tem as mãos mortas e geladas. Se poderia dizer que os *médiuns* são criaturas fenomenais em quem a morte luta visivelmente contra a vida. Da mesma forma se deve julgar os fascinadores, os lançadores de sorte, as pessoas que têm mau-olhado e os feiticeiros. São Vampiros, quer voluntários, quer involuntários; eles atraem a vida que lhes falta e perturbam assim o equilíbrio da luz. Se o fazem voluntariamente são malfeitores que é preciso punir; se o fazem involuntariamente, são doentes perigosos, de cujo contato devem cuidadosamente evitar as pessoas delicadas e sobretudo nervosas.

Eis o que Porfírio conta na vida de Plotino:

"Entre os que faziam profissão de filósofos, havia um chamado Olímpio, natural de Alexandria; fora durante algum tempo discípulo de Amônio, e tratou de Plotino com desprezo porque queria ter mais reputação do que ele. Ele empregou cerimônias mágicas para prejudicar-lhe; mas, percebendo que seu atentado recaía sobre ele mesmo, ele admitiu que era preciso que a alma de Plotino fosse muito poderosa, já que ela contrapunha sobre seus inimigos suas más intenções. Plotino sentia a ação hostil de Olímpio e por vezes ele chegou a dizer-lhe: 'Eis Olímpio que agora tem convulsões'. Este tendo conhecido muitas vezes que ele mesmo sofria os males que queria fazer sofrer a Plotino, cessou enfim de persegui-lo".

O equilíbrio é a grande lei da luz vital; se a projetamos com violência, e que ela seja repelida por uma natureza melhor equilibrada que a nossa, ele retorna sobre nós com uma violência igual. Infelizes então daqueles que querem empregar as forças naturais ao serviço da injustiça, porque a natureza é justa e suas reações são terríveis.

CAPÍTULO 7

MONUMENTOS MÁGICOS

Dissemos que o antigo Egito era um pantaclo, o que se poderia dizer de todo o antigo mundo. Quanto mais esforços empregavam os grandes hierofantes em ocultar sua ciência absoluta, tanto mais eles procuravam engrandecer-lhe e multiplicar-lhe os símbolos. As pirâmides triangulares e quadradas pela base representavam sua metafísica baseada na ciência da natureza. Essa ciência da natureza tinha por chave simbólica a forma gigantesca dessa grande esfinge que cravou um leito profundo na areia, velando ao pé das pirâmides.

Os sete grandes monumentos chamados as maravilhas do mundo eram os magníficos comentários das sete linhas de que se compunham as pirâmides e das sete portas misteriosas de Tebas. Em Rodes, achava-se o pantaclo do sol. O deus da luz e da verdade lá aparecia sob uma forma humana revestida de ouro e levantava em sua mão direita o farol da inteligência; na sua mão esquerda sustentava a flecha do movimento e da ação. Seus pés repousavam à direita e à esquerda sobre molhes que representavam as forças eternamente equilibradas da natureza, a necessidade e a liberdade, o ativo e o passivo, o fixo e o volátil, as colunas de Hércules.

Em Éfeso, estava o pantaclo de luz: era o templo da Diana panteia. Este templo era feito à imagem do universo; era um domo sobre uma cruz com uma galeria quadrada e um recinto circular como o escudo de Aquiles.

O túmulo de Mausolo era o pantaclo da Vênus pudica ou conjugal; tinha uma forma lingâmica. Seu recinto era circular, sua elevação quadrada. No centro do quadrado elevava-se uma pirâmide truncada sobre a qual estava um carro atrelado por quatro cavalos dispostos em cruz.

As pirâmides eram o pantaclo de Hermes ou de Mercúrio. O Júpiter olímpico era o de Júpiter; os muros da Babilônia e a fortaleza de Semíramis eram o pantaclo de Marte.

FIGURA 9
As sete maravilhas do mundo

Enfim o templo de Salomão, este pantaclo universal e absoluto que devia devorar todos os outros, era para a gentilidade o pantaclo terrível de Saturno.

A filosofia setenária da iniciação ente os antigos podia resumir-se assim:

Três princípios absolutos que formam um só; quatro formas elementares que fazem uma só, formando um todo único composto de ideia e de forma.

Os três princípios eram estes:

1º O SER É O SER

Em filosofia, identidade da ideia e do Ser ou verdade; em religião, o primeiro princípio, o Pai.

2º O SER É REAL

Em filosofia, identidade do Saber e do Ser ou realidade; em religião, o *Logos* de Platão, o *Demiurgo*, o Verbo.

3º O SER É LÓGICO

Em filosofia, identidade da razão e da realidade; em religião, a Providência, a ação divina que realiza o bem; o amor recíproco do verdadeiro e do bem, o que no cristianismo chamamos o Santo Espírito.

As quatro formas elementares eram a expressão de duas leis fundamentais: a resistência e o movimento; a inércia que resiste ou o fixa, a vida que age ou o volátil; em outros termos mais gerais, a matéria e o espírito; a matéria era o nada formulado em afirmativa passiva; o espírito era o princípio da necessidade absoluta no verdadeiro. A ação negativa do nada material sobre o espírito era chamada mau princípio; a ação positiva do espírito sobre o nada para enchê-lo de criação e de luz era chamada bom princípio. A essas duas concepções correspondiam a humanidade de uma parte e da outra a vida racional redentora da humanidade concebida no pecado, isto é, no nada, por causa de sua geração material.

Tal era a doutrina da iniciação secreta. Tal é a admirável síntese que o cristianismo veio vivificar com o seu sopro, iluminar com seus esplendores, estabelecer divinamente por seu dogma, realizar por seus sacramentos.

Síntese que desapareceu sob o véu que a conserva, mas que a humanidade reencontrará quando chegar o momento, em toda sua beleza primitiva e em toda sua material fecundidade.

LIVRO III

SÍNTESE E REALIZAÇÃO DIVINA DO MAGISMO PELA REVELAÇÃO CRISTÃ
כ, GHIMEL

CAPÍTULO 1

CRISTO ACUSADO DE MAGIA PELOS JUDEUS

Nas primeiras linhas do Evangelho segundo São João, há uma palavra que a igreja católica não pronuncia nunca sem dobrar os joelhos. Esta palavra é a seguinte: O verbo fez-se carne. Nesta palavra acha-se contida toda a revelação cristã. Por isso S. João dá por critério de ortodoxia a confissão de Jesus Cristo *em carne*, isto é, em realidade visível e humana.

Ezequiel, o mais profundo cabalista dos antigos profetas, depois de ter vivamente colorido em suas visões os pantaclos e os hieróglifos da ciência; depois de ter feito girar as rodas nas rodas, acendido olhos vivos ao redor das esferas, manda marchar batendo asas os quatro animais misteriosos; Ezequiel não vê mais do que uma planície coberta de ossos ressequidos; ele fala, e as formas vêm de novo, a carne cobre os ossos. Uma triste beleza estende-se sobre os despojos da morte, mas é beleza fria e sem vida. Tais eram as doutrinas e as mitologias do velho mundo, quando um sopro de caridade desceu do céu. Então as formas mortas se ergueram, os sonhos filosóficos deram lugar a homens verdadeiramente sábios; a palavra encarnou-se e tornou-se viva; não houve mais abstração, tudo foi real. A fé, que se prova pelas obras, substituiu as hipóteses que acabam sempre em fábulas. A Magia transformou-se em santidade, os prodígios tornaram-se milagres e as multidões reprovadas pela iniciação antiga foram chamadas à realeza e ao sacerdócio da virtude.

A realização é portanto a essência da religião cristã. Por isso seu dogma dá um corpo às alegorias mesmo as mais evidentes. Ainda se vê em Jerusalém a casa do mau rico e é provável que, se procurasse bem, ainda se achasse qualquer lâmpada que tenha pertencido às virgens loucas. Essas credulidades ingênuas não têm nada, no fundo, de perigoso, e provam somente a virtualidade realizadora da fé cristã.

Os judeus acusam de ter materializado as crenças e idealizado as coisas terrestres. Referimos em nosso *Dogma e Ritual da Alta Magia* a parábola engenhosa do *Sepher Toldos-Jeschut* que prova essa acusação. No Talmude, eles contam que Jesus Ben-Sabta, ou o *filho da separada*, tendo estudado no Egito os mistérios profanos ergueu em Israel uma falsa pedra angular e arrastou o povo à idolatria. Eles reconhecem contudo que o sacerdócio israelita não tem razão em amaldiçoá-lo com as duas mãos, e é nessa ocasião que se nos depara no Talmude este belo preceito que aproximará um dia Israel do Cristianismo: "Não amaldiçoe nunca com as duas mãos, para que lhe reste sempre uma para perdoar e abençoar".

O sacerdócio judaico foi de fato injusto para com esse meigo mestre que ordenava a seus discípulos obedecer à hierarquia constituída. "Eles assentaram-se na cadeira de Moisés, dizia o Salvador, façam portanto o que eles dizem, mas não façam o que eles fazem." Uma outra vez o mestre ordena a dez leprosos a irem apresentar-se aos padres e enquanto para ali se dirigiam foram curados. Tocante abnegação do divino taumaturgo que envia a seus inimigos mais mortais a honra mesmo de seus milagres!

Aliás, para acusar o Cristo de ter colocado uma falsa pedra angular, sabiam eles por acaso onde estava então a verdadeira? A pedra *angular*, a pedra *cúbica*, a pedra *filosofal*, porque todos esses nomes simbólicos significam a mesma coisa, essa pedra fundamental do templo cabalístico, quadrada pela base e triangular no vértice como as pirâmides, os judeus do tempo dos fariseus não perderam a sua ciência? Acusando Jesus de ser um inovador, não denunciavam seu esquecimento da antiguidade? Essa luz que Abraão vira com estremecimentos de alegria, não se apagara para os filhos infiéis de Moisés, quando Jesus a reencontrou e a fez brilhar com um novo esplendor? Para certificar-se disso, é preciso comparar com o Evangelho e o Apocalipse de S. João as misteriosas doutrinas do *Sepher Jesirah* e do *Sohar*. Compreender-se-á então que o Cristianismo, longe de ser uma heresia judaica, era a verdadeira tradição ortodoxa do Judaísmo e que os escribas e fariseus eram só sectários.

Aliás, a ortodoxia cristã é um fato provado pela adesão do mundo e pela cessação entre os judeus do soberano sacerdócio e do sacrifício perpétuo, os dois sinais certos de uma verdadeira religião. O judaísmo, seu templo, sem grande sacerdote e sem sacrifício não existe mais senão como opinião contraditória. Alguns homens ficaram judeus; o templo e o altar tornaram-se cristãos.

Mostra nos Evangelhos apócrifos uma bela exposição alegórica desse critério de certeza do Cristianismo, que consiste na evidência da realização. Divertiam-se algumas crianças em fazer pássaros de barro, e mesmo Jesus brincava com elas. Cada um dos pequenos artistas elogiava exclusivamente sua obra. Jesus não dizia nada, mas quando terminou seus trabalhos, lhes disse: Voem! E os pássaros voaram. Eis como as instituições cristãs mostraram-se superiores às do antigo mundo! Estas são mortas e o Cristianismo viveu.

Considerando como a expressão perfeita, realizada e viva da Cabala, isto é, da tradição primitiva, o Cristianismo é ainda desconhecido e é por isso que o livro cabalístico e profético do Apocalipse está ainda inexplicado.

Sem as chaves cabalísticas, de fato, ele é perfeitamente inexplicável, visto como é incompreensível.

Os Joanitas, ou discípulos de S. João, conservaram muito tempo a explicação tradicional dessa epopeia profética, mas os gnósticos vieram embaralhar tudo e perder tudo, como o explicaremos mais tarde.

Lemos nos Atos dos apóstolos, que S. Paulo reuniu em Éfeso todos os livros que tratavam das coisas curiosas e queimou publicamente. Verdade é que não se trata aqui dos livros da Goecia ou necromancia dos antigos. Essa perda é lastimável sem dúvida, porque dos documentos mesmo do erro podem brotar clarões de verdade e ensinamentos preciosos para a ciência.

Todo o mundo sabe que com a vinda de Jesus Cristo os oráculos cessaram no mundo inteiro e uma voz exclamou sobre o mar: "O grande Pã morreu!" Um escritor pagão desaprova essas asserções, e declara que os oráculos não cessaram, mas que não houve mais ninguém para consultá-los. A retificação é preciosa, e achamos tal justificação mais categórica em verdade que a pretendida calúnia!

É preciso dizer a mesma coisa dos prestígios, que foram desdenhados quando se produziram os verdadeiros milagres; e, com efeito, se as leis superiores da natureza obedecem à verdadeira superioridade moral, os milagres tornam-se sobrenaturais como as virtudes que os produzem. Nossa teoria nada tira do poder de Deus e a luz astral, obedecendo à luz superior da graça, representa realmente para nós a serpente alegórica que vem por sua cabeça vencida sob o pé da Rainha do Céu.

CAPÍTULO 2

VERDADE DO CRISTIANISMO PELA MAGIA

A Magia, sendo a ciência do equilíbrio universal e tendo por princípio absoluto a *verdade – realidade – razão* do ser, explica todas as antinomias, ou contradição entre dois princípios, e concilia todas as realidades opostas entre si por este princípio gerador de todas as sínteses: *A harmonia resulta da analogia dos contrários.*

Para o iniciado nessa ciência, não se poderia duvidar da religião, visto que ela existe; não se contesta o que é.

O Ser é o Ser

אהיה אשר אהיה.

A oposição aparente da religião à razão faz a força de uma e de outra, estabelecendo-as em seu domínio distinto e separado e fecundado o lado negativo de cada uma pelo afirmativo da outra; é como acabamos de dizer, a harmonia pela analogia dos contrários. O que causou todos os erros e todas as confusões religiosas, foi em virtude da ignorância dessa grande lei, quiseram fazer da religião uma filosofia e da filosofia uma religião; quiseram submeter as coisas da fé aos preceitos da ciência, coisa tão ridícula como submeter a ciência às obediências cegas da fé; não pertence mais a um teólogo afirmar um absurdo matemático ou negar a demonstração de um teorema como a um sábio discutir, em nome da ciência, pró ou contra os mistérios do dogma.

Pergunte à Academia de Ciências se é matematicamente verdadeiro que há três pessoas em Deus e se pode ser provado por meio das ciências que Maria, mãe de Deus, foi concebida sem pecado? A Academia de Ciência se recusará e com razão; os sábios não têm nada a ver com isso, que é do domínio da fé.

Um artigo de fé não se discute, crê-se ou não nele; mas ele é de fé porque escapa ao exame da ciência.

Quando o conde de Maistre assegura que um dia se virá a falar com espanto de nossa estupidez atual, ele alude sem dúvida a estes pretensos espíritos fortes que vêm todos os dias lhes dizer:

– Eu crerei quando a verdade do dogma me for cientificamente provada.

Isto é, eu crerei quando não houver mais nada a crer e o dogma seja destruído como dogma, tornando-se um teorema científico.

Isso quer dizer em outros termos; eu não admitirei o infinito senão quando ele for explicado para mim, for determinado, circunscrito, definido, em uma palavra, finito.

Eu crerei, portanto, no infinito quando eu estiver certo de que o infinito não existe.

Eu crerei na imensidade do oceano quando eu o vir todo dentro de garrafas.

Mas, senhores, o que lhes tem provado claramente e feito compreender, vocês não o creem mais, vocês o sabem.

De outro lado, se vocês dissessem que o papa decidiu que dois e dois não fazem quatro, e que o quadrado da hipotenusa não é igual aos traçados sobre os outros dois lados de um triângulo retângulo, vocês diriam com razão: O papa não decidiu isso porque ele não pode decidi-lo; esse assunto escapa à sua alçada.

Pois bem, exclamará um discípulo de Rousseau, a Igreja nos ordena crer em coisas formalmente contrárias às matemáticas.

As matemáticas nos dizem que o todo é maior do que a parte. Ora, quando Jesus Cristo comungou com seus discípulos, ele devia ter todo o seu corpo em sua mão, e *ele pôs sua cabeça em sua boca*. (Este pobre gracejo acha-se textualmente em Rousseau.)

É fácil responder a isso; o sofista confunde aqui a ciência com a fé, e a ordem natural com a ordem sobrenatural ou divina. Se a religião sabe que, na comunhão da ceia, nosso Salvador tinha dois corpos naturais da mesma forma e da mesma grandeza, e que um comeu o outro, a ciência teria direito de se divertir.

Mas a religião diz que o corpo do Mestre estava divinalmente e sacramentalmente contido sob o sinal ou a aparência natural de um pedaço de pão. Ainda uma vez cumpre crer ou não crer; mas quem quer que raciocine sobre esse assunto e queira discutir cientificamente a coisa, merecerá passar por um tolo.

A verdade em ciência se prova por demonstrações exatas; a verdade em religião se prova pela unanimidade da fé e a santidade das obras.

Aquele que pode dizer ao paralítico, diz o Evangelho, levante-se e caminhe, tem o direito de perdoar os pecados.

A religião é verdadeira, se ela realiza a moral mais perfeita.

A prova da fé são as obras.

O Cristianismo constituiu uma sociedade imensa de homens, tendo a hierarquia por princípio, a obediência por regra e a caridade por lei? Eis o que é permitido perguntar à ciência.

Se a ciência responde segundo os documentos históricos: Sim. Eles faltaram à caridade.

Eu lhe tomo suas próprias palavras, e podemos responder aos intérpretes da ciência. Confesse então que a caridade existe, diante disso se pode deixar de praticá-la?

A caridade! Grande palavra e grande coisa, palavra que não existia antes do Cristianismo, coisa que é a verdadeira religião no seu todo!

O espírito da caridade não é o espírito divino tornado visível sobre a terra?

Esse espírito não tornou sua existência sensível por atos, por instituições, por monumentos, por obras imortais?

Em verdade, nós não concebemos como um incrédulo e de boa fé pode ver uma filha de S. Vicente de Paula sem ter vontade de ajoelhar-se e orar!

O espírito da caridade é Deus, é a imortalidade da alma, é a hierarquia, é a obediência, é o perdão das injúrias, é a simplicidade e a integridade da fé.

As seitas separadas são atingidas de morte em seu princípio, porque elas faltaram à caridade, separando-se do mais simples bom senso, querendo raciocinar sobre a fé.

E nessas seitas que o dogma é absurdo porque é suposto racional. Então deve ser um teorema científico ou não é nada. Em religião é sabido que a letra mata e o espírito vivifica; ora, de que espírito se pode tratar aqui, senão do espírito da caridade?

A fé que transporta as montanhas e que faz suportar o martírio, a generosidade que dá, a eloquência que fala a linguagem dos homens e a dos anjos, tudo isto não é nada sem a caridade, diz S. Paulo.

A ciência pode falhar, ajunta o mesmo apóstolo, a profecia pode cessar, a caridade é eterna.

A caridade e suas obras, eis a realidade em religião; ora, a razão verdadeira não se recusa nunca à realidade, porque esta é a demonstração do ser que é a verdade.

É assim que a filosofia dá a mão à religião, sem querer nunca usurpar-lhe o domínio; e é com essa condição que a religião abençoa, encoraja e ilumina a filosofia com seus caritativos esplendores.

A caridade é o laço misterioso que sonhavam os iniciados da Helênia para conciliar Eros e Antheros. É esse coroamento da porta de Salomão que devia unir num mesmo todo as duas colunas Jakin e Boaz; é a garantia mútua dos direitos e dos deveres, da autoridade e da liberdade, do forte e do fraco, do povo e do governo, do homem e da mulher; é o sentimento divino que deve vivificar a ciência humana; é o absoluto do bem, como o princípio Ser – realidade – razão é o absoluto do verdadeiro. Esses esclarecimentos eram necessários para fazer compreender bem esse belo símbolo dos magos adorando o Salvador no berço. Eles são três, um branco, um moreno e um negro, e oferecem ouro, incenso e mirra. A conciliação dos contrários é expressa por esse duplo ternário e é precisamente o que acabamos de explicar.

O Cristianismo, esperado pelos magos, era de fato a consequência de sua doutrina secreta; mas nascendo, esse Benjamim, da antiga Israel, devia dar a morte à sua mãe.

A magia de luz, a magia do verdadeiro Zoroastro de Melquisedeque e de Abraão, devia cessar com a vinda do grande realizador. Num mundo de milagres os prodígios não deviam ser mais do que um escândalo, a ortodoxia mágica se transfigurara em ortodoxia religiosa; os dissidentes não podiam ser mais do que iluminados e feiticeiros; o nome mesmo da Magia devia ser tomado em mau sentido. É sob essa maldição que seguiremos de agora em diante as manifestações mágicas através das idades.

O primeiro heresiarca de que fazem menção as tradições da igreja, foi um taumaturgo de que conta a lenda uma multidão de maravilhas; era Simão, o mago, sua história pertence-nos de direito e vamos tentar encontrá-la entre as fábulas populares. Simão era judeu de nascimento, e supõe-se que ele nascera no burgo de Giton, no país de Samaria. Teve por mestre de Magia um sectário chamado Dositeu que se dizia enviado de Deus e o Messias anunciado pelos profetas. Simão aprendeu com esse mestre não somente a arte dos prestígios, mas ainda certos segredos naturais que pertencem realmente à tradição secreta dos magos; ele possuía a ciência do fogo astral e o atraía ao redor de si em grandes correntes, e que o tornava em aparência impassível e incombustível; tinha também o poder de elevar-se e de suster-se no ar, coisas todas que foram feitas sem nenhuma ciência, mas por acidente natural, por entusiastas embriagados de luz astral, tais como os convulsionários de S. Medardo, fenômenos que se reproduzem em nossos dias nos êxtases dos *médiuns*. Ele magnetizava à distância os que nele acreditavam e lhes aparecia sob diversas figuras. Produzia imagens e reflexos visíveis a ponto de fazer aparecer em pleno campo árvores fantásticas que todo o mundo julgava ver.

As coisas naturalmente inanimadas se moviam em redor dele, como fazem os móveis em torno do Americano Home, e muitas vezes, quando ele queria entrar numa casa ou sair, as portas rangiam, agitavam-se e acabavam abrindo-se por si mesmas.

Simão operou estas maravilhas diante dos nobres do povo de Samaria; elas foram exageradas e o taumaturgo passou por um ser divino. Ora, como ele não chegara a esse poder senão por excitações que perturbavam sua razão, ele mesmo julgou-se um personagem de tal forma extraordinário que se atribuiu sem-cerimônia as honras divinas, tentando usurpar as adorações do mundo inteiro.

Suas crises ou seus êxtases produziam sobre seu corpo efeitos extraordinários. Ora viam-no pálido, encovado, alquebrado, qual um velho que vai morrer; ora o fluido luminoso revigorava seu sangue, dava brilho a seus olhos, tornava suave e flácida a pele de seu rosto, de modo que parecia de repente regenerado e rejuvenescido. Os orientais, grandes ampliadores de maravilhas, julgavam então vê-lo passar da infância à decrepitude e retornar, a seu bel-prazer, da decrepitude à infância.

Enfim por toda a parte só se falava de seus milagres e ele tornou-se o ídolo dos judeus de Samaria e dos países circunvizinhos

Mas os adoradores do maravilhoso são geralmente ávidos de emoções novas, e cansam-se logo do que primeiro os admirou. O apóstolo S. Felipe, que veio pregar o Evangelho em Samaria, angariou uma nova corrente do entusiasmo que fez perder a Simão todo seu prestígio; este, por sua vez, sentiu-se abatido por sua moléstia, que tomava por uma impotência; julgou-se excedido por mágicos mais sábios do que ele, e tomou o partido de se unir aos apóstolos para estudar, surpreender ou concluir seus segredos.

Simão não era certamente iniciado na alta Magia; porque ela lhe teria ensinado que para dispor das forças secretas da natureza, de modo a dirigi-las sem ser quebrado por elas, é preciso ser um sábio e um santo; que para recrear-se com essas armas terríveis sem conhecê-las, é preciso ser um louco, e que uma morte pronta e terrível aguarda os profanadores do santuário da natureza.

Simão era devorado pela sede implacável dos ébrios; privado de suas vertigens, ele julgava ter perdido sua felicidade; doente de tonturas passadas, ele contava curar-se se embriagando mais. Ninguém volta de boa vontade a ser um simples mortal, depois de se ter suposto Deus. Simão submeteu-se então para encontrar o que houvera perdido, a todos os rigores da austeridade apostólica; ele fez vigílias, orou, jejuou, mas os prodígios não voltaram.

Por último, disse ele um dia, entre judeus todos devem poder entender-se, e propôs dinheiro a S. Pedro. O chefe dos apóstolos o repeliu com indignação. Simão não compreendia mais nada disso, ele que recebia de tão boa vontade as oferendas de seus discípulos; deixou o mais depressa possível a sociedade desses homens tão desinteressados e com o dinheiro que S. Pedro recusou, comprou uma mulher escrava chamada Helena.

As divagações místicas são sempre vizinhas do deboche. Simão apaixonou-se loucamente por sua escrava; a paixão, enfraquecendo-o e exaltando-o, fez voltar suas catalepsias e seus fenômenos mórbidos aos quais ele chamava sua potência e seus milagres. Uma mitologia cheia de reminiscências mágicas misturada a sonhos eróticos saiu armada de seu cérebro; ele pôs-se então a viajar, como os apóstolos, arrastando consigo sua Helena, dogmatizando, fazendo-se ver aos que queiram adorá-lo e sem dúvida também pagá-lo.

No pensamento de Simão, a primeira manifestação de Deus fora um esplendor perfeito que produziu imediatamente seu reflexo. Esse sol das almas era ele, e seu reflexo era Helena, que ele chamava Selene, que em grego significa a lua.

Ora, a lua de Simão descera no começo dos séculos sobre a terra que Simão esboçara nos seus sonhos eternos; ela tornou-se mãe, porque o pensamento de seu sol a fecundara, e pusera ao mundo os anjos que ela criou só e sem lhes falar de seu pai.

Os anjos se revoltaram contra ela e a prenderam num corpo mortal.

Então o esplendor de Deus foi forçado a descer por sua vez para resgatar sua Helena, e o judeu Simão veio à terra.

Aí ele devia vencer a morte e arrebatar viva, pelos ares, sua Helena, seguida do coro triunfante de seus eleitos. O resto dos homens seria abandonado sobre a terra à tirania eterna dos anjos.

Assim esse heresiarca, plagiador do Cristianismo, mas em sentido inverso, afirmava o reino eterno da revolta e do mal, fazia criar ou ao menos findar o mundo pelos demônios, destruindo a ordem e a hierarquia para estabelecer-se só com sua concubina, como sendo o caminho, a verdade e a vida. Era o dogma do anticristo; e ele não devia morrer com Simão, e perpetuou-se até nossos dias; e as tradições proféticas do Cristianismo afirmam mesmo que ele deve ter seu reino de um momento e seu triunfo, precursor das mais terríveis calamidades.

Simão fazia-se chamar santo, e, por uma estranha coincidência, o chefe de uma seita gnóstica moderna, que recorda todo o misticismo sensual do primeiro heresiarca, o inventor da *mulher livre*, chamava-se também São Simon. O *cainismo*, tal é o nome que poderia dar a todas as falsas revelações emanadas dessa fonte impura. São dogmas de maldição e de ódio contra a harmonia universal e contra a ordem social; são as paixões desregradas que afirmam o direito em lugar do dever; o amor passional em lugar do amor celeste e devotado; a prostituta em lugar da mãe; Helena, a concubina de Simão, em lugar de Maria, mãe do Salvador.

Simão tornou-se um personagem e voltou a Roma, onde o imperador, curioso de todos os espetáculos extraordinários, estava disposto a acolhê-lo; esse imperador era Nero.

O iluminado judeu admirou o louco coroado por um passe que se tornou comum em nossos teatros de escamoteadores. Ele mandou cortar sua cabeça, e em seguida veio saudar o imperador com a cabeça nos ombros; fez os móveis se moverem, as portas se abrirem; comportou-se enfim como um verdadeiro *médium*, e tornou-se o feiticeiro ordinário das orgias neunianas e dos festins de Trimalcion.

Segundo os legendários, foi para preservar os judeus de Roma da doutrina de Simão, que S. Pedro se dirigiu a essa capital do mundo. Nero soube depressa, por seus espiões, que um novo taumaturgo israelita chegava para fazer guerra a seu encantador. Ele resolveu colocá-lo em presença e deleitar-se com o conflito. Petrônio e Tigelino estavam presentes à festa.

– Que a paz esteja convosco! Diz entrando o príncipe dos apóstolos.

– Nada temos que fazer de sua paz, responde Simão, é pela guerra que se descobre a verdade. A paz entre adversários é o triunfo de um e a derrota de outro.

S. Pedro replicou:

– Por que recusa a paz? Foram os vícios dos homens que criaram a guerra; a paz acompanha sempre a virtude.

– A virtude é a força e a destreza, diz Simão. Eu afronto o fogo, elevo-me nos ares, ressuscito as plantas, mudo a pedra em pão e você o que faz?

– Oro por você, diz S. Pedro, para que não pereça vítima de seus prestígios.

– Guarda suas preces; elas não subirão no mesmo instante que eu ao céu.

E eis que o mágico se precipita por uma janela, elevando-se nos ares. Se ele possuía algum aparelho aerostático sob suas largas vestes ou elevava-se como os convulsionários do diácono Paris, por uma exaltação de luz astral, é o que não poderíamos dizer.

Durante esse tempo S. Pedro estava de joelhos e orava; de súbito Simão solta um grande grito e cai; levantaram-no com as pernas quebradas. E Nero mandou encarcerar S. Pedro que lhe parecia ser um mágico menos divertido que Simão; este morreu de sua queda. Toda essa história que remonta aos boatos populares daquele tempo é atualmente realizada, talvez sem razão, entre as lendas apócrifas. Ela não é por isso menos notável e digna de ser conservada.

A seita de Simão não se extinguiu com ele, que teve por sucessor um de seus discípulos, Menandro. Este não se dizia rei e contentava-se com o papel de profeta; quando batizava seus adeptos um fogo visível descia sobre a água; ele lhes prometia a imortalidade da alma e do corpo por meio desse banho mágico, e ainda no tempo de S. Justino, havia menandrianos que se julgavam firmemente imortais. A morte de uns não desenganava os outros, porque o defunto era imediatamente excomungado e considerado como um falso irmão. Os menandrianos consideravam a morte como uma verdadeira apostasia ou abandono da fé e completavam sua falange imortal angariando novos adeptos. Os que sabem até onde pode chegar a loucura humana, não se admirarão se lhes informarmos que neste mesmo ano de 1858, existiam ainda, na América e na França, continuadores fanáticos da seita dos menandrianos.

O qualificativo de mágico junto ao nome de Simão fez com que os cristãos tivessem horror à Magia; mas nem por isso se deixou de honrar a memória dos reis magos que adoraram o Salvador em seu berço.

CAPÍTULO 3

DO DIABO

O Cristianismo formula claramente a concepção divina, nos faz compreender Deus como o amor o mais puro e o mais absoluto, e define claramente o

FIGURA 10
Disputa pública entre S. Pedro de uma parte e Simão, o Mago, da outra.
Ascensão e queda de Simão, segundo uma gravura do século XV.

espírito oposto a Deus. É o espírito de oposição e de ódio, é Satã. Mas esse espírito não é uma personagem, que se deva compreender como uma espécie de deus negro; é uma perversidade comum a todas as inteligências desencaminhadas. "Eu me chamo Legião, diz ele no Evangelho, porque somos uma multidão."

A inteligência nascente pode ser comparada à estrela da manhã, e se ela cair voluntariamente nas trevas depois de ter brilhado um instante, se lhe pode aplicar esta apóstrofe de Isaías ao rei da Babilônia: "Como você caiu do céu, belo Lúcifer, brilhante estrela da manhã?" Mas quer isso significar que o Lúcifer celeste, que a estrela matinal da inteligência divina se tenha tornado um archote do inferno? O nome de *porta-luz* será dado com justiça ao anjo dos erros e das trevas? Assim não pensamos, a menos que não se entenda como nós, e segundo as tradições mágicas, por inferno personificado em Satã e representado pela antiga serpente, esse fogo central que se enrola ao redor da terra, devorando tudo que produz e mordendo a cauda, como a serpente de Cronos, essa luz astral de que falava o Senhor quando dizia a Caim: "Se fizer o mal, o pecado estará logo em suas portas, isto é, a desordem se apoderará de todos os seus sentidos; mas eu lhe submeti à cobiça da morte e lhe cumpre comandá-la".

A personificação real e quase divina de Satã é um erro que se liga ao falso Zoroastro, isto é, ao dogma alterado dos segundos magos, os magos materialistas da Pérsia; eles transformaram em deuses os dois polos do mundo intelectual, e da força passiva fizeram uma divindade oposta à força ativa. Nós assinalamos na mitologia da Índia o mesmo erro monstruoso. Arimã ou Xiva, tal é o pai do demônio, como o compreendem os legendários supersticiosos, e é por isso que o Salvador dizia: "O diabo é mentiroso como seu pai".

A igreja, sobre essa questão, reporta-se aos textos do Evangelho, e não deu nunca decisões dogmáticas de que fosse objeto a deposição do diabo. Os bons cristãos evitam mesmo nomeá-lo e os moralistas religiosos recomendam a seus fiéis que não se ocupem dele, mas resistam-no pensando em Deus.

Nós só temos admiração para essa sábia reserva do ensino sacerdotal. Porque, de fato, se emprestaria a luz do dogma àquele que é a obscuridade intelectual e a noite mais sombria do coração? Que fique desconhecido, esse espírito que quer arrancar-nos ao conhecimento de Deus!

Não pretendemos fazer aqui o que a igreja não fez, constatamos somente a esse respeito qual foi o ensino secreto dos iniciados nas ciências ocultas.

Eles diziam que o grande agente mágico, chamado justamente *Lúcifer*, porque é o veículo da luz e o receptáculo de todas as formas, é uma força intermediária derramada em toda a criação; que ele serve para criar e destruir, e que a queda de Adão foi uma embriaguez erótica que tornou sua geração escrava dessa luz fatal; que toda paixão amorosa que invade os sentidos é um turbilhão dessa luz que quer arrastar-nos para o golfo da morte; que a loucura, as alucinações, as visões, os êxtases, são uma exaltação muito perigosa desse fósforo interior; que essa luz, enfim, é da natureza do fogo, cujo emprego inteligente aquece e vivifica, cujo excesso ao contrário queima, dissolve e aniquila.

O homem seria chamado a exercer um império soberano sobre essa luz e a conquistar por esse meio sua imortalidade, e ameaçado ao mesmo tempo de ser embriagado, absorvido e destruído eternamente por ela.

Essa luz, enquanto devoradora, vingadora e fatal, seria o fogo do inferno, a serpente da lenda; e o erro suplicante de que ela seria cheia, os choros e ranger de dentes dos entes abortados que ela devora, o fantasma da vida que lhes escapa e parece insultar o seu suplício, tudo isso seria o diabo ou Satã. As ações mal dirigidas pela vertigem da luz astral, as miragens enganadoras de prazer, de riqueza e de glória de que repletas se acham as alucinações, seriam as pompas e as obras do inferno.

O padre Hilário Tissot crê que todas as doenças nervosas acompanhadas de alucinações e de delírios são possessões do diabo, e compreendendo a coisa no sentido cabalístico, ele teria plenamente razão.

Tudo o que entrega nossa alma à fatalidade das vertigens é de verdade infernal, visto como o céu é o reino eterno da ordem, da inteligência e da liberdade.

Os possessos do Evangelho fugiam diante de Jesus Cristo, os oráculos calavam-se diante dos apóstolos e os doentes de alucinações manifestavam sempre uma repugnância invencível pelos iniciados e pelos sábios.

A cessação dos oráculos e das possessões era uma prova do triunfo da liberdade humana sobre a fatalidade.

Quando as doenças astrais se mostram de novo, é um sinal funesto que anuncia o enfraquecimento das almas. Comoções fatais acompanham sempre essas manifestações. As convulsões duraram até a revolução francesa, e os fanáticos de S. Medardo lhes predisseram as sangrentas calamidades.

O célebre criminalista Torreblanca, que estudou a fundo as questões da magia diabólica, descrevendo as operações do demônio, descreveu precisamente todos os fenômenos da perturbação astral. Eis alguns números do sumário de seu capítulo XV da *Magia Operatória*:

1º – O esforço contínuo do demônio tenta levar-nos ao erro.

2º – O demônio engana os sentidos perturbando a imaginação, cuja natureza contudo ele não poderia mudar.

3º – Das aparências que ferem a vista do homem, forma-se imediatamente um corpo imaginário no entendimento, e, enquanto dura o fantasma, as aparências o acompanham.

4º – O demônio destrói o equilíbrio da imaginação pela perturbação das funções vitais, seja moléstia, seja irregularidade na saúde.

5º e 6º – Quando o equilíbrio da imaginação e da razão é destruído por uma causa mórbida, sonha-se acordado e pode se ver com aparência real o que não existe realmente.

7º – A vista cessa de ser justa quando o equilíbrio é perturbado na percepção mental das imagens.

8º e 9º – Exemplos de doenças onde são vistos os objetos duplos etc.

10º – As visões saem de nós e são reflexos de nossa própria imagem.

11º – Os antigos conheciam duas doenças que eles chamavam, a um *frenesi* (φρενιτις), à outra *coribantismo* (χορυδατιάσμος), a primeira fazendo ver formas imaginárias, a segunda fazendo ouvir vozes e sons que não existem etc.

Resulta dessas asserções, aliás, muito dignas de nota, que Torreblanca atribui as doenças ao demônio, e que pelo demônio ele compreende a mesma doença; no que estaríamos de perfeito acordo se o permitisse a autoridade dogmática.

Os esforços contínuos da luz astral para dissolver e absorver os seres, pertencem à sua natureza mesma; ela rói como a água, por causa de suas correntes contínuas; devora como o fogo porque é ela a essência mesma do fogo e sua força dissolvente.

O espírito da perversidade e o amor da destruição entre os seres que ela domina não é senão o instinto dessa força. É também um resultado do sofrimento da alma que vive de uma vida incompleta e sente-se despedaçada por crispações em sentido contrário.

Essa perversidade astral manifesta-se ordinariamente pelo ódio das crianças. Uma força desconhecida impede certos doentes a matá-los, vozes imperiosas exigem sua morte. O Dr. Brierre de Boismont cita exemplos terríveis dessa mania que nos traz à memória os crimes de Papavoine e de Henriqueta Cornier.*

* *Histoire des allucinations*, 2. ed. 1855.

Os enfermos de perversão astral são inclinados ao mal e entristecem-se com a alegria dos outros. Eles não querem que se espere; eles sabem achar palavras mais dolorosas e desesperadoras, ainda quando procuram consolar, porque a vida é para eles um sofrimento e porque têm a vertigem da morte.

É também a perversão astral e o amor da morte que fazem abusar das obras da geração, que levam a perverter-lhes o emprego e a poluí-las por gracejos sacrílegos e deboches vergonhosos. A obscenidade é uma blasfêmia contra a vida.

Cada um desses vícios personificou-se em um ídolo negro ou um demônio que é uma imagem negativa desfigurada da divindade que dá a vida; são os ídolos da morte.

Moloch é a fatalidade que devora os filhos.

Satã e Nisroch são os deuses do ódio, da fatalidade e do desespero.

Astarteia, Liti, Naema, Astarô, são os ídolos da devassidão e do aborto.

Adrameleque é o deus do assassinato

Belial, o da revolta eterna e da anarquia.

Concepções fúnebres de uma razão perto de extinguir-se que adora de maneira infame seu algoz, para dele obter que faça cessar seu suplício, acabando de devorá-la!

O verdadeiro nome de Satã, dizem os cabalistas, é o nome de Jeová às avessas, porque Satã não é um deus negro, é a negação de Deus. O diabo é a personificação do ateísmo ou da idolatria.

Para os iniciados, não é uma pessoa, é uma força criada para o bem, e que pode servir ao mal; é o instrumento da liberdade. Eles representavam essa força que preside à geração física sob a forma mitológica e cornuda do deus Pã; daí veio o bode do sabá, o irmão da antiga serpente e o *porta-luz* ou *fósforo* de que os poetas fizeram o falso Lúcifer da lenda.

CAPÍTULO 4

DOS ÚLTIMOS PAGÃOS

O milagre eterno de Deus é a ordem imutável de sua providência nas harmonias da natureza; os prodígios são as desordens e só devem ser atribuídos aos desfalecimentos da criatura. O milagre divino é, pois, uma reação providencial para restabelecer a ordem perturbada. Quando Jesus curava os possessos, ele os acalmava e fazia cessar seus atos maravilhosos; quando os apóstolos aplacavam a exaltação das pitonisas, eles faziam cessar a adivinhação. O espírito de erro é um espírito de agitação e de subversão, o espírito de verdade leva consigo por toda a parte a calma e a paz.

Tal foi a ação civilizadora do Cristianismo nascente; as paixões amigas da desordem não deviam deixar-lhe sem combates o triunfo de sua fácil vitória. O politeísmo agonizante pediu forças à magia dos antigos santuários; aos mistérios do Evangelho opuseram-se os de Elêusis. Apolônio de Tiana foi posto em paralelo com o Salvador do mundo; Filóstrato encarregou-se de fazer uma lenda a esse deus novo; veio depois o imperador Juliano, que seria adorado se o dardo que o matou não tivesse dado ao mesmo tempo o último golpe na idolatria cesariana; o renascimento violento e antiquado de uma religião morta em suas formas foi um verdadeiro aborto, e Juliano devia perecer com a criança decrépita que ele esforçou-se de dar ao mundo.

Não deixaram de ser duas grandes e curiosas personagens esse Apolônio e este Juliano, e sua história faz época nos anais da Magia.

Naquele tempo, as lendas alegóricas estavam em moda; os mestres encarnavam sua doutrina em sua pessoa, e os discípulos iniciados escreviam fábulas que encerravam os segredos da iniciação. A história de Apolônio por Filóstrato, absurda se quisermos tomá-la ao pé da letra, é muito curiosa, se quisermos, segundo os dados da ciência, examinar-lhe os símbolos. É uma espécie de evangelho pagão oposto aos Evangelhos do Cristianismo; é toda uma doutrina secreta que nos é dado explicar e reconstruir. Assim, o capítulo primeiro do livro terceiro de Filóstrato é consagrado à descrição de Hífasis, rio maravilhoso que tem sua nascente numa planície e perde-se em regiões inacessíveis. O Hífasis representa a ciência mágica, cujos primeiros princípios são simples, e difíceis de bem deduzir as consequências. Os casamentos são infecundos, diz Filóstrato, se não forem consagrados com o bálsamo das árvores que crescem às margens do Hífasis.

Os peixes desse rio são consagrados a Vênus; eles têm a cabeça azul, as escamas de diversas cores e a cauda cor de ouro; eles levantam essa cauda quando querem. Há também nesse rio um animal semelhante a um verme branco; esse inseto dissolvido dá um óleo ardente que só no vidro se pode guardar. É somente para o rei que se pega esse animal, porque ele é de uma força de derrubar muralhas; sua gordura exposta ao ar pega fogo e então nada seria capaz no mundo de extinguir o incêndio.

Pelos peixes do rio Hífasis, Apolônio entende a configuração universal, azul de um lado, multicolorido no centro, dourado no outro polo, como as experiências magnéticas o fizeram conhecer ultimamente. O verme branco de Hífasis é a luz astral que condenada por um tríplice fogo, dissolve-se em um óleo que é a medicina universal. Só num vidro é possível guardar-se esse óleo, porque o vidro não é condutor da luz astral, por ter pouca porosidade; esse segredo é guardado pelo rei, isto é, pelo iniciado da primeira ordem, porque se trata de uma força capaz de derrubar cidades. Os grandes segredos são indicados aqui com a maior clareza.

No capítulo seguinte, Filóstrato fala dos unicórnios. Diz ele que se faz de seus chifres taças nas quais se deve beber para se preservar de todos os venenos. O chifre único do unicórnio representa a unidade hierárquica, por isso, diz Filóstrato, segundo Damis, essas taças são reservadas para os reis. "Feliz, diz Apolônio, aquele que só se embriagasse bebendo em tal taça!"

Damis diz também que Apolônio achou uma mulher branca até o seio e preta do seio para cima. Seus discípulos se aterrorizaram com esse prodígio; mas Apolônio que sabia quem era ela, estendeu-lhe a mão.

"É, diz ele, a Vênus das Índias, e suas duas cores são as do boi Ápis, adorado pelos egípcios." Essa mulher branca e preta é a ciência mágica, cujos membros brancos, isto é, as formas criadas, revelam a cabeça negra, isto é, a causa suprema ignorada dos homens. Filóstrato e Damis bem o sabiam e sob esses emblemas eles escreviam com discrição a doutrina de Apolônio. Os capítulos V, VI, VII, VIII, IV e X do terceiro livro da vida de Apolônio, por Filóstrato, contêm o segredo da grande obra. Trata-se de dragões que defendem as proximidades do palácio dos sábios. Há três tipos de dragões; os dos pântanos, os da planície e os da montanha. A montanha é o enxofre; o pântano é o mercúrio; a planície é o sal dos filósofos. Os dragões das planícies têm nas costas pontas em forma de serra, é o poder ácido do sal. Os dragões da montanha têm as escamas de cor dourada, uma barba de ouro, e serpenteando fazem um ruído semelhante ao retinir do cobre; eles têm na cabeça uma pedra que opera todos os milagres; eles se deleitam à beira do mar Vermelho, e são presos por meio de uma fazenda vermelha na qual se acham bordadas letras de ouro; eles repousam a cabeça sobre essas letras encantadas, adormecem, é quando lhes cortam a cabeça com um machado. Quem não reconhece aqui a pedra dos filósofos, o magistério do vermelho e o famoso *regimen ignis* ou governo do fogo, expresso pelas letras de ouro?

Sob o nome de *cidadela* dos sábios, Filóstrato descreveu em seguida o Atamor. É uma colina cercada continuamente por um nevoeiro, aberta do lado meridional; ela contém um poço de quatro passos de largura, de onde sai um vapor azulado que sobe pelo calor do sol, com todas as cores do arco-íris; o fundo do poço é coberto de arsênico; perto do poço encontra-se uma bacia cheia de fogo, de onde sai uma chama da cor do chumbo que nunca é nem mais alta nem mais baixa do que as bordas da bacia; lá se encontram também dois recipientes de pedra negra, um dos quais contém a chuva, outro o vento. Excessiva que seja a chuva, abre-se o tonel e saem nuvens que umedecem todo o país. Não seria possível escrever mais exatamente o fogo secreto dos filósofos e o que eles chamam seu banho-maria. Vê-se por essa passagem que os antigos alquimistas em sua grande obra, empregavam a eletricidade, o magnetismo e o vapor.

Filóstrato fala em seguida da pedra filosofal que ele chama indistintamente *pedra* ou *luz*. "Não é permitido a nenhum profano procurá-la, porque ela se desvanece se não souber tomá-la com os processos da arte. Os sábios sós, por meio de certas palavras e de certos ritos, podem achar o *pantarbo*, é o nome desta pedra, que à noite tem a aparência de um fogo, sendo inflamada e cintilante; olhada que seja de dia, ela ofusca. Esta luz é uma matéria sutil de uma força admirável, porque atrai tudo que está próximo." (Filóstrato, *Vida de Apolônio*, livro III, cap. XLVI.)

Essas revelações das doutrinas secretas de Apolônio provam que a pedra filosofal não é outra coisa senão um ímã universal formado de luz astral condensada e fixada ao redor de um centro. É um fósforo artificial no qual se concentram todas as virtudes do calor gerador do mundo.

Toda a vida de Apolônio, escrita por Filóstrato, segundo Damis, o Assírio, é um tecido de apólogos e de parábolas; era moda então escrever assim a doutrina oculta dos grandes iniciadores. Não se admire ninguém de achar fábulas nessa narração, mas sob a alegoria dessas fábulas é preciso achar e compreender a ciência oculta dos hierofantes.

Apesar de sua grande ciência e de suas brilhantes virtudes Apolônio não era o continuador da escola hierárquica dos magos. Sua iniciação vinha das Índias, e ele, para inspirar-se, entregava-se às práticas enervantes dos brâmanes; ele pregava abertamente a revolta e o regicídio ou assassinato do rei; era um grande caráter desviado.

A figura do imperador Juliano nos aparece mais poética e mais bela que a de Apolônio. Juliano levou sobre o trono toda a austeridade de um sábio; ele queria transfundir a seiva nova do Cristianismo no corpo do helenismo envelhecido. Nobre insensato, capaz somente de amar demasiadamente as lembranças da pátria e as imagens dos deuses de seu país. Juliano, para contrabalançar a potência realizadora do dogma cristão, tomou também a Magia negra em seu auxílio, e entregou-se, depois de Jâmblico e Máximo de Éfeso, às tenebrosas evocações; seus deuses cuja beleza e juventude ele queria ressuscitar, apareceram-lhe velhos e decrépitos, inquietos da vida e da luz e prestes a fugir diante do sinal da cruz!

Acabara-se para sempre o helenismo, vencera o Galileu. Juliano morreu como herói, sem blasfemar seu vencedor, como se tem falsamente pretendido. Seus últimos momentos, contados pormenorizadamente por A. Marcelino, foram os de um guerreiro e de um filósofo; as maldições do sacerdócio cristão retumbaram por muito tempo sobre seu túmulo, entretanto, o Salvador, que deve amar tanto as almas nobres, não perdoou a adversários menos interessantes e menos generosos que Juliano?

Depois da morte desse imperador, a idolatria e a Magia foram envolvidas numa mesma reprovação universal. Foi então que nasceram essas sociedades secretas de adeptos às quais se ligam mais tarde os gnósticos e os maniqueus; sociedades depositárias de uma tradição misturada de verdades e de erros, mas que se transmitiam, sob o selo do juramento mais terrível, o grande arcano da antiga onipotência e as esperanças sempre enganadoras dos cultos extintos e dos sacerdócios decaídos.

CAPÍTULO 5

DAS LENDAS

As estranhas narrações contidas na lenda dourada, por mais fabulosas que sejam não refluem à mais alta antiguidade cristã. São mais parábolas do que histórias; seu estilo é simples e oriental como o dos Evangelhos e sua existência tradicional prova que uma espécie de mitologia fora inventada para ocultar os mistérios cabalísticos da iniciação Joanita. A lenda áurea é um talmude cristão escrito todo em alegorias e em apólogos. Estudada sob esse ponto de vista de todo novo à força de ser antigo, a lenda áurea torna-se um livro da maior importância e do mais alto interesse.

Uma das narrações dessa lenda cheia de mistérios caracteriza o conflito da Magia e do Cristianismo nascente de modo inteiramente dramático e sugestivo. É como um esboço antecipado dos *Mártires* de Chateaubriand e do *Fausto* de Goethe, fundidos juntos.

Justina era uma jovem e bela virgem pagã, filha de um sacerdote dos ídolos, o tipo de Cimodoceia. Sua janela dava para um pátio vizinho da igreja dos cristãos; todos os dias ela ouvia a voz pura e recolhida de um diácono ler bem alto os santos Evangelhos. Essa palavra desconhecida tocou e revolveu-lhe o coração, tão bem, que uma tarde, sua mãe vendo-a pensativa e insistindo-lhe que lhe confiasse as preocupações de sua alma, Justina lançou-se a seus pés, dizendo-lhe: "Mãe, abençoe-me ou perdoe-me, eu sou cristã".

A mãe chorou abraçando sua filha e foi procurar seu esposo a quem confiou o que acabava de saber.

Eles adormeceram em seguida e tiveram ambos o mesmo sonho. Uma luz divina descia sobre eles, e uma voz doce os chamava dizendo-lhes: "Vinde a mim, vocês que vivem aflitos e eu lhes consolarei; vinde, os amados de meu pai, e eu lhes darei o reino que lhes está preparado desde o começo do mundo".

Ao despontar da manhã, o pai e a mãe abençoaram sua filha. Todos os três fizeram-se inscrever nos números dos catecúmenos e, depois das provas de costume, foram admitidos no santo batismo.

Justina voltava branca e radiosa da igreja, entre sua mãe e seu velho pai, quando dois homens sombrios, envoltos em seus mantos, passaram como Fausto e Mefistófeles perto de Margarida; era o mágico Cipriano e seu discípulo Acládio. Os homens pararam deslumbrados por essa aparição; Justina passou sem vê-los e entrou em casa com sua família.

Muda-se a cena, estamos no laboratório de Cipriano, onde se traçam círculos; uma vítima degolada se agita perto de um estrado fumegante; em pé em frente do mágico aparece o gênio das trevas.

– Estou aqui; por que eu fui chamado? Fale! o que quer?

– Amo uma virgem.

– Seduza-a

– Ela é cristã.

– Denuncie-a.

– Eu quero possuí-la e não perdê-la; pode fazer alguma coisa em meu favor?

– Eu seduzi Eva, que era inocente e que conversava todos os dias familiarmente com Deus. Se sua virgem é cristã, fique sabendo que fui eu que fiz crucificar Jesus Cristo.

– Logo, você ma entregará?

– Toma este unguento mágico, lambuzará com ele o limiar de sua residência e do resto me encarregarei.

Eis agora Justina que dorme em seu quartinho casto e severo. Cipriano coloca-se à porta murmurando palavras sacrílegas e procedendo a ritos horríveis; Satã coloca-se à cabeceira da moça e sopra-lhe sonhos voluptuosos cheios de imagem de Cipriano que ela crê encontrar ainda ao sair da igreja; mas dessa vez ela o contempla, o escuta e diz-lhe coisas que lhe perturbam o coração; de repente ela se agita, desperta e faz o sinal da cruz; o demônio desaparece e o sedutor que faz sentinela à porta, aguarda-a inutilmente toda a noite.

No dia seguinte ele recomeça suas evocações e faz amargas censuras ao seu cúmplice infernal; este confessa sua impotência. Cipriano o expulsa vergonhosamente e faz aparecer um demônio de ordem inferior. O recém-vindo transforma-se alternativamente em moça e em formoso rapaz para tentar Justina por conselhos e carícias. A virgem vai sucumbir, mas o seu anjo da guarda a assiste; ela faz o sinal da cruz e expulsa o mau espírito. Cipriano invoca então o rei dos infernos e vem Satã em pessoa. Ele acomete a Justina com todas as dores de Jó e espalha uma peste terrível em Antióquia, mandando os oráculos dizerem que a peste cessará quando Justina acalmar Vênus e o amor ultrajados. Justina ora publicamente pelo povo, e a peste cessa. Satã é vencido por sua vez, e Cipriano o obriga a confessar a onipotência do sinal da cruz, e o afronta, marcando-se com esse sinal. Ele abjura a Magia, é cristão, torna-se bispo e reencontra Justina num mosteiro de virgens; eles então se amam com o puro e durável amor da celeste caridade, a perseguição porém os atinge; são presos juntos e mortos no mesmo dia e vão consumar no seio de Deus seu casamento místico e eterno.

A lenda faz S. Cipriano bispo de Antióquia, enquanto a história eclesiástica o faz bispo de Cartago. Pouco importa aliás, que seja ou não o mesmo. Um é um personagem poético, o outro um padre da igreja e um mártir.

Encontra-se, nos antigos engrimanços, uma oração atribuída a S. Cipriano da lenda e que é talvez do santo bispo de Cartago. As expressões obscuras e figuradas de que está cheia, farão talvez supor que antes de ser bispo e cristão, Cipriano entregara-se às práticas funestas da Magia negra.

Eis a tradução:

"Eu, Cipriano, servo de nosso Senhor Jesus Cristo, ouvi a Deus, o pai onipotente, e disse-lhe: Você é o Deus forte, meu Deus onipotente que habita na grande luz! Você é santo e digno de louvor, e desde o tempo antigo viu a maldade do seu servo e as iniquidades nas quais eu me metera pela maldade do demônio. Eu não sabia então seu verdadeiro nome, eu passava pelo meio das ovelhas e elas não tinham pastor. As nuvens não podiam dar seu orvalho à terra, as árvores não davam frutos e as mulheres em trabalho de parto não podiam dar à luz; eu ligava e não desligava, eu amarrava os peixes do mar e eles não eram livres, amarrava as estradas do mar e retinha muitos males conjuntamente. Mas agora, Senhor Jesus Cristo, meu Deus, eu conheci seu santo nome e eu o amei e me converti de todo meu coração, de toda minha alma, de todas as minhas entranhas, desviando-me da multidão de minhas faltas para marchar em seu amor, seguindo seus mandamentos que são minha fé e minha prece. Você é o verbo da verdade, a palavra única do pai e eu lhe conjuro a quebrar todas as cadeias e todos os entraves pela virtude de seu santo nome".

Essa prece é evidentemente muito antiga e encerra reminiscências notáveis das figuras primitivas do esoterismo cristão nos primeiros séculos.

A qualificação de *áurea* ou *dourada* dada à lenda fabulosa dos santos alegóricos indica bastante o seu caráter. O ouro, aos olhos dos iniciados, é a luz condensada, eles chamam números de ouro os números sagrados da Cabala, versos áureos de Pitágoras os ensinamentos morais deste filósofo, e é pela mesma razão que um livro misterioso de Apuleio onde um asno representa um grande papel, foi chamado o *Asno de Ouro*.

Os pagãos acusavam os cristãos de adorar um asno, e eles não tinham inventado essa injúria, ela vinha dos judeus de Samaria que, figurando os dados da Cabala sobre a divindade por egípcios, representavam também a inteligência pela figura da estrela mágica adorada sob o nome de *Renfam*, a ciência sob o emblema de Anúbis, cujo nome mudavam para Nibas e a fé vulgar ou a credulidade sob a figura de *Tartac*, deus que se representava com um livro, um manto e uma cabeça de burro; segundo os doutores samaritanos o Cristianismo era o reino de *Tartac*; eram a fé cega e credulidade vulgar erigidas em oráculo universal e preferidas à inteligência e à ciência. Eis por que em suas relações com os gentios, quando ouviam estes confundi-los com os cristãos eles gritavam e pediam que não os confundissem com os adoradores exclusivos da cabeça de burro.

Durante muito tempo fez essa pretendida revelação rir os filósofos e Tertuliano fala numa caricatura romana exposta em seu tempo onde se via *Tartac* em toda sua glória, com esta inscrição que fez rir ao próprio Tertuliano, autor, como se sabe, do famoso *credo quia absurdum*: "*Cabeça de burro, deus dos cristãos*".

O Asno de ouro de Apuleio é a lenda oculta de *Tartac*. É uma epopeia mágica e uma sátira contra o Cristianismo que o autor professara sem dúvida durante algum tempo. É pelo menos o que parece dizer sob a alegoria de sua metamorfose em asno.

Eis o assunto do livro de Apuleio: Ele viaja na Tessália, país dos encantamentos; recebe a hospitalidade de um homem cuja mulher é feiticeira; seduz a criada dessa mulher e julga surpreender por esse meio os segredos da senhora. A criada deseja de fato entregar a seu amante uma composição, por meio da qual a feiticeira se metamorfoseia em pássaro, mas engana-se com a caixa e Apuleio acha-se metamorfoseado em asno.

A desastrada amante o consola dizendo-lhe que, para retomar sua primeira forma basta comer rosas, que é a flor da iniciação. Mas onde achar rosas à noite? É preciso esperar o dia seguinte. A criada conduz o asno à estrebaria; aparecem ladrões que tomam o asno e o levam. Mas não há meio de se aproximar das rosas, que não são feitas para os burros, e os jardineiros o expulsam às pauladas.

Durante seu longo e triste cativeiro ele ouve narrar a história de Psyché, esta história maravilhosa e simbólica que é como a alma e a poesia da sua. Psyché quis surpreender os segredos do amor, como Apuleio os da Magia; ela perdeu o amor, ele a forma humana; ela vive errante, exilada, submetida à cólera de Vênus, ele é escravo dos ladrões. Mas Psyché deve subir de novo ao céu depois de ter atravessado o inferno, e Lúcifer será apiedado pelos deuses. Ísis aparece-lhe em sonho e lhe promete que seu sacerdote, prevenido por uma revelação, lhe dará rosas durante as solenidades de sua festa próxima. Chega esta festa e Apuleio descreve longamente a procissão de Ísis, descrição preciosa para a ciência, por se achar nela a chave dos mistérios egípcios; homens mascarados seguem na frente, com animais grotescos; são as fábulas vulgares; depois vêm mulheres semeando flores com espelhos em seus ombros que refletem a imagem da grande divindade. Assim os homens vão à frente e formulam os dogmas que as mulheres embelezam e refletem sem saber por seu instinto maternal as verdades mais elevadas; homens e mulheres vêm em seguida, trazendo a luz; é a aliança dos dois termos, o ativo e o passivo, geradores da ciência e da vida.

Depois da luz, vem a harmonia, representada por jovens músicos. Depois por fim as imagens dos deuses em número de três, seguidos pelo grande hierofante que conduz não a imagem, mas o símbolo da grande Ísis, uma bola de ouro com um caduceu em cima. Lúcio Apuleio vê na mão do grande sacerdote uma coroa de rosas; ele aproxima-se e não é repelido; ele come rosas e torna-se homem.

Tudo isso é sabiamente escrito e entremeado de episódios ora heroicos, ora chulos, como convém à dupla natureza de Lúcio e do asno. Apuleio foi ao mesmo tempo o Rabelais e o Swedenborg do antigo mundo prestes a acabar-se.

Os grandes realizadores do Cristianismo não compreenderam ou fingiram não compreender o misticismo de Apuleio. S. Agostinho, na *Cidade de Deus*, pergunta, com a mais absoluta seriedade, se deve crer mesmo que Apuleio fora realmente metamorfoseado em asno. Esse padre mostrou-se mesmo muito disposto a admiti-lo, mas somente como um fenômeno excepcional.

Se é uma ironia da parte de S. Agostinho, é preciso convir que ela é cruel; se é uma ingenuidade... Mas S. Agostinho, o delicado reitor de Madaure, não tinha por hábito ser ingênuo.

Bem cegos e bem infelizes, de fato, eram os iniciados nos antigos mistérios que riam do burro de Belém, sem perceber o menino-Deus que irradiava sobre os pacíficos animais do presépio e sobre a fronte do qual repousava a estrela conciliadora do passado e do futuro!

Enquanto a filosofia convencida de impotência insultava o Cristianismo triunfante, os padres da igreja apoderavam-se de todas as magnificências de Platão e criavam uma filosofia nova fundada sobre a realidade viva do verbo divino sempre presente em sua igreja, renascente em cada um de seus membros, imortal na humanidade; sonho de orgulho maior que o de Prometeu, se não fosse ao mesmo tempo uma doutrina toda de abnegação e de devotamento humano porque ela é divina, divina porque é humana!

CAPÍTULO 6

PINTURAS CABALÍSTICAS E EMBLEMAS SAGRADOS

A igreja primitiva, obedecendo ao preceito formal do Salvador não entregava seus mais santos mistérios às profanações da multidão. Ao batismo e à comunhão só se era recebido por meio de iniciações progressivas. Conservavam-se guardados os livros santos cuja leitura inteira e explicação, sobretudo, eram reservadas ao sacerdócio. As imagens eram então menos numerosas e sobretudo menos explícitas. Abstinham-se de reproduzir a figura mesmo do Salvador; as pinturas das catacumbas são em sua maior parte emblemas cabalísticos; é a cruz edênica com os quatro rios nos quais vêm beber veados; é o peixe misterioso de Jonas, muitas vezes substituído por uma serpente bicéfala; é um homem saindo de um cofre que faz lembrar o de Osíris. O gnosticismo devia fazer condenar mais tarde todas essas alegorias de que abusou para materializar e profanar as tradições santas da Cabala dos profetas. O nome de *gnóstico* nem sempre foi um nome proscrito na igreja. Os padres cuja doutrina se ligava às tradições de S. João empregaram muitas vezes essa denominação para designar o cristão perfeito, que é encontrado em Santa Irene e S. Clemente de Alexandria. Não tratamos aqui do grande Sinésio que foi um cabalista perfeito, mas um ortodoxo duvidoso.

Os falsos gnósticos foram todos rebeldes à ordem hierárquica que quiseram nivelar a ciência, vulgarizando-a, substituir as visões à inteligência, o fanatismo pessoal à religião hierárquica, e sobretudo a licença mística das paixões sensuais à sábia sobriedade cristã e à obediência às leis, mãe dos castos casamentos e da temperança conservadora. Produzir o êxtase por meios físicos e substituir a santidade pelo sonambulismo, tal foi sempre a tendência das seitas caínicas continuadoras da Magia negra da Índia. A igreja devia reprová-las com energia, ela não faltou à sua missão; é de lamentar somente que a boa semente científica sofresse muitas vezes quando se levou o ferro e o fogo nos terrenos invadidos pelo joio.

Inimigos da geração e da família, os falsos gnósticos esforçavam-se por produzir a esterilidade multiplicando a devassidão; queriam, diziam eles, espiritualizar a matéria, e eles materializavam o espírito do modo mais revoltante. Na sua teologia só existiam cópulas de Eones e abraços luxuriosos. Eles adoravam como os Brâmanes a morte, sob a figura do Lingam; sua criação era um onanismo infinito e sua redenção um aborto eterno!

Esperando escapar à hierarquia pelo milagre comum como se o milagre fora da hierarquia provasse outra coisa mais do que a desordem e a fraude, os gnósticos, desde Simão, o mágico, eram grandes operadores de prodígios; substituindo ao culto regular os ritos impuros da Magia negra, faziam aparecer sangue em vez do vinho eucarístico, e substituíram o doce e puro banquete do celeste cordeiro por comunhões de antropófagos. O heresiarca Marcos, discípulo de Valentim, dizia a missa com dois cálices; no pequeno, ele derramava vinho, pronunciava em seguida a fórmula mágica e via-se o maior encher-se de um licor sanguíneo que subia fervendo. Marcos, que não era padre, queria provar com isso que Deus o havia revestido de um sacerdócio miraculoso. Ele convidava a todos os seus discípulos a realizar sob seus olhos a mesma maravilha. As mulheres sobretudo obtinham um sucesso igual ao seu, depois caíam em convulsões e em êxtase. Marcos soprava-as, comunicava-lhes sua demência a ponto de obrigá-las a esquecer por ele, e por espírito de religião, toda a decência e todo o pudor.

Essa intrusão da mulher no sacerdócio foi sempre o sonho dos falsos gnósticos; porque nivelando assim os sexos, eles introduziam a anarquia na família e punham à sociedade uma pedra de tropeço. O sacerdócio real da mulher é a maternidade, e o culto dessa religião do lar é o pudor. Os gnósticos não o compreendiam, ou melhor, eles compreendiam demais, e afastando os instintos religiosos da mãe eles derrubavam a barreira sagrada que se opunha à licença de seus desejos.

Contudo eles não tinham todos a triste franqueza de seu impudor. Alguns, como os Montanistas, exageravam ao contrário a moral a fim de torná-la impraticável. Montan, cujas ásperas doutrinas seduziram o gênio extremo e paradoxal de Tertuliano, entregava-se com Priscila e Maximila, suas profetizas, hoje se diria suas sonâmbulas, a todo cinismo dos frenesis e dos êxtases. O castigo natural desses excessos não faltou a seus autores e acabaram seus dias pela loucura furiosa e pelo suicídio.

A doutrina dos Marcosianos era uma *Cabala profanada e materializada*; eles pretendiam que Deus tudo criara por meio das letras do alfabeto; que estas letras eram outras emanações divinas que tinham por si mesmas o poder gerador dos seus; que as palavras eram onipotentes e operavam virtual e realmente milagres. Tudo isso é verdadeiro num sentido, mas esse sentido não era o dos sectários de Marcos. Eles supriam às realidades pelas alucinações; julgavam-se invisíveis, porque no estado de sonambulismo eles se transportavam mentalmente para onde eles queriam. Para os falsos místicos a vida deve confundir-se muitas vezes com o sonho até o ponto em que esse triunfando transborde e submerja a realidade; é então o domínio completo da loucura.

A imaginação, cuja função natural é de evocar as imagens das formas, pode também, num estado de exaltação extraordinária, produzir as próprias formas como o provam os casos de gravidez de monstros e uma multidão de fatos semelhantes que a ciência oficial faria melhor estudando-os do que negando-os com obstinação.

São essas criações desordenadas que a religião desacredita com razão, com o nome de milagres diabólicos, e tais eram os milagres de Simão, dos Menandrianos e de Marcos.

Em nosso tempo mesmo, um falso gnóstico chamado Vintras, atualmente refugiado em Londres, faz aparecer sangue nos cálices vazios e sobre hóstias profanas.

Esse infeliz cai então em êxtase, como Marcos, e profetiza o desmoronamento da hierarquia e o próximo triunfo de um pretendido sacerdócio todo de visões, de expansões livres e de amor. Não há nada de novo debaixo do sol.

Depois do panteísmo polimorfo dos gnósticos, veio o dualismo de Manés. Assim se formulou em dogma religioso a falsa iniciação dos pseudomagos da Pérsia. O mal personificado tornou-se um Deus rival de Deus mesmo. Houve um rei da luz e um rei das trevas e é por essa época que se deve ligar essa ideia funesta contra a qual protestamos com todas as nossas forças, da soberania e da onipresença de Satã. Não pretendemos aqui nem negar nem afirmar a tradição da queda dos anjos, nós nos reportamos como sempre em matéria de fé às decisões supremas e infalíveis da santa igreja católica apostólica romana. Mas se os anjos decaídos tinham um chefe antes de sua queda, deve tê-los precipitado numa completa anarquia temperada somente pela justiça inflexível de Deus; separado da divindade que é o princípio da força e mais culpado que os outros, o príncipe dos anjos rebeldes não poderia ser senão o último e o mais impotente dos condenados.

Se portanto existe na natureza uma força que atrai as criaturas esquecidas de Deus para o pecado e para a morte, essa força que não recusamos de reconhecer como capaz de servir de instrumento aos espíritos decaídos, seria a luz astral; nós voltaremos sobre essa ideia e iremos explicá-la perfeitamente para que se possa compreender todo o seu alcance e sua ortodoxia. Essa revelação de um dos grandes segredos do ocultismo fará compreender todo o perigo das evocações, das experiências curiosas, dos abusos do magnetismo, das mesas girantes e de tudo o que se refere aos prodígios e às alucinações.

Ário preparara os sucessos do *maniqueísmo* pela sua criação híbrida de um filho de Deus: era admitir a desigualdade no absoluto, a inferioridade na suprema potência. A possibilidade do conflito, sua necessidade mesmo entre o pai e o filho, visto como a desigualdade entre os termos do silogismo divino devia causar forçosamente uma conclusão negativa. O verbo de Deus devia ser o bem ou o mal? Deus mesmo ou o diabo? Tal era o alcance imenso de um ditongo apontado à palavra grega (ομουσιος!) para fazer (ομοιουσιος!). Declarando o filho *consubstancial* ao pai, o concílio de Niceia salvou o mundo, e é o que não podem compreender os que não sabem que os princípios constituem o equilíbrio do universo.

O gnosticismo, o arianismo, o maniqueísmo saíram da Cabala mal entendida. A igreja então devia interdizer aos fiéis o estudo tão perigoso dessa ciência, cujas chaves devia o supremo sacerdócio reservar para si. A tradição cabalística parece, de fato, ter sido conservada pelos soberanos pontífices pelo menos até Leão III, ao qual se atribui um ritual oculto que seria dado por esse pontífice ao imperador Carlos Magno e que reproduz todos os caracteres, mesmo os mais secretos, das clavículas de Salomão. Esse livrinho que devia ficar oculto, sendo divulgado mais tarde, devia ser condenado pela igreja e caiu no domínio da Magia negra. É ainda conhecido sob o nome de *Enchiridion* de Leão III e dele possuímos um exemplar raríssimo e precioso.

A perda das chaves cabalísticas não podia arrastar a da infalibilidade da igreja sempre assistida do Espírito Santo, mas lançou grandes obscuridades na exegese e tornou completamente ininteligíveis as grandes figuras da profecia de Ezequiel e do Apocalipse de S. João.

Possam os sucessores legítimos de S. Pedro aceitarem a homenagem deste livro e abençoar os trabalhos do mais humilde de seus filhos, que crê ter achado uma das chaves da ciência que vem depô-la aos pés daquele ao qual só pertence abrir e fechar os tesouros da inteligência e da fé.

CAPÍTULO 7

FILÓSOFOS DA ESCOLA DE ALEXANDRIA

A escola de Platão, prestes a extinguir-se, lançou em Alexandria uma grande luz; mas já o Cristianismo, triunfante depois de três séculos de combates, assimilara tudo que havia de verdadeiro e de durável nas doutrinas da antiguidade. Os últimos adversários da religião nova julgavam deter a marcha dos homens vivos, galvanizando as múmias. O combate não podia já ser mais sério e os pagãos da escola de Alexandria trabalhavam mal de seu grado e sem saber no momento sagrado que elevavam para dominar todas as idades os discípulos de Jesus de Nazaré.

Amônio Sacas, Plotino, Porfírio, Proclo, são grandes nomes para a ciência e para a virtude. Sua teologia era elevada, sua doutrina moral, seus costumes austeros. Mas a maior e a mais tocante figura dessa época, a mais brilhante estrela dessa plêiade, foi Hipátia, filha de Teon, essa casta e sábia filha que sua inteligência e suas virtudes deviam conduzir ao batismo mas que morreu mártir da liberdade de consciência quando empreenderam arrastá-la a ele.

Na escola de Hipátia formou-se Cinésio de Cirene, que foi mais tarde bispo de Ptolemaida, um dos mais sábios filósofos e o maior poeta do Cristianismo dos primeiros séculos; era ele que escrevia:

"O povo escarnecerá sempre das coisas difíceis de compreender, ele tem necessidade de imposturas".

Quando quiseram elevá-lo à dignidade episcopal, ele dizia em carta dirigida a um de seus amigos:

"Um espírito amigo da sabedoria e que contempla de perto a verdade é forçado a mascará-la para que seja aceita pelas multidões. Há de fato uma grande analogia entre a luz e a verdade, como entre nossos olhos e as inteligências ordinárias. Se o olho recebesse de repente uma luz muito abundante, ele seria deslumbrado, e os clarões temperados da sombra são mais úteis àqueles cuja vista é ainda fraca; é por isso que, no meu entender, as ficções são necessárias ao povo, e que a verdade se torna infeliz aos que não têm força de contemplá-la em todo seu fulgor. Se portanto as leis sacerdotais permitem a reserva dos julgamentos e a alegoria das palavras, eu poderei aceitar a dignidade que me propõem, com a condição que me será permitido ser filósofo em minha casa e fora dela um narrador de apólogos e parábolas... Que podem ter de comum, de fato, a vil multidão e a sublime sabedoria? A verdade deve ser guardada secreta e as multidões têm necessidade de um ensino proporcional à sua imperfeita razão".

Sinésio não teve razão de escrever tais coisas. Que há de mais desastrado, com efeito, que deixar ver uma segunda intenção quando se está encarregada de um ensino público? É em virtude de tais indiscrições que muitas pessoas vão repetindo ainda hoje: "É preciso uma religião para o povo". Mas o que é o povo? Ninguém quer pertencer ao povo quando se trata de inteligência e de moralidade.

O livro mais notável de Sinésio é um *Tratado dos Sonhos*. Nele ele desenvolve as puras doutrinas cabalísticas e eleva-se como teósofo à uma altura que torna seu estilo obscuro e que o faz suspeitar de heresia; mas nele não havia nem obstinação nem o fanatismo de um sectário. Ele viveu e morreu na paz da Igreja, expondo francamente suas dúvidas, mas submetendo-se à autoridade hierárquica; seu clero e seu povo não quiseram exigir nada mais.

No pensar de Sinésio, o estado de sonho prova a especialidade e imaterialidade da alma que cria então um céu, campinas, palácios inundados de luz, ou cavernas sombrias, segundo suas afeições e seus desejos. Podemos julgar do processo moral pelos hábitos dos sonhos, porque nesse estado o livre-arbítrio está suspenso, e a fantasia abandona-se completamente aos instintos dominantes. As imagens produzem-se então, quer como um reflexo, quer como uma sombra do pensamento. Corporificam-se os pressentimentos, as lembranças se misturam às esperanças. O livro dos sonhos escreve-se então em caracteres ora esplêndidos ora obscuros, podendo contudo achar regras certas para decifrá-lo e para lê-lo.

Jerônimo Cardan escreveu um longo comentário sobre o *Tratado dos Sonhos* de Sinésio, completando-o de certo modo por um dicionário de todos os sonhos com sua explicação. Esse trabalho não tem nada de comum com os livrecos ridículos que vemos nas livrarias grosseiras e pertence realmente à biblioteca séria das ciências ocultas.

Alguns críticos atribuíram a Sinésio os livros extremamente notáveis que trazem o nome de S. Dinis, o Areopagita; o que está agora geralmente reconhecido, é que eles pertencem à bela época da escola de Alexandria. Esses livros cuja alta sublimidade não se pode compreender sem se estar iniciado nos segredos da alta Cabala, são o verdadeiro monumento da conquista dessa ciência pelo Cristianismo. Os principais tratados são os dos nomes divinos da hierarquia no céu e da hierarquia na Igreja. O tratado dos nomes divinos explica, simplificando-os, todos os mistérios da teologia rabínica. Deus, diz o autor, é o princípio infinito e indefinível perfeitamente uno e indivisível, mas nós lhe damos nomes que exprimem nossas aspirações para essa perfeição divina; o conjunto desses nomes, suas relações com os números, compõem o que há de mais elevado no pensamento humano, e a teologia é menos a ciência de Deus do que a de nossas aspirações mais sublimes. O autor estabelece em seguida sobre a escala primitiva dos números todos os degraus da hierarquia espiritual sempre regida pelo ternário. As ordens angélicas são em número de três e cada ordem contém três coros. É sobre esse modelo que a hierarquia deve estabelecer-se também sobre a terra. O seu tipo mais perfeito é a Igreja; há os príncipes da Igreja, os bispos e os simples ministros. Entre os príncipes contam-se cardeais-bispos, cardeais-padres e cardeais-diáconos; entre os bispos há os arcebispos, os bispos e os prelados coadjutores; entre os ministros há os curas, os simples padres e os diáconos. Sobe-se a essa santa hierarquia por três degraus preparatórios, o subdiaconato, as ordens menores e a clericatura. As funções de todas essas ordens correspondem à dos anjos dos santos, e devem glorificar os nomes divinos para cada uma das três pessoas, visto como em cada uma das hipóstases divinas adora-se a trindade inteira. Esta teologia transcendental era a da primitiva Igreja, e talvez só se tenha atribuído a S. Dinis, o Areopagita, em virtude de uma tradição que se ligava ao tempo mesmo dos apóstolos e de S. Dinis, como os rabinos redatores do *Sepher Jesirah* atribuíram este livro ao patriarca Abraão, por que ele contém os princípios da tradição conservada de pai a filhos na família desse patriarca. Como quer que seja, os livros de S. Dinis, o Areopagita, são preciosos para a ciência; eles consagram a união das iniciações do antigo mundo com a revelação do Cristianismo, aliando uma inteligência perfeita da suprema filosofia com a ortodoxia mais completa e mais irrepreensível.

LIVRO IV

A MAGIA E A CIVILIZAÇÃO
ד, DALETH

CAPÍTULO 1

MAGIA ENTRE OS BÁRBAROS

A magia negra recuava diante da luz do Cristianismo. Roma era conquistada pela luz e os prodígios se refugiavam nesse círculo de sombra que as províncias bárbaras faziam ao redor do novo esplendor romano. Dentre um grande número de fenômenos estranhos, eis um que foi constatado sob o reinado do imperador Adriano:

Em Trales, na Ásia, uma jovem chamada *Filínium*, originária de Corinto, e filha de Demóstrates e Carito, enamorara-se de um rapaz de baixa condição, de nome *Macatés*. O casamento era impossível; *Filínium*, como o dissemos, era nobre e ainda mais, era filha única e rica herdeira. Macatés era um homem do povo e tinha uma hospedaria.* A paixão de Filínium exasperou-se pelos obstáculos; ela fugiu da casa paterna e uniu-se a Macatés. Estabeleceu-se assim um comércio ilícito entre eles e durou seis meses, depois dos quais a moça foi descoberta por seus pais que a retomaram, sequestrando-a severa-

* Esta circunstância que não se acha em Flegonte, foi acrescentada pelos demonógrafos franceses.

mente. Foram tomadas medidas para abandonar o país e conduzir Filínium a Corinto, mas então a moça, que havia enfraquecido muito depois da separação de seu amante, foi atingida de certo desfalecimento; não sorria mais, não dormia mais, recusava todo alimento, até que um dia morreu.

Os pais renunciaram então à sua partida, e compraram uma sepultura funerária onde se depôs a moça, coberta das mais ricas vestimentas. Essa sepultura achava-se num recinto que pertencia à família, onde ninguém mais entrava, porque os pagãos não tinham por hábito orar junto do túmulo dos mortos.

Macatés ignorava o que era feito de sua amante; tudo se passara em segredo, tanto temia essa nobre família o escândalo. À noite que seguiu o sepultamento de Filínium, o moço estava pronto para deitar-se quando sua porta se abriu lentamente; ele avança, tendo na mão uma lâmpada, e reconhece Filínium, magnificamente ornamentada, mas pálida, fria, e olhando-o com os olhos de apavorante fixidez.

Macatés precipitou-se para ela, tomou-a em seus braços, fez-lhe mil perguntas e mil carícias; passaram enfim a noite juntos, mas antes de amanhecer, Filínium levantou-se e desapareceu, enquanto seu amante se achava ainda mergulhado em profundo sono.

A moça tinha uma velha ama que a chorava e que ela amara ternamente. Talvez fosse essa mulher cúmplice dos desvios da pobre morta, e depois que enterraram sua querida, ela não dormia mais, e levantava-se muitas vezes à noite, numa espécie de delírio, para ir vagar ao redor da residência de Macatés. Alguns dias depois do que acabamos de contar, a ama passava uma noite, já tarde, perto da casa do moço, quando viu luz no seu quarto. Aproximou-se e olhando pelas frestas da porta, reconheceu Filínium, que estava assentada perto de seu amante, contemplando-o sem nada dizer e entregando-se às suas carícias.

A pobre mulher, fora de si, correu à casa dos seus patrões, despertou a mãe e contou-lhe o que acabara de ver; a mãe tratou-a à princípio como visionária e louca, depois, enfim, vencida pela sua insistência, levanta-se e se dirige à casa de Macatés. Tudo dormia já; ela bate, sem que lhe respondam; olha pelas frestas da porta, a lâmpada estava extinta, mas um raio de lua iluminava o quarto. Sobre uma cadeira, Carito reconheceu as roupas de sua filha e no leito, apesar da sombra da alcova, ela distinguiu a forma de duas pessoas que dormiam.

O terror apoderou-se da mãe; voltou à casa, cambaleante e não teve coragem de visitar o sepulcro de sua filha e passou o resto da noite agitada e em prantos.

No dia seguinte ela voltou ao quarto de Macatés e o interrogou com doçura. O rapaz confessou que Filínium ia vê-lo todas as noites.

– Por que eu me recusaria? Disse ele à mãe; somos noivos perante os deuses. E abrindo um cofre, mostrou a Carito o anel e o cinto de sua filha.

– Ela os deu a mim na última noite, acrescentou ele, jurando só pertencer para sempre a mim; não procure então separar-nos mais; uma promessa mútua nos uniu.

– Você irá então por sua vez buscá-la em seu túmulo, disse a mãe. Há quatro dias que Filínium morreu e foi sem dúvida uma feiticeira ou uma estrige que tomou seu corpo para enganá-lo; você é o noivo da morta, amanhã seus cabelos embranquecerão, depois de amanhã poderão amortalhá-lo também, e é deste modo que os deuses vingam a honra de uma família ultrajada.

Macatés empalideceu e estremeceu ouvindo essa linguagem, temendo ser um joguete de potências infernais; disse a Carito que trouxesse seu marido naquela noite mesmo, ele os esconderia perto de seu quarto e à hora que o fantasma entrasse, daria um sinal para preveni-los.

Eles vieram de fato, e à hora de costume, Filínium entrou no quarto de Macatés que se deitara vestido, fingindo dormir.

A moça despe-se e vem colocar-se ao seu lado; Macatés dá o sinal, Demóstrato e Carito entram com archotes na mão e soltam um grande grito reconhecendo sua filha.

Filínium então ergue a cabeça pálida, depois se põe em pé sobre o leito e diz com voz cava e terrível:

– Oh, meu pai e minha mãe! Porque têm ciúme de minha felicidade, e por que me perseguem até além-túmulo? Meu amor dominara os deuses infernais e estava suspenso o poder da morte, três dias mais e eu estaria restituída à vida! Mas sua curiosidade cruel aniquilou o milagre da natureza; vocês me mataram pela segunda vez!...

Acabando essas palavras ela caiu em cima do leito como uma massa inerte. Seus traços emurcheceram um a um, um odor cadavérico encheu todo o quarto e só se viram depois os restos desfigurados de uma moça morta há cinco dias.

No dia seguinte toda a cidade foi revolucionada pela notícia desse prodígio. Dirigiram-se todos ao circo onde foi contada publicamente toda a história, indo depois a multidão ao túmulo de Filínium. A moça lá não estava mais, encontrando-se porém em seu lugar um anel de ferro e uma taça dourada que recebera como presentes de Macatés. O cadáver foi encontrado num quarto da hospedaria; Macatés desaparecera.

FIGURA 11
À Maria Hermética, tirada de um antigo manuscrito

Os adivinhos foram consultados e ordenaram enterrar os restos de Filínium fora do recinto da cidade. Foram feitos sacrifícios às fúrias e a Mercúrio terrestre, conjuraram os deuses manes e fizeram-se oferendas a Júpiter hospitaleiro.

Flegonte, escravo de Adriano, que foi testemunha ocular desses fatos e que os narra numa carta particular, acrescenta que ele devia empregar sua autoridade para acalmar a cidade agitada por um fato tão extraordinário, e finda sua narração com estas palavras: "Se acha conveniente informar o imperador, mande-me dizer para que eu lhe envie alguns dos que foram testemunhas de todas as coisas".

É portanto uma história bem averiguada a de Filínium. Um grande poeta alemão fez dela assunto de uma balada que todo o mundo sabe de cor, e que é intitulada a *Noiva de Corinto*. Supõe ele que os pais da moça eram cristãos, o que lhes proporcionou ocasião propícia de fazer uma oposição muito poética das paixões humanas e dos deveres da religião. Os demonógrafos da Idade Média não deixariam de explicar a ressurreição ou talvez a morte aparente da jovem grega por uma obsessão diabólica. Por nossa parte, vemos no fato uma letargia histérica acompanhada de sonambulismo lúcido; os pais de Filínium a mataram, despertando-a, e a imaginação pública exagerou todas as circunstâncias.

O Mercúrio terrestre ao qual os divinos ordenaram sacrifícios não é outra coisa que a luz astral personificada. É o gênio fluídico da terra, gênio fatal para os homens que o excitam sem saber dirigir; é o foco da vida física e o receptáculo imantado da morte.

Essa força cega que o poder do Cristianismo ia encadear e atirar no poço do abismo, isto é, no centro da terra, manifestou suas últimas convulsões e seus últimos esforços entre os bárbaros, por partos monstruosos. Não há quase regiões onde os pregadores do Evangelho não tivessem de combater animais de formas horripilantes, encarnações da idolatria agonizante. Os "vouivres", os "graouilles", as carrancas, as tarascas, não são unicamente alegóricas. É certo que as desordens morais produzem monstruosidades físicas e realizam de alguma forma figuras apavorantes que a tradição empresta ao demônio. Os ossos fósseis, com auxílio dos quais a ciência de Cuvier reconstruiu monstros gigantescos, pertencerão todos realmente a épocas anteriores à nossa criação? Será uma alegoria esse imenso dragão de Regulos que atacava com máquinas de guerra, e que foi encontrado, no dizer de Tito Lívio e de Plínio, nas margens do rio Bagrada? Sua pele, que tinha cento e vinte pés de comprimento, foi enviada a Roma, onde ficou conservada até a época da guerra contra Numancia. Era uma tradição entre os antigos que os deuses irritados por crimes extraordinários, enviassem monstros à terra, e essa tradição é muito universal para não ser apoiada sobre fatos reais; as narrações que a eles se reportam, muitas vezes pertencem menos à mitologia que à história.

Em todas as lembranças que nos restam dos povos bárbaros na época em que o Cristianismo o conquistou à civilização, se nos deparam com os últimos vestígios da alta iniciação mágica espalhada outrora por todo o mundo, as provas do obscurecimento por que passara essa revelação primitiva e do aviltamento idolátrico no qual caíra o simbolismo do antigo mundo, por toda a parte reinavam, em lugar dos discípulos dos magos, os divinos, os feiticeiros, os encantadores. Tinha-se esquecido o Deus supremo para divinizar os homens. Roma dera esse exemplo às suas províncias e a apoteose dos Césares ensinara ao mundo a religião dos deuses de sangue. Os germanos, sob o nome de Irmínsul, adoravam esse Armêni, ou Hermano que fez chorar a Augusto as legiões de Varo, e ofereciam-lhe vítimas humanas. Os gauleses davam a Breno os atributos de Taranis e de Têutates, e queimavam em sua honra, colmos de vime cheios de romanos. Por toda a parte reinava o materialismo, porque a idolatria, não é outra coisa, e a superstição sempre cruel porque é covarde.

A Providência que predestinava a Gália a tornar-se a França cristianíssima, fez brilhar nela a luz das verdades eternas. Os primeiros druidas foram os verdadeiros filhos dos magos, e sua iniciação vinha do Egito e da Caldeia, isto é, das fontes puras da Cabala primitiva; eles adoravam a trindade, sob o nome de *Ísis* ou *Iléus*, a harmonia suprema de *Belen* ou *Bel*, que significa em assírio o Senhor, nome correspondente ao de Adonai; e de *Camul* ou *Camaël*, nome que na Cabala personifica a justiça divina. Abaixo desse triângulo de luz eles supunham um reflexo divino, composto também de três raios personificados: primeiro, Têutates ou *Teuth*, o mesmo que *Thoth* dos egípcios, o verbo ou a inteligência formulada, depois a força e a beleza, cujos nomes variavam como os emblemas. Eles completavam enfim o setenário sagrado por uma imagem misteriosa que representava o progresso do dogma e suas realizações futuras; era uma moça velada tendo uma criança nos braços, e eles dedicavam esta imagem *à virgem que virá a ser mãe.**

Os antigos druidas viviam numa rigorosa abstinência, guardavam o mais profundo segredo sobre seus mistérios, estudavam as ciências naturais e não admitiam entre eles novos adeptos senão depois de longas iniciações.

---

* Foi encontrada em Cantes uma estátua druídica tendo essa forma e esta inscrição: *Virgini pariturae.*

Eles tinham em Autum um colégio cujos escudos de armas, no dizer de Saint-Foix, subsistem ainda nessa cidade; eles são azuis, alçados por serpentes com agáricos ou cogumelos de troncos de carvalho, guarnecido de suas botolas verdes nos traços diagonais do escudo, chamado sinople; é para distinguir dos outros agáricos que o brasão dá botolas ao agárico do carvalho, mas o ramo do carvalho só dá botolas. O agárico é uma folhagem parasita que não frutifica como a árvore que o carregou.

Os druidas não construíram templos, eles praticavam os ritos de sua religião sobre os dólmens (monumentos druídicos) e nas florestas. Ninguém sabe ainda com auxílio de que máquinas eles puderam levantar as pedras colossais que formavam seus altares, e que se erguem ainda, sombrios e misteriosos, sob o céu nevoento da Armórica. Os antigos santuários tinham seus segredos que não chegaram até nós.

Os druidas ensinavam que a alma dos antepassados se liga aos filhos; que ela é feliz de sua glória ou atormentada pela sua vergonha; que os gênios protetores se ligam às árvores e às pedras da pátria; que o guerreiro morto por seu país expiou todas as suas faltas e cumpriu dignamente sua missão; ele torna-se então um gênio e daí em diante ele exerce o poder dos deuses. Por isso entre os gauleses o patriotismo era uma religião; as mulheres e até as crianças se armavam, se fosse preciso, para repelir a invasão, e mulheres como Joana d'Arc e Joana Harchette de Beauvais não fizeram mais do que continuar as tradições desses nobres filhos dos gauleses.

O que prende ao solo da pátria é a magia das lembranças.

Os druidas eram padres e médicos; eles curavam pelo magnetismo e imprimiam aos amuletos sua influência fluídica. O agárico de carvalho e o ovo da serpente eram suas panaceias universais porque essas substâncias atraem de um modo particular a luz astral. A solenidade com que se colhia o agárico, atraía sobre esta folhagem a confiança popular e o magnetizava em grandes correntes. Por isso operava ele curas maravilhosas, sobretudo quando era aplicado por "eubages" com conjurações e encantos. Não acusemos nossos pais de muita credulidade, eles sabiam talvez o que nós não sabemos.

Os progressos do magnetismo farão descobrir um dia as propriedades absorventes do agárico de carvalho. Virá então a se conhecer o segredo dessas excrescências esponjosas que atraem o luxo inútil das plantas e sobrecarregam de colorido e de sabor; os cogumelos, as trufas, os galhos de árvores, as diferentes espécies de agáricos, serão empregados com discernimento por uma medicina nova pela força de ser antiga. Ninguém mais rirá de Paracelso, que recolhia a *usneia* do crânio dos enforcados; mas não se deve andar mais depressa do que a ciência, ela só recua para melhor avançar.

CAPÍTULO 2

INFLUÊNCIA DAS MULHERES

A Providência impondo à mulher os deveres tão severos e tão doces da maternidade, deu-lhe direito à proteção e ao respeito do homem. Sujeita pela natureza mesma às consequências das afeições que são sua vida, ela dirige seus senhores com as cadeias que o amor lhes dá; quanto mais se submeter às leis que constituem e que protegem sua honra, tanto mais poderosa é ela e respeitada no santuário da família. Para ela, revoltar-se é abdicar, e sugerir-lhe uma pretensa emancipação, é aconselhar-lhe o divórcio, entregando-a de antemão à esterilidade e ao desprezo.

O Cristianismo só pôde legitimamente emancipar a mulher chamando-a à virgindade e à glória do sacrifício. Numa pressentira esse mistério quando instituiu as vestais; mas os druidas anteciparam o Cristianismo ouvindo as inspirações das virgens e prestando honras quase divinas às sacerdotisas da ilha de Saine.

Na Gália, as mulheres não reinavam por sua faceirice e por seus vícios, mas governavam por seus conselhos. Não se fazia nem a paz nem a guerra sem consultá-las; os interesses do lar e da família eram assim requeridos pelas mães, e o orgulho nacional se tornava justo quando era assim temperado pelo amor materno da pátria.

Chateaubriand caluniou *Veleda* fazendo-a sucumbir ao amor de Eudoro; Veleda viveu e morreu virgem. Ela já era velha quando os romanos invadiram a Gália; era uma espécie de pítia que profetizava nas grandes solenidades, e cujos oráculos eram recolhidos com veneração; ela vestia-se com uma roupa comprida sem mangas, cabeça coberta com um véu branco que lhe descia até os pés; ela usava uma coroa de verbena e tinha na cintura uma foice de ouro; seu cetro tinha a forma de fuso, seu pé direito era calçado com uma sandália e o esquerdo trazia uma espécie de polaina. Mais tarde tomaram-se as estátuas de Veleda pelas de Berta, de pé comprido. A grande sacerdotisa, de fato, andava com as insígnias da divindade protetora das druidas; era *Herta* ou *Werta*, a jovem Ísis gaulesa, a rainha do céu, a virgem que devia conceber. Era representada com um pé em terra, outro na água, porque era a rainha da iniciação e presidia à ciência universal das coisas. O pé que ela punha na água era ordinariamente levado por uma barca semelhante à barca ou à concha da antiga Ísis. Ela segurava o fuso das Parcas carregado de uma lã metade branca e metade negra, porque ela preside a todas as formas e a todos os símbolos e que tece a vestimenta das ideias. Davam-lhe também a forma alegórica das sereias meio mulher e meio peixe ou o tronco de uma bela moça e duas pernas feitas de serpentes, para significar a mutação e a mobilidade contínua das coisas, e a aliança analógica dos contrários na manifestação de todas as forças ocultas da natureza. Sob essa última forma, *Herta* tomava o nome de *Melusina* ou *Melosina* (a *música*, a *cantora*), isto é, a sereia reveladora das harmonias. Tal é a origem das imagens e das lendas da rainha Berta e da fada Melusina. Esta última, dizem, mostrou-se no século XI a um senhor de Lusignam, por quem foi amada, consentindo a fazê-lo feliz, sob a condição de que ele não procuraria observar os mistérios de sua existência; o senhor o prometeu, mas o ciúme o tornou curioso e perjuro; ele espiou Melusina e a surpreendeu em suas metamorfoses, pois uma vez por semana a fada tomava suas pernas de serpente. Ele soltou um grito ao qual respondeu outro grito mais desesperado e mais terrível. Melusina desaparecera, mas retorna ainda, dando clamores lamentáveis sempre que uma pessoa da casa de Lusignam está em perigo de morte.

Essa lenda é imitada da fábula de Psyché, e se reporta, como essa fábula, ao perigo das iniciações sacrílegas ou à profanação dos mistérios da religião e do amor; sua narração é extraída das tradições dos antigos bardos e sai evidentemente da sábia escola dos druidas. O século XI tomou-a, colocando-a na moda mas desde muito que ela existia.

A inspiração na França parece pertencer sobretudo às mulheres; os *elfos* e as *fadas* precederam as santas, e as santas francesas têm quase todas alguma coisa de feérico em sua lenda. Santa Clotilde fez-nos cristãos, Santa Genoveva conservou-nos franceses, repelindo pela energia de sua virtude e de sua fé a invasão ameaçadora de Átila. Joana d'Arc..., mas esta era mais da família das fadas que da hierarquia das santas; morreu como Hipátia, vítima dos dons maravilhosos da natureza e mártir de seu caráter generoso. Voltaremos mais tarde sobre esse assunto. S. Clotilde fez ainda milagres em nossas províncias.

Vimos em Ândelis a multidão de peregrinos reunir-se em torno de uma piscina onde se mergulha todos os anos a estátua da santa; o primeiro doente que desce em seguida à água é imediatamente curado, é pelo menos o que proclama bem alto a confiança popular. Era uma enérgica mulher e uma grande rainha essa Clotilde, por isso foi submetida às mais terríveis dores; seu primeiro filho morreu depois de ter recebido o batismo e sua morte foi encarada como o resultado de um malefício; o segundo caiu doente e ia morrer. O caráter da santa não se curvou e o Sicambro, tendo um dia necessidade de uma coragem mais que humana, lembrou-se do Deus de Clotilde. Viúva, depois de ter convertido e fundado de alguma forma um grande reino, ela viu degolar por assim dizer aos seus olhos os dois filhos de Clodomiro. É por semelhantes dores que as rainhas da terra assemelham-se à rainha do céu.

Depois da grande e resplandecente figura de Clotilde, vemos aparecer na história, a funesta personagem de Fredegunda, esta mulher cujo olhar é um malefício, esta feiticeira que mata os príncipes. Fredegunda acusava de boa vontade suas rivais de magia, e as fazia morrer no meio de suplícios que seriam a ela merecidos. Restava a Quilpérico um filho de sua primeira mulher; esse jovem príncipe que se chamava Clóvis, apaixonara-se por uma moça do povo, cuja mãe passava por feiticeira. Mãe e filha foram acusadas de terem perturbado a razão de Clóvis por meio de filtros e de ter feito morrer por feitiços mágicos os dois filhos de Fredegunda. As duas infelizes mulheres foram presas; Klodswinthe, a moça, foi açoitada de varas, cortaram-lhe seus cabelos e Fredegunda os prendeu à porta do compartimento do jovem príncipe; Klodswinthe foi em seguida levada a julgamento. Suas respostas simples e firmes espantaram os juízes; alguém aconselhou, diz o cronista, submetê-la à prova da água fervente; lançaram um anel bento numa tina colocada no fogo, e acusada, vestida de branco, depois de se ter confessado e comungado, devia mergulhar o braço e procurar o anel. Ante a imobilidade dos braços de Klodswinthe, pensou todo o mundo que um milagre se ia operar, mas um grito de reprovação e de horror se elevou quando a infeliz criança retirou seu braço horrivelmente queimado. Então ela pediu permissão para falar e disse a seus juízes e ao povo: "Vocês pediam um milagre a Deus para provar minha inocência. Deus não quer que o tentem e ele não suspende as leis da natureza segundo o capricho dos homens; mas ele dá a força aos que nele creem, e fez para mim um milagre maior que o que ele lhes recusou. Essa água me queimou, nela meti meu braço inteiro, procurei e tirei o anel. Não gritei, não empalideci, nem desfaleci nessa horrível tortura. Se eu fosse mágica, como afirmam, teria empregado malefícios para não queimar, mas sou cristã e Deus fez-me a graça de prová-lo pela constância do martírio".

Essa lógica não era de natureza a ser compreendida numa época tão bárbara. Klodswinthe foi reconduzida à prisão, aguardando o último suplício, mas Deus compadeceu-se dela e a chamou, diz a crônica onde bebemos essas informações. Se é isto apenas uma lenda, devemos convir que é bela e merece ser conservada.

Fredegunda perdia uma de suas vítimas, mas as duas outras não escaparam. A mãe de Klodswinthe foi torturada e, vencida pelas tormentas, confessou tudo que dela se quis saber, até a culpabilidade de sua filha, até a cumplicidade de Clóvis. Fredegunda armada com suas confissões, obteve do feroz e imbecil Quilpérico o abandono de seu filho. O jovem príncipe foi preso e apunhalado na prisão. Fredegunda declarou que ele quis fugir de seus remorsos pelo suicídio. Puseram o cadáver do infeliz Clóvis ante os olhos de seu pai, com o punhal ainda na ferida. Quilpérico contemplou friamente esse espetáculo; ele estava inteiramente dominado por Fredegunda que o enganava cinicamente com os oficiais do palácio. Tão às claras eram feitas as coisas, que o rei teve, contra a sua vontade, as provas de sua desonra. Em vez de matar imediatamente a rainha e seu cúmplice, partiu sem nada dizer para a caça. Ele sofreu sem dúvida esse ultraje sem se queixar, com medo de desagradar Fredegunda, mas esta mulher envergonhando-se dele, deu-lhe a honra de crer em sua cólera a fim de que tivesse um pretexto para assassiná-la; e ele que a tinha fartado de crimes e baixezas, ela o mandou matar de desgosto.

Fredegunda, que mandava queimar como feiticeiras as mulheres culpadas somente de lhe ter desagradado, exercia-se na Magia negra, e protegia os que ela julgava verdadeiramente feiticeiros. Agérico, bispo de Verdum, mandara prender uma pitonisa que ganhava muito dinheiro achando os objetos perdidos e denunciando os ladrões; era verdadeiramente uma sonâmbula. Exorcizou-se essa mulher e o diabo declarou que não sairia enquanto ela estivesse detida, mas que se deixassem a pitonisa só numa igreja, sem vigia e sem guardas, ele sairia certamente. Caíram todos na armadilha e foi a mulher que saiu; ela refugiou-se perto de Fredegunda, que a ocultou em seu palácio e acabou por fazê-la escapar aos exorcismos e provavelmente à fogueira, ela fez essa vez uma boa ação por erro e pelo prazer de mal fazer.

CAPÍTULO 3

LEIS SÁLICAS CONTRA OS FEITICEIROS

Sob os reis de França da primeira raça, o crime de Magia só levava à morte os grandes, e muitos deles glorificavam-se de morrer por um crime que os elevava acima do vulgo e os tornava temíveis até aos soberanos. É assim que o general Mumol, torturado por Fredegunda, declarou que nada sofreu e provocou os suplícios horrorosos em consequência dos quais morreu, afrontando seus algozes que tanta firmeza forçara de alguma forma a perdoá-lo.

Nas leis sálicas que Sigeberto atribui a Faramonde e que supõe ter sido promulgada em 424, nos deparamos com as disposições seguintes:

"Se alguém tratou altivamente a um outro de *Hereburgo* ou *Estrioporto*, é o nome daquele que leva o vaso de cobre ao lugar onde as *estriges* fazem seus encantamentos, e se ele não pode convencê-lo disso, que seja condenado a uma multa de sete mil e quinhentos dinheiros, que fazem cento e oitenta sous e meio".

"Se alguém tratar uma mulher livre de *estrige* ou de prostituta sem poder prová-lo, seja condenado a uma multa de dois mil e quinhentos dinheiros, que fazem sessenta e dois sous e meio".

"Se uma *estrige* devorou um homem e isso tenha sido provado, será condenada a pagar oito mil dinheiros, que fazem duzentos sous".

Vê-se que naqueles tempos a antropofagia era possível a dinheiro e que a carne humana não custava caro.

Pagava-se cento e oitenta e sete sous e meio para caluniar um homem; por mais doze sous e meio podia-se degolá-lo e comê-lo, o que era mais leal e completo.

Essa estranha legislação nos recorda uma passagem não menos singular do Talmude, que o célebre rabino Jequiel explicou de modo tão notável em presença de uma rainha que o livro hebreu não nomeia; é sem dúvida a rainha Branca, porque aquele rabino vivia no tempo de S. Luiz.

Tratava-se de responder às objeções de um judeu convertido, chamado Donin e que no batismo recebera o prenome de Nicolas. Depois de muitas discussões sobre os textos do Talmude, chegou-se a esta passagem:

"Se alguém ofereceu sangue de seus filhos a Moloch que seja punido de morte". É a lei de Moisés.

O Talmude acrescenta em forma de comentários: "Aquele portanto que tiver oferecido não somente sangue, mas todo o sangue e toda a carne de seus filhos em sacrifício a Moloch, não incide sob as prescrições da lei e não sofrerá pena alguma".

À leitura desse incompreensível raciocínio todos os assistentes se escandalizaram; uns riram de piedade, outros estremeciam de indignação.

Rabi Jequiel conseguiu com dificuldade o silêncio; ouviram-no por fim, mas com notável má vontade e como condenando antecipadamente tudo que ele ia dizer.

"A pena de morte entre nós, disse então Jequiel, não é uma vingança; é uma expiação e por consequência uma reconciliação.

"Todos os que morrem pela lei de Israel, morrem na paz de Israel; eles recebem a reconciliação com a morte e dormem com os nossos pais. Com eles não desce nenhuma maldição ao túmulo, eles vivem na imortalidade da casa de Jacó". A morte é, portanto, uma graça suprema, é uma cura pelo ferro de uma chaga envenenada; mas nós não aplicamos o ferro aos incuráveis, nós não temos mais direito sobre aqueles que a grandeza de sua atrocidade elimina para sempre de Israel.

"Aqueles são mortos, e não nos cumpre mais de abreviar o suplício de sua reprovação sobre a terra, eles pertencem à cólera de Deus.

"O homem não tem o direito de ferir senão para curar e é por isso que nós não ferimos os incuráveis. O pai de família só castiga a seus filhos e se contenta de fechar sua porta aos estrangeiros.

"Os grandes culpados contra os quais nossa lei não pronuncia nenhuma pena, são por esse mesmo fato excomungados para sempre, e essa reprovação é pena maior que a morte."

Essa resposta de Jequiel é admirável, sentindo-se respirar nela todo o gênio patriarcal da antiga Israel. Os judeus são verdadeiramente nossos pais na ciência, e se em vez de persegui-los, procurássemos compreendê-los, eles estariam agora menos afastados de nossa fé.

Esta tradição talmúdica prova quanto é antiga nos judeus a crença na imortalidade da alma. Que é, de fato, essa reintegração do criminoso na família de Israel por uma morte expiatória, se não é um protesto contra a morte mesma e um sublime ato de fé na perpetuidade da vida? O conde José de Maistre compreendia bem esta doutrina quando elevava até a uma espécie de sacerdócio excepcional a missão sangrenta do carrasco. O suplício suplica, diz esse grande escritor, e a efusão do sangue não deixou de ser um sacrifício. Se a pena capital não fosse uma suprema absolvição, ela não seria mais do que uma represália de assassinato; o homem que sofreu sua pena cumpriu toda sua penitência e entra pela morte na sociedade imortal dos filhos de Deus. As leis sálicas eram as de um povo ainda bárbaro onde tudo se redimia, como na guerra, com um resgate. A escravidão existia ainda e o valor da vida humana era discutível e relativo. Podemos comprar sempre o que temos o direito de vender e só devemos dinheiro por um objeto que custa dinheiro.

A única legislação forte dessa época era a da Igreja, por isso os concílios decretaram contra as *estriges* e envenenadores que tomavam o nome de feiticeiros, as penas mais severas. O concílio de Agde no Baixo Languedoc, reunido em 506 os excomunga; o primeiro concílio de Orleans, reunido em 511, proíbe expressamente as operações adivinhatórias; o concílio de Narbona, em 589, fere os feiticeiros de uma excomunhão sem esperança, e ordena que sejam feitos escravos e vendidos em proveito dos pobres. Esse mesmo concílio ordena açoitar publicamente os *amadores do diabo*, isto é, sem dúvida os que se ocupavam com ele, que o temiam, que o evocavam, que lhe atribuíam uma parte do poder de Deus. Felicitamos sinceramente aos discípulos do conde de Mirville por não terem vivido naquele tempo.

Enquanto essas coisas se passavam na França, um extático acabava de fundar no Oriente uma religião e um império. Maomé era um trapaceiro ou um alucinado? Para os muçulmanos é ainda um profeta e para os sábios, que conhecem a língua árabe, o *Corão* será sempre uma obra-prima.

Maomé era um homem sem letras, um simples condutor de camelos, e ele criou o monumento mais perfeito da língua de seu país. Seus sucessos puderam passar por milagres, e o entusiasmo guerreiro de seus sucessores ameaçou por um momento a liberdade do mundo inteiro; mas todas as forças da Ásia vieram um dia arrebentar-se contra a mão de ferro de Carlos Martel. Esse rude guerreiro não orava quando era preciso combater; faltava-lhe dinheiro, ele ia buscá-lo nos mosteiros e nas igrejas; deu mesmo benefícios eclesiásticos a soldados. Deus, na opinião da cleresia não devia abençoar suas armas e por isso suas vitórias foram atribuídas à Magia. Esse príncipe incitara contra si, de tal forma, a opinião religiosa, que um venerável personagem, S. Euquério, bispo de Orleans, o viu mergulhado nos infernos. O santo bispo, então em êxtase, soube por um anjo que o conduzia em espírito através das regiões de além-túmulo, que os santos de cujas igrejas Carlos Martel espoliara e profanara, proibiam-lhe a entrada no céu, lançaram seu corpo fora da sepultura e o precipitaram no fundo do abismo.

Euquério deu ciência dessa revelação a Bonifácio, bispo de Maiença, e a Fubrad, arquicapelão de Pepino, o Breve. Abriu-se o túmulo de Carlos Martel e o corpo não se achava mais lá; a pedra interior se encontrava enegrecida e como queimada, e do túmulo exalava-se uma fumaça infecta, saindo dele uma serpente enorme. Bonifácio dirigiu a Pepino, o Breve, e a Carlomano a ata de exumação, ou antes, da abertura do túmulo de seu pai, convidando-os a aproveitarem-se desse terrível exemplo e a respeitarem as coisas sagradas. Mas seria mesmo respeitá-las o ato de violar assim a sepultura de um herói sobre a fé de um sonho, para atribuir ao inferno esse trabalho de destruição tão completa e rapidamente acabado pela morte?

Sob o reino de Pepino, o Breve, fenômenos muito singulares se mostraram publicamente na França. O ar estava cheio de figuras humanas, o céu refletia miragens de palácios, de jardins de ondas agitadas, navios de velas enfunadas e exércitos em ordem de batalha. A atmosfera era como um grande sonho. Todo mundo podia ver e distinguir os detalhes desses fantásticos quadros. Seria uma epidemia que atacara os órgãos da visão ou uma perturbação atmosférica que projetava miragens no ar condensado? Não seria antes uma alucinação universal produzida por qualquer princípio embriagante e pestilencial espalhado na atmosfera? O que daria mais probabilidade a essa última suposição é que essas visões exasperavam o povo; cria-se distinguir no ar feiticeiros que espalhavam em grande quantidade os pós malfazejos e os venenos. Os campos tornavam-se estéreis, o gado morria e a mortalidade estendia-se mesmo sobre os homens.

Espalhou-se então uma fábula que devia ter tanto mais sucesso e crédito quanto era mais completamente extravagante. Havia então um famoso cabalista, de nome *Zedequias*, que tinha escola de ciências ocultas, e ensinava não mais a Cabala mas as hipóteses divertidas a que a Cabala pode dar lugar e que formam a parte exotérica dessa ciência sempre oculta ao vulgo. Zedequias divertia então os espíritos com a mitologia dessa Cabala fabulosa. Ele contava como Adão, o primeiro homem, criado a princípio num estado quase espiritual, habitando acima de nossa atmosfera onde a luz fazia nascer para ele e à sua vontade as vegetações mais maravilhosas, lá lhe era servido por uma multidão de seres da mais alta beleza, criados à imagem do homem e da mulher, de que eram o reflexo animado, e formados da mais pura substância dos elementos; eram os silfos, as salamandras, as ondinas e os gnomos; mas no estado de inocência, Adão não reinava sobre os gnomos e sobre as ondinas senão por intermédio dos silfos e das salamandras, que só tinham o poder de elevar-se ao paraíso terrestre.

Nada se podia comparar à felicidade do casal primitivo servido pelos silfos; estes espíritos mortais sendo de incrível habilidade para construir, tecer, florescer a luz em mil formas mais variadas do que a imaginação mais brilhante e mais fecunda tem tempo de concebê-los. O paraíso terrestre, assim chamado porque repousava sobre a atmosfera da terra, era a residência dos encantamentos; Adão e Eva dormiam em palácios de pérolas e de safiras; as rosas lhes nasciam ao redor e estendiam-se em tapetes sob seus pés; eles deslizavam sobre a água em conchas de nácar puxadas por cisnes, os pássaros lhes falavam com uma música deliciosa, as flores se pendiam para acariciá-los; a queda fez-lhes perder tudo, os precipitando sobre a terra; os corpos materiais com que foram cobertos, são as peles de animais de que trata a Bíblia. Eles se acharam sós e nus sobre uma terra que não obedecia mais aos caprichos de seus pensamentos; esqueceram mesmo a vida edênica, e não a entreviam mais em suas lembranças senão como um sonho. No entanto, acima da atmosfera, as regiões paradisíacas estendiam-se sempre, habitadas somente pelos silfos e as salamandras, que assim se viram guardas dos domínios do homem, como criados aflitos que permanecem no castelo do patrão cuja volta não esperam mais.

Achavam-se as imaginações cheias dessas maravilhosas ficções quando apareceram as *miragens* do céu e as *figuras humanas* nas nuvens. Dissipou-se então a dúvida, eram os silfos e salamandras de Zedequias que vinham procurar seus antigos senhores; com eles se confundiram os sonhos e muitas pessoas julgaram-se enlevadas pelos seres aéreos; não se falou mais senão em viagens ao país dos silfos, como entre nós se fala de móveis animados e de manifestações fluídicas. A loucura apoderou-se das melhores cabeças e foi preciso que a Igreja interviesse no caso. A Igreja é pouco amiga das comunicações sobrenaturais feitas à multidão; semelhantes revelações que destroem o respeito devido à autoridade e à cadeia hierárquica do ensino, não poderiam ser atribuídas ao espírito de ordem e de luz. Os fantasmas das nuvens foram então atingidos e atribuídos às ilusões do inferno; o povo então, desejoso de lançar a culpa a alguém, voltou-se até certo ponto contra os feiticeiros. A loucura pública terminou por uma crise de furor; as pessoas desconhecidas que se encontravam nos campos eram acusadas de descer do céu e mortas sem misericórdia; muitos maníacos confessaram que foram arrebatados pelos silfos ou pelos demônios; outros que já se haviam orgulhado disso, não quiseram ou não puderam mais desdizer-se; foram queimados, lançados na água e custa a crer, diz Garinet,* que grande número fizeram perecer assim em todo

* Garinet, *História da Magia em França*, 1818, 1 vol. in – 8.

o reino. É desse modo que tem desenlace os dramas onde os primeiros papéis são representados pela ignorância ou pelo medo.

Essas epidemias visionárias reproduzem-se sob os reinos seguintes e a onipotência e Carlos Magno teve que intervir para acalmar a agitação pública. Um edito, renovado depois por Luiz Debonnaire, proibiu aos silfos de se mostrarem sob as penas mais graves. Compreenderam que em falta de silfos essas penas atingiriam os que se gabavam de tê-los visto e ninguém mais os viu; os navios aéreos entraram no porto do esquecimento e ninguém teve mais a pretensão de ter viajado no céu. Outros frenesis populares substituíram a esses, e os esplendores romanescos do grande reino de Carlos Magno vieram fornecer aos legendários outros prodígios a crer e outras maravilhas a contar.

CAPÍTULO 4

LENDAS DO REINO DE CARLOS MAGNO

Carlos Magno é o verdadeiro príncipe dos encantamentos e da "féerie"; seu reino é como uma parada solene e brilhante entre a barbárie e a Idade Média; é uma aparição de majestade e de grandeza que lembra as pompas do reino de Salomão, é uma ressurreição e uma profecia. Nele o império romano, passando sobre as ruínas gaulesas e francas, ressurge em todo seu esplendor; nele também, como num tipo evocado e realizado por adivinhação, mostra-se de antemão o império perfeito das idades da civilização amadurecida, império coroado pelo sacerdócio e apoiando-se seu trono contra o altar.

Com Carlos Magno começam a era da cavalaria e a epopeia maravilhosa dos romanos; as crônicas do reino desse príncipe assemelham-se todas à história dos quatro filhos Aimone ou de Oberom, o encantador. Os pássaros falam para indicar o bom caminho ao exército franco perdido nas florestas; colossos de bronze surgem eretos no meio do mar e mostram ao imperador as vias abertas do Oriente. Rolando, o primeiro dos paladinos, possui uma espada mágica, batizada como uma cristã e chamada *Durandal*. O bravo fala à sua espada e ela parece compreendê-lo, nada resiste ao esforço desse poder sobrenatural. Rolando possui também uma trompa de marfim feita tão artisticamente que o menor sopro produz nela um ruído que se ouve a vinte léguas em redor e que faz tremer as montanhas; quando Rolando, sucumbindo em Roncevaux, antes esmagado do que vencido, levanta-se ainda como um gigante sob um dilúvio de árvores e de rochas movediças, ele toca a trompa e os sarracenos fogem. Carlos Magno, que está a mais de dez léguas distante, ouve a trompa de Rolando e quer ir em seu socorro; mas é impedido pelo traidor Ganelon que vendeu o exército francês aos bárbaros. Rolando, vendo-se abandonado, abraça uma última vez sua *Durandal*, depois, reunindo todas as suas forças, bate com ela num grande bloco de montanha, o qual é fendido sem que *Durandal* seja abatida. Rolando a aperta contra seu peito e morre com porte tão altivo e nobre que os sarracenos não ousam descer para se aproximar dele e lançam ainda tremendo, uma saraivada de flechas contra seu vencedor que não existe mais.

Carlos Magno dando um trono ao papado e recebendo dele o império do mundo, é o mais grandioso de todos os personagens de nossa história.

Nós falamos de *Enchiridion*, este livrinho que encerra com as mais belas preces cristãs, os mais ocultos caracteres da Cabala. A tradição oculta atribui esse livrinho a Leão III, e afirma que ele foi dado pelo pontífice a Carlos Magno como o mais raro de todos os presentes.

O soberano proprietário desse livro e dele sabendo dignamente servir-se, devia ser o senhor do mundo. Essa tradição não é talvez para desdenhar-se. Ela supõe:

1. A existência de uma revelação primitiva e universal, explicando todos os segredos da natureza e concordando-os com os mistérios da graça, conciliando a razão com a fé, porque ambas são filhas de Deus e concorrem para esclarecer a inteligência por sua dupla luz.

2. A necessidade de ocultar essa revelação à multidão, receando-se que ela não viesse abusar, interpretando-a mal e que não empregasse contra a fé as forças da razão ou mesmo das potências da fé para desviar a razão que o vulgo nunca compreende bem.

3. A existência de uma tradição secreta reservando aos soberanos pontífices e aos senhores temporais do mundo o conhecimento desses mistérios.

4. A perpetuidade de certos sinais ou pantaclos exprimindo esses mistérios de modo hieroglífico e só conhecido dos adeptos.

O *Enchiridion* seria uma coletânea de preces alegóricas tendo por chave os pantaclos mais misteriosos da Cabala.

Vamos descrever aqui a figura dos principais pantaclos do *Enchiridion*.

O *primeiro*, que se vê gravado já na capa do livro, representa um triângulo equilateral invertido, inscrito num duplo círculo. Sobre o triângulo estão escritos de modo a formar o tom profético, as duas palavras אלהים, *Eloïn* e עכאזה, *Sabaoth*, que significa o deus dos exércitos, o equilíbrio das forças naturais e a harmonia dos números. Nos três lados do triângulo estão os três grandes nomes יהיה, Jeová, אדזי, Adonai, אלכא. Agla; acima do nome de Jeová está escrito em latim *formatio*, abaixo de Adonai, *reformatio*, e acima de Agla, *transformatio*. Assim a criação é atribuída ao pai, a redenção ou a reforma ao filho, e a santificação ou transformação ao Espírito Santo segundo as leis matemáticas da ação, da reação e do equilíbrio. Jeová é de fato por isso a gênese ou a formação do dogma pela significação elementar das quatro letras do tetragrama sagrado; Adonai é a realização desse dogma em forma humana, no Senhor Visível, que é o filho de Deus ou o homem perfeito; e Agla, como já o explicamos depois, exprime a síntese de todo o dogma e de toda ciência cabalística, indicando claramente pelos hieróglifos de que é formado este nome admirável o triplo segredo da grande obra.

O *segundo pantaclo* é uma cabeça com um triplo rosto, coroada com uma tiara, de onde sai um vaso cheio de água. Os que são iniciados nos mistérios do *Sohar* compreenderão a alegoria dessa cabeça.

O *terceiro* é um duplo triângulo formando a estrela de Salomão.

O *quarto* é a espada mágica, com esta lenda: *Deo duce, comite ferro*, emblema do grande arcano e da onipotência do iniciado.

O *quinto* é o problema do talhe humano do Salvador, resolvido pelo número quarenta; é o número teológico dos *Sephirots*, multiplicado pelo das realizações naturais.

O *sexto* é o pantaclo do espírito, significado pelos ossamentos que formam dois E e dois taus: T.

O *sétimo* e o mais importante, é o grande monograma mágico, que explica as clavículas de Salomão, o tetragrama, o sinal do lábaro e a palavra suprema do adepto. (Vide *Dogma e Ritual da Alta Magia*, explicação das figuras do tomo I.) Esse caráter se lê fazendo girar a página, como uma roda e se pronuncia *rota tarô* ou *tora*. (V. G. Postel, *Clavis absconditorum a constitutione mundi*.)

A letra A é muitas vezes substituída nesse caráter pelo número da letra que é 1.

Depara-se também nesse sinal a figura e o valor dos quatro emblemas hieroglíficos do *tarô*, o bastão, a taça, a espada e o *denário*. Estes quatro hieróglifos elementares encontram-se em todos os monumentos sagrados dos egípcios, e Homero os demonstrou em sua descrição do escudo de Aquiles, dando-lhes a mesma ordem que lhe deram os autores do *Enchiridion*.

Mas essas explicações, caso fosse preciso apoiá-las com todas as suas provas, nos desviariam de nosso assunto, exigiriam um trabalho especial que esperamos realizar um dia.

A espada e o punhal mágico demonstrado no *Enchiridion* parece ter sido o símbolo secreto do tribunal dos franco-juízes. Esse gládio, de fato, é em forma de cruz, e se acha oculto e como envolvido na lenda; Deus só o dirige, e o que fere não dá contas de seus golpes a ninguém. Terrível ameaça e não menos terrível privilégio! O punhal vêmico, com efeito, atingia na sombra os criminosos cujo crime mesmo ficava muitas vezes desconhecido. A que fatos se refere essa terrível justiça? Devemos penetrar aqui nas sombras que a história não pôde esclarecer e pedir às tradições e às lendas a luz que a ciência nos recusa.

Os franco-juízes foram uma sociedade secreta oposta, no interesse da ordem do governo, às sociedades secretas anárquicas e revolucionárias.

As superstições são tenazes, e o druidismo degenerado lançara profundas raízes nas terras selvagens do Norte. As insurreições frequentes dos saxões atestavam um fanatismo sempre turbulento, impossível de ser reprimido pela força moral; todos os cultos vencidos, o paganismo romano, a idolatria germânica, o rancor judaico, ligavam-se contra o Cristianismo vitorioso. Realizavam-se assembleias noturnas, onde os conjurados comentavam sua aliança pelo sangue das vítimas humanas; um ídolo panteísta de chifres de bode e de formas monstruosas presidia a banquetes que se poderiam chamar os *ágapes do ódio*. O *sabá*, em uma palavra, celebrava-se ainda em todas as florestas e nos desertos das províncias ainda selvagens; os adeptos lá compareciam mascarados e irreconhecíveis; a assembleia apagava suas luzes e se dispersava antes do amanhecer; os criminosos andavam por toda a parte e em parte alguma podiam ser presos. Carlos Magno resolveu combatê-los com suas próprias armas.

Nesse mesmo tempo, aliás, as tiranias feudais conspiravam com os sectários contra a autoridade legítima; as feiticeiras eram as prostitutas dos castelos; os bandidos iniciados no *sabá* partilhavam com os senhores o fruto sangrento de suas rapinas; as justiças feudais era leiloadas e os cargos públicos só recaíam com todo seu peso sobre os fracos e os pobres.

Carlos Magno enviou a Vestifália onde maior era o mal, agentes dedicados encarregados de uma missão secreta. Esses agentes atraíram a si e ligaram-se pelo juramento e vigilância mútua tudo o que era enérgico contra os oprimidos, tudo o que amava a justiça, quer entre o povo quer entre a nobreza; descobriram a seus adeptos os plenos poderes que recebiam do imperador e instituíram o tribunal dos franco-juízes.

Era uma polícia secreta com direito de vida e de morte. O mistério que cercava os julgamentos, a rapidez das execuções, tudo feria a imaginação desses povos ainda bárbaros. A *santa vema* tomou proporções gigantescas; havia calafrios quando se contavam as aparições dos homens mascarados, citações fixadas às portas dos senhores mais poderosos no meio de seus guardas e de suas orgias, chefes de bandidos encontrados mortos com o terrível punhal cruciforme no peito e sobre a faixa presa ao punhal o resumo do julgamento da *santa vema*.

Esse tribunal tomava em suas reuniões as formas mais fantásticas; o criminoso citado em algum beco de má fama aí era preso por um homem negro que lhe vendava os olhos e o conduzia em silêncio; era sempre à noite em hora adiantada, porque as sentenças só se pronunciavam à meia-noite. O criminoso era introduzido em vastos subterrâneos, sendo interrogado por uma só voz; depois tiravam-lhe a venda; o subterrâneo iluminava-se em todas as suas profundezas imensas e viam-se os franco-juízes vestidos de negro e mascarados. As sentenças não eram sempre mortais, visto como se veio a saber como as coisas se passavam, sem que jamais um franco-juiz revelasse o que quer que fosse, porque a morte o aniquilaria no mesmo instante. Essas assembleias formidáveis eram algumas vezes tão numerosas que pareciam um exército de exterminadores; uma noite o imperador Sigismundo mesmo presidia a *santa vema*, e mais de mil franco-juízes tinham assento a seu lado.

Em 1400, havia na Alemanha cem mil franco-juízes. As pessoas de má consciência temiam seus parente e amigos: "Se o duque Adolfo de Sleiwyek me vier visitar, dizia um dia Guilherme de Brunswick, será melhor que eu o mande enforcar se eu não quiser ser enforcado".

Um príncipe da mesma família, o duque Frederico de Brunswick, que foi por um instante imperador, recusara-se a se entregar a uma citação dos franco-juízes; ele só saía armado e cercado de guardas; mas um dia ele desviou-se um pouco de sua comitiva e teve necessidade de se desvencilhar de parte de sua armadura; ninguém mais o viu regressar. Seus guardas entraram no bosque onde o duque quis estar só um instante; o infeliz expirava, tendo nos rins o punhal da *santa vema*, e a sentença atada no cabo da arma. Olhou-se de todos os lados e foi visto um homem mascarado que se retirava caminhando com passos solenes... Ninguém se atreveu a persegui-lo!

Imprimiu-se no *Reichstheater* de Müller o código da *corte vêmica*, que foi encontrado nos antigos arquivos de Vestifália; eis o título deste velho documento:

"Código e estatutos do santo tribunal secreto dos franco-condes e franco-juízes de Vestifália, que foram estabelecidos no ano 772 pelo imperador Carlos Magno, tais como os ditos estatutos foram corrigidos em 1404 pelo rei Roberto que fez em alguns pontos as alterações e aumentos que exigia a administração da justiça nos tribunais dos iluminados, depois de tê-los de novo revestidos de sua autoridade".

Um aviso posto na primeira página proíbe a todo profano de lançar os olhos sobre esse livro.

O nome de *iluminado* que se dá aqui aos filiados do tribunal secreto revela toda sua missão; eles tinham que seguir nas sombras os adoradores das trevas, eles enganavam misteriosamente os que conspiravam contra a sociedade em favor do mistério; mas eram os soldados ocultos da luz, deviam fazer a luz sobre todas as tramas criminosas; e é o que significava esse esplendor súbito que iluminava o tribunal quando pronunciava uma sentença.

As disposições públicas da lei sob Carlos Magno autorizavam essa guerra santa contra os tiranos da noite. Pode-se ver nos Capitulários com que penas deviam ser punidos os feiticeiros, os adivinhos, os encantadores, os evocadores do diabo e os envenenadores por meio de pretendidos filtros amorosos.

Essas mesmas leis proíbem de perturbar o ar, de excitar tempestades, de fabricar caracteres e talismãs, de tirar sortes, fazer malefícios, de praticar feitiçarias quer sobre os homens, quer sobre os rebanhos. Os feiticeiros, astrólogos, adivinhos, necromantes, matemáticos ocultos, são declarados execráveis e sentenciados às mesmas penas que os envenenadores e os assassinos. Compreenderemos essa severidade se nos lembrarmos do que dissemos dos ritos horríveis da Magia negra e de seus sacrifícios infanticidas; devia ser grande o perigo para que a repressão se manifestasse sob formas tão múltiplas e tão severas.

Uma outra instituição que se liga às mesmas fontes da *santa vema*, foi a *cavalaria errante*. Os cavaleiros errantes eram espécies de franco-juízes que recorriam a Deus e à lança que traziam consigo de todas as injustiças dos castelões e de todas as maldades dos necromantes. Eram missionários armados que atacavam os infiéis depois de se terem munido do sinal da cruz; eles mereciam assim a lembrança de alguma nobre dama e santificavam o amor pelo martírio de uma vida toda de dedicação. Como nos achamos longe dessas cortesãs pagãs, às quais se sacrificavam escravos e pelas quais os conquistadores do mundo antigo incendiavam cidades! Às senhoras cristãs são devidos outros sacrifícios; é preciso ter libertado cativos e ter punido os profanadores das feições santas e então belas e brancas senhoras de vestidos enfeitados de escudo, de mãos delicadas e pálidas, essas madonas vivas e altivas como lírios que vêm das igrejas, livros de orações debaixo do braço e os padre-nossos na cintura, tirarão seu véu bordado a ouro e prata e o darão como cinto ao cavaleiro ajoelhado diante delas que os pede pensando em Deus.

Não nos lembremos mais dos erros de Eva, eles são mil vezes perdoados e compensados por essa graça indizível das filhas de Maria.

CAPÍTULO 5

MÁGICOS

O dogma fundamental da alta ciência, o que consagra a lei eterna do equilíbrio, obtivera sua inteira realização na constituição do mundo cristão. Duas colunas vivas sustentavam o edifício da civilização: o *papa* e o *imperador*.

Mas o império dividira-se, fugindo às fracas mãos de Luiz, o Debonnaire, e de Carlos, o Calvo. O poder temporal, abandonado às aventuras das conquistas ou da intriga, perdeu essa unidade providencial que a punha em harmonia com Roma. O papa teve muitas vezes de intervir como grande justiceiro, e apesar de seus riscos e perigos reprimiu as cobiças e a audácia de tantos soberanos divididos.

A excomunhão era então uma pena terrível, porque era sancionada pelas crenças universais, e produzia, por um efeito misterioso dessa cadeia magnética de reprovações, fenômenos que aterrorizavam a multidão. Era assim que Roberto, o Pio, tendo incorrido nessa terrível pena por um casamento ilegítimo, tornou-se pai de uma criança monstruosa semelhante a essas figuras de demônios que a Idade Média sabia tornar tão completa e ridiculamente disformes. Essse triste fruto de uma união reprovada atestava ao menos as torturas de consciência e os sonhos de terror que agitaram a mãe. Nisso viu Roberto uma prova da cólera de Deus e submeteu-se à sentença pontifical; renunciou a um casamento que a Igreja declarava incestuoso; repudiou Berta para desposar Constança de Provença e limitou-se a ver nos costumes suspeitos e no caráter altivo dessa nova esposa um segundo castigo do céu.

Os cronistas daquele tempo parece que gostam muito das lendas diabólicas, mas mostram, narrando-as, muito mais credulidade que gosto. Todos os pesadelos dos monges, todos os sonhos doentios das religiosas, são considerados como aparições reais. São fantasmagorias repugnantes, alocuções estúpidas, transfigurações impossíveis, às quais não falta, para serem divertidas, senão a verve artística de Collot e de Cirano de Bergerac. Nada disso, desde o reino de Roberto até o de S. Luiz, nos parece digno de ser contado.

Sob o reino de S. Luiz viveu o famoso rabino Jequiel, grande cabalista e físico notável. Tudo que se diz de sua lâmpada e de seu fogo mágico prova que ele descobrira a eletricidade, ou pelo menos que ele conhecia seus principais empregos; porque esse conhecimento tão antigo como a Magia, se transmitia como uma das chaves da alta iniciação.

Quando chegava a noite, uma estrela radiante brilhava no quarto de Jequiel; sua luz era tão viva que ninguém podia fixá-la sem se ofuscar, projetando uma irradiação matizada com as cores do arco-íris. Ninguém a via esmaecer nem apagar-se e todos sabiam que ela não era alimentada nem com azeite, nem com qualquer das substâncias combustíveis então conhecidas.

Quando um importuno ou um curioso mal intencionado tentava introduzir-se na casa de Jequiel e persistia em atormentar a tranca de sua porta, o rabino batia num prego que se achava plantado no seu gabinete e saía ao mesmo tempo da cabeça do prego e da tranca da porta uma luz azulada, e o importuno era sacudido de tal maneira que pedia misericórdia e sentia a terra entreabrir-se a seus pés. Um dia, uma multidão hostil reuniu-se nessa porta com arruaças e ameaças; seguravam-se uns aos outros pelo braço para resistir à comoção e ao pretendido tremor de terra. O mais ousado sacudiu a tranca da porta com furor. Jequiel tocou no prego. No mesmo instante os assaltantes caíram uns sobre os outros e fugiram gritando como pessoas queimadas; todos estavam certos de ter sentido entreabrir-se a terra e de engoli-los até os joelhos e não sabiam como tinham podido sair, mas por coisa nenhuma do mundo voltariam a fazer barulho na porta do feiticeiro. Jequiel conquistou assim sua tranquilidade pelo terror que espalhava.

S. Luiz que, por ser um grande católico, não deixava de ser um grande rei, quis conhecer Jequiel; mandou buscá-lo à sua corte e com ele teve muitas palestras, ficando plenamente satisfeito com suas explicações; protegeu-o contra seus inimigos e não deixou, enquanto viveu, de testemunhar-lhe estima e fazer-lhe bem.

Nessa mesma época vivia Alberto, o Grande, que passa ainda entre o povo pelo grande mestre de todos os magos. Asseguram os cronistas que ele possuía a pedra filosofal e que conseguiu, depois de trinta anos de trabalho, a solução do problema do androide, isto é, que ele fabricou um homem artificial, vivo, falante, dizendo e respondendo a todas as questões com uma precisão e sutileza tal que S. Tomás de Aquino, aborrecido de não poder reduzi-lo ao silêncio, o partiu com uma cajadada. Tal é a fábula popular; vejamos o que ela significa.

O mistério da formação do homem e de sua aparição primitiva sobre a terra sempre preocupava muito os curiosos que procuravam os segredos da natureza. O homem, de fato, é o último a aparecer no mundo fóssil, e os dias da criação de Moisés depositaram seus destroços sucessivos, atestando que esses dias foram longas épocas; como então se formou a humanidade? Diz-nos a Gênese que Deus fez o primeiro homem do limo da terra e que ele lhe insuflou a vida; não duvidamos um instante da verdade dessa asserção. Longe de nós entretanto a ideia herética e antropomorfa de um Deus modelando a terra argilosa com suas mãos. Deus não tem mãos, é um espírito puro e fez saírem suas criaturas uma das outras pelas mesmas forças que ele dá à Natureza. Se portanto o Senhor tirou Adão do limo da terra, devemos compreender que o homem saíra da terra sob a influência de Deus, mas de um modo natural. O nome de Adão em hebreu designa uma terra vermelha; ora, qual pode ser essa terra vermelha? Eis o que procuravam os alquimistas; de maneira que a grande obra não era o segredo da transmutação dos metais, resultando indiferente e acessório, era o arcano universal da vida; era a pesquisa do ponto central de transformação onde a luz se faz matéria e condensa-se numa terra que contém em si o princípio do movimento e da vida; era a generalização do fenômeno que tinge o sangue de vermelho, pela criação desses inumeráveis glóbulos imantados como os mundos e vivos como os animais.

Os metais, para os discípulos de Hermes, eram o sangue coagulado da terra, que passava, como o do homem, do branco ao negro ao vermelho, segundo o trabalho da luz. Pôr esse fluido em movimento pelo calor e dar-lhe a fecundação colorante da luz por meio da eletricidade, tal era a primeira parte da obra dos sábios; mas o fim era mais difícil e mais sublime, tratava-se de encontrar a terra adâmica que é o sangue coagulado da terra viva; e o sonho supremo dos filósofos era concluir a obra de Prometeu imitando o trabalho de Deus, isto é, fazendo nascer um homem filho da ciência como Adão foi o filho da onipotência divina; esse sonho era insensato talvez, mas era belo.

A Magia negra, que macaqueia sempre a magia da luz, mas tomando-a pelo avesso, preocupou-se também muito do androide, porque queria fazer dele o instrumento de suas paixões e o oráculo do inferno. Para isso era preciso fazer violência à natureza e obter uma sorte de cogumelo venenoso cheio de maldade humana concentrada, uma realização viva de todos os crimes. Procurava-se então a mandrágora sob o patíbulo dos enforcados; e mandava-se arrancá-la por um cão que era amarrado à raiz e ao qual se aplicava uma pancada mortal; o cão devia arrancar a planta nas convulsões da agonia. A alma do cão passava-se à mandrágora e atraía a do enforcado...

Mas basta de tantos horrores e absurdos. Os curiosos de uma tal ciência podem consultar esse engrimanço vulgar conhecido sob o nome de *Pequeno Alberto*, onde verão como se pode fazer também a mandrágora sob a forma de um galo com figura humana. A estupidez em todas essas receitas disputa-o ao imundo, e de fato não se pode ultrajar violentamente a natureza sem pisar ao mesmo tempo todas as leis da razão.

Alberto, o Grande, não era nem infanticida nem deicida, não cometera nem o crime de Tântalo nem o de Prometeu, mas vinha de criar e armar com todas as peças essa teologia puramente escolástica, proveniente das categorias de Aristóteles e das sentenças de Pierre Lombard, essa lógica do silogismo que argumentava em vez de raciocinar e que acha resposta para tudo, apurando os termos. Era menos uma filosofia do que um autômato filosófico, respondendo sobre molas, e desenrolando suas teses com um movimento de engrenagens; não era o Verbo humano, era o grito monstruoso de uma máquina, a palavra inanimada de um androide; era a precisão fatal da mecânica, em lugar da livre aplicação das necessidades racionais. S. Tomás de Aquino derrubou de um só golpe todas estas ostentações de palavras preparadas de antemão, proclamando o império eterno da razão por essa magnífica sentença que temos citado tantas vezes: "Uma coisa não é justa porque Deus a quer, mas Deus a quer porque ela é justa". A consequência próxima dessa proposição era esta, argumentando mais ou menos: "Uma coisa não é verdadeira porque Aristóteles o disse, mas Aristóteles não pôde razoavelmente dizê-la se ela não fora verdadeira". Procure então, a princípio, a verdade e a justiça, e a ciência de Aristóteles lhe será dada de acréscimo.

Aristóteles, galvanizado pela escolástica, era o verdadeiro androide de Alberto, o Grande; e o bastão magistral de S. Tomás de Aquino foi a doutrina de *Summa Theologica*, obra-prima de força e de razão que se há de estudar sempre em nossas escolas de teologia que se quiser voltar seriamente aos sãos e fortes estudos.

Quanto à pedra filosofal transmitida por S. Domênico a Alberto, o Grande, e por este último a S. Tomás de Aquino, deve-se entender apenas a base filosófica e religiosa das ideias dessa época. Se S. Domênico tivesse sabido fazer a grande obra, ele compraria para Roma o império do mundo, de que era tão ocioso para a Igreja, empregaria para aquecer seus cadinhos esse fogo que queimou tantos heréticos. S. Tomás de Aquino transformava em ouro tudo que tocava, mas somente em sentido figurado, tomando o ouro pelo emblema da verdade. Se nos apresenta aqui ocasião de dizer algumas palavras ainda da *ciência hermética* cultivada desde os primeiros séculos cristãos por Ostanes, Romário, a rainha Cleópatra, os Árabes Geber, Alfarábio e Salmana, Morien, Artéfio, Aristeu. Essa ciência, tomada de uma maneira absoluta, pode chamar-se a *Cabala* realizadora ou *Magia* das obras; ela tem então três graus análogos: realização *religiosa*, realização *filosófica* e realização *física*. A realização religiosa é a fundação durável do império e do sacerdócio; a realização filosófica é o estabelecimento de uma doutrina absoluta e de um ensino hierárquico; a realização física é a descoberta e a aplicação no microcosmo, ou pequeno mundo da lei criadora que povoa incessantemente o grande universo. Essa lei é a do movimento combinado com a substância, do fixo com o volátil, do líquido com o sólido; esse movimento tem por princípio a impulsão divina, e por instrumento a luz universal, etérea no infinito, astral nas estrelas e nos planetas, metálica, específica ou mercurial nos metais, vegetal nas plantas, vital nos animais, magnética ou pessoal nos homens. Essa luz é a quintessência de Paracelso, que se acha em estado latente e em estado irradiante em todas as substâncias criadas; essa quintessência é o verdadeiro elixir da vida, que se extrai da terra pela cultura dos metais pela incorporação, a retificação, a exaltação e a síntese, das plantas pela destilação e o cozimento, dos animais pela absorção, dos homens pela geração, do ar pela respiração. O que fez com que Aristeu dissesse que se deve tomar o ar do ar; que Khunrath dissesse que é preciso o mercúrio vivo do homem perfeito formado pelo andrógino; e a todos, que é preciso extrair dos metais a medicina dos metais, e que essa medicina, no fundo a mesma para todos os reinos, é entretanto, graduada e especificada segundo as formas e as espécies. O uso dessa medicina devia ser triplo: por simpatia, por repulsão e por equilíbrio. A quintessência graduada era apenas a auxiliar das forças; a medicina de cada reino devia tirar-se deste reino mesmo com a adição do mercúrio, terrestre ou mineral, e do mercúrio vivo sintetizado ou magnetismo humano.

Tais são os rascunhos mais resumidos e mais rápidos dessa ciência, vasta e profunda como a Cabala, misteriosa como a Magia, real como as ciências exatas, mas difamada pela cupidez muitas vezes iludida dos falsos adeptos, e as obscuridades com que os verdadeiros sábios envolveram de fato suas teorias e seus trabalhos.

CAPÍTULO 6

PROCESSOS CÉLEBRES

As sociedades do mundo antigo pereceram pelo egoísmo materialista das castas que, imobilizando-se e encurralando as multidões numa reprovação sem esperança, privaram o poder cativo entre as mãos de um pequeno número de eleitos desse movimento circulatório que é o princípio do progresso, do movimento e da vida. Um poder sem antagonismo, sem concorrência e por consequência sem "controle" fora funesto às realezas sacerdotais; as repúblicas, de uma outra parte, pereceram pelo conflito das liberdades que, em ausência de todo dever hierárquico e fortemente sancionado, não são mais que tantas tiranias rivais umas das outras. Para achar um meio estável entre esses dois abismos, a ideia dos hierofantes cristãos fora criar uma sociedade dedicada à abnegação por votos solenes, protegida por regulamentos severos, que se recrutaria pela iniciação, e que, única depositária dos grandes segredos religiosos e sociais, faria reis e pontífices sem expor-se às corrupções do poder. Residia aí o segredo desse reino de Jesus Cristo que sem ser desse mundo governaria todas as suas grandezas.

Essa ideia presidiu à fundação das grandes ordens religiosas tantas vezes em guerra com as autoridades seculares, quer eclesiásticas, quer civis; sua realização foi também o sonho das seitas dissidentes de gnósticos ou de iluminados que pretendiam religar sua fé à tradição primitiva do Cristianismo de S. João. Ele tornou-se enfim uma ameaça para a Igreja e para a sociedade quando uma ordem rica e dissoluta iniciada nas misteriosas doutrinas da Cabala, pareceu disposta a voltar-se contra a autoridade legítima dos princípios conservadores da hierarquia, e ameaçou o mundo inteiro com uma imensa revolução.

Os templários, cuja história é tão mal conhecida, foram esses conspiradores terríveis, e é tempo de revelar o segredo de sua queda, para absolver a memória de Clemente V e de Felipe, o Belo.

Em 1118, nove cavaleiros cruzados no Oriente, de cujo número eram Geoffroi de Saint-Omer e Tugues de Payens, consagraram-se à religião e prestaram juramento entre as mãos do patriarca de Constantinopla, sede sempre secular e publicamente hostil à de Roma deste Fótio. O fim confessado dos templários era proteger os cristãos que vinham visitar os santos lugares; seu fim secreto era a reconstrução do templo de Salomão sobre o modelo profetizado por Ezequiel.

Essa reconstrução, formalmente predita pelos místicos judaicos dos primeiros séculos, tornara-se o sonho secreto dos patriarcas do Oriente. O templo de Salomão, reconstruído e consagrado ao culto católico, tornava-se, de fato, a metrópole do universo. O Oriente prevalecia sobre o Ocidente, e os patriarcas de Constantinopla se apoderariam do papado.

Os historiadores, para explicar o nome de *templários* dado a esta ordem militar, pretendem que Baudoin II, rei de Jerusalém, lhes havia dado uma casa situada perto do templo de Salomão. Mas aí surge um enorme anacronismo, visto que nessa época, não somente o templo de Salomão não existia mais, como não restava pedra sobre pedra do segundo templo, construído por Zorobabel sobre as ruínas do primeiro, e fora dificílimo indicar-lhe precisamente o lugar.

Deve-se concluir disso que a casa dada aos templários por Baudoin não era perto do templo de Salomão, mas perto do terreno sobre o qual esses missionários secretos e armados do patriarca do Oriente tinham intenção de reconstruí-lo.

Os templários tomaram, para seus modelos na Bíblia, os pedreiros guerreiros de Zorobabel, que traziam a espada em uma das mãos e a pá na outra. É por isso que a espada e a pá foram as insígnias dos templários, que, mais tarde, como se verá, se ocultaram sob o nome de *irmãos maçons*. A pá dos templários é quádrupla e as lâminas triangulares são dispostas em forma de cruz, o que compõe um pantaclo cabalístico conhecido sob o nome de *cruz do Oriente*.

O pensamento secreto de Hughes de Payens, fundando sua ordem, não fora precisamente servir à ambição dos patriarcas de Constantinopla. Existia nessa época no Oriente uma seita de cristãos joanitas que se pretendiam os únicos iniciados nos verdadeiros mistérios da religião do Salvador. Eles pretendiam conhecer a história real de Jesus Cristo e, adotando em parte as tradições judaicas e as narrações do Talmude, pretendiam que os fatos contados no Evangelho não eram senão alegorias de que S. João dá a chave dizendo "que se poderia encher o mundo dos livros que se escreveriam sobre as palavras e atos de Jesus Cristo"; palavras que, na opinião deles, não seriam senão um ridículo exagero se não se tratasse, de fato, de uma alegoria e de uma lenda que se pode variar e prolongar ao infinito.

Para os que se referem aos fatos históricos e reais, eis o que os joanitas contavam:

"Uma moça de Nazaré, chamada *Miriam*, noiva de um rapaz de sua tribo, chamado *Iocanaã*, foi surpreendida por um certo Pandira, ou Panter, que abusou dela à força depois de se ter introduzido em seu quarto sob as vestes e sob o nome de seu noivo. Iocanaã, conhecendo sua noiva, a deixou sem comprometê-la, visto que, de fato, ela era inocente, e a moça deu à luz um menino que se chamou Josuá ou Jesus.

Esse menino foi adotado por um rabino de nome José, que o levou em sua companhia para o Egito; lá, ele foi iniciado nas ciências secretas, e os sacerdotes de Osíris, reconhecendo nele a verdadeira encarnação de Horo prometido há muito tempo aos adeptos, o consagraram soberano pontífice da religião universal.

Josuá e José voltaram à Judeia onde a ciência e a virtude do moço não demoraram em excitar a inveja e o ódio dos sacerdotes, que lhe censuraram um dia publicamente a ilegitimidade de nascimento. Josuá, que amava e venerava sua mãe, interrogou a seu mestre e soube toda a história do crime de Pandira e das desgraças de Miriam. Seu primeiro momento foi de renegá-la publicamente, dizendo-lhe no meio de um festim de núpcias: "Mulher, que há em comum entre você e eu?" Mas depois pensando que uma pobre mulher não deve ser punida por ter sofrido o que ela não podia impedir, exclamou: "Minha mãe não pecou, ela não perdeu sua inocência; ela é virgem, embora seja mãe; que dupla honra lhe seja prestada! Quanto a mim, eu não tenho pai sobre a terra. Eu sou o filho de Deus e da humanidade!"

Não levaremos mais longe essa ficção aflitiva para corações cristãos; basta-nos dizer que os joanitas chegavam a ponto de fazer S. João, o Evangelista, responsável dessa pretendida tradição e atribuíram a esse apóstolo a fundação de sua Igreja secreta.

Os grandes pontífices dessa seita tomavam o título de *Cristo* e pretendiam suceder-se desde S. João por uma transmissão de poderes não interrompida. Aquele que aparece, na época da fundação da ordem do templo, com esses privilégios imaginários, chamava-se Teócleto; ele conheceu Hugues de Payens, iniciando-o nos mistérios e nas esperanças de sua pretendida Igreja; ele o seduziu por ideias de soberano sacerdócio e de suprema realeza e o designou enfim para seu sucessor.

Assim a ordem dos cavaleiros do templo foi manchada desde sua origem de cisma e de conspiração contra os reis.

Essas tendências foram envolvidas de um profundo mistério e a ordem fazia profissão exterior da mais perfeita ortodoxia. Só os chefes sabiam onde eles queriam ir; o restante o seguia sem desconfiança. Adquirir influência e ri-

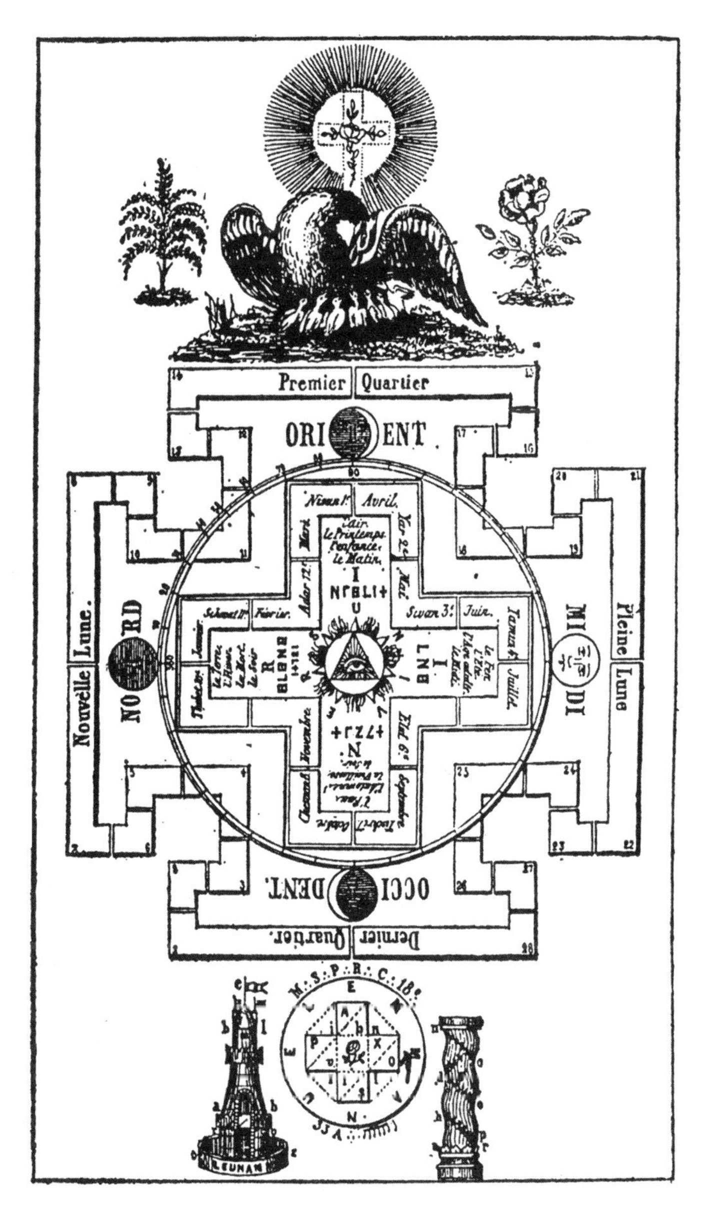

FIGURA 12
A cruz filosófica ou o plano do terceiro templo profetizado por Ezequiel
e que os Templários queriam edificar

queza, depois intrigar e sendo necessário, combater para estabelecer o dogma joanita, tais eram o fim e os meios propostos aos irmãos iniciados. "Veja, lhe diziam, o papado e as monarquias rivais negociarem-se hoje, comprarem-se, corromperem-se e amanhã talvez se destruirem entre si. Tudo isto será a herança do templo; o mundo nos exigirá cedo soberanos e pontífices. Faremos o equilíbrio do universo, e seremos os árbitros dos senhores do mundo."

Os templários tinham duas doutrinas, uma oculta e reservada aos senhores, era a do *Joanismo*; a outra, pública, era a doutrina *católica-romana*. Eles enganavam assim os adversários que aspiravam suplantar. O Joanismo dos adeptos era a Cabala dos gnósticos, degenerada cedo em um panteísmo místico levado até a idolatria da natureza e o ódio de todo o dogma revelado. Para ter melhor êxito e criar adeptos, eles acariciavam os pesares dos cultos decaídos e as esperanças dos cultos novos, prometendo a todos a liberdade de consciência e uma nova ortodoxia que seria a síntese de todas as crenças perseguidas. Eles continuaram assim até reconhecer o simbolismo panteísta dos grandes mestres em magia negra, e para melhor se libertarem da obediência à religião que de antemão os condenava, eles prestaram honras divinas ao ídolo monstruoso de Bafomé, como outrora as tribos dissidentes adoraram os veados de ouro de Dan e de Betel.

Monumentos recentemente descobertos e documentos preciosos que se ligam ao século XIII provam de modo mais que suficiente tudo o que acabamos de avançar. Outras provas ainda se acham ocultas nos anais e sob os símbolos da maçonaria oculta.

Ferido de morte em seu princípio mesmo, e anárquico porque era dissidente, a ordem dos cavaleiros do Templo concebera uma grande obra que era incapaz de executar, porque não conhecia nem a humildade nem a abnegação pessoal. Aliás, sendo os templários em sua maior parte sem instrução e capazes apenas de manejar bem a espada, não tinham nada do que era preciso para governar e encarcerar em caso de necessidade essa rainha do mundo que se chama a opinião. Hugues de Payens não tivera a profundidade de visão que distinguiu mais tarde um militar fundador também de uma milícia formidável aos reis. Os templários eram jesuítas mal sucedidos.

Sua palavra de ordem era tornarem-se ricos para comprar o mundo. Eles tornaram-se, com efeito, e em 1312, possuíam na Europa mais de mil senhorias. A riqueza foi seu desastre; eles tornaram-se insolentes e deixaram mostrar seu desdém para com as instituições religiosas e sociais que aspiravam derrubar. É conhecida a palavra de Ricardo Coração de Leão a quem um eclesiástico, ao qual ele permitia grande familiaridade, teria dito: "Senhor, você tem três filhas que lhe custam caro e de quem lhe seria muito vantajoso se desfazer: são a ambição, a avareza e a luxúria. – É isso mesmo! disse o rei. Vamos casá-las. Dou a ambição aos templários, a avareza aos monges e a luxúria aos bispos. Estou de antemão certo do consentimento das partes".

A ambição dos templários lhes foi fatal; seus projetos eram adivinhados e prevenidos. O papa Clemente V e o rei Felipe, o Belo, deram um sinal à Europa e os templários, envolvidos por assim dizer em uma imensa rede, foram presos, desarmados e encarcerados. Nunca houve golpe de estado que tivesse lugar com um conjunto mais formidável. O estupor apoderou-se do mundo inteiro, e esperaram-se as revelações estranhas de um processo que devia ter tanta repercussão no mundo inteiro.

Era impossível desenrolar diante do povo o plano da conspiração dos templários; tornou-se necessário iniciar a multidão nos segredos dos mestres. Recorreu-se à acusação de Magia, e acharam-se denunciadores e testemunhas. Os templários, em sua recepção, escarravam sobre o Cristo, renegavam Deus, davam no grão-mestre beijos obscenos, adoravam uma cabeça de cobre de olhos de carbúnculo, conversavam com um grande gato negro e copulavam com diabas. Eis o que ninguém receava de levar seriamente sobre um ato de acusação. É conhecido o fim desse drama e como Jaques Molai e seus companheiros morreram nas chamas; mas antes de morrer, o chefe do templo organizou e instituiu a *maçonaria oculta*. Do fundo de sua prisão, o grão-mestre criou quatro lojas metropolitanas: em Nápoles para o Oriente, em Edimburgo para o Ocidente, em Estocolmo para o Norte e em Paris para o Sul. O papa e o rei morreram logo de um modo estranho e súbito. Esquino de Florian, o principal denunciador da ordem, foi assassinado. Quebrando-se a espada dos templários, fez-se com ela um punhal e suas trilhas proscritas não trabalhavam mais senão em túmulos.

Deixemos agora que eles desapareçam nas trevas onde se ocultam tramando sua vingança. Quando vier a grande revolução, nós os veremos reaparecer e os reconheceremos pelos seus sinais e pelas suas obras.

O maior processo de Magia que encontraríamos na história, depois do dos templários, é o de uma virgem e quase de uma santa. Acusaram a Igreja de ter essa circunstância servido os covardes ressentimentos de um partido vencido, e todos querem ansiosamente saber a que maldições foram votados pela santa sede os assassinos de *Joana d'Arc*.

Digamos portanto antes de tudo aos que não sabem que Pierre Cauchon, o indigno bispo de Beauvais, ferido de morte súbita pela mão de Deus, foi excomungado depois de sua morte pelo papa Calixto IV, e que seus ossos arrancados à terra santa foram lançados ao lixo. Não foi então a Igreja que julgou e condenou a donzela de Orleans e sim um mau sacerdote e um apóstata.

Carlos VII que abandonou essa nobre virgem a seus carrascos caiu depois nas mãos de uma providência vingadora; deixou-se morrer de fome, temendo ser envenenado pelo seu próprio filho. O medo é o suplício dos covardes.

Esse rei vivera para uma cortesã e construíra para ela esse reino que lhe foi conservado por uma virgem. A cortesã e a virgem foram cantadas por nossos poetas nacionais. Joana d'Arc por Voltaire e Agnés Sorel por Beranger.

Joana morrera inocente, mas as leis contra a Magia atingiram logo depois e castigaram um grande criminoso. Era um dos mais valentes capitães de Carlos VII, e os serviços que ele prestara ao estado não puderam saldar o número e a enormidade de seus crimes.

Os contos ogres e de Croquemitaine realizados e excedidos pelas ações desse fantástico criminoso e sua história, ficou na memória dos meninos sob o nome de *Barba Azul*.

Gilles de Laval, senhor de Raiz, tinha de fato a barba tão negra que parecia ser azul, como se pode ver por seu retrato que está no museu de Versalhes, na sala dos Marechais; era um marechal de Bretanha, bravo porque era francês, faustoso porque era rico, e feiticeiro porque era louco.

O desarranjo das faculdades do senhor de Raiz manifestou-se a princípio por uma devoção luxuosa e de uma magnificência sem limites. Ele não caminhava nunca a não ser precedido da cruz e do estandarte; seus capelães eram cobertos de ouro e ornamentados como prelados; tinha consigo um colégio inteiro de pequenos pagens ou crianças de coro sempre ricamente vestido. Todos os dias enviava-se um desses meninos à casa de um marechal, e seus camaradas não o viam mais voltar; um recém-vindo substituía o que partira e era severamente proibido às crianças de se informar da sorte de todos os que desapareciam assim e mesmo de falar deles entre si.

O marechal mandava tomar esses meninos de pais pobres que eram seduzidos por promessas e que se obrigavam a não se ocupar jamais com seus filhos aos quais o Senhor de Raiz assegurava, dizia ele, um brilhante futuro.

Ora, eis o que se passava:

A devoção era apenas uma máscara, servindo de passaporte a práticas infames. O marechal, arruinado por suas loucas despesas, queria a todo custo criar riquezas; a alquimia esgotara seus últimos recursos, os empréstimos usurários iam faltar-lhe cedo; ele resolveu então tentar as últimas experiências da Magia negra, e de obter ouro por meio do inferno. Um sacerdote apóstata, da diocese de Saint Malo, um florentino chamado Prelati, e o intendente do marechal de nome Sillé, eram seus confidentes e seus cúmplices.

Ele desposara uma moça de alta origem e a trazia por assim dizer encerrada em seu castelo de Machecoul; neste castelo havia uma torre cuja porta era murada. Ela ameaçava ruir, dizia o marechal, e ninguém tentava lá penetrar.

Todavia Madame de Raiz, que seu marido deixava muitas vezes sozinha durante a noite, percebera luzes azuladas irem e virem nessa torre.

Ela não ousava interrogar seu marido, cujo caráter estranho e sombrio lhe inspirava o maior terror.

No dia de Páscoa de 1440, o marechal depois de ter solenemente comungado em sua capela, despediu-se da castelã de Machecoul, anunciando-lhe que partia para a Terra Santa; a pobre mulher não o interrogou por mais tempo, tal era o temor que tinha dele. Ela achava-se grávida de alguns meses. O marechal permitiu que mandasse vir sua irmã para junto dela, para que lhe fizesse companhia em sua ausência. Madame de Raiz serviu-se desta permissão e mandou procurar sua irmã. Gilles de Laval montou depois a cavalo e partiu.

Madame de Raiz confiou então à sua irmã suas inquietações e seus temores. Que se passava no castelo? Por que andava tão sombrio o Senhor de Raiz? Por que suas ausências tão frequentes? Que aconteceria a essas crianças que desapareciam todos os dias? Por que essas luzes noturnas na torre murada? Essas questões excitaram ao mais alto grau a curiosidade das duas mulheres.

Que fazer, entretanto? O marechal proibira expressamente que alguém se aproximasse da torre perigosa, e, antes de partir, reiterava formalmente essa proibição.

Devia existir uma entrada secreta; Madame de Raiz e sua irmã Ana a procuraram; todas as salas do castelo foram exploradas, canto por canto e pedra por pedra, por fim na capela e por detrás do altar, um botão de cobre, escondido numas peças de escultura, cedeu sob a pressão da mão, caiu uma pedra, e as duas curiosas, palpitantes, pareceram perceber os primeiros degraus de uma escada.

Essa escada conduziu as duas senhoras à torre condenada.

No primeiro andar, acharam uma capela cuja cruz estava derrubada e negros os círios; sobre o altar achava-se colocada uma figura horrorosa representando sem dúvida o demônio.

No segundo, havia fornos, alambiques, carvão, enfim todos os aparelhos dos alquimistas.

No terceiro, o quarto estava escuro e respirava-se um ar fétido que obrigou as duas jovens visitantes a deixá-lo. Madame de Raiz chocou-se contra um vaso que se derramou, e sentiu seu vestido e seus pés inundados de um líquido espesso e desconhecido; quando chegou à luz do patamar da escada viu-se toda banhada de sangue.

A sua irmã Ana queria fugir, mas Madame de Raiz tinha mais curiosidade que horror e temor; ela desceu de novo, tomou a lâmpada da capela infernal e tornou a subir ao quarto do terceiro andar; aí um horrível espetáculo ofereceu-se a seus olhos.

Bacias de cobre cheias de sangue estavam enfileiradas ao longo da parede, com etiquetas com as datas, e no meio da peça, sobre uma mesa de mármore negro, estava deitado o cadáver de uma criança recém-degolada.

Uma das bacias fora derramada por Madame de Raiz, e um sangue negro espalhara-se abundantemente pelo assoalho de madeira carcomida e mal varrido.

As duas senhoras ficaram semimortas de pavor. Madame de Raiz quis a todo custo apagar os indícios de sua indiscrição; foi procurar água e uma esponja para lavar as tábuas do assoalho; mas fez apenas estender a mancha que, de enegrecida que era, tornara-se sanguinolenta e vermelha... de repente retumba no castelo um grande rumor; ouvem-se gritos que chamam Madame e ela distingue perfeitamente estas formidáveis palavras: "Eis o senhor que regressa".

As duas mulheres precipitam-se pela escadaria, mas no mesmo instante elas ouvem na capela do diabo um grande barulho de passos e de vozes; a irmã Ana fugiu subindo até as saliências das torres; Madame de Raiz desce cambaleando e se vê face a face com seu marido que subia seguido do padre apóstata e de Prelati.

Gilles de Laval segura sua mulher pelo braço sem lhe dizer nada e a arrasta à capela do diabo; então Prelati diz ao Marechal:

– Você vê o que é preciso fazer, e que a vítima veio por si mesma.

– Pois bem! Que seja, diz o marechal; comece a missa negra!

O padre apóstata dirigiu-se para o altar. O Marechal de Raiz abriu um pequeno armário feito no altar mesmo, de onde tirou um grande punhal, voltou em seguida para assentar-se ao pé de sua mulher meio desfalecida e curvada sobre um banco contra a parede da capela; começaram as cerimônias sacrílegas.

É preciso saber que M. de Raiz, em vez de tomar, quando partira, a estrada de Jerusalém, tomara a de Nantes, onde residia Prelati; ele entrara furioso na casa desse miserável, ameaçando-o de morte, se não lhe desse o meio de obter do diabo o que ele lhe pedia havia tanto tempo. Prelati, para ganhar um prazo, lhe respondera que as condições absolutas do mestre eram terríveis e que era preciso antes de tudo que o marechal se decidisse a sacrificar ao diabo seu último filho arrancado à força do seio de sua mãe. Gilles de Laval nada respondera, mas regressara imediatamente a Machecoul, arrastando consigo o feiticeiro florentino com o padre seu cúmplice. Ele surpreendera sua mulher na torre murada e o resto é conhecido.

Entretanto a irmã Ana, esquecida sobre a plataforma da torre e não ousando descer de novo, tirara seu véu e fazia ao acaso sinais de aflição, aos quais responderam dois cavaleiros seguidos de alguns homens de armas que galopavam para o castelo; eram seus dois irmãos que, tendo sabido da suposta partida do Senhor de Laval para a Palestina, vinham visitar e consolar Madame de Raiz. Eles entraram logo com barulho na corte do castelo. Gilles de Laval interrompendo então a horrível cerimônia, diz à sua mulher:

– Madame, eu lhe perdoo e não se tratará mais disso se você fizer o que vou dizer; volte ao seu quarto, mude de roupa e venha procurar-me na sala de honra onde eu vou receber seus irmãos; se na frente deles você disser uma palavra ou se lhes fizer suspeitar de qualquer coisa, eu a trago aqui depois que eles partirem e recomeçamos então a missa negra que havíamos suspendido e é durante a consagração que você deverá morrer. Olhe bem onde coloco o punhal.

Ele levanta-se então, conduz sua mulher até a porta de seu quarto e desce à sala de honra onde recebe os dois fidalgos com sua comitiva, dizendo-lhes que sua mulher preparava-se para vir abraçar seus irmãos.

Alguns instantes depois, de fato, aparece Madame de Raiz, pálida como uma morta. Gilles de Laval não cessava de olhá-la fixamente, dominando-a com o olhar.

Você está doente, minha irmã?

– Não, são as fadigas da gravidez... E baixinho a pobre mulher acrescentava: Ele quer matar-me, salve-me...

De repente a irmã Ana que conseguira sair da torre, entra na sala, gritando:

– Levem-nos, salvem-nos, meus irmãos; esse homem é um assassino! E mostrava Gilles de Laval.

O marechal chama os criados em seu auxílio, a escolta dos dois irmãos cerca as duas senhoras, empunhando as espadas; mas o pessoal do Senhor de

Raiz, vendo-o furioso, o desarmam em vez de obedecer-lhe. Durante esse tempo Madame de Raiz, sua irmã e seus irmãos ganham a ponte e saem do castelo.

No dia seguinte, o duque João V mandou investir contra Machecoul e Gilles de Laval, que não contava mais com seus homens de armas, entregou-se sem resistência. O parlamento de Bretanha decretara sua prisão como homicida; os juízes eclesiásticos preparam-se para julgá-lo como herético, sodomita e feiticeiro. Vozes que o terror conservara mudas por muito tempo, fizeram-se ouvir por todos os lados para pedir-lhe seus filhos desaparecidos. Houve um luto e um clamor universal em toda a província; deu-se buscas nos castelos de Machecoul e Chantocé, onde se encontraram destroços de mais de duzentos esqueletos de crianças; os outros tinham sido queimados e consumidos por inteiro.

Gilles de Laval compareceu perante seus juízes com uma suprema arrogância.

– Quem é você? Perguntaram-lhe segundo o costume.

– Eu sou Gilles de Laval, marechal de Bretanha, Senhor de Raiz, de Machecoul, de Chantocé e de outros lugares. E você que me interroga, quem é?

– Nós somos seus juízes, os magistrados da Igreja.

– Vocês, meu juízes! Ora veja, eu os conheço, meus senhores, vocês são simoníacos e devassos; vendem seu deus para comprar as joias do diabo. Não falem então de me julgar, porque se eu sou culpado vocês são certamente meus instigadores e meus cúmplices, vocês é que me deviam dar o bom exemplo.

– Cesse suas injúrias e responda-nos!

– Eu preferia ser enforcado pelo pescoço do que lhes responder; admiro-me como o presidente de Bretanha lhes permita conhecer essas espécies de negócios; vocês interrogam sem dúvida para se instruir e fazer em seguida pior do que têm feito até agora.

Essa altivez insolente desapareceu entretanto na presença da ameaça de tortura. Ele confessou, então, em presença do bispo de Saint-Brieux e do presidente Pierre de l'Hopital, seus morticínios e seus sacrilégios; ele sustentou que o massacre das crianças tinha por motivo uma volúpia execrável que ele procurava durante a agonia desses pobres entezinhos. O presidente pareceu duvidar da verdade e interrogou de novo o marechal.

– Ai, disse bruscamente este, vocês se atormentam inutilmente e eu com vocês.

– Eu não o atormento, replicou o presidente; acho-me estupefato diante do que está me dizendo e não posso me contentar de boa vontade com isso; assim eu desejo e queria saber por você toda a verdade a respeito.

O marechal lhe respondeu:

– Em verdade não havia outra coisa nem intenção senão o que eu já lhes disse, que querem ainda mais, já não lhes confessei bastante para fazer morrer dez mil pessoas?

O que Gilles de Laval não queria dizer, é que ele procurava a pedra filosofal no sangue das crianças degoladas. Era a cobiça que o impelia a esse monstruoso morticínio; ele cria, pela fé de seus necromantes, que o agente universal da vida devia ser subitamente coagulado pela ação e a reação combinadas do ultraje à natureza e do assassinato; ele recolhia em seguida a película matizada a resfriar-se, fazia-lhe passar por diversas fermentações e fazia digerir o produto no ovo filosófico do *forno*, ajuntando sal, enxofre e mercúrio. Ele tirara certamente essa receita de alguns desses velhos engrimanços hebreus, que bastariam, se fossem conhecidos, para votar os judeus à execração de toda a terra.

Na persuasão em que estavam de que o ato da fecundação humana atrai e coagula a luz astral reagindo por simpatia sobre os seres submetidos ao magnetismo do homem, os feiticeiros israelitas chegaram a esses desvios que lhes censura Fílon, numa passagem que menciona o astrólogo Gaffarel. Eles faziam enxertar suas árvores por mulheres que inseriam o enxerto enquanto um homem se entregava sobre elas a atos ultrajantes para a natureza. Sempre, quando se trata de Magia negra, nos deparamos com os mesmos horrores e o espírito das trevas nada tem de inventivo.

Gilles de Laval foi queimado vivo no prado de Madalena, perto de Nantes; obteve permissão de ir à morte com todo o fausto que o acompanhara durante a vida, como se desejasse submeter a toda infâmia do seu suplício a ostentação e a cobiça que o degradaram tão completamente e tão fatalmente o perderam.

CAPÍTULO 7

SUPERSTIÇÕES RELATIVAS AO DIABO

Nós temos dito quanto se manifestara a Igreja sobre decisões relativamente ao gênio do mal; ela ensina a não temê-lo, recomenda a seus filhos não se ocupar com ele e não lhe pronunciar nunca o nome. Entretanto a inclinação das imaginações doentias e das cabeças fracas para o monstruoso e o horrível, deu, durante os maus dias da Idade Média, uma importância formidável e formas mais ameaçadoras a esse ser tenebroso que só merece o esquecimento, visto como desconhece eternamente a verdade e a luz.

Essa realização aparente do fantasma da perversidade foi como uma encarnação da loucura humana; o diabo tornou-se o pesadelo dos claustros, o espírito humano teve medo de si mesmo, e viu-se o ser que se julga racional tremer diante de suas próprias quimeras. Um monstro negro e disforme parecia ter estendido suas asas de morcego entre o céu e a terra para impedir a mocidade e a vida de confiar nas promessas do Sol e na pacífica serenidade das estrelas. Essa harpia da superstição envenenara tudo com o seu sopro, infectava tudo com o seu contato; não se podia comer nem beber sem receio de engolir os ovos do réptil; ninguém ousava contemplar a beleza, porque talvez fosse uma ilusão do monstro; se alguém sorria, julgava ouvir como um eco fúnebre ao riso zombeteiro do atormentador eterno; se chorava, julgava-se vê-lo insultar as lágrimas. Parecia que o diabo tinha Deus prisioneiro no céu, e impunha aos homens sobre a terra a blasfêmia e o desespero.

As superstições conduzem depressa à inépcia e à demência; nada de mais deplorável e de mais enfadonho que a série das histórias de aparições diabólicas com que os escritores vulgares da história da Magia sobrecarregavam suas compilações. Pedro, o Venerável, vê o diabo picar uma cabeça nas latrinas; um outro cronista o reconhece sob a forma de um gato que parecia um cão e que dava pulos como um macaco; um senhor de Corasse tinha às suas ordens um duende chamado Órton que lhe apareceu sob a forma de uma porca prodigiosamente magra e descarnada. Mestre Guilherme Edelina, prior de Saint Germain des Prés, declarou tê-lo visto sob a forma e semelhança de um carneiro que lhe parecia então beijar brutalmente sob a cauda em sinal de reverência e de honra.

Velhotas infelizes acusavam-se de tê-lo tido por amante; o marechal Trivulce morria de medo esgrimindo, de estoque e espada, contra diabos de que via cheio seu quarto; queimavam-se às centenas os infelizes idiotas e as loucas que confessavam ter tido comércio com o maligno; só se ouvia falar de incubos e sucubos; juízes acolhiam gravemente revelações que se deviam fazer aos médicos; a opinião pública exercia aliás sobre eles uma pressão irresistível, e a indulgência para os feiticeiros expusera os magistrados mesmos a todos os furores populares. A perseguição exercida sobre os loucos tornava a loucura contagiosa, e os maníacos se despedaçavam entre si; batia-se até a morte, mandava-se queimar a fogo lento, mergulhavam-se na água gelada os desgraçados que o rumor público acusava de Magia negra para forçá-los a tirar as sortes que lançaram, e a justiça só intervinha para acabar numa fogueira o que começou o ódio cego das multidões.

Contando a história de Gilles de Laval, provamos suficientemente que a Magia negra pode ser um crime real e o maior de todos os crimes; mas a desgraça dos tempos foi confundir os doentes com os criminosos, e de punir os que era preciso curar com paciência e caridade.

Onde começa a responsabilidade do homem? Onde acaba? É um problema que deve inquietar muitas vezes os depositários virtuosos da justiça humana. Calígula, filho de Germânico, parecia ter herdado todas as virtudes de seu pai; um veneno que lhe deram perturbara sua razão e ele tornou-se o espantalho do mundo. Fora ele verdadeiramente culpado, e não se deve responsabilizar unicamente de suas atrocidades esses covardes romanos que lhe obedeceram em vez de o encarcerarem?

O padre Hilário Tissot que já citamos, vai mais longe do que nós e quer que todo consentimento ao crime seja uma loucura; infelizmente ele não explica sempre a loucura pela obsessão do mau espírito. Poderíamos perguntar a esse bom religioso o que pensaria ele de pai de família que, depois de ter fechado sua porta a um patife reconhecido como capaz de toda espécie de maldades, lhe deixaria o direito de frequentar, de aconselhar, de tomar, de molestar seus filhos? Admitamos então, para ser verdadeiramente cristãos, que o diabo qualquer que seja, só molesta os que se entregam voluntariamente a ele, e estes são responsáveis de tudo o que ele poderá sugerir-lhes, como o ébrio deve ser responsável de todas as desordens às quais ele poderá se abandonar sob a influência da embriaguez.

A embriaguez é uma loucura passageira e a loucura uma embriaguez permanente; uma e outra são causadas por um engurgitamento fosfórico dos nervos do cérebro que destrói nosso equilíbrio luminoso e priva a alma de seu instrumento de precisão. A alma espiritual e pessoal assemelha-se então a Moisés ligado e enfaixado em seu berço de betume e abandonado ao balancear das águas do Nilo; ela é impelida pela alma fluídica e material do mundo, essa água misteriosa sobre a qual pairava o sopro de Eloimes, quando o verbo divino se formulou nestas luminosas palavras: *Faça-se a luz*!

A alma do mundo é uma força que tende sempre ao equilíbrio; é preciso que a vontade triunfe dela ou ela triunfe da vontade. Toda vida incompleta a atormenta como uma monstruosidade, e ele esforça-se sempre para reabsorver os abortos intelectuais; é por isso que os maníacos, os alucinados sentem um atrativo irresistível para a destruição e a morte; o aniquilamento lhes parece um bem, e não somente eles quereriam morrer, mas seriam felizes de ver morrer os outros. Eles sentem que a vida lhes escapa, a consciência os queima e desespera; sua existência não é mais do que o sentimento da morte, é o suplício do inferno.

Um ouve uma voz imperiosa que lhe ordena matar seu filho no berço. Este luta, chora, foge e acaba tomando um machado e matando a criancinha; o outro, e essa terrível história é sempre recente, perseguido por vozes que lhe pedem corações, espanca seus pais, abre-lhes o peito e rói pela metade seus corações arrancados. Quem quer que cometa de firme propósito uma má ação, dá margem à destruição eterna e não pode prever de antemão onde esse mercado funesto o irá conduzir.

O ser é substância e vida. A vida se manifesta pelo movimento e o movimento se perpetua pelo equilíbrio; o equilíbrio é portanto a lei da imortalidade. A consciência é o sentimento do equilíbrio e o equilíbrio é a justeza e a justiça. Todo excesso, quando não é mortal, corrige-se por um excesso contrário; é a lei eterna das reações, mas se o excesso se precipita fora de todo equilíbrio, ele perde-se nas trevas exteriores e torna-se a morte eterna.

A alma da terra arrasta na vertigem do movimento astral tudo o que não lhe resiste pelas forças equilibradas da razão. Por toda a parte onde se manifeste uma vida imperfeita e mal formada, ele faz afluir suas forças para destruí-la como os espíritos vitais abundam para fechar as feridas. Daí essas desordens atmosféricas que se manifestam ao redor de certos doentes, daí estas comoções fluídicas, esses giramentos de móveis, essas suspensões, esses atiramentos de pedras, essas distensões aéreas que fazem aparecer à distância a miragem sensível e tangível das mãos e dos pés do observado. É a natureza que se atormenta, ao redor de um cancro que quer extirpar, ao redor de uma chaga que quer fechar, ao redor de uma sorte de vampiro cuja morte quer terminar para remergulhá-lo na vida.

Os movimentos espontâneos dos objetos inertes só podem vir de um trabalho das forças que imantam a terra; um espírito, isto é, um pensamento não levanta nada sem alavanca. Se assim não fosse, o trabalho quase infinito da natureza para a criação e o aperfeiçoamento dos órgãos seria sem objeto. Se o espírito desprendido dos sentidos pudesse fazer obedecer a matéria à sua vontade, os mortos ilustres se revelariam a nós por movimentos incoerentes e febris, produzindo-se ao redor de seres doentes, inteligentes e caprichosos. Esses seres são ímãs desequilibrados que fazem extravasar a alma da terra; mas quando a terra tem o delírio em virtude da erupção desses seres abortados, é que ela mesma sofre atravessando uma crise que virá acabar-se por violentas comoções.

Há de certo muita frivolidade em certos homens que passam por sérios. Vejam, por exemplo, o Marquês de Mirville que atribui ao diabo todos os fenômenos inexplicáveis. Mas meu caro Senhor, se o diabo tivesse o poder de inverter a ordem natural, não o faria ele imediatamente de modo a desmoronar tudo? Com o caráter que lhe atribuem, ele não se deteria sem dúvida diante de escrúpulos.

– Oh, vocês responderam, a isso se opõe o poder de Deus.

– Devagar; o poder de Deus se opõe a isso, ou não se opõe. Se ele se opõe, o diabo não pode fazer nada; se ele não se opõe, é o diabo que é o senhor.

M. de Mirville nos dirá que Deus o permite por pouco tempo. Bastante para enganar os pobres homens, bastante para lhes perturbar o cérebro já tão sólido, como se sabe. Então, de fato, não é mais o diabo que é o Senhor, é Deus que seria... Mas não concluímos; ir mais longe, seria blasfemar.

Ninguém quer compreender o suficiente as harmonias do ser, que se distribuem pela série, como dizia muito bem esse ilustre maníaco de Fourier. O espírito age sobre os espíritos pelo Verbo. A matéria recebe as índoles do espírito e comunica com ele por meio de um organismo perfeito; a harmonia nas formas se aproxima da harmonia nas ideias, o mediador comum é a luz; a luz que é espírito e vida; a luz que é a síntese das cores, o acordo das sombras, a harmonia das formas; a luz cujas vibrações são as matemáticas vivas. Mas as trevas e suas miragens fantásticas, mas os erros fosforescentes do sono, mas as palavras perdidas no delírio, tudo isso não cria nada, não realiza nada; tudo isso, numa palavra, não existe; são os limbos da vida, são os vapores da embriaguez astral, são os deslumbramentos nervosos dos olhos fatigados. Seguir tais clarões, é marchar num beco sem saída; crer em tais revelações, é adorar a morte; a própria natureza o diz a vocês.

As *mesas girantes* só escrevem incoerências e injúrias; são os ecos mais ínfimos do pensamento, os sonhos mais absurdos e mais anárquicos, as palavras enfim de que se serve a mais baixa plebe para exprimir o desprezo. Acabamos de ler um livro do barão de Guldenstubbé, que pretende comunicar por letras com o outro mundo. Ele obteve resposta e que respostas! Desenhos obscenos, hieróglifos desesperadores, e esta assinatura grega (πνεῦμα θάνατος), o sopro morto, ou para melhor traduzir o *espírito de morte*. Eis a última palavra das revelações fenomenais da doutrina americana, *se alguém a separa da autoridade sacerdotal e se quiser torná-la independente do "controle" da hierarquia.*

Nós não negamos aqui nem a realidade nem a importância dos fenômenos, nem a boa fé dos crentes; mas devemos adverti-los dos perigos aos quais eles se expõem se não preferirem o espírito de sabedoria dado hierarquicamente e divinamente à Igreja, a todas essas comunicações desordenadas e obscuras nas quais a alma fluídica da terra reflete maquinalmente as miragens da inteligência e os sonhos da razão.

LIVRO V

OS ADEPTOS E O SACERDÓCIO

ה, HÉ

CAPÍTULO 1

SACERDOTES E PAPAS ACUSADOS DE MAGIA

Desde as profanações e as impiedades dos gnósticos, dissemos nós, a Igreja banira a Magia. O processo dos templários pôs fim à ruptura, e desde essa época, reduzida a esconder-se na sombra onde devia meditar sua vingança, a Magia por sua vez baniu a Igreja.

Mais prudentes que os heresiarcas que elevavam altar contra altar, e se dedicavam assim à condenação e à fogueira, os adeptos dissimulavam seus ressentimentos e suas doutrinas; ligaram-se entre si por juramentos terríveis e, sabendo quanto importa ganhar então o seu processo no tribunal da opinião, eles voltaram-se contra os acusadores e seus juízes nos clamores sinistros que os perseguiam a eles mesmos, e denunciaram ao povo o sacerdócio como uma escola de Magia negra.

Enquanto o homem não assentou suas convicções e suas crenças sobre a base inabalável da razão, apaixona-se infelizmente pela verdade como pela mentira, e de uma ou de outra parte, as reações são cruéis. Quem pode fazer cessar essa guerra? O espírito daquele que disse: "Não retribua o mal pelo mal, mas triunfe do mal fazendo o bem".

Acusou-se o sacerdócio cristão de ser perseguidor e entretanto sua missão é a do bom Samaritano, e eis por que ele sucedeu aos levitas implacáveis que passam seu caminho sem ter compaixão do pobre ferido de Jericó. É exercendo a humanidade que eles provam sua consagração divina. É portanto suprema injustiça lançar sobre o sacerdócio os crimes de alguns homens que dele se achavam revestidos. Um homem, qualquer que seja, pode ser mau; um verdadeiro sacerdote é sempre caridoso.

Não era porém desse modo que o entendiam os falsos adeptos. O sacerdócio cristão, no pensar deles, era taxado de nulidade e usurpação desde a proscrição gnóstica. Que é, com efeito, diziam eles, uma hierarquia cujos degraus a consciência não constitui mais? A mesma ignorância dos mistérios e a mesma fé cega levam ao mesmo fanatismo ou à mesma hipocrisia os primeiros chefes e os últimos ministros do santuário. Os cegos são condutores de

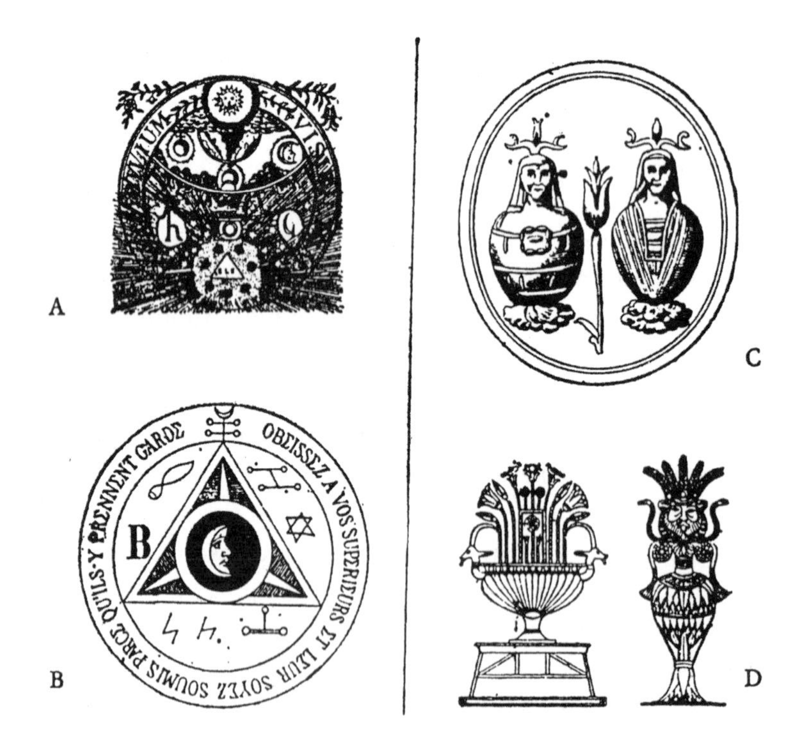

FIGURA 13
A-B – Dois selos ocultos: um da grande obra, o outro da Magia negra
(Segundo o grimório de Honório)
C-D – *Tarôs* egípcios primitivos: o dois e o ás de copas

cegos. A supremacia entre iguais não é mais do que um resultado da intriga e do acaso. Os pastores consagram as santas espécies com uma fé cafarnaita e grosseira; são escamoteadores de pão e comedores de carne humana. Não são mais taumaturgos, são feiticeiros; eis o que diziam os sectários.

Para apoiar essa calúnia, eles inventaram fábulas; os papas, diziam eles, se haviam devotado ao espírito das trevas desde o século X. O sábio Gerbert que foi coroado sob o nome de *Silvestre II*, o confessara na ocasião de sua morte. Honório III, o que confirmou a ordem de S. Domingos e que pregou as cruzadas, era um abominável necromante, autor de um engrimanço que tem ainda seu nome, e que é exclusivamente reservado aos sacerdotes. Mostrava-se e comentava-se esse engrimanço, tratando-se desse modo de voltar contra a santa sede o mais terrível de todos os preconceitos populares naquela época: o ódio mortal de todos os que, com ou sem razão, passavam publicamente por feiticeiros.

Houve historiadores maléficos que deram crédito a essas mentiras. Assim Platino, esse cronista escandaloso do papado, repetiu segundo Martim Polono as calúnias contra Silvestre II. Acreditar-se nessa fábula, Gerbert, que era versado nas ciências matemáticas e na Cabala, evocara o demônio e lhe pedira seu auxílio para chegar ao pontificado. O diabo lhe prometera anunciando-lhe além disso que ele só morreria em Jerusalém, e pensa-se bem que o mágico fez voto interiormente de não ir lá nunca; ele tornou-se então papa, mas um dia que ele dizia missa numa igreja de Roma, sentiu-se gravemente doente, e lembrando-se então que a capela onde oficiava se chamava a *Santa Cruz de Jerusalém*, ele compreendeu que tudo estava acabado; mandou então estender um leito nessa capela e chamando ao redor de si seus cardeais, ele confessou em alta voz ter tido contato com demônios, depois ordenou que após sua morte o pusessem sobre uma carroça de madeira nova a qual se atrelariam dois cavalos, um preto e outro branco; que se soltassem esses cavalos sem guiá-los e que enterrassem seu corpo no lugar onde esses cavalos parassem. A carroça correu assim através da cidade de Roma e foi parar diante da igreja de Latrão. Grandes gritos foram então ouvidos e grandes gemidos, depois tudo voltou ao silêncio e pôde-se proceder a inhumação; assim se acabou essa lenda digna da biblioteca azul.

Esse Martim Polono, sobre cuja fé Platino repete semelhantes fantasias, as havia tirado ele mesmo de um certo Galfrido e de um cronista chamado Gervásio, que Nandé chama "o maior forjador de fábulas e o mais ilustre mentiroso que porventura pegara em pena". É segundo historiadores tão sério que os protestantes publicaram a lenda escandalosa e passivelmente apócrifa, de uma pretendida papisa Joana, que também foi feiticeira, como sabem todos, e à qual se atribuem ainda livros de Magia negra.

Folheamos uma história da papisa por um autor protestante e aí nos deparamos com duas gravuras muito curiosas. São antigos retratos da heroína ao que pretende o historiador, mas em verdade são dois antigos *tarôs* representando Ísis coroada com uma tiara. É sabido que a figura hieroglífica do número dois no *tarô* chama-se papisa; é uma mulher que carrega uma tiara sobre a qual se notam as pontas do crescente da lua e os cornos de Ísis. A do livro protestante é mais notável ainda; ela tem dois cabelos longos e esparsos; uma cruz sobre o peito, acha-se assentada sobre as duas colunas de Hércules e por detrás estende-se o oceano com flores de lótus que murcham à superfície da água. O segundo retrato representa a mesma deusa com os atributos do Soberano Sacerdócio, e seu filho Horo nos braços. Essas duas imagens são portanto muito preciosas como documentos cabalísticos, mas isso pouco importa aos amadores da papisa Joana.

Quanto a Gerbert, para fazer cair a acusação de feitiçaria, se ela pudesse ser séria a seu respeito, bastaria dizer que era ele o homem mais sábio de seu tempo, e que tendo sido o preceptor de dois soberanos, ele deveu sua elevação ao reconhecimento de um de seus augustos discípulos. Conhecia a fundo as matemáticas e sabia talvez um pouco mais de física do que se poderia conhecer em seu tempo; era um homem de uma erudição universal e de grande habilidade, como é fácil ver, lendo as epístolas que ele deixou; não era um capacho de reis como o terrível Hildebrando. Ele preferia instruir os príncipes que excomungá-los, e, possuindo o favor de dois reis de França e de três imperadores, ele não tinha necessidade como o observa judiciosamente Nandé, de se dar ao diabo para subir sucessivamente aos arcebispados de Reims e de Ravena e por fim depois ao papado. É verdade que ele ascendeu a esses postos de alguma sorte apesar de seu mérito, num século onde os grandes políticos eram tidos por possessos e os sábios por encantadores. Gerbert era não somente um grande matemático e um astrônomo distinto, mas sobressaiu-se também na mecânica e compôs na cidade de Reims, no dizer de Guillaume Malmesbery, máquinas hidráulicas tão maravilhosas que a água executava nelas sinfonias e tocava árias agradáveis. Compôs também, segundo Detmare, na cidade de Magdeburgo, um relógio que marcava todos os movimentos do céu e a hora do despontar e do poente das estrelas; fez também, diz Nandé, *cette teste d'airain laquelle estoit si ingenieusement labourée que le susdit G. Malmesbery, s'y est lui-même trompé*, explicando-a pela magia; Onófrio diz também que ele viu na biblioteca dos Farneses um sábio livro de geometria composto por esse Gerbert; e quanto a mim eu penso que, sem nada decidir da opinião de Erfordiense e alguns outros que o fazem autor dos relógios e da aritmética que temos agora, todas essas provas são bastante valiosas para nos fazer julgar que os que nunca ouviram falar do cubo, paralelogramo, dodecaedro, *almicantharat, vahagora, almagrippa, cathalzem* e outros nomes vulgares e usados pelos que entendem de matemáticas, pensaram "*que c'estoient quelques esprits qu'il inuoquait, et que tant de choses rares ne pouuaient partir d'um homme sans une faueur extraordinaire, et que pour cet effet il estoit magicien*".

O que prova até que ponto chega a impertinência e a má fé dos cronistas, é que Platino, este eco maliciosamente nativo de todas as pasquinadas ou difamações romanas, assegura que o túmulo de Silvestre II é ainda feiticeiro, que ele chora profeticamente a queda próxima de todos os papas, e que no declínio da vida de cada pontífice ouve-se estremecer e entrechocar-se os ossos malditos de Gerbert. Um epitáfio gravado sobre esse túmulo atesta essa maravilha, ajunta imperturbavelmente o bibliotecário de Sixto IV. Eis provas que parecem suficientes aos historiadores para constatar a existência de um curioso documento histórico. Platino era o bibliotecário do Vaticano e escreveu sua história dos papas por ordem de Sixto IV. Ele escrevia em Roma onde nada era mais fácil de verificar a falsidade ou a exatidão desta asserção, e entretanto esse pretendido epitáfio nunca existia senão na imaginação dos autores aos quais Platino a toma de empréstimo com incrível leviandade,* circunstância que excita justamente a indignação do honesto Nandé. Eis o que ele diz em sua *Apologie pour les grands hommes, accusés de magie*:

"É uma pura impostura e falsidade manifesta tanto para a experiência (dos pretensos prodígios do túmulo de Silvestre II), que até aqui nunca foi observada por ninguém, que na inscrição desse sepulcro, que foi composta por Sérgio IV e a qual tão longe está de fazer qualquer menção de todas essas fábulas e desvarios, que ao contrário é um dos mais excelentes testemunhos que possamos ter da boa vida e da integridade das ações de Silvestre. É realmente uma coisa vergonhosa que muitos católicos sejam favorecedores desta maledicência da qual Mariano Escoto, Glaber, Ditmare, Helgando, Lambert e Hermano Contract, que foram seus compatriotas não façam a menor menção etc."

Voltemos ao *grimório de Honório*.

É a Honório III, isto é, a um dos mais zelosos pontífices do século XIII que se atribui esse livro ímpio. Honório III, de fato, deve ser odiado pelos sectários e necromantes que querem desonrá-lo tomando-o por cúmplice. Cên-

* Que os papas se convençam, disse ele, é para eles que a coisa é interessante.

sio Savelli, coroado papa em 1216, confirmou a ordem de S. Domingos, tão formidável aos Albigenses e Vaudois, esses filhos dos maniqueus e dos feiticeiros. Estabeleceu também os Franciscanos e os Carmos, pregou uma cruzada, governou sabiamente a Igreja e deixou muitas decretais. Acusar de Magia negra esse papa tão eminentemente católico, é fazer pairar a mesma suspeita sobre as grandes ordens religiosas instituídas por ele, e o diabo só podia ganhar com isso.

Alguns antigos exemplares do grimório de Honório trazem o nome de Honório II em lugar de Honório III, mas é impossível fazer desse sábio e elegante cardeal Lambert um feiticeiro, o qual, depois de sua promoção ao soberano pontificado, cercou-se de poetas aos quais dava bispados por elegias, como fez a Hilberto, bispo de Mans, e de sábios teólogos como Hugues de Saint-Victor. Assim este nome de Honório II é para nós um traço de luz e vai guiar-nos à descoberta do verdadeiro autor do alfarrábio terrível de Honório.

Em 1061, quando o Império começava a ter receios do papado e procurava usurpar a influência sacerdotal fomentando perturbações e divisões no sagrado colégio, os bispos da Lombardia, excitados por Gilbert de Parma, protestaram contra a eleição de Anselmo, bispo de Luques, que acabava de ser chamado ao soberano pontificado sob o nome de *Alexandre II*. O imperador Henrique IV tomou o partido dos dissidentes e os autorizou a dar-se um outro papa, prometendo apoiá-los. Eles escolheram um intrigante chamado *Cadulo* ou *Cadalous*, bispo de Parma, homem capaz de todos os crimes, e publicamente escandaloso como simoníaco e concubinário. Esse Cadalous tomou o nome de Honório II e marchou contra Roma à frente de um exército. Ele foi batido e condenado por todos os bispos da Alemanha e Itália; voltando à carga, apoderou-se de uma parte da cidade santa, entrou na igreja de S. Pedro de onde foi expulso, refugiou-se no castelo de S. Ângelo de onde conseguiu poder retirar-se pagando um grande resgate. Foi então que Óton, arcebispo de Colônia, enviado pelo imperador, ousou censurar publicamente a Alexandre II por ter usurpado a santa sede. Mas um monge, chamado Hildebrando, tomou a palavra pelo papa legítimo, e o fez com tal poder que o enviado do imperador voltou confuso e o próprio imperador pediu perdão de seus atentados. É que Hildebrando, nas vistas da Providência, era já o fulminante Gregório VII, e começava a obra de sua vida. O antipapa foi deposto no concílio de Mântua e Henrique IV obteve seu perdão. Cadalous voltou então à obscuridade, e é provável que quisesse ser portanto o grande sacerdote dos feiticeiros e dos apóstatas; ele bem pôde ter redigido, sob o nome de Honório II, o grimório que traz esse nome.

O que se sabe do caráter desse antipapa bastaria para justificar bastante uma acusação desse gênero. Ele era audacioso ante os fracos e servil ante os fortes, intrigante e debochado, sem religião como sem caráter, ele via na religião apenas um instrumento de impunidade e de rapinas. Para um tal homem, as virtudes cristãs eram obstáculos e a fé da cleresia uma dificuldade a vencer; ele desejara então fazer sacerdotes com seu perfil e compor um clero de homens capazes de todos os atentados como de todos os sacrilégios; tal parece ser, de fato, o fim que se propôs o autor do grimório de Honório.

Esse grimório não deixa de ter importância para os curiosos da ciência. À primeira vista, parece não ser mais do que um tecido de absurdos revoltantes; mas para os iniciados nos sinais e nos segredos da Cabala, ele tornou-se um verdadeiro monumento da perversidade humana; o diabo aí se mostrara como um instrumento de poder. Servir-se da credulidade humana e apoderar-se do espantalho que a domina para fazê-la obedecer aos caprichos do adepto, tal é o segredo desse grimório, trata-se de adensar as trevas sobre os olhos da multidão, apoderando-se do archote da ciência, que poderá, sendo necessário, entre as mãos da audácia, vir a ser a tocha dos carrascos ou dos incendiários. Impor a fé com a servidão, reservando-se o poder e a liberdade, não é sonhar, realmente, o reino de Satã sobre a terra e se admirará alguém se os autores de tal conspiração contra o bom senso público e contra a religião, se lisonjeassem de fazer aparecer e de encarnar de alguma forma sobre a terra o soberano e fantástico império do mal?

A doutrina desse grimório é a mesma que a de Simão e da maioria dos gnósticos; é o princípio passivo substituído ao princípio ativo. A paixão, consequentemente, preferida à razão, o sensualismo deificado, a mulher antes do homem, tendência que se acha em todos os sistemas místicos anticristãos; essa doutrina é expressa por um pantaclo colocado em frente do livro. A lua isíaca ocupa o centro; ao redor do crescente selônico veem-se três triângulos que formam um só; o triângulo é encimado por uma cruz com dois braços; ao redor do triângulo inscrito num círculo e no intervalo formado dos três segmentos do círculo, vê-se de um lado o sinal do espírito e o selo cabalístico de Salomão, do outro a faca mágica e a letra inicial do binário, abaixo uma cruz invertida formando a figura do *lingam* e o nome de Deus (אל) igualmente invertido; ao redor do círculo leem-se estas palavras em forma de legendas: "*Obedeça aos seus superiores e sejam submissos a eles para que eles prestem atenção nisso*".

Esse pantaclo traduzido em símbolo ou profissão de fé, é portanto textualmente o que segue:

"A fatalidade reina pelas matemáticas e só há um Deus que é a natureza.

"Os dogmas são o acessório do poder sacerdotal e impõem-se à multidão para justificar o sacrifício.

"O iniciado está acima da religião de que ele se serve, e diz absolutamente o contrário do que crê.

"A obediência não se motiva, impõe-se; os iniciados são feitos para mandar e os profanos para obedecer".

Os que estudaram as ciências ocultas, sabem que os antigos mágicos não escreviam nunca seus dogmas e o formulavam unicamente pelos caracteres simbólicos dos pantaclos.

Na segunda página nos deparamos com dois selos mágicos circulares. No primeiro vê-se o quadrado do tetragrama com uma inversão e uma substituição de nome.

Assim, em lugar de:

אהיה
Eieie,

יהוה
Jéhovah,

אדני
Adonaï,

אגלא
Agla

disposição que significa: *O Ser absoluto é Jeová, o Senhor em três pessoas, Deus da hierarquia e da Igreja.*

O autor do grimório dispôs assim os nomes:

יהוה
Jéhovah,

אדני
Adonaï,

דדאד
D'rar,

אהיה
Eieie,

o que significa: *Jeová, o Senhor, não é outra coisa que o princípio fatal do renascimento eterno personificado por esse mesmo renascimento no Ser absoluto.*

Ao redor do quadrado no círculo, vê-se o nome de Jeová direito e invertido, o nome de Adonai à esquerda e à direita estas três letras: (אהו) AEV:, seguidas de dois pontos, o que significa: *O céu e o inferno são uma miragem um do outro, o que está em cima é como o que está embaixo.* (Humanidade é expressa pelas três letras AEV:, iniciais de Adão e Eva.) Sobre o segundo selo lê-se o nome *Ararita* (אדאדיתא) e abaixo (דאש) *Rasch*, ao redor vinte e seis caracteres cabalísticos e abaixo do selo dez letras hebraicas, assim dispostas (יכ םכהכדדדד). O todo é uma fórmula de materialismo e de fatalidade que seria longo e talvez perigoso citar aqui.

Vem em seguida o prólogo do grimório, que o transcrevemos por inteiro:

"A santa sede apostólica, a quem foram dadas as chaves do reino dos céus, por estas palavras de Jesus Cristo a S. Pedro: *Eu te dou as chaves do reino dos céus*, tem só poder de comandar o príncipe das trevas e a seus anjos.

"Que como criados de seus amos, lhe devem honra, glória e obediência, em virtude destas outras palavras dirigidas por Jesus Cristo ao próprio Satã: *Você não servirá senão a um só Senhor.*

"Pela obediência das chaves, o chefe da Igreja fora feito o senhor dos infernos.

"Até este dia, os soberanos pontífices tiveram *sós* o dever de evocar os espíritos e de lhes ordenar, mas Sua Santidade Honório II, em sua solicitude pastoral, quis bem comunicar a ciência e o poder das evocações e do império sobre os espíritos a seus veneráveis irmãos em Jesus Cristo com as conjurações de uso, contido o todo na bula seguinte".

Eis aí esse pontificado dos infernos, esse sacerdócio sacrílego dos antipapas que Dante parece estigmatizar por esse grito rouquenho escapado a um dos príncipes de seu inferno: "*Papa Satã! Papa Satã! Aleppe!*" Que o papa legítimo seja o príncipe do céu e bastará para o antipapa Cadalous ser o soberano dos infernos.

"Que ele seja deus do bem, eu sou o deus do mal;
Nós estamos divididos, o meu poder é igual."

Segue-se a bula do infernal pontífice.

O mistério das evocações tenebrosas se acha aí exposto com uma ciência apavorante oculta sob formas supersticiosas e sacrílegas.

Os jejuns, as vigílias, os mistérios profanados, as cerimônias alegóricas, os sacrifícios sangrentos se acham combinados aí com uma arte cheia de malícia; as evocações não deixam de ter alguma poesia e entusiasmo misturados de horror. Assim, por exemplo, quer o autor que na quinta-feira da primeira semana das evocações todos se levantem à meia-noite, lançando-se água benta nos quartos; acenda-se uma vela de cera amarela preparada quarta-feira e que deve ter a forma de cruz. Ao trêmulo clarão dessa vela, devem as pessoas se dirigirem sós a uma igreja e ler em voz baixa o ofício dos mortos, substituindo pela nona lição das matinas esta invocação rítmica que traduzimos do latim, deixando sua forma estranha e seus refrões, que lembram as *encantações* monótonas das feiticeiras do mundo antigo.

Senhor, afasta-me dos terrores infernais,
Liberta meu espírito das larvas sepulcrais.
Sem terror nos infernos procurá-las eu irei
E minha vontade por lei lhes imporei.
À noite eu a ordeno de produzir a luz;
Sol, levante-se; lua, seja branca e brilhe.
Às sombras do inferno sem terror eu falarei
E minha vontade por lei lhes imporei.

Depois de muitas outras cerimônias, vem a noite da evocação, então num lugar sinistro, ao clarão de um fogo alimentado por cruzes quebradas, deve-se, com o carvão de uma cruz, traçar um círculo e recitar ao mesmo tempo um hino mágico composto de versículos de muitos salmos; eis a tradução deste hino:

O rei se regozija, Senhor, em seu poder,
Deixe-me completar a obra de meu nascimento.
Que as sombras do mal, os espectros da noite
Sejam como a poeira ao vento que a conduz.

Senhor, o inferno se aclara e brilha em sua presença.
Por você tudo se termina e por você tudo começa:
Jeová, Sabaoth, Eloïm, Eloï,
Helion, Helios, Iodhevah, Saddaï!
O leão de Judá se levanta em sua glória;
Ele vem do rei Davi consumar a vitória!
Eu abro os sete selos do livro temeroso;
Satã cai do céu como um raio de verão!
Você me disse: Longe de você o inferno e seus tormentos;
Eles não se aproximarão de suas moradas puras.
Seus olhos afrontarão os olhos do basílico,
E seus pés marcharão sem terror sobre a áspide.
Você tomará as serpentes domadas por seu sorriso,
Beberá os venenos sem que possam ofendê-lo.
Eloïm, Eloab, Sebaoth, Helios,
Eieie, Eeieazereie, ô Theos, Tsehyros!
A terra é do Senhor, e tudo o que a cobre.
Ele mesmo o afirmou sobre o abismo que se abre.
Quem então poderá subir sobre o monte do Senhor?
O homem de mão sem mancha e simples de coração.

Não se julgaria ouvir os sombrios puritanos de Walter Scott ou de Vítor Hugo, acompanhar com sua salmodia fanática a obra sem nome das feiticeiras de Fausto ou Macbeth!

Em uma conjuração dirigida à sombra do gigante Nenrode, este caçador selvagem que fez começar a torre de Babel, o adepto de Honório ameaça esse antigo condenado de apertar suas cadeias e de torturá-lo cada vez mais cada dia se não obedecer imediatamente à sua vontade.

Não será o sublime do orgulho em delírio, e esse antipapa que não compreendia um grande sacerdote senão como um soberano dos infernos, não parece aspirar como a uma vingança do desprezo e da reprovação dos vivos, ao direito usurpado e funesto de atormentar eternamente os mortos!

CAPÍTULO 2

APARIÇÃO DOS BOÊMIOS NÔMADES

No começo do século XV, espalharam-se pela Europa bandos de viajantes morenos e desconhecidos. Chamados por uns *Boêmios*, porque diziam que vinham da Boemia, conhecidos por outros sob o nome de *Egípcios*, porque seu chefe tomava o nome de duque do Egito; eles exerciam a adivinhação, o saque e o roubo. Eram hordas nômades estacionando as tropas sob tendas que eles mesmos construíram; sua religião era desconhecida, apesar de se dizerem cristãos, mas sua ortodoxia era mais que duvidosa. Praticavam entre si o comunismo e a promiscuidade, e serviam-se para suas adivinhações de uma série de sinais estranhos, que representavam a forma alegórica e a virtude dos números.

De onde vinham eles? De que mundo maldito e desaparecido eram eles os fragmentos vivos? Eram, como o julgava o povo supersticioso, os filhos das feiticeiras e dos demônios? Que salvador moribundo e traído os condenara a marchar sempre? Era a família do judeu errante? Não seria o resto das dez tribos de Israel perdidas no cativeiro e encarceradas durante muito tempo por Gog e Magog, em climas desconhecidos?

Eis o que todos queriam saber e perguntavam com inquietação, vendo passar esses estrangeiros misteriosos, que de uma civilização desaparecida se diria não ter guardado senão as superstições e os vícios. Inimigos do trabalho, eles não respeitavam nem a propriedade nem a família e perturbavam com sua pretensa adivinhação a paz das pessoas de bem e dos lares honestos. Escutemos o cronista que narra seu primeiro acampamento na vizinhança de Paris:

"No ano seguinte, 1427, domingo depois do meado de agosto, que foi 17 no mês, chegam aos arredores de Paris, doze deles, dizendo-se penitenciários, a saber, um duque, um conde e mais dez homens, todos a cavalo, os quais se dizem muito bons cristãos e originários do baixo Egito; eles afirmam ter sido cristãos outrora e que outros cristãos os subjugaram e os levaram ao Cristianismo; os que se recusaram foram mortos e os que ao contrário se fizeram bajular, tornaram-se senhores do país, dando a palavra de serem bons, leais e de guardar a fé de Jesus Cristo até a morte; dizem mais que têm rei e rainha em seu país, os quais residem em suas propriedades, porque se tornaram cristãos. Por isso, acrescentam eles, algum tempo depois de nos termos feito cristãos, os Sarracenos vieram assaltar-nos. Grande número, pouco firmes em nossa fé, sem aguentar a guerra, sem defender seu país, como deviam, submeteu-se, fez-se sarracenos, e abjurou nosso Senhor; e por isso dizem eles, o imperador da Alemanha, o rei da Polônia e outros senhores tendo sabido que eles tinham tão facilmente renunciado à fé e fizeram-se tão cedo sarracenos e idólatras, os investiram, os venceram facilmente, como se eles tivessem o propósito de deixá-los em seu país para levá-los ao Cristianismo; mas o imperador e outros senhores, por deliberação do conselho, estatuíram que eles não teriam nunca terra em seu país, sem o consentimento do papa; que para isso eles deviam ir a Roma, e que lá foram todos, grandes e pequenos e com grandes dificuldades para as crianças; que eles confessaram seu pecado; que o papa tendo-os ouvido, lhes dera sua penitência, por deliberação do conselho, de andar sete anos pelo mundo, sem deitar-se em nenhuma cama; que ele ordenara que todo o bispo e abade lhes desse de uma vez por todas dez libras tornezas, como subvenção a suas despesas; que ele lhes enviara cartas onde tudo era relatado, lhes havia dado sua bênção e que há cinco anos eles já percorriam o mundo.

"Alguns dias depois, de S. João Decolace, isto é, a 29 de agosto, chegou o comum, que não teve permissão de entrar em Paris, mas por justiça foi alojado na Capela S. Dinis. Era cerca de 120 o seu número, incluindo mulheres e crianças. Eles afirmam que deixando seu país eles eram umas mil e duzentas pessoas, que o resto morrera pelo caminho com o rei e a rainha; que os que sobreviveram esperavam possuir bens ainda neste mundo, porque o Santo Padre lhes prometera país bom e fértil, logo que terminassem sua penitência.

"Quando eles foram à Capela, nunca se viu mais gente a bênçãos do *Landit*, e tanto de S. Dinis, como Paris e de seus arredores a multidão acorria para vê-los. Seus filhos, rapazes e moças eram extraordinários gatunos. Quase todos tinham as orelhas furadas e em cada uma um ou dois anéis de prata e diziam que eram de nobreza em seu país; eles eram por demais pretos e tinham os cabelos muito frisados. As mulheres eram as mais feias e mais negras que se possam ver; todos tinham o rosto cobertos de chagas, os cabelos negros como a cauda de um cavalo e por vestido tinham uma velha *flaussoie* ou *schiavina*, segura sobre os ombros por uma corda ou um pedaço de pano, e debaixo um pobre *roquet* ou uma camisa como vestimenta. Enfim, eram as mais pobres criaturas que por acaso já se viram na França. E não obstante sua pobreza tinham entre eles feiticeiros que olhavam as mãos da gente e diziam a cada um o que lhes acontecera e o que lhes devia acontecer; e lançavam a desordem nos lares, porque eles diziam ao marido: "Tua mulher... tua mulher te faz *coux*"; à mulher: "Teu marido te fez *coulpe*"; e o que é pior, falando às pessoas por arte mágica, pelo inimigo do inferno ou por habilidade, elas esvaziavam suas bolsas e enchiam as delas; e o camponês de Paris que narra estes fatos acrescenta: 'E de fato eu fui três ou quatro vezes para lhes falar mas não tive a perda de um só real'; mas assim o povo o dizia por toda a parte, tanto que isso chegou ao conhecimento do bispo de Paris, o qual lá foi, levando consigo um irmão menor chamado Jacobino, o qual, por ordem do bispo, fez lá um belo discurso, excomungando todas as pessoas que lhes mostravam as mãos. E fez ver que eles se fossem embora e partissem no dia de Nossa Senhora, 8 de setembro e partiram para Pontoise".

Ninguém sabe se eles continuaram sua viagem dirigindo-se sempre assim para o norte da capital, mas é certo que a lembrança deles ficara num dos cantos do departamento do Norte.

"Existe de fato um bosque perto da aldeia de *Hamel*, e a quinhentos passos de um monumento de seis pedras druídicas, uma fonte chamada *Cozinha dos feiticeiros*; e, diz a tradição, era lá que repousavam e matavam a sede os *Caras maras*, os quais são certamente os *Caras'mar*, isto é, os boêmios, feiticeiros e adivinhadores ambulantes, aos quais as antigas cartas do país de Flandres concediam o direito de ser alimentados pelos habitantes.

"Eles deixaram Paris, mas em seu lugar chegaram outros e a França não é menos explorada por estes do que por aqueles. Ninguém os viu desembarcar nem na Inglaterra, nem na Escócia, apesar de haver neste último reino, mais de cem mil deles.* Aí são chamados de *seard* e *caird*, ou como quem diria, artífices, manufatureiros, porque esta palavra escocesa é derivada do k + r, sânscrito, de onde vem o verbo fazer, *ker-aben* dos Boêmios, e o latim *cerdo*, (remendão) o que eles não são. Se nessa época eles não são mais vistos ao Norte de Espanha onde os cristãos se abrigam contra a dominação muçulmana, é sem dúvida por lhes ser mais agradável viver ao Sol como os árabes, mas, no reinado de João II, eles são bem distintos destes últimos, sem contudo saber de onde eles vêm. Seja como for, a partir dessa época, eles são geralmente conhecidos por todo o continente europeu. Um dos bandos do rei Sindel apresentou-se em Ratisbona em 1433 e Sindel mesmo acampava em Baviera com sua reserva, em 1439. Parece então que eles vêm da Boêmia, porque os bávaros, esquecidos dos de 1433, que se deram por egípcios, os chamam *Boêmios*. É com este nome que eles reaparecem na França e são conhecidos daí em diante. Bem ou mal, vão sendo suportados. Uns percorrem as montanhas e procuram ouro nos ribeiros, outros forjam ferraduras de cavalo e cadeia de

---

* Borrow.

cães; estes mais patifes que peregrinos, metem-se por toda a parte e por toda parte roubam e rapinam. Muitos deles, cansados de erigir e levantar suas tendas, resolvem fixar-se e cavam *bordeils*, cabanas quadradas de quatro a seis pés, debaixo da terra e cobertas com ramos e cuja extremidade sobre dois postes em Y não se eleva a mais de dois pés acima do solo. É nessa toca, de que não restara na França outra lembrança que o nome, que se aglomera promiscuamente toda uma família; é nesse covil que não tem outra abertura que a porta e um buraco para a fumaça, que o pai forja, que os filhos acocorados ao seu redor fazem soprar o fole, e que a mãe coze a panela onde se ferve o fruto de alguma pilhagem; é nessa toca onde pendem, de compridos pregos de madeira, alguns velhos trastes, uma rédea e um saco, em que todos os móveis consistem em uma forja, pinças e martelo, é aí, digo eu, que se reúnem a credulidade e o amor, a jovem e o cavalheiro, a castelã e o pajem; é aí que eles vêm abrir suas mãos brancas e nuas aos olhares penetrantes da sibila; é aí que o amor se compra, que a felicidade se vende e que a mentira se paga; é daí que saem os saltimbancos e tiradores de sorte, os vagabundos e o *argot*, as dançarinas de rua e as colarejas. É o reino da madraçaria e do regabofe, da vilania e dos papa-jantares; são pessoas que fazem tudo para não fazer nada, no dizer de um contista da Idade Média; e um sábio tão distinto quanto modesto, Mr. Naillant, autor de uma *História especial dos Rom-Muni*, ou *Boêmios*, de que citamos aqui algumas páginas, se bem que ele lhes dê uma grande importância na história sacerdotal do mundo antigo, não faz deles um retrato lisonjeiro. Por isso nos conta ele como esses protestantes estranhos das civilizações primitivas, atravessando as idades com uma maldição sobre a fronte e a rapina nas mãos, excitaram a princípio a curiosidade, depois a desconfiança, e por fim o banimento e o ódio dos cristãos da Idade Média. Foi então que se compreendeu quanto podia ser perigoso esse povo sem pátria, parasita do mundo inteiro e cidadãos de parte nenhuma; esses beduínos que atravessaram impérios como desertos, esses ladrões errantes que se insinuavam por toda a parte sem se fixar em nenhuma. Por isso muito cedo tornaram-se para o povo, feiticeiros, demônios mesmo, lançadores de sortes, raptores de crianças e havia verdade em tudo isso; por toda a parte foram acusados de celebrar em segredo horrendos mistérios. Cedo tornou-se geral o boato, foram feitos responsáveis de todos os roubos misteriosos, como os gregos de Damasco acusaram os judeus de haver morto um dos seus para beber-lhe o sangue e asseguram que eles preferem rapazes e moças de doze a quinze anos. É sem dúvida um meio seguro de tomá-los em horror e de afastar deles a mocidade; mas esse meio é odioso; porque o povo e a criança são extremamente crédulos, e o medo engendrando o ódio, nasce daí a perseguição. Assim, tudo está feito! Não somente evitam-nos, deles se afugentam, como negar-lhes o fogo e a água; a Europa tornou-se para eles as Índias e todo cristão se fez contra eles um brâmane. Em certos países, se alguma moça, por piedade, aproxima-se de um deles para meter-lhe na mão uma moeda, grita-lhe a governanta apavorada: "Cuidado, minha amiga, é um *Katkaon*, um ogre que virá sugar-lhe o sangue esta noite durante seu sono"; e a menina recua, tremendo de medo; se algum rapaz passa muito perto deles para que sua sombra se desenhe sobre o muro junto do qual estão assentados, onde uma família inteira come ou descansa ao sol: "Ao largo!... menino, grita-lhe seu pedagogo, estes Strigoï (vampiros) vão tomar sua sombra e sua alma vai dançar com eles o sabá durante toda a eternidade". É assim que o ódio dos cristãos ressuscita contra eles os lêmures, os vampiros e os ogres e cada um de censurar à sua vontade.

Não seriam, diz um, os descendentes deste Mambrés, que ousou rivalizar em milagres com Moisés? Não serão enviados pelo rei do Egito para inspecionar pelo mundo os filhos de Israel e dar-lhes um destino terrível? Eu creria, diz um outro, que são os carrascos de que se serviu Herodes para exterminar os recém-nascidos de Belém. Vocês se enganam, diz um terceiro, estes pagãos não compreendem uma palavra de egípcio, enquanto sua língua encerra muitos vocábulos hebreus. Eles não são mais, portanto, do que estes impuros rebentos dessa raça abjeta que dormia na Judeia nos sepulcros, depois de ter devorado os cadáveres que encerravam. – Erro! Erro, exclama um quarto; eles são estes patifes judeus que foram torturados, expulsos e queimados em 1348, por terem envenenado nossos poços e nossas cisternas, e que voltam para recomeçar. – Ah! Que importa? Acrescenta o último, Egípcios ou Judeus, Essênios ou Chusianos, Faraônicos ou Caftorianos, Balistari da Assíria ou Filistinos de Canaã, são renegados, disseram em Saxe, em França, por toda a parte, devemos prendê-los e queimá-los.

Em seguida envolve-se em seu banimento esse livro estranho que lhes serve para consultar a sorte e dar oráculos. Esses cartões pintados de figuras incompreensíveis e que são (ninguém o duvide) o resumo monumental de todas as revelações do antigo mundo, a chave dos hieróglifos egípcios, as clavículas de Salomão, as escrituras primitivas de Enoque e de Hermes. O autor que acabamos de citar mostra aqui uma sagacidade singular, fala do *tarô* como homem que não o compreende ainda perfeitamente, mas que o estudou profundamente. Vejamos então o que ele diz dele:

"A forma, a disposição, o arranjo dessas tábuas e as figuras que elas representam, se bem que diversamente modificadas pelo tempo, são tão manifestamente alegóricas, e as suas alegorias são tão conformes à doutrina civil, que não se pode deixar de reconhecer pela síntese de tudo o que fazia a fé dos antigos povos. Por tudo o que precede, demos suficientemente a entender que ele é uma dedução de livro sideral de Enoque, que é *Henóquia*; que é modelado sobre a roda astral de Átor, que é *As-tarôh*; que, semelhante ao *ot-tara* indica, urso polar ou *arc-tura* do Setentrião, é a força maior (*tarie*) sobre a qual se apoiam a solidez do mundo e o firmamento *sideral* da *terra*; que, por consequência, como o urso polar de que se faz o carro do sol, o carro de Davi e de Artur, ele é a sorte grega, o destino chinês, o ocaso egípcio, o destino dos Romes; e que, girando sem cessar ao redor do urso do polo, os astros desenrolam à terra o próspero e o trágico, a luz e a sombra, o frio e o calor, de onde decorrem o bem e o mal, o amor e o ódio que fazem a felicidade e a infelicidade dos homens.

"Se a origem desse livro se perde na noite dos tempos, a ponto de ninguém saber nem onde nem quando foi inventado, tudo leva a crer que ele é de origem indo-tártara e que, diversamente modificado pelos antigos povos, segundo as nuances de suas doutrinas e o caráter de seus sábios, ele era um dos livros de suas ciências ocultas e talvez mesmo um de seus livros sibilinos. Temos feito entrever bastante a estrada que ele pôde fazer para chegar até nós; vimos que devera ser conhecido dos Romanos, e que ele pudera lhes ser trazido não somente nos primeiros dias do império, mas já mesmo desde os primeiros tempos da república, por estes numerosos estrangeiros que, vindos do Oriente e iniciados nos mistérios de Baco e Ísis, levaram sua ciência aos herdeiros de Numa".

Vaillant não diz que os quatro sinais hieroglíficos do *tarô*, os paus, copas, espadas e ouros, se acham em Homero, esculpidos sobre o broquel de Aquiles, mas na sua opinião:

"As copas igualam os arcos ou arcas do templo, os vasos do céu.

"Os ouros igualam os astros, os sidéreos, as estrelas; as espadas igualam os fogos, as chamas, os raios; os paus igualam as sombras, as pedras, as árvores, as plantas.

"O ás de copas é o vaso do universo, a arca da verdade do céu, princípio da terra.

"O ás de ouros é o sol, olho único do mundo, alimento e elemento da vida.

"O ás de espadas é a lança de Marte, fonte das guerras, de desgraças, de vitórias.

"O ás de paus é o olho da serpente, o bastão do zagal, o aguilhão do baiodeiro, a maça de Hércules, o emblema da agricultura.

"O 2 de copas é a vaca, *io* ou *ísis*, e o boi *ápis* ou *mnevis*.

"O 3 de copas é *ísis*, a lua, dama e rainha da noite.

"O 3 de ouros é *osíris*, o sol, senhor e rei do dia.

"O 9 de ouros é o mensageiro Mercúrio ou o *anjo Gabriel*.

"O 9 de copas é a *gestação do bom destino* de onde nasce a felicidade.

"Enfim, nos diz Vaillant, existe um quadro chinês composto de caracteres que formam grandes compartimentos em longo quadrado, todos iguais, e precisamente da mesma grandeza das cartas do *tarô*. Esses compartimentos são distribuídos em seis colunas perpendiculares, cujas cinco primeiras encerram quatorze compartimentos cada uma, ao todo setenta; enquanto a sexta que só é cheia pela metade, não contém mais de sete. Aliás, esse quadro é formado segundo a mesma combinação do número 7; cada coluna cheia é de 2 vezes 7 = 14, e a que não o é senão pela metade contém sete. Ele se parece tão bem com o *tarô* que as quatro cores do *tarô* enchem suas quatro primeiras colunas; que de seus 21 trunfos, 14 enchem a quinta coluna e os 7 outros trunfos a sexta. Essa sexta coluna dos 7 trunfos é então a dos seis dias da semana da criação. Ora, segundo os chineses, esse quadro remonta às primeiras idades de seu império, ao secamento das águas do dilúvio por IAO; pode-se então concluir que ele é ou original cópia do *tarô*, e, em todos os casos, que o *tarô* é anterior a Moisés, que ele remonta à origem dos séculos, à época da elaboração do Zodíaco, e que consequentemente ele conta seis mil anos de existência.*

"Tal é esse *tarô* dos Romes que por contradição os hebreus fizeram o *torah* ou lei de Jeová. Longe de ser então um jogo, como hoje, ele era um livro, um livro sério, o livro dos símbolos e dos emblemas, das analogias ou das relações dos astros e dos homens, o livro do destino, com auxílio do qual o feiticeiro desvendava os mistérios da sorte. Suas figuras, seu nome, seus números, as sortes que se tiravam com ele, fizeram dele naturalmente, para os cristãos, o instrumento de uma arte diabólica, de uma obra de Magia; assim se concebe com que rigor eles deveram bani-lo, desde que ele lhes foi conhecido pelos abusos de confiança que a indiscrição dos *Sagi* cometia sobre a credulidade pública. Foi então que, perdendo-se a fé em sua palavra, o *tarô* tornou-se jogo e que suas tábuas se modificaram segundo o gosto dos povos e o espírito do século. É desse jogo do *tarô* que se originaram nossas cartas de baralho, cujas

---

* Para tudo que se relaciona com o *tarô*, ver Court de Gébelin. 1 vol. in 8, e *Dogma e Ritual da Alta Magia*, por Éliphas Lévi, Editora Pensamento.

combinações são tão inferiores às do *tarô* como o jogo de damas do jogo de xadrez. É portanto erroneamente que se fixa a origem das cartas modernas ao reino de Carlos VI; pois desde 1332, os iniciados na *ordem da banda*, estabelecida por Afonso XI, rei de Castela, já faziam juramento de não jogar cartas. Sob Carlos V, diz Le Sage, S. Bernardo de Siena condenava ao fogo as cartas, chamadas *triunfais*, do jogo do *trunfo* que se jogava em honra do triunfador *Osíris* ou *Ormuzd*; uma das cartas do *tarô*, aliás, esse mesmo rei os bania, em 1369, e o pequeno João de Saintré só foi honrado por seus favores porque não jogava.

"Eram então chamadas na Espanha, *náipes* e melhor, na Itália, *naibi* porque os *naibi* são as *diabas*, as sibilas, as pitonisas."

Vaillant, que acabamos de deixar falar, supõe, então, que o *tarô* foi modificado e mudado, o que é verdade para os *tarôs* alemães de figuras chinesas; mas o que não é verdade nem para os *tarôs* italianos que são alterados apenas em alguns detalhes, nem para os *tarôs* de Besançon, nos quais se acham ainda os vestígios dos hieróglifos egípcios primitivos. Dissemos, em nosso *Dogma e Ritual da Alta Magia*, quão desastrados foram os trabalhos de Eteila ou d'Alliette sobre o *tarô*. Este barbeiro iluminado não conseguiu durante trinta anos de combinações, senão criar um *tarô* falsificado cujas chaves se acham intervertidas, cujos números não concordam mais com os sinais, um *tarô*, em uma palavra, à conveniência de Eteila e à medida de sua inteligência que estava longe de ser maravilhosa.

Nós não cremos, com Vaillant, que os boêmios fossem os proprietários legítimos dessa chave das iniciações. Eles a deviam sem dúvida à infidelidade ou à imprudência de algum cabalista judeu.

Os boêmios são originários da Índia, provou-o com toda verossimilhança seu historiador. Ora, o *tarô* que temos ainda e que é o dos boêmios veio do Egito, passando pela Judeia. As chaves desse *tarô*, de fato, se relacionam com as letras do alfabeto hebraico e algumas das figuras reproduzem mesmo a forma dos caracteres desse alfabeto sagrado.

Quem eram então esses boêmios? Eram, como diz o poeta:

O resto imundo
De um antigo mundo;

era uma seita de gnósticos indianos que seu comunismo exilava de toda a terra. Eram, como eles o diziam, profanadores do grande arcano entregues a uma maldição fatal. Rebanho desviado por algum faquir entusiasta, eles se fizeram andarilhos sobre a terra, protestando contra todas as civilizações em nome de um pretendido direito natural que o dispensava quase de todo o dever. Ora, o direito que quer impor-se, libertando-se do dever, é a agressão, é a pilhagem, é a rapina, é o braço de Caim levantado contra seu irmão, e a sociedade que se defende parece vingar a morte de Abel.

Em 1840, operários do fauburgo Santo Antônio, cansados, dizem eles, de ser enganados pelos jornalistas e de servir de instrumentos às ambições dos belos conservadores, resolveram fundar e redigir um jornal de um radicalismo puro e de uma lógica sem fogo-fátuo e sem ambages.

Eles se reuniram então e deliberaram estabelecer suas doutrinas; tomavam por base a divisa republicana: *liberdade, igualdade e o resto*. A liberdade lhes parecia impossível com o dever de trabalhar, a igualdade com o direito de adquirir, e eles concluíram com o comunismo. Mas um deles observou que no comunismo os mais inteligentes presidiriam a partilha e teriam a parte do leão. Foi então decretado que ninguém teria direito à superioridade intelectual. Notou alguém que a beleza física mesma constitui uma aristocracia, e decretou-se a igualdade da feiura. Depois, como todos estão ligados à terra cultivando-a, foi decidido que os verdadeiros comunistas não podendo ser agricultores, não tendo senão o mundo por pátria e a humanidade por família, deviam organizar-se em caravanas e fazer eternamente a volta ao mundo. O que narramos aqui não é uma parábola, conhecemos os personagens presentes a essa deliberação, lemos o primeiro número de seu jornal intitulado o "Humanitário", que foi perseguido e suprimido em 1841 (ver os processos de imprensa dessa época). Se esse jornal tivesse podido continuar, se a seita nascente tivesse recrutado adeptos, como fazia então o antigo procurador Cabet, para a imigração icariana, um novo bando de boêmios se organizaria e a vagabundagem errante contaria um povo a mais.

CAPÍTULO 3

LENDA E HISTÓRIA DE RAIMUNDO LULLO

A Igreja, como já o dissemos, havia banido a iniciação por ódio das profanações da gnose. Quando Maomé armou no Oriente o fanatismo contra a fé, à piedade que ignora e que agora, ele veio opor a credulidade selvagem que combate. Seus sucessores tomaram pé na Europa e ameaçaram logo de invadi-la.

"A Providência nos castiga", diziam os cristãos; e os muçulmanos respondiam: "A fatalidade está ao nosso lado".

Os judeus cabalistas, que teriam de ser queimados como feiticeiros nos países católicos, refugiaram-se perto dos árabes que eram a seus olhos heréticos, mas não idólatras. Eles admitiram alguns deles no conhecimento dos mistérios, e o islamismo, já triunfante pela força, pôde logo aspirar triunfar também pela ciência dos que a Arábia letrada chamava com desdém *os bárbaros do Ocidente*.

O gênio da França opusera às invasões da força os golpes de seu martelo terrível. Um dedo com luvas de ferro traçara uma linha diante da maré crescente dos exércitos maometanos, e a grande voz da vitória clamara à onda: "*Não irá além*".

O gênio da ciência provocou Raimundo Lullo que reivindicou para o Salvador, filho de Davi, a herança de Salomão e que convocou pela primeira vez os filhos da crença cega aos esplendores do conhecimento universal.

É preciso ver com que desprezo falam ainda desse grande homem os falsos sabedores e os falsos sábios! Mas também o instinto popular o vingou. O romance e a lenda apoderaram-se de sua história. Representam-no amoroso como Abeillard, iniciado como Fausto, alquimista como Hermes, penitente e sábio como S. Jerônimo, viajante como o judeu errante, piedoso e iluminado como S. Francisco de Assis, mártir enfim como Santo Estêvão, e glorioso na morte como o Salvador do mundo.

Comecemos pelo romance; é um dos mais comoventes e mais belos que conhecemos. Um domingo do ano de 1250, em Palma, na ilha de Mayorca, uma dama sábia chamada *Ambrósia di Castelo* dirigia-se à igreja. Pela rua passava um cavalheiro de alto porte e ricamente vestido; vê a senhora e para como fulminado; ela entra no templo e vai desaparecer na sombra do pórtico. O cavalheiro, sem saber o que faz, arremessa seu cavalo e entra atrás dela no meio dos fiéis aterrorizados; grande rumor e grande escândalo. O cavalheiro é conhecido, é o Senhor Raimundo Lullo, mordomo-mor das ilhas e dono do paço; ele tem mulher e três filhos; dois filhos, um chamado Raimundo, como o pai, outro, Guilherme e uma filha de nome Madalena. Madame Ambrósia di Castelo é igualmente casada e goza, ainda mais, de uma reputação sem manchas. Raimundo Lullo passava então por um grande sedutor. Sua entrada equestre na igreja de Palma causou grande sensação na cidade. Ambrósia, toda confusa, consultou seu marido que era sem dúvida um homem prudente e que não achou que sua mulher fosse ofendida porque sua beleza tivesse transtornado a cabeça de um jovem e brilhante senhor; mas ele aconselhou a Ambrósia curar seu louco adorador pela loucura mesmo de que ela era a causa. Raimundo Lullo já havia escrito à senhora para desculpar-se ou para acusar-se demais.

"O que ela lhe inspirara, dizia ele, era estranho, sobre-humano, fatal; ele respeitava sua honra, suas afeições que sabia pertencer a outro. Mas achava-se ferido pelo raio, precisava de dedicações, de sacrifícios a fazer, de milagres a realizar, das penitências de estilita, das proezas do cavalheiro errante."

Ambrósia lhe respondeu:

"Para responder a um amor que você diz sobre-humano, me seria preciso uma existência imortal.

"Seria preciso que esse amor heroico e plenamente sacrificado a nosso dever durante toda a vida dos seres que nos são caros (e eu desejo que ela seja longa) possa criar uma eternidade para nós no momento em que Deus e o mundo nos permitiram amar-nos.

"Dizem que existe um elixir da vida, trate de procurá-lo, e quando você estiver certo de sua descoberta venha me ver.

"Até lá, viva para sua mulher e seus filhos, como eu viverei para meu marido que eu amo e se me encontrar na rua não me reconheça mesmo".

Era uma saída graciosa que mandava, como se vê, nosso amoroso para as calendas gregas; mas ele não o compreendeu assim, e, a partir desse dia, o brilhante senhor desapareceu para dar lugar a um sombrio e grave alquimista. D. João tornou-se *Fausto*. Passaram-se anos. A mulher de Raimundo Lullo morreu, Ambrósia di Castelo, por sua vez, ficou viúva; mas o alquimista parecia tê-la esquecido para não ocupar-se mais senão da grande obra.

Um dia, enfim, estando a viúva só, anunciam-lhe Raimundo Lullo; ela vê entrar um velho pálido e calvo, tendo na mão um frasco cheio de um elixir vermelho como fogo; ele avança cambaleando e a procura com os olhos; ela está na sua frente e ele não a reconhece, porque, em seu pensamento, ela é sempre moça e bela como o era na igreja de Palma.

– Sou eu, diz ela enfim, que deseja?

Ao acento dessa voz, o alquimista estremece, ele a reconhece, julga vê-la moça ainda, lança-se a seus pés, e, estendendo-lhe o frasco com delírio:

– Toma, disse ele, toma, bebe, é a vida. Pus aí dentro trinta anos de minha vida, mas eu o experimentei, estou certo disto, é o elixir da imortalidade!

– Como o experimentou? Pergunta Ambrósia com um triste sorriso.

– Há dois meses, disse Raimundo, depois de ter bebido uma quantidade de elixir igual a essa, abstive-me de todo alimento. A fome torceu-me as entranhas, mas não só não morri, e posso dizer que sinto em mim mais vida e mais força que nunca.

– Eu creio em você, disse Ambrósia, mas esse elixir que conserva a vida não faz voltar a mocidade, meu pobre amigo; olhe-se. E ela apresentava-lhe um espelho.

Raimundo Lullo recuou. Nunca, desde trinta anos, ele pensara em mirar-se.

– Agora, Raimundo, olhe-me, disse Ambrósia descobrindo seus cabelos brancos; depois, desprendendo o alfinete de seu vestido, mostrou-lhe seu seio que tinha sido quase inteiramente roído por um cancro. É isto, acrescentou ela, que você quer imortalizar?

Depois, vendo o alquimista consternado:

– Ouça-me, disse ela, há trinta anos que o amo e não quero condená-lo à prisão perpétua no corpo de um velho; não me condene, por sua vez. Dê-me a graça dessa morte que se chama *vida*. Deixe-me transformar-me para reviver, retemperemo-nos na juventude eterna. Eu não quero o seu elixir que prolonga a noite do túmulo, eu aspiro à imortalidade.

Raimundo Lullo lançou então ao chão o frasco que se quebrou.

– Eu a liberto, disse ele, e eu fico por você na prisão. Viva na imortalidade do céu, eu, eu estou condenado para sempre à morte viva da terra.

Em seguida, escondendo o rosto nas mãos, ele retirou-se banhado em lágrimas.

Alguns meses depois, um monge da ordem de São Francisco de Assis assistia Ambrósia di Castelo em seus últimos momentos; esse monge era Raimundo Lullo. Termina aqui o romance e vai começar a lenda.

Essa lenda que fazia de um só homem três ou quatro Raimundo Lullo que existiram em diferentes épocas, dá ao alquimista arrependido muitos séculos de existência e de expiação. No dia em que naturalmente o pobre adepto devia morrer, ele ressentia todas as dores da agonia, depois, numa crise suprema, sentia a vida retomá-lo, como o abutre de Prometeu retomava seu festim renascente. O Salvador do mundo, que já lhe estendia a mão, reentrava tristemente no céu que se fechava, e Raimundo Lullo encontrava-se de novo sobre a terra, sem esperança de morrer um dia.

Ele se pôs a orar e dedicou sua existência às boas obras; Deus concedia-lhe todas as graças exceto a morte, e que fazer das outras sem essa que deve completá-las e coroá-las? Um dia a árvore da ciência apareceu-lhe carregada de seus frutos luminosos; ele compreendeu o ser e suas harmonias, adivinhou a Cabala, lançou as bases e traçou o plano de uma ciência universal e desde então chamaram-no o *doutor iluminado*.

Ele encontrara a glória, essa fatal recompensa do trabalho que Deus, em sua misericórdia, não envia aos grandes homens senão depois de sua morte, porque ela embriaga e envenena os vivos.

Mas Raimundo Lullo, que não tinha podido morrer para lhe dar lugar, devia temer ainda de vê-la morrer antes dele, e essa glória não lhe parecia ser senão um escárnio de seu imortal infortúnio.

Ele sabia fazer ouro e podia comprar o mundo e todos os seus monumentos sem poder assegurar-se o gozo de um só túmulo.

Era o pobre da imortalidade. Por toda a parte ele ia mendigando a morte e ninguém podia lhe dar.

Ele pegara corpo a corpo a filosofia dos árabes, lutava vitoriosamente contra o Islamismo e tinha tudo a temer no fanatismo dos sectários; tudo a temer, isto é, talvez alguma coisa a esperar, e o que ele esperava era a morte.

Ele tomou como criado um jovem árabe dos mais fanáticos e pôs-se em sua frente como flagelo da doutrina de Maomé. O árabe assassinou seu amo, era o que Raimundo Lullo esperava; mas ele não morreu disso como contava, não pôde obter a graça de seu assassinato e teve um remorso na consciência em lugar da libertação e da paz.

Apenas curado de suas feridas, ele embarcou e parte para Túnis; lá prega publicamente o cristianismo, mas o bei, um oficial otomano, admirando sua ciência e sua coragem, o defende contra o furor do povo e o manda embarcar com todos os seus livros.

Raimundo Lullo regressa, prega em Bone, em Bougie e em outras cidades da África; os muçulmanos estupefatos não ousam por as mãos nele. Volta de novo a Túnis, e reunindo o povo nas ruas exclama que ele já fora expulso do país, mas que voltava de novo para confundir os dogmas ímpios de Maomé e de morrer por Jesus Cristo. Esta vez é impossível toda a proteção, o povo furioso o persegue, há uma verdadeira revolta; ele foge para os excitar mais, já se acha quebrado de pancadas, inundado de sangue, coberto de feridas e ele vive sempre. Ele cai por fim literalmente moribundo sob uma montanha de pedras.

Na noite seguinte, dois negociantes genoveses, chamados Etienne Colon e Luis Pastorga, passando, em pleno mar, viram uma grande luz elevar-se do porto de Túnis. Eles aproximaram-se e viram um montão de pedras que projetava ao longe esse milagroso esplendor; revolveram essas pedras e aí encontraram Raimundo Lullo quebrado e vivo; embarcaram-no em seu navio e o levaram a Majorca, sua pátria. Mas ao avistar a ilha o mártir expirou enfim; Deus libertara-o por um milagre e sua penitência terminara.

Tal é a odisseia de Raimundo Lullo, o Fabuloso; voltemos agora às realidades históricas.

Raimundo Lullo, o filósofo e o adepto, o que morreu sob o nome de *doutor iluminado*, era o filho desse senescal de Majorca, célebre por sua paixão infeliz por Ambrósia di Castelo. Ele não compôs o elixir da imortalidade, mas na Inglaterra fez ouro para o rei Eduardo III; chamou-se a esse ouro *o ouro de Raimundo* e existem ainda moedas, em verdade muito raras, que os curiosos chamam *raimundinas*.

Supõe L. Figuier que essas *raimundinas* são os nobres da rosa, cunhados sob o reino de Eduardo III, e avança um tanto levianamente, talvez, que a alquimia de Lullo era apenas uma sofisticação do ouro, difícil de reconhecer num tempo onde os processos químicos eram muito menos aperfeiçoados que em nossos dias. Esse sábio não deixou por isso de reconhecer o valor científico de Raimundo Lullo, e eis como ele o julga (*Doctrines et travaux des alchimistes*, pág. 82):

"Raimundo Lullo, cujo gênio se exerceu em todos os ramos dos conhecimentos humanos, e que expôs em seu livro *Ars magna*, todo um vasto sistema de filosofia, resumindo os princípios enciclopédicos da ciência de seu tempo, não podia deixar de legar aos químicos uma útil herança. Ele aperfeiçoou e descreveu com cuidado diversos compostos que estão muito em uso na química. É a ele que devemos a preparação do carbonato de potássio por meio do tártaro e por meio das cinzas da lenha, a retificação do espírito do vinho, a preparação dos óleos essenciais, a purificação da prata e a preparação do mercúrio doce"

Outros sábios, convencidos da pureza do ouro dos nobres da rosa, pensaram que a química prática tendo, na Idade Média, processos muito imperfeitos, as transmutações de Raimundo Lullo e outros adeptos, não eram outra coisa que a separação do ouro oculto nas minas de prata, e purificado por meio do antimônio, que é designado com efeito por um grande número de símbolos herméticos, como elemento eficiente e principal da pólvora de projeção.

Conviremos com eles que a química não existia na Idade Média, e acrescentaremos que ela foi criada pelos adeptos ou antes deles, que guardando para si os segredos da síntese, este tesouro dos santuários mágicos, ensinaram a seus contemporâneos alguns dos processos da análise, processos que foram aperfeiçoados depois, mas que não levaram ainda nossos sábios a encontrar essa antiga síntese que é, falando propriamente, a filosofia hermética.

Raimundo Lullo encerrou em seu testamento filosófico todos os princípios desta ciência, mas de um modo velado, como era uso e dever de todos os adeptos; assim ele compôs uma chave desse testamento, depois uma chave dessa chave, isto é, um codicilo ou ato escrito de um testamento, que é, a nosso ver, o mais importante de seus escritos em alquimia. Os princípios aí achados e os processos aí expostos nada têm de comum com a sofisticação dos metais puros nem com a separação das alianças. É uma teoria conforme os princípios de Geber e d'Arnauld de Villeneuve para a prática e às mais altas concepções da Cabala para a doutrina. Os espíritos sérios que não se deixam desanimar pelo descrédito onde a ignorância faz às vezes cair as grandes coisas, devem, para continuar depois dos gênios mais poderosos do mundo a investigação do absoluto, estudar o princípio e meditar cabalisticamente o codicilo de Raimundo Lullo.

Toda a vida desse maravilhoso adepto, o primeiro iniciado depois de S. João que se dedicara ao apostolado hierárquico da santa ortodoxia, toda sua vida, dizemos nós, decorreu em fundações piedosas, em sermões, em trabalhos científicos imensos. Assim em 1276 fundou em Palma um colégio de franciscanos e sobretudo da língua árabe, com a missão especial de refutar os livros dos doutores maometanos, e de pregar aos mouros a fé cristã. João XXI confirmou essa instituição por um breve datado de Viterbo, 16 das calendas de dezembro, primeiro ano de seu pontificado.

Nos anos de 1293 a 1311, ele solicita e obtém do papa Nicolau IV e dos reis de França, de Sicília, de Chipre, de Majorca, o estabelecimento de muitos colégios para o estudo das línguas. Por toda a parte ensina sua grande arte que é uma síntese universal dos conhecimentos humanos, e que tem por fim levar os homens a não ter mais de uma só língua como não terão mais de um pensamento. Ele vem a Paris, maravilhando os doutores mais sábios; vai em seguida à Espanha, detém-se em Compluto, onde funda uma academia central para o estudo das línguas e das ciências; reforma muitos conventos, viaja pela Itália e recruta soldados para uma nova ordem militar, cuja instituição ele solicita a esse mesmo concílio de Viena que condena os templários. É a ciência católica, é a verdadeira iniciação de S. João que quer retomar de mãos infiéis o gladio defensor do templo.

Os grandes da terra escarnecem do pobre Raimundo Lullo, e fazem apesar disso tudo o que ele deseja. Esse iluminado que se chama por escárnio Raimundo, o Fabuloso, parece ser o papa dos papas e o rei dos reis; é pobre como Jó e dá esmola aos soberanos; chamam-no louco e ele confunde os sábios. O maior político do tempo, o cardeal Ximenes, espírito tão vasto quanto sério, não fala dele senão chamando-o o divino Raimundo Lullo e o doutor muito iluminado. Ele morreu, segundo Genebard, em 1314 ou em 1315, segundo o autor do prefácio das *Meditações do eremita Blaquerne*. Tinha oitenta anos e o fim de sua laboriosa e santa existência teve lugar no dia da festa do martírio dos apóstolos S. Pedro e S. Paulo.

Discípulo dos grandes cabalistas, Raimundo Lullo queria estabelecer uma filosofia universal e absoluta, substituindo às abstrações convencionais dos sistemas a noção fixa das realidades da natureza, e aos termos ambíguos da escolástica, um verbo simples e natural. Ele criticava nas definições dos sábios de seu tempo o eternizar as disputas por suas inexatidões e anfibologias ou ambiguidades de sentido. *O homem é um animal racional*, diz Aristóteles; o homem não é um animal, pode-se responder e raramente é racional. Além do que, *animal* e *racional* são dois termos que não poderiam concordar-se. Um louco, no pensar de vocês, não seria um homem etc. Raimundo Lullo define as coisas pelo seu nome mesmo e não por sinônimos ou coisa que os valha; depois explica os nomes pela etimologia.

Assim a esta pergunta: que é o homem? Ele responderá que essa palavra tomada numa acepção geral significa a condição humana; tomada numa acepção particular, designa a pessoa humana. Mas, que é a pessoa humana? – Originariamente é a pessoa que Deus fez dando um sopro de vida a um corpo tirado da terra (*humus*); atualmente, são vocês, sou eu, é Pedro, é Paulo etc. As pessoas habituadas à gíria científica vão então recrear-se e dirão ao doutor iluminado que todo o mundo poderia dizer o mesmo; que ele raciocina como uma criança; que com esse método todo o mundo seria sábio, e que se preferiria o bom senso da gente do povo que toda a doutrina dos acadêmicos; é isso o que eu quero, responderia simplesmente Raimundo Lullo. Daí a censura de banalidade dirigida a toda sábia teoria de Raimundo Lullo, e ela era banal de fato, banal como a moral daquele que disse: "se vocês não se tornarem crianças, não entrarão no reino do céu". O reino do céu, não é também o reino da ciência, visto como toda vida celeste dos homens e de Deus não é senão inteligência e amor? Raimundo Lullo queria opor a Cabala tornada cristã à magia fatalista dos árabes, as tradições do Egito às da Índia, a magia de luz à magia negra; ele dizia que nos últimos tempos, as doutrinas do anticristo seriam um realismo materializado e que então ressuscitariam todas as monstruosidades da magia má; ele preparava então os espíritos à volta de Enoque, isto é, a revelação última dessa ciência cuja chave está nos alfabetos hieroglíficos de

Enoque, e cuja luz conciliadora da razão e da fé precederá o reino messiânico e universal do cristianismo sobre a terra. Para os verdadeiros cabalistas e videntes, e para os céticos que sabem ao menos respeitar os grandes caracteres e as altas aspirações, era um sublime sonhador.

CAPÍTULO 4

ALQUIMISTAS

Flamel pertence exclusivamente à alquimia, por isso só faremos menção dele para falar desse livro hieroglífico de Abraão, o *Judeu*, no qual o escritor da rua S. Jaques-La-Boucherie encontrou as chaves absolutas da grande obra.

Esse livro era combinado sobre as chaves do *Tarô* e era apenas um comentário hieroglífico-hermético do *Sepher-Jesirah*. Vemos, de fato, na descrição que dele faz Flamel, que as folhas impressas eram em número de vinte e uma, ou vinte e duas com o título, e que elas se dividiam em *três setenários*, com uma folha não impressa em cada sétima página.

Convém por reparo que o Apocalipse, este sublime resumo cabalístico e profético de todas as figuras ocultas, divide também suas imagens em três setenários, depois de cada um dos quais há um silêncio no céu, analogia notável com a folha não escrita do livro místico de Flamel.

Os setenários do Apocalipse são a princípio sete selos a abrir, isto é, sete mistérios a conhecer e sete dificuldades a vencer; sete trombetas a soar, isto é, sete palavras a compreender, e sete taças a derramar, isto é, sete substâncias a volatilizar e a fixar.

No livro de Flamel, a primeira folha impressa traz por hieróglifo a vara de Moisés triunfante das serpentes projetadas pelos encantadores do Faraó e que se entredevoram, figura semelhante ao triunfador do *Tarô* atrelando a seu cavalo cúbico as esfinges branca e negra da magia egípcia. Essa figura corresponde ao sétimo dogma do símbolo de Maimônidas: Nós só temos um profeta e é Moisés.

Ela representa a unidade da ciência e da obra; ela representa também o mercúrio dos sábios que se forma pela dissolução dos mistos e pela ação recíproca do enxofre e do sal dos metais.

FIGURA 14
Os sete planetas e seus gênios (Magia de Paracelso)

A figura do *segundo setenário* era a representação da serpente de bronze fixada sobre uma cruz. A cruz representa o casamento do enxofre e do sal purificado e a condensação da luz astral; o número 14 do *Tarô* representa um anjo, isto é, o espírito da terra misturando os líquidos de um vaso de ouro e de um vaso de prata. É, portanto, o mesmo símbolo representado de outro modo.

No *último setenário* do livro de Flamel, via-se o deserto, fontes e serpentes que corriam de todos os lados, imagem do espaço e da vida universal. No *Tarô*, o espaço é representado pelos quatro sinais dos pontos cardeais, e a vida por uma moça nua que corre no círculo. Flamel não diz o número das fontes e das serpentes. Podia haver lá quatro riachos correndo da mesma fonte, como no pentáculo edênico, com quatro, sete, nove ou dez serpentes.

Na quarta folha, via-se o tempo prestes a cortar os pés de Mercúrio. Perto dele estava uma roseira florida cuja raiz era azul, a haste branca, as folhas vermelhas e as flores de ouro. O número quatro é o da realização elementar; o Tempo é o nitro atmosférico; sua foice é o ácido que se pode fazer dele e que fixa o mercúrio, transformando-o em sal; a roseira é a obra com suas três cores sucessivas: é o bagistério do preto, branco e vermelho que faz germinar e florir o ouro.

Na quinta folha (o número cinco é o do grande mistério) viam-se ao pé da roseira florida cegos cavar a terra para procurar nela o grande agente que está em toda a parte; alguns mais avisados, pesavam uma água branca semelhante ao ar adensado; no verso da página via-se o massacre dos inocentes e o sol e a lua que vinham banhar-se em seu sangue. Essa alegoria, que exprime de fato o grande segredo da arte hermética, se reporta a essa arte de tomar *o ar no ar*, como disse Aristeu, ou, para falar uma língua inteligível, de empregar o ar como força, dilatando-o por meio da luz astral, como se dilata a água em vapor por meio do fogo, o que se pode conseguir por meio da eletricidade, dos ímãs e de uma projeção poderosa da vontade do operador dirigida pela ciência. O sangue das crianças representa essa luz essencial que o fogo filosófico extrai dos corpos elementares e na qual o sol e a lua vem banhar-se, isto é, que a prata se tinge em ouro e o ouro adquire um tal grau de pureza que transforma o enxofre em verdadeira pólvora de projeção.

Não estamos fazendo aqui um tratado de alquimia, se bem que seja essa ciência a alta magia em ação; reservamos para outras obras mais especiais e mais amplas suas revelações e maravilhas.

A tradição popular assegura que Flamel não morreu e que ele enterrou um tesouro debaixo da torre de S. Jaques-La-Boucherie. Este tesouro, guardado em um cofre de cedro revestido de lâminas de sete metais, não seria outra coisa, dizem os adeptos iluminados, que o exemplar original do famoso livro de Abraão, o *Judeu*, com suas explicações escritas pela mão de Flamel, e amostras da pólvora de projeção suficientes para transformar o Oceano em ouro se o Oceano fosse de mercúrio.

Depois de Flamel vieram *Bernardo le Trevisan, Basílio Valentino* e outros alquimistas célebres. As doze chaves de Basílio Valentino são ao mesmo tempo cabalísticas, mágicas e herméticas. Depois, em 1480, apareceu *João Tritemo* que foi o mestre de Cornélio Agripa e o maior mágico dogmático da Idade Média. Tritemo era um abade da ordem de S. Benedito, de irrepreensível ortodoxia e da conduta mais regular. Ele não teve a imprudência de escrever abertamente sobre a filosofia oculta como seu discípulo, o aventuroso Agripa; todos os seus trabalhos mágicos tratam da arte de ocultar os mistérios; quanto à sua doutrina, ele a exprimiu por uma figura geométrica, segundo o uso dos verdadeiros adeptos. Essa figura, extremamente rara, acha-se apenas em alguns exemplares manuscritos do *Tratado das causas segundas*.

Um fidalgo polaco que é um espírito elevado e um nobre coração, o Conde Alexandre Branitski, possuía um curioso exemplar dele, que teve a gentileza de nos comunicar.

Esse pantaclo compõe-se de dois triângulos unidos pela base, um branco e outro preto; debaixo da ponta do triângulo negro vê-se deitado um louco que levanta penosamente a cabeça e olha com terror na obscuridade do triângulo onde se reflete sua própria imagem; sobre o alto do triângulo branco apoia-se um homem, na força da idade, vestido de cavaleiro, tendo o olhar firme e a atitude de uma ordem forte e pacífica. No triângulo branco estão traçados os caracteres do tetragrama divino.

Pode-se explicar esse pantaclo por esta lenda:

"O sábio apoia-se sobre o temor do verdadeiro Deus, o insensato é esmagado pelo medo de um falso deus feito à sua imagem". Eis o sentido natural e exotérico do emblema, mas meditando-o em seu conjunto e em cada uma de suas partes, acharão aí os adeptos a última palavra da Cabala, a fórmula indivisível do grande arcano; a distinção entre os milagres e os prodígios, o segredo das aparições, a teoria universal do magnetismo e a ciência de todos os mistérios.

Tritemo compôs uma história da magia toda em pantaclos, sob este título: *Veterum sophorum sigilla et imagines magicae*; depois, na sua esteganografia e em sua poligrafia, ele dá a chave de todas as escrituras ocultas e explica em termos velados a ciência real das encantações e das evocações. Tritemo é em magia, o mestre dos mestres, e não hesitamos em proclamá-lo o mais sábio dos adeptos.

O mesmo não acontece com *Cornélio Agripa*, que foi toda sua vida um investigador e que não achou nem a verdadeira ciência nem a paz. Os livros de Agripa são cheios de erudição e ousadia; ele mesmo era de um caráter fantasioso e independente, passando por isso por um abominável feiticeiro e foi perseguido pelo clero e pelos príncipes; eles escreveu enfim contra as ciências que não lhe puderam dar a felicidade e morreu na miséria e no abandono.

Chegamos enfim à doce e boa figura desse sábio e sublime Postel, conhecido apenas por seu demasiado amor místico por uma velha donzela iluminada. Há contudo em Postel outra coisa mais que o discípulo da mãe Joana; mas os espíritos vulgares consideram-se tão felizes de denegrir para desviar-se de aprender, que eles não quererão nunca ver nisso nada de melhor. Não é portanto a esses que vamos revelar o gênio de Guilherme Postel.

Postel era filho de um pobre camponês dos arredores de Barenton na Normandia; à força de perseverança e de sacrifícios conseguiu instruir-se, tornando-se cedo o homem mais sábio de seu tempo; a pobreza o acompanhou sempre e a miséria o forçou às vezes a vender seus livros. Postel, sempre cheio de resignação e de mansidão, trabalhava como um mouro para ganhar um pedaço de pão e voltava em seguida para estudar; ele aprendeu todas as línguas conhecidas e todas as ciências de seu tempo; descobriu manuscritos preciosos e raros, entre outros os Evangelhos apócrifos e o *Sepher-Jesirah*; ele mesmo iniciou-se nos mistérios da alta Cabala e em sua ingênua admiração por essa verdade absoluta, por essa razão suprema de todas as filosofias e de todos os dogmas, ele quis revelá-la ao mundo. Falou então abertamente a língua dos mistérios, escreveu um livro, tendo por título: *A chave das coisas ocultas desde o princípio do mundo*.

Ele dirigiu esse livro aos padres do Concílio de Trento, conjurando-os de entrar na senda da conciliação e da síntese universal. Ninguém o compreendeu, alguns o acusaram de heresia, os mais moderados se contentaram em dizer que ele era louco.

A Trindade, dizia ele, fez o homem à sua imagem e semelhança. O corpo humano é duplo e sua unidade ternária compõe-se da união de duas metades; a alma humana também é dupla; ela é *animus* e *anima*, ela é espírito e ternura; ela tem dois sexos, o sexo paterno que tem sede na cabeça, o sexo materno que tem no coração; o cumprimento da redenção deve então ser duplo na humanidade; é preciso que o espírito por sua pureza resgate os desvios do coração, depois é preciso que o coração por sua generosidade resgate as agruras egoístas da cabeça. O cristianismo, acrescentava ele, ainda não foi compreendido senão pelas cabeças pensantes, ele não desceu até os corações.

O Verbo fez-se homem, mas só quando ele se fizer mulher é que o mundo virá a salvar-se. É o gênio materno da religião que ensinará aos homens as sublimes grandezas do espírito de caridade, e então a razão se conciliará com a fé, porque ela compreenderá, explicará e governará as santas loucuras da dedicação.

Você vê agora, acrescentava ele, de que se compõe a religião do maior número de cristãos; uma parcialidade ignorante e perseguidora, uma obstinação supersticiosa, e sobretudo o medo, o covarde medo! E por que isso? Porque eles não têm coração de mulher, porque não sentem os divinos entusiasmos do amor materno que lhes explicaria a religião toda inteira. O poder que se apoderou de seu cérebro e que liga seu espírito, não é o Deus bom, inteligente e benigno; é o mau, e tolo e covarde Satanás; eles têm muito mais medo do diabo do que amor por Deus. São cabeças geladas e comprimidas colocadas como túmulos sobre corações mortos. Oh! Quando a graça vier a ressuscitar os corações, que despertar para as inteligências! Que renascimento para a razão! Que triunfo para a verdade! Por que sou eu o primeiro e quase o único a compreender? Que pode fazer um ressuscitado só entre mortos que não podem ainda entender nada? Venha então, venha esse espírito materno que me apareceu em Veneza na alma de uma virgem inspirada de Deus, e que ele ensine às mulheres do novo mundo sua missão redentora e seu apostolado de santo e espiritual amor!

Essas nobres inspirações, Postel as devia de fato a uma piedosa moça chamada Joana, que ele conhecera em Veneza; ele foi o confidente espiritual dessa alma elevada e foi arrastado na corrente de poesia mística que agitava ao redor dela. Quando ele lhe dava a comunhão ela a via irradiante e transfigurada, tinha ela então mais de cinquenta anos, e o pobre pai confessa ingenuamente que ele não lhe daria quinze, tal a simpatia de seus corações que a transfigurava a seus olhos. Estranhos desvios do amor em duas almas puras, casamento místico de duas virgindades, banalidades líricas, celestes alucinações; para compreender tudo isso é preciso ter vivido a vida ascética. É ela, dizia o entusiasta, é o espírito de Jesus Cristo que nela vive e que deve regenerar o mundo. Essa luz do coração que deve expulsar de todos os espíritos o espectro terrível de Satã, não é uma quimera de meus sonhos, eu a vi, ela me apareceu no mundo, ela encarnou-se numa virgem e eu saudei nela a mãe do mundo futuro! Estamos aqui analisando Postel de preferência a traduzi-lo, mas o resumo rápido que damos dos seus sentimentos e de sua linguagem não basta para fazer compreender que tudo isso era dito em sentido figurado e que segundo a judiciosa observação do sábio jesuíta Desbillons, em sua notícia sobre a vida e as obras de Postel, nada estava mais longe de seu pensamento do que fazer, como se tem pretendido, uma segunda encarnação e uma divindade dessa pobre irmã hospitaleira que o havia seduzido unicamente pelo brilho de suas virtudes. Cremos com toda a sinceridade que os caluniadores e os escarnecedores do bom Postel não valiam a mãe Joana.

As relações místicas de Postel e dessa religiosa duraram cerca de cinco anos, depois dos quais a mãe Joana morreu. Ela prometera a seu confessor não se separar nunca dele e de assisti-lo quando se desprendesse das cadeias da vida presente.

"Ela me cumpriu sua palavra, diz Postel, ela veio depois visitar-me em Paris, ela me esclareceu com sua luz, conciliou minha razão com minha fé. *Sua substância e corpo espiritual*, dois anos depois de sua ascensão ao céu, desceu em mim, e estendeu-se sensivelmente por todo meu corpo, de tal modo que é ela e não eu quem vive em mim."

Depois dessa época Postel não se chamou mais senão o ressuscitado, ele assinava *Postellus restibutus*, e de fato nele ocorreu um singular fenômeno: seus cabelos, de brancos que eram, tornaram-se negros, suas rugas desapareceram e a cor rosada da mocidade espalhou-se sobre sua face, empalidecida e extenuada pelas austeridades e vigílias; seus biógrafos sarcásticos acham que ele tingia os cabelos e que ele se pintava; como se já fosse bastante ter feito dele um louco, eles querem ainda que um homem de caráter tão nobre e generoso tenha sido um trovador e um charlatão.

Há alguma coisa mais prodigiosa do que o eloquente desvario dos corações entusiastas, é a sandice e a má fé dos espíritos céticos e frios que os julgam.

"Tem-se imaginado, escreveu o padre Desbillons, e eu vejo que ainda se crê hoje, que a regeneração que ele supõe ter sido feita pela mãe Joana, é o fundamento de seu sistema; o sistema de que ele nunca se separou, a não ser talvez alguns anos antes de sua morte, subsistia por completo antes que ele tivesse ouvido falar dessa mãe Joana. Ele metera na cabeça que o reino evangélico de Jesus Cristo, estabelecido pelos apóstolos, não podia mais nem sustentar-se entre os cristãos, nem propagar-se entre os infiéis, senão pelas luzes da razão... A esse princípio que lhe dizia respeito pessoalmente, ele ajuntava um outro que consistia no destino de um rei da França à monarquia universal; era preciso ir preparando o caminho para a conquista dos corações e a convicção dos espíritos, a fim de que não houvesse no mundo senão uma só crença e que Jesus Cristo deixasse nele por um só rei, uma só lei e uma só fé."

Eis o que prova, segundo o padre Desbillons, que Postel era um louco.

Louco, por ter pensado que a religião deve reinar sobre os espíritos pela razão suprema de seu dogma, e que a monarquia, para ser forte e durável, deve encadear os corações para as conquistas da prosperidade pública da paz.

Louco, por ter acreditado no advento do reino daquele a quem pedimos todos os dias que seu reino venha a nós.

Louco, porque ele cria na razão e na justiça sobre a Terra!...

Pois bem; é exato: o pobre Postel era louco.

A prova de sua loucura, é que ele escreveu aos padres do concílio de Trento, como já o dissemos, para suplicá-lo de abençoar todo o mundo e de não lançar maldições contra ninguém.

Outra loucura: ele tentou converter os jesuítas de suas ideias, de lhes fazer pregar a concórdia universal entre os homens, a paz entre os soberanos, a razão aos sacerdotes e a bondade aos príncipes deste mundo.

Enfim, última e suprema loucura, ele desprezou os bens da terra e o favor dos grandes, viveu sempre humilde e pobremente, não possuiu nunca senão sua ciência e seus livros, e não ambicionou outra coisa que a verdade e a justiça.

Que os céus tenham em paz a alma de Guilherme Postel!

Ele era tão meigo e tão bom, que seus superiores eclesiásticos tiveram piedade dele, e pensando provavelmente, como o disse mais tarde La Fontaine, que ele era mais tolo do que mau, contentaram-se em enclausurá-lo num convento pelo resto de seus dias. Postel os agradeceu pela calma que davam assim ao fim de sua vida e morreu pacificamente retratando-se de tudo que seus superiores quiseram. O homem da concórdia universal não podia ser um anarquista e antes de tudo era o mais sincero dos católicos e o mais humilde dos cristãos.

Encontrar-se-ão um dia obras de Postel e elas serão lidas com admiração.

Passemos a um outro louco: este se chama *Teófrasto Aurélio Bombast*, conhecido no mundo mágico sob o nome de Paracelso.

Não repetiremos o que havemos dito desse mestre em nosso *Dogma e Ritual da Alta Magia*, acrescentaremos somente algumas observações sobre a medicina oculta de que Paracelso foi o renovador.

Essa medicina verdadeiramente universal repousa sobre uma vasta teoria da luz, que os adeptos denominam ouro fluido ou potável. A luz, este agente criador cujas vibrações dão a todas as coisas o movimento e a vida; a luz latente no éter universal, irradiante ao redor dos centros absorventes, que, tendo-se saturado de luz, projetam por sua vez o movimento e a vida e formam assim correntes criadoras; a luz astral nos astros, animalizada nos animais e humanizada nos homens; a luz que vegeta nas plantas, que brilha nos metais, que produz todas as formas da natureza, e as equilibra todas pelas leis da simpatia universal, é essa luz que produz os fenômenos do magnetismo adivinhados por Paracelso, é ela que colore o sangue desligando-se do ar aspirado e enviado pelo fole hermético dos pulmões; o sangue torna-se então um verdadeiro elixir de vida onde os glóbulos vermelhos e imantados de luz viva nadam num fluido levemente dourado. Esses glóbulos são verdadeiras sementes prestes a tomar as formas do mundo de que o corpo humano é o resumo, eles podem sutilizar-se e coagular-se, renovando assim os espíritos que circulam nos nervos, e a carne que se segura ao redor dos ossos; eles irradiam fora, ou antes, espiritualizando-se eles se deixam arrastar pelas correntes de luz, e circulam no corpo astral, esse corpo interior e luminoso que a imaginação dilata entre os estáticos, de maneira que seu sangue via algumas vezes colorir à distância objetos que seu corpo astral penetra para identificá-los.

Demonstraremos numa obra especial sobre a medicina oculta tudo o que avançamos aqui, por mais estranho e paradoxal que possa parecer a princípio aos homens da ciência. Tais eram as bases da medicina de Paracelso, ele curava *por simpatia de luz*, ele aplicava os medicamentos, não ao corpo exterior e material que é todo passivo e que não se pode mesmo olhar e despedaçar sem que ele sinta nada quando o corpo astral se retira, mas a esse médium interior, a esse corpo, princípio das sensações cuja quintessência ele reavivava por quintessências simpáticas. Assim, por exemplo, ele curava as feridas aplicando reativos poderosos no sangue derramado do qual ele enviava para o corpo a alma física e a seiva purificada. Para curar um membro doente, ele fazia um membro de cera ao qual ele dava, pelo poder de sua vontade, o magnetismo do membro doente; ele aplicava a essa cera o vitríolo e o fogo, e reagia assim pela imaginação e a correspondência magnética sobre o mesmo doente de que o membro de cera se tornara o apêndice e o suplemento. Paracelso conhecia *os mistérios do sangue*; ele sabia por que os sacerdotes de Baal, para fazer descer o fogo do céu, faziam-se incisões com facas; sabia por que os orientais que querem inspirar a uma mulher o amor físico, espalham seu sangue diante dela; sabia como o sangue derramado clama vingança ou misericórdia e enche o ar de anjos ou demônios. É o sangue, de fato, o instrumento dos sonhos, é ele que faz abundar as imagens em nosso cérebro durante a noite, porque o sangue é cheio de luz astral. Os seus glóbulos são bissexuais, imantados e ferrados, simpáticos e repulsivos. Da alma física do sangue, pode-se fazer sair todas as formas e todas as imagens do mundo... Leiamos a narração de um viajante estimado:

"Em Baroche, diz o viajante Tavernier, têm os ingleses uma bela residência, e eu me lembro de que aí chegando um dia, vindo de Aga para Surate, com o presidente dos ingleses, apareceram charlatães que lhe perguntaram se ele não queria ver algumas escamoteações de seu ofício."

Eis o que ele teve a curiosidade de ver:

"A primeira coisa que eles fizeram foi acender um grande fogo e de fazer avermelhar cadeias de ferro com que se enrolavam os corpos, fingindo que sentiam alguma dor, mas no fundo não sofrendo nenhum dano. Em seguida, tomaram um pequeno pedaço de madeira, e tendo-o plantado na terra, perguntaram a alguém da companhia que fruto desejava comer. Disseram que desejavam laranjas e então um desses charlatães, cobrindo-se com um lençol, deitou-se contra a terra cinco ou seis vezes. Tive a curiosidade de subir a um quarto para ver de cima por um buraco do lençol, o que esse homem fazia, e percebi que, cortando a sua carne, sob as axilas com uma navalha, ele esfregava com seu sangue o pedaço de madeira. Cada vez que ele se levantava a madeira crescia a olhos vistos, e, na terceira, dela saiu ramos com botões. Na quarta vez, a árvore cobriu-se de folhas, vendo-se folhas, vendo-se flores na quinta.

"O presidente dos ingleses tinha seu ministro consigo, tendo trazido a Amadobat, para batizar um filho de comandante holandês, de quem ele fora convidado para ser padrinho; porque é preciso notar que os holandeses não têm ministros senão nos lugares onde eles têm ao mesmo tempo negociantes e soldados. O ministro inglês protestara que ele não podia consentir que cristãos assistissem a semelhantes espetáculos; e desde que ele vira que, de um pedaço de madeira seca, essas pessoas faziam vir, em menos de meia hora, uma árvore de quatro ou cinco pés de altura, com folhas e flores como na primavera, ele julgou seu dever romper com isso e disse que não daria jamais a comunhão a nenhum daqueles que ficassem para ver essas coisas. Isso obrigou o presidente a despedir esses charlatães".

O doutor Clever de Maldigny, de quem tiramos essa citação, lamenta que as laranjas se tenham parado em tão belo caminho, mas não empreende explicar o fenômeno. Cremos que era uma fascinação pelo magnetismo da luz irradiante do sangue; era o que aliás tínhamos definido; um fenômeno de *eletricidade magnetizada*, idêntica ao que se chama *palingenesia* e que consiste em fazer aparecer uma planta viva em um vaso que contém a cinza dessa mesma planta morta há muito tempo...

Tais eram os segredos que conhecia Paracelso, e é empregando aos usos da medicina essas forças ocultas da natureza, que ele fez tantos admiradores e tantos inimigos. Paracelso estava longe aliás de ser um homem simples como Postel; ele era naturalmente agressivo e batalhador; seu gênio familiar se ocultava, dizia ele, no punho de sua grande espada que ele não a deixava nunca. Sua vida foi uma luta incessante; ele viajava, disputava, escrevia, ensinava. Era mais curioso de resultados físicos que de conquistas morais, por isso foi o primeiro dos mágicos operadores e o último dos sábios adeptos. Sua filosofia era toda de sagacidade, por isso ele a intitulava *filosofia sagaz*. Ele adivinhou mais do que ninguém, sem nunca ter sabido nada completamente. Nada iguala suas intuições, a não ser a temeridade de seus comentários. Era o homem das experiências ousadas, embriagava-se de suas opiniões e de sua palavra. Ele embriagava-se mesmo de outra forma, a dar crédito a seus cronistas. Os escritos que ele deixou são preciosos para a ciência, mas devem ser lidos com precaução; podemos chamá-lo o divino Paracelso, tomando esse adjetivo no sentido de adivinhador, é um oráculo mas não é um verdadeiro mestre; é como médico sobretudo que ele é grande, visto como encontra a medicina universal; ele não pôde contudo conservar sua própria vida e morreu ainda moço, esgotado por seus trabalhos e por seus excessos, deixando atrás de si um nome de uma glória fantasiosa e dúbia, fundada sobre descobertas de que seus contemporâneos não se aproveitaram. Morreu sem ter dito sua última palavra e ele é um desses personagens misteriosos de que se pode dizer como de Enoque e de S. João: Ele não morreu, ele voltará a visitar a terra antes do último dia.

CAPÍTULO 5

FEITICEIROS E MÁGICOS CÉLEBRES

Têm-se multiplicado os comentários e os estudos sobre a obra de *Dante*, e ninguém, que saibamos, lhe assinalou o caráter principal. A obra do grande

Gibelino é uma declaração de guerra ao papado pela revelação ousada dos mistérios. A epopeia de Dante é joanita e gnóstica, é uma aplicação audaz das figuras e dos números da Cabala aos dogmas cristãos, e uma negação secreta de tudo que há de absoluto nesses dogmas; sua viagem através dos mundos sobrenaturais realizou-se como a iniciação nos mistérios de Elêusis e de Tebas. É Virgílio que o conduz e protege nos círculos do novo Tártaro, como se Virgílio, o terno e melancólico profeta dos destinos do filho de Polion, fosse aos olhos do poeta florentino o pai ilegítimo, mas verdadeiro da epopeia cristã.

Graças ao gênio pagão de Virgílio, Dante escapa desse golfo, sobre a porta do qual ele lera uma sentença de desespero, ele livra-se dele *pondo sua cabeça em lugar dos pés e seu pés em lugar de sua cabeça*, isto é, segundo o avesso do dogma, e então ele sobe à luz, servindo-se do próprio demônio como de uma escada monstruosa; ele livra-se à força do terror, ao horrível à força de horror. O inferno, parece ele dizer, só é um beco sem saída para aqueles que não sabem desviar; ele toma o diabo pelo avesso, se me é permitido empregar aqui essa expressão familiar, e emancipa-se por sua audácia. É já o protestantismo ultrapassado, e o poeta dos inimigos de Roma já adivinhou Fausto subindo ao céu sobre a cabeça de Mefistófeles vencido. Notemos também que o inferno de Dante não é senão um purgatório negativo. Expliquemo-nos: seu purgatório parece que se formou em seu inferno como numa forma, é a tampa e como a rolha do golfo, e compreende-se que o titã florentino escalando o paraíso queria lançar com um pontapé o purgatório no inferno.

Seu céu compõe-se de uma série de círculos cabalísticos divididos por uma cruz como o pantaclo de Ezequiel; no centro desta cruz floresce uma rosa, e vemos aparecer pela primeira vez exposto publicamente e quase categoricamente explicado o símbolo da rosa-cruz.

Dissemos pela primeira vez porque Guilherme de Lorris, morto em 1260, cinco anos antes do nascimento de Alighieri, não tinha concluído seu *Romance da rosa* que foi continuado por Clopinel, meio século mais tarde. Não se descobrirá sem espanto que o *Romance da rosa* e a *Divina Comédia* são as duas formas opostas de uma mesma obra: a iniciação na independência do espírito, a sátira de todas as instituições contemporâneas e a fórmula alegórica dos grandes segredos da Sociedade dos Rosa-Cruzes.

Essas importantes manifestações do ocultismo coincidem com a época da queda dos templários, visto como João de Meung ou Clopinel, contemporâneo da velhice de Dante, florescia durante sua mocidade na corte de Felipe, o Belo. O *Romance da rosa* é a epopeia da velha França. É um livro profundo sob uma forma leve, é uma revelação tão sábia como a do Apuleio dos mistérios do ocultismo. A rosa de Flamel, a de Meung e a de Dante nasceram no mesmo roseiral.

Dante tinha gênio bastante para ser um heresiarca.

Os grandes homens imprimem à inteligência um movimento que se prova mais tarde por atos cuja iniciativa pertence às mediocridades turbulentas. Dante não foi talvez nunca lido, e certamente não fora nunca compreendido por Lutero. Entretanto a obra dos Gibelinos, fecundada pelo poderoso pensamento do poeta, sublevou lentamente o império contra o papado, perpetuando-se sob diversos nomes de século em século, e tornou enfim a Alemanha protestante. Não foi certamente Lutero que fez a reforma, mas a reforma apoderou-se de Lutero e o impeliu para a frente. Esse monge de ombros quadrados não tinha senão obstinação e audácia, mas era o instrumento que era preciso às ideias revolucionárias. Lutero era o Danton da teologia anárquica; supersticioso e temerário, ele julgava-se obcecado pelo diabo; o diabo ditava-lhe argumentos contra a Igreja, o diabo o fazia raciocinar, disparatar e sobretudo escrever. Esse gênio inspirador de todos os Cains não queria outra coisa que tinha, bem certo estava que com tinta destilada pela pena de Lutero, ele fazia sem demora ondas de sangue. Lutero o sentia e odiava o diabo porque era ainda um senhor; um dia ele lançou-lhe seu tinteiro na cabeça como se ele quisesse matar a sede por essa violenta embriaguez. Lutero, lançando seu tinteiro na cabeça do diabo, nos faz lembrar aquele engraçado assassino de reis que, assinando a morte de Carlos I, besuntou de tinta seus cúmplices.

"*Antes turco que papista*!" era a divisa de Lutero; e de fato o protestantismo não é no fundo, como o islamismo, senão o deísmo puro organizado em culto convencional e dele não difere senão por remanescentes do catolicismo mal apagado. Os protestantes são, no ponto de vista da negação do dogma católico, muçulmanos com algumas superstições de mais e um profeta de menos.

Os homens renunciam mais voluntariamente a Deus que ao diabo, os apóstatas de todos os tempos o provaram demais. Os discípulos de Lutero, cedo divididos pela anarquia, não tinham mais entre eles que um laço de crença comum; eles acreditavam todos em Satanás e esse espectro engrandecendo à medida que seu espírito de revolta os afastava de Deus, chegava a proporções terríveis. Carlostad, arquidiácono de Wurtemberg, estando um dia no púlpito, viu entrar no templo um homem negro que se assentou na sua frente, e o contemplou durante todo o tempo do sermão com um olhar fixo e terrível; ele perturba-se, desce do púlpito, interroga os assistentes, ninguém viu o fantasma. Carlostad volta à sua casa, espavorido; o mais moço de seus filhos vem ao seu encontro e conta-lhe que um desconhecido vestido de preto veio procurá-lo e prometeu voltar em três dias. Não há mais dúvida para o alucinado; o visitante não é outro senão o espectro da visão. O terror dá-lhe febre, meteu-se na cama e morre antes do terceiro dia.

Esses desgraçados sectários tinham medo de sua sombra; sua consciência ficara católica e os remordia implacavelmente. Lutero passeando uma noite com sua mulher Catarina de Bora, olhou o céu cheio de estrelas e disse à meia voz, com um profundo suspiro:

– Belo céu que eu não verei jamais!

– Mas como! diz a mulher, você pensa que está condenado?

– Quem sabe, disse Lutero, se Deus não nos virá punir por termos sido infiéis a nossos votos?

É bem possível então que Catarina, vendo-o duvidar assim de si mesmo o abandonasse, maldizendo-o, o reformador, abatido por esse aviso divino, reconhecesse quanto ele fora criminoso traindo a Igreja, sua primeira esposa e voltasse seus olhos para o claustro que ele abandonara! Mas Deus que resiste aos soberbos, não o achou digno sem dúvida dessa dor salutar. A comédia sacrílega do casamento de Lutero fora o castigo providencial de seu orgulho, e como ele perseverou no seu pecado, seu castigo não o abandonou, ridicularizando-o até o fim. Ele morreu entre o diabo e sua mulher, aterrorizado de um e embaraçado da outra.

A corrupção e a superstição acomodam-se muito bem juntas. A época da Renascença dissoluta perseguidora e crédula, não foi certamente a renascença da razão. *Catarina de Médicis* era feiticeira, *Carlos IX* consultava os necromantes, *Henrique III* fazia partidos de devoção e de depravação. Era então o bom tempo dos astrólogos, se bem que se torturassem alguns de vez em quando para forçá-los a mudar suas predições. Os feiticeiros da corte, nessa época, misturavam aliás sempre um pouco de envenenamento e mereciam bastante a corda. *Trois-Échelles*, o mágico de Carlos IX era prestidigitador e maroto; ele se confessou um dia ao rei, e não eram pecadilhos suas atrocidades, o rei perdoou-lhe com a ameaça de enforcá-lo em caso de reincidência. Trois-Échelles reincidiu e foi enforcado.

Quando a liga jurou a morte do fraco e miserável Henrique III, ela recorreu aos feitiços da magia negra. L'Étoile assegura que a imagem em cera do rei achava-se colocada sobre altares, onde os sacerdotes da liga celebravam missa, e que se furava essa imagem com um canivete, pronunciando uma oração de maldições e de excomunhões. Como o rei não morresse muito depressa, concluíram daí que ele era feiticeiro.

Espalharam-se panfletos em que Henrique III era representado mantendo conventículos nos quais os crimes de Sodoma e Gomorra eram apenas o prelúdio de atentados mais inacreditáveis e horrorosos.

O rei, dizia-se, tinha entre seus favoritos uma personagem desconhecida que era o diabo em pessoa; raptavam-se jovens virgens que esse príncipe prostituía violentamente a Belzebu; o povo dava crédito a essas fábulas, e por fim veio a achar-se um fanático para executar as ameaças do feitiço. *Jaques Clemente* teve visões e ouviu vozes imperiosas que lhe ordenavam matar o rei. Esse alucinado correu ao regicídio como um mártir e morreu rindo-se como os heróis da mitologia escandinava. Cronistas escandalosos pretenderam que uma grande dama da corte unira às inspirações da solidão do monge o magnetismo de suas carícias; essa anedota carece de probabilidade. A castidade do monge mantinha sua exaltação e se ele começasse a viver da vida fatal das paixões, uma sede insaciável de prazer se apoderaria de todo seu ser e ele não quereria mais morrer.

Enquanto as guerras de religião ensanguentavam o mundo, as sociedades secretas do iluminismo que não eram senão escolas de teurgia e de alta magia, tomavam consistência na Alemanha. A mais antiga de suas sociedades parece ter sido a das Rosa-cruzes cujos símbolos remontam aos tempos dos Guelfos e dos Gibelinos, como vemos pelas alegorias do poema de Dante e pelas figuras do *Romance da rosa*.

A rosa, que foi em todos os tempos o emblema da beleza, da vida, do amor e do prazer, exprimia misticamente o pensamento secreto de todos os protestos manifestados à renascença. Era a carne revoltada contra a opressão do espírito; era a natureza declarando-se filha de Deus, como a graça; era o amor que não queria ser abafado pelo celibato; era a vida que não queria ser mais estéril; era a humanidade aspirando a uma religião natural, toda de razão e de amor, fundada sobre a revelação das harmonias do Ser cujo símbolo vivo e florido era a rosa para os iniciados. A rosa, de fato, é um pantaclo, ela é de forma circular, as folhas da corola são talhadas em coração e apoiam-se harmoniosamente umas sobre as outras; sua cor apresenta as nuances mais doces das cores primitivas, seu cálice é de púrpura e de ouro. Vimos que Flamel, ou antes o livro do judeu Abraão, fazia dela o signo hieroglífico da realização da grande obra.

Tal é a chave do romance de Clopinel e de Guilherme de Lorris. A conquista da rosa era o problema dado para a iniciação à ciência enquanto a religião trabalhava em preparar e em estabelecer o triunfo universal, exclusivo e definitivo da cruz.

Reunir a rosa à cruz, tal era o problema dado pela alta iniciação, e de fato sendo a filosofia oculta à síntese universal, deve explicar todos os fenômenos do Ser. A religião, considerada unicamente como um fato fisiológico, é a revelação e a satisfação de uma necessidade das almas. Sua existência é um fato científico; negá-la, seria negar a própria humanidade. Ninguém a inventou, ela formou-se como as leis, como as civilizações, pelas necessidades da vida moral; e considerada somente nesse ponto de vista filosófico e restrito, a religião deve ser encarada como fatal, se explicar tudo pela fatalidade, e como divina se admitir-se uma inteligência suprema à frente das leis naturais. Daí se segue que o caráter de toda religião propriamente dito sendo de originar-se diretamente da divindade por uma revelação sobrenatural, não dando nenhum outro modo de transmissão ao dogma uma sanção suficiente, deve-se daí concluir que a verdadeira religião natural é a religião revelada, isto é, que é natural não se adotar uma religião senão julgando-a revelada, exigindo toda verdadeira religião sacrifícios, e não tendo o homem nunca nem o poder, nem o direito de impô-la a seus semelhantes, sobretudo acima das condições ordinárias da humanidade.

É partindo desse princípio rigorosamente racional que os rosa-cruzes chegavam ao respeito da religião dominante, hierárquica e revelada. Eles não podiam mais por consequência ser os inimigos do papado nem da monarquia legítima, e se eles conspiravam contra papas e contra reis, é que eles os consideravam pessoalmente como apóstatas do dever e promotores supremos da anarquia.

Que é, realmente, um déspota, seja espiritual, seja temporal, senão um anarquista coroado?

É por essa consideração que se pode explicar o protestantismo e mesmo o radicalismo de certos grandes adeptos mais católicos que certos papas e mais monarquistas que certos reis, de alguns adeptos excêntricos, tais como Henrique Khunrath e os verdadeiros iluminados de sua escola.

Henrique Khunrath é um personagem pouco conhecido dos que não fizeram das ciências ocultas um estudo particular; é contudo um mestre e um mestre de primeira ordem; é um príncipe soberano da rosa-cruz, digno de todo o respeito desse título científico e místico. Seus pantaclos são esplêndidos como a luz do *Sohar*, sábios como Tritemo, exatos como Pitágoras, reveladores da grande obra como o livro de Abraão e Nicolau Flamel.

Henrique Khunrath era químico e médico; nascera em 1502 e tinha quarenta e dois anos, quando chegou à alta iniciação teosófica. A mais notável de suas obras, seu *Anfiteatro da sabedoria eterna*, fora publicada em 1598, visto como a aprovação do imperador Rodolfo que se acha nela anexada é datada do mês de junho desse mesmo ano. O autor, se bem que fizesse profissão de um protestantismo radical, reivindica nela altivamente o nome de católico e de ortodoxo; declara ter em sua posse, mas guardada secreta como convém, uma chave do apocalipse, chave tríplica e única como a ciência universal. A divisão do livro é *setenária*, dividindo em sete graus a iniciação à alta filosofia; o texto é um comentário místico dos oráculos de Salomão; a obra termina por quadros sinóticos, que são a síntese da alta magia e da Cabala oculta, em tudo que pode ser escrito e publicado verbalmente. O resto, isto é, a parte esotérica e indizível da ciência, é expressa por magníficos pantaclos desenhados e gravados com cuidado. Esses pantaclos são em número de nove:

O *primeiro* contém o dogma de Hermes.

O *segundo*, a realização mágica.

O *terceiro* representa o caminho da sabedoria e os trabalhos preparatórios da obra.

O *quarto* representa a porta do santuário iluminada por sete raios místicos.

O *quinto* é uma rosa de luz, no centro da qual uma forma humana estende seus braços em forma de cruz.

O *sexto* representa o laboratório mágico de Khunrath, com seu oratório cabalístico, para demonstrar a necessidade de unir a prece ao trabalho.

O *sétimo* é a síntese absoluta do cientista.

O *oitavo* exprime o equilíbrio universal.

O *nono* resume a doutrina particular de Khunrath com um enérgico protesto contra todos seus detratores. É um pantaclo hermético enquadrado numa caricatura alemã cheia de "verve" e de cólera ingênua. Os inimigos do filósofo são mudados em insetos, em pequenos membros animais presos, em bois e burros, tudo adornado de lendas latinas e grossos epigramas em alemão; Khunrath é representado aí a direita e à esquerda, em trajes de passeio e de gabinete, fazendo frente a seus adversários, quer dentro, quer fora; em roupa de passeio, ele se acha armado de uma espada e caminha na cauda de um escorpião; em roupa de gabinete ele se acha munido de pinças e caminha em cima da cabeça de uma serpente; fora de casa demonstra e em casa ensina, como seus gestos fazem bem compreendê-lo, sempre a mesma verdade sem temer o sopro impuro de seus adversários, sopro tão pestilento contudo que os pássaros dos céus caem mortos a seus pés. Essa estampa muito curiosa falta em um grande número de exemplares do *Anfiteatro* de Khunrath.

Esse livro extraordinário contém todos os mistérios da mais alta iniciação; ele é, como o autor o anuncia em seu título: *Cristiano-cabalístico, divino-mágico, físico-químico, triplo único e universal.*

É um verdadeiro manual de alta magia e de filosofia hermética, e, a não ser no *Sepher-Jesirah* e no *Sohar*, em parte alguma se poderá encontrar uma mais completa e mais perfeita iniciação.

Nos quatro importantes corolários que seguem a explicação da terceira figura, Khunrath estabelece:

1º Que a despesa a fazer para a grande obra (à parte a manutenção e as despesas pessoais do operador) não deve exceder a *soma de trinta táleres*; falo cientificamente, diz o autor, tendo-o aprendido com alguém que o sabia. Os que gastam demais enganam-se e perdem seu dinheiro. Essas palavras, tendo-o sabido de alguém que o sabia, provam que Khunrath ou não fez a pedra filosofal ou não quer dizer que a fez, receando perseguições.

2º Khunrath estabeleceu em seguida a obrigação para o adepto de não consagrar a seus usos pessoais senão a décima parte de sua riqueza e de consagrar todo o restante à glória de Deus e às obras de caridade.

3º Ele afirma que os mistérios do cristianismo e os da natureza, explicando-se e ilustrando-se reciprocamente, o reino futuro do Messias (o Messianismo) estabeleceu-se sobre a dupla base da ciência e da fé, de maneira que confirmando o livro da natureza os oráculos do Evangelho, se poderá convencer pela ciência e pela razão os judeus e maometanos da verdade do cristianismo, tão bem que com o concurso da graça divina, serão eles infalivelmente convertidos à religião da unidade; ele conclui enfim com esta sentença:

Sigillum Naturae et Artis Simplicitas
(O cunho da natureza e da arte é a simplicidade)

No tempo de Khunrath, vivia um outro médico iniciado filósofo hermético e continuador da medicina de Paracelso; era *Oswaldo Crólio*, autor do *Livro das assinaturas, ou da verdadeira e viva anatomia do grande e do pequeno mundo*. Nesta obra cujo prefácio é um resumo muito bem feito da filosofia hermética, Crólio procura estabelecer que Deus e a natureza assinaram de alguma forma todas suas obras, e que todos os produtos de uma força qualquer da natureza trazem, por assim dizer, o selo dessa força impressa em caracteres indissipáveis, de modo que o iniciado nas escrituras ocultas possa ler no livro aberto das simpatias e antipatias das coisas, as propriedades das substâncias e todos os outros segredos da criação. Os caracteres das diferentes escrituras seriam primitivamente tomados por empréstimo dessas assinaturas naturais que existem nas estrelas e nas flores, sobre as montanhas e sobre o mais humilde seixo. As figuras dos cristais, as fraturas dos minerais seriam brasões do pensamento que tinha o Criador quando os formava. Essa ideia é cheia de poesia e de grandeza, mas falta uma gramática a essa língua misteriosa dos mundos, falta um vocabulário a este verbo primitivo e absoluto. Só o rei Salomão é que parece ter realizado esse duplo trabalho; por enquanto os livros ocultos de Salomão perderam-se; Crólio tentava então não refazê-los, mas encontrar os princípios fundamentais dessa língua universal do Verbo criador.

Por esses princípios se reconhecia que os hieróglifos primitivos formados dos elementos mesmo da geometria, corresponderiam às leis constitutivas e essenciais das formas determinadas pelos movimentos alternados ou combinados que decidem as atrações equilibrantes; se reconheceria por essa só figura exterior os simples e os compostos, e pelas semelhanças das figuras com os números, se poderia fazer uma classificação matemática de todas as substâncias reveladas pelas linhas de suas superfícies. Há no fundo dessas aspirações, que são reminiscências da ciência edênica, todo o mundo de descobertas futuras para as ciências. Paracelso as havia pressentido, Crólio as indica, outro virá para realizá-las e demonstrá-las. A loucura de ontem será a genialidade de amanhã, e o progresso saudará esses sublimes investigadores que tinham adivinhado esse mundo perdido e encontraram esta Atlântida do saber humano!

O começo do século XVIII foi a grande época da alquimia, tendo então aparecido *Felippe Muller, João Torneburg, Miguel Mayer, Ortélio, Potério, Samuel Northon, o barão de Beausoleil, David Planiscampe, João Duchesne, Roberto Flud, Benjamin Mustafá, o presidente d'Espagnet*, o cosmopolita que se devia nomear em primeiro lugar, *de Nuisement*, quem traduziu e publicou os notáveis escritos do cosmopolita *João Baptista Van Helmont, Irineu Philatele, Rodolfo Glauber*, o sublime sapateiro *Jacó Boehm*. Os principais desses iniciados davam-se às investigações herméticas. O mercúrio dos sábios que eles queriam achar e dar a seus discípulos, era a síntese científica e religiosa, era a paz que reside na soberana unidade. Os místicos não eram mais que crentes cegos dos verdadeiros iluminados, e o iluminismo propriamente dito não era senão a ciência universal da luz. Em 1623, pela primavera, viu-se afixada nas ruas de Paris esta estranha proclamação:

"Nós, deputados dos irmãos rosa-cruzes, temos morada visível e invisível nesta cidade, pela graça do Altíssimo para o qual se volta o coração dos sábios; ensinamos, sem nenhuma sorte de meios exteriores, a falar a língua dos países que habitamos, e tiramos os homens, nossos semelhantes, do terror e da morte.

"Se alguém tiver vontade de nos ver somente por curiosidade este não se comunicará nunca conosco; mas se sua vontade o leva realmente e de fato a inscrever-se sob os registros de nossa confraternidade, nós, que julgamos dos pensamentos, lhe faremos ver a verdade de nossas promessas, de tal modo que não pomos o lugar de nossa morada, visto como o pensamento, unido à vontade real do leitor, será capaz de nos fazer conhecer a ele e ele a nós".

A opinião preocupou-se então dessa manifestação misteriosa, se alguém então quisesse saber claramente o que eram os irmãos rosa-cruzes, muitas vezes um personagem desconhecido tomava à parte o interrogador e lhe dizia gravemente:

"Predestinados à reforma que deve realizar-se cedo em todo o universo, os rosa-cruzes são os depositários da suprema sabedoria, e pacíficos possuidores de todos os dons da natureza, eles podem dispensá-los à sua vontade.

"Em qualquer lugar que estejam, eles conhecem melhor todas as coisas que se passam no resto do mundo, do que se elas estivessem presentes; eles não são sujeitos nem à sede nem à fome, e não têm a temer nem a velhice nem as doenças.

"Eles podem comandar os espíritos e os gênios mais poderosos.

"Deus os cobriu de uma nuvem para defendê-los de seus inimigos, e ninguém pode vê-los senão quando eles querem, embora tenham esses olhos mais penetrantes do que os da águia.

"Eles efetuam suas assembleias nas pirâmides do Egito.

"Mas essas pirâmides são para eles como o rochedo de onde jorrava a fonte de Moisés, elas caminham com eles no deserto e os seguirão até sua entrada na terra prometida".

CAPÍTULO 6

PROCESSOS DE MAGIA

O autor grego que escreveu a descrição do quadro alegórico de Cebés conclui sua obra por esta conclusão admirável:

"Só há um bem verdadeiro a desejar, é a sabedoria; só há um mal a temer, é a loucura".

O mal moral com efeito, a maldade, o crime, não são outra coisa mais que uma loucura verdadeira; e o padre Hilário Tissot tem todas as simpatias de nosso coração quando ele repete sem cessar em suas brochuras loucamente corajosas que em lugar de punir os criminosos, seria preciso tratá-los e curá-los.

Dizemos as simpatias de nosso coração, porque nossa razão protesta contra essa interpretação demasiado caritativa do crime cujas consequências seriam de destruir a sanção da moral, desarmando a lei. Comparamos a loucura à embriaguez, e considerando que a embriaguez é quase sempre voluntária, damos nossos aplausos à sabedoria dos juízes que, não considerando a perda espontânea da razão como desculpa, punem sem piedade os delitos e os crimes cometidos na embriaguez. Virá talvez um dia em que a embriaguez será contada entre as circunstâncias agravantes e onde todo ser inteligente que voluntariamente se puser fora da razão se achará fora da lei. A lei não é a razão da humanidade?

Coitado do homem que se embriaga seja de vinho, seja de orgulho, seja de ódio, seja mesmo de amor! Ele é cego, é injusto, é o joguete da fatalidade; é um flagelo que caminha, é uma calamidade viva; ele pode matar, pode violar; é um louco sem cadeias; cuidado com ele! A sociedade tem direito de se defender; é mais do que um direito, é um dever, porque ela tem filhos.

Vêm-nos essas reflexões a respeito dos processos de magia, de que vamos nos ocupar. A Igreja foi por demais acusada e a sociedade também de morticínio judiciário praticado em loucos; nós admitimos que os feiticeiros eram loucos sem dúvida, mas eram loucos de perversidade; se entre eles pereceram alguns doentes inocentes são desgraças de que não se poderiam responsabilizar a Igreja e a sociedade. Todo homem condenado segundo as leis de seu país e as formas judiciárias de seu tempo, é justamente condenado; sua possível inocência só pertence a Deus; diante dos homens ele é e deve ficar culpado.

Ludwig Tieck, em seu notável romance intitulado o *Sabá dos Feiticeiros*, põe em cena uma santa mulher, uma pobre velha esgotada de macerações, a cabeça enfraquecida pelos jejuns e as preces, que, cheia de horror pelos feiticeiros e disposta por excesso de humildade a acusar-se de todos os crimes, acabou por julgar-se de fato feiticeira, acusa-se disto, é condenada por erro e prevenção, depois é queimada viva. Sendo verdadeira essa história, que provaria ela? Apenas que é possível um erro judiciário, nem mais nem menos.

Mas se de fato é possível o erro judiciário, ele não poderia sê-lo de direito; de outro modo que viria a ser a justiça humana?

Sócrates, condenado a morte, teria podido fugir; mas ele respeitou as leis e quis morrer.

É às leis e não aos tribunos da Idade Média que se deve responsabilizar pelo rigor de certas sentenças. Mas Gilles de Laval, cujos crimes e suplícios já narramos, foi injustamente condenado, e devia ser absolvido porque era louco? Eram inocentes essas horríveis multidões que compunham filtros com os miolos das criancinhas? A magia negra aliás era a loucura geral dessa época infeliz; os juízes, à força de estudar as questões de feitiçaria, acabavam por sua vez de se julgar feiticeiros eles mesmos. A feitiçaria, em muitas localidades, tornava-se epidêmica, e os suplícios pareciam multiplicar os culpados.

Pode-se ver nos demógrifos, tais como Delancre, Delrio, Sprenger, Bodin, Torreblanca e outros, as narrações de um grande número de processos cujos detalhes são tão fastidiosos como revoltantes.

Os condenados são na maioria alucinados e idiotas, mas idiotas maus e alucinados perigosos; as paixões eróticas, a cobiça e o ódio são as causas principais do transvio de sua razão; eles eram capazes de tudo. Diz Spencer que as feiticeiras se entendiam com as parteiras para lhes comprar cadáveres de recém-nascidos. As parteiras matavam esses inocentes no momento do seu nascimento, enfiando-lhes compridas agulhas no cérebro, dava-se depois como uma criança morta e a enterravam. Vindo a noite, as *striges* cavavam a terra, arrancando o cadáver, para em seguida o fazer ferver numa caldeira com ervas narcóticas e venenosas, depois destilavam, alambicavam, misturavam com gelatina humana. O líquido servia de elixir de longa vida; o sólido era pisado e incorporado à gordura de gato preto misturado com sebo que servia às fricções mágicas. O coração revolta-se de desgosto à leitura dessas revelações abomináveis, e a indignação faz calar a piedade; mas quando se chega aos processos disso, quando se vê a credulidade e crueza dos juízes, as falsas promessas de perdão que empregavam para obter confissões, as torturas atrozes, as visitas obscenas, as precauções vergonhosas e ridículas, e, depois de tudo isso, a fogueira na praça pública, a assistência escarninha do clero que entrega ao braço secular pedindo perdão para aqueles que ele condena à morte, se é forçado a concluir que no meio de toda essa coisa, só a religião permanece santa, mas que os homens são todos igualmente idiotas e perversos.

Assim em 1598 um sacerdote limousino, chamado *Pierre Aupetit*, é queimado vivo por duas confissões ridículas que lhe foram arrancadas pela tortura.

Em Dôle, em 1599, queima-se uma mulher chamada *Antide Collas*, porque sua conformação sexual tinha alguma coisa de fenomenal que não se poderia explicar senão por um comércio infame com Satã. A infeliz, posta e reposta em tortura, despojada, sondada, visitada em presença dos médicos e juízes, morta de vergonha e de dores, confessou tudo para acabar com aquele martírio.

Henrique Boguet, juíz de S. Claude, conta ele mesmo que mandou torturar uma mulher como feiticeira, porque *faltava alguma coisa à cruz de seu rosário*, sinal certo de feitiçaria, no pensar desse feroz imbecil.

Um menino de doze anos, instruído pelos inquisidores, vem acusar seu pai de tê-lo conduzido ao sabá. O pai morreu na prisão em consequência das torturas e há propostas para queimar a criança. Boguet se opõe e se gaba dessa clemência.

Uma mulher de trinta e cinco anos, *Rolanda de Vernois*, é esquecida numa prisão tão glacial que promete confessar-se culpada de magia, se a deixassem aproximar-se do fogo. Desde que ela sente o calor, cai em convulsões terríveis, tem febre e delírio; neste estado, a colocam na tortura, ele diz tudo que lhe mandam dizer e é arrastada moribunda à fogueira. Cai uma forte tempestade, a chuva apaga o fogo, Boguet se felicita então pela sentença que proferiu, já que evidentemente essa mulher que o céu parecia defender, devia ser protegida pelo diabo. O mesmo Boguet mandou ainda queimar dois homens, Pierre Gaudillon e o grande *Pierre*, por terem corrido de noite, um em forma de lebre, o outro em forma de lobo.

Mas o processo que fez maior escândalo no começo do século XVII, foi o de Luiz Gaufridi, cura da paróquia des Accoules em Marselha. O escândalo desse negócio deu um fatal exemplo que foi muito seguido. Um sacerdote acusado por sacerdotes! Constantino dissera que se ele visse um sacerdote desonrar seu caráter por um pecado vergonhoso, ele o cobriria com sua púrpura: era uma bela e real palavra. O sacerdócio, de fato, deve ser impecável como a justiça é infalível diante da moral pública.

Em dezembro de 1610 uma moça de Marselha, de nome *Madalena de La Palud*, tendo ido em peregrinação à Saint-Baume, em Provença, foi aí tomada de êxtase e de convulsões. Uma outra devota, chamada *Luíza Capeau*, foi logo atingida do mesmo mal. Julgaram dominicanos e capuchinhos que era o demônio e fizeram exorcismos. Madalena de la Palud e sua companheira ofereceram então o espetáculo que se renovou tantas vezes um século mais tarde no tempo da epidemia das convulsões. Elas gritavam, torciam-se e pediam que lhes batessem e pisassem; um dia seis homens caminharam ao mesmo tempo em cima do peito de Madalena que não sentiu a menor dor; nesse estado ela acusava-se dos mais estranhos desregramentos, ela entregara-se ao diabo de corpo e alma, dizia ela; tinha-se feito noiva do demônio por intermédio de um sacerdote chamado Gaufridi. Em vez de enclausurarem essa louca, ouviram-na, e os padres exorcistas despacharam para Marselha três capuchinhos para informar secretamente os superiores eclesiásticos do que se passava em Saint Baume, e trazer, se fosse possível, sem violência e sem escândalo o cura Gaufridi para acareá-lo com os pretendidos demônios.

Começavam-se entretanto a escrever as inspirações infernais das duas histéricas, eram discursos de uma devoção ignorante e fanática, apresentando a religião tal como a compreendiam os mesmos exorcistas. As possessas pareciam narrar os sonhos dos que as interrogavam; era exatamente o fenômeno das *mesas falantes* e dos *médiuns* de nosso tempo. Os diabos davam-se nomes tão incongruentes com os dos espíritos americanos; eles declamavam contra a imprensa e contra os livros, faziam sermões dignos dos capuchinhos ferventes e mais ignorantes. Em presença desses demônios feitos à sua imagem e semelhança, os padres não duvidaram mais da possessão e da veracidade dos espíritos infernais. Os fantasmas de sua imaginação doentia tomavam um corpo e lhes apareciam vivos nessas duas mulheres cujas confissões obscenas sobrexcitaram sua curiosidade e sua indignação repletas de cobiças, eles tornaram-se furiosos e lhes foi preciso uma vítima; tais eram suas disposições quando lhes conduziram enfim o infeliz Gaufridi.

Gaufridi era um sacerdote demasiadamente mundano, figura agradável, caráter fraco e de moralidade mais que suspeita; ele fora o confessor de Madalena de La Palud e inspirara-lhe uma profunda paixão; esta paixão, transformada em ódio pelo ciúme, tornara-se uma fatalidade, ela arrastou o infeliz sacerdote em seu turbilhão de loucura que o levou à fogueira.

Tudo o que podia dizer o acusado para defender-se voltara-se contra ele. Ele atestava Deus e Jesus Cristo e sua santa mãe e seu precursor S. João Batista e respondia-lhe: você recita maravilhosamente as litanias do sabá; por Deus, você entende *Lúcifer* por Jesus Cristo, *Belzebu* pela Santa Virgem, a *mãe apóstata* do Anticristo, por S. João Batista o *falso profeta* precursor de Gog e Magog... Depois punham-no na tortura e prometiam-lhe perdão se ele quisesse assinar as declarações de Madalena de La Palud. O pobre sacerdote, desatinado, enganado, esmagado, assinou tudo que quiseram; ele assinou bastante para ser queimado e era o que pediam. Os capuchinhos de Provença deram enfim ao povo esse terrível espetáculo e animaram-no a violar os privilégios do santuário; mostraram-lhe como se matam os sacerdotes, de que o povo veio a lembrar-se mais tarde.

Oh! Santo templo! dizia um rabino testemunha dos prodígios que precederam a destruição de Jerusalém por Tito. Oh! Santo templo, que tem você, diante disso? E por que tem medo de si mesmo?

Nem a santa sé nem os bispos protestaram contra o assassinato de Gaufridi; mas o século XVIII arrastava a revolução na sequência.

Uma das possessas que mataram o cura des Accoules declarou um dia que o demônio a deixava para ir preparar a perda de um outro padre que ela nomeou de antemão profeticamente sem conhecê-lo; ela o chamou Urbano Grandier.

Reinava então o terrível cardeal de Richelieu, que compreendia a autoridade absoluta como a salvação dos Estados; infelizmente as tendências do cardeal eram mais políticas e hábeis do que cristãs. Esse grande espírito tinha uma certa estreiteza de coração que o tornava sensível à ofensa pessoal e implacável em sua vingança. O que ele menos perdoava ao talento, era a independência; queria ter as pessoas de valor por auxiliares, antes do que por lisonjeiros e tinha certa alegria de destruir tudo o que queria brilhar sem ele. Sua cabeça aspirava dominar tudo; o padre José era seu braço direito e Laubardemont seu braço esquerdo.

Havia então na província, em Loudun, um eclesiástico de um gênio notável e de grande caráter; tinha ciência e talento, mas pouca prudência; feito para agradar as multidões e para atrair as simpatias dos grandes, ele podia na ocasião tornar-se um perigoso sectário; o protestantismo então sacudia a França, e o cura de Saint Pierre Loudun, por demais disposto às ideias novas por seu pouco amor pelo celibato eclesiástico, podia tornar-se à frente desse partido um pregador mais brilhante do que Calvino e tão audacioso como Lutero, ele se chamava *Urbano Grandier*.

Já certas rixas sérias com seu bispo haviam assinalado sua habilidade e seu caráter inflexível, habilidade infeliz e desastrada, aliás, visto que ele tinha recorrido de seus poderosos inimigos para o rei e não para o cardeal; o rei lhe dera razão, o cardeal não lhe daria. Grandier voltara triunfante a Loudun e se permitira a fanfarronice pouco clerical de entrar lá com um prêmio na mão. A contar desse dia ele estava perdido.

As religiosas ursulinas de Loudun tinham então por superiora, sob o nome de mãe Joana dos Anjos, uma certa *Joana de Belfiel*, neta do barão de Cose. Não era uma religiosa fervorosa e seu convento não passava por ser um dos mais regulares do país; passavam-se lá cenas noturnas que se atribuíam a espíritos. Os pais retiraram as pensionistas, e a casa ia ficar em pouco tempo sem qualquer recurso.

Grandier tinha algumas intrigas e não as ocultava bastante, era, aliás, um personagem muito em evidência para que a ociosidade de uma pequena cidade não fizesse grande escândalo de suas fraquezas. As pensionistas das Ursulinas ouviam falar deles com mistério entre seus pais, as religiosas falavam entre si para deplorar o escândalo, e ficavam todas preocupadas do personagem escandaloso; elas o viram durante a noite aparecer nos dormitórios com atitudes conformes ao que se dizia de seus costumes, elas soltaram gritos, julgaram-se obcecadas, e eis o diabo na casa.

As diretoras dessas moças, inimigas mortais de Grandier, viram todo o partido que podiam tirar desse negócio no interesse de seu rancor e no interesse do convento. Fizeram-se exorcismos a princípio em segredo, depois em público. Os amigos de Grandier sentiam que se tramava alguma coisa e insistiam com o cura de Saint Pierre du Marché de permutar seu benefício eclesiástico e de deixar Loudun. Tudo se acalmaria desde que ele partisse; mas Grandier era um homem valente, não sabia o que era ceder à calúnia, ficou e foi preso uma manhã quando entrava numa igreja vestido de seus hábitos sacerdotais.

Apenas preso, Grandier foi tratado como criminoso de estado, seus papéis fora apreendidos, seus móveis selados e ele mesmo conduzido debaixo de vara à fortaleza de Angers. Durante esse tempo se lhe preparava em Loudun um cárcere que parecia feito mais para uma fera do que para um homem. Richelieu, instruído de tudo, despachou. Laubardemont para liquidar Grandier, mandara proibir o parlamento de tomar conhecimento desse negócio.

Se a conduta do cura de Saint Pierre fora a de um mundano, a atitude de Grandier, prisioneiro e acusado de magia, foi a de um herói e de um mártir. A adversidade revela assim as grandes almas, e é muito mais fácil suportar o sofrimento do que a prosperidade.

Ele escrevia à sua mãe:

"... Eu suporto minha aflição com paciência e lastimo mais a sua do que a minha. Sinto-me muito incomodado por não ter leito; trate de mandar-me trazer um, porque se o corpo não repousa, o espírito sucumbe. Enfim envie-me um breviário, uma Bíblia e um Santo Tomás, para minha consolação; quanto ao mais, não se aflijam, eu espero que Deus mostre minha inocência..."

Deus, de fato, toma cedo ou tarde o partido da inocência oprimida, mas ele não a liberta sempre de seus inimigos sobre a terra, só pela morte ela é libertada. Grandier devia muito cedo experimentá-la.

Não façamos entretanto os homens piores do que eles são realmente; os inimigos de Grandier não acreditavam em sua inocência, eles o perseguiam com raiva, mas era um grande culpado que eles julgavam perseguir. Os fenômenos histéricos eram então mal conhecidos e o sonambulismo de todo ignorado; as contorções das religiosas, seus movimentos fora dos hábitos e das forças humanas, as provas que davam de uma segunda vista aterradora, tudo isso era de natureza a convencer os menos crédulos. Um ateu célebre desse tempo, Queriotel, conselheiro do parlamento da Bretanha, veio ver os exorcismos para debochar deles. As religiosas que nunca o tinham visto, o apostrofaram por seu nome e revelaram bem alto pecados que o conselheiro julgava ninguém os conhecesse. Sua consciência se perturbou e ele passou de um extremo a outro como fazer todas as naturezas arrebatadas; ele chorou, se confessou e dedicou-se pelo resto de seus dias ao ascetismo mais rigoroso.

O sofisma dos exorcistas de Loudun era esse absurdo paralogismo que Mirville ousa sustentar ainda hoje:

O diabo é o autor de todos os fenômenos que não se explicam pelas leis conhecidas da natureza.

A esse aforismo antilógico, eles ajuntavam um outro de que faziam até certo ponto um artigo de fé:

O diabo devidamente exorcizado é forçado a dizer a verdade, e pode-se admiti-lo a dar testemunho em justiça.

O infeliz Grandier não estava então entregue a celerados; era a doidos furiosos que o tinham de julgar; por isso, fortes de sua consciência, deram eles a esse incrível processo a maior publicidade. Nunca escândalo semelhante houvera afligido a Igreja; religiosas que uivam, torcem-se, entregando-se aos gestos mais obscenos, blasfemando, procuram arremessar-se sobre Grandier como as bacantes sobre Orfeu; depois as coisas mais sagradas da religião misturadas a esse terrível espetáculo, arrastadas nesse lodo; Grandier só, calmo, erguendo os ombros e defendendo-se com dignidade e doçura; juízes pálidos, desatinados, suando por todos os poros, Laubardemont de roupa vermelha pairando sobre esse conflito como um abutre espera um cadáver. Tal foi o processo de Urbano Grandier.

O digamos altamente para honra da humanidade: uma Cabala semelhante a que suporia o assassinato jurídico desse homem, se não se admitir a boa fé dos exorcistas e dos juízes, é felizmente impossível. Os monstros são tão raros como os heróis; a multidão se compõe de mediocridades tão incapazes de grandes crimes como de grandes virtudes. Os mais santos personagens deste tempo acreditaram na possessão de Loudun; S. Vicente de Paula não foi estranho a essa história e foi convidado a dar seu parecer. Richelieu mesmo que, em todo caso talvez, achara meio de libertar-se de Grandier, acabou por crê-lo culpado. Sua morte foi o crime da ignorância e dos preconceitos de seu tempo, e foi mais uma catástrofe do que um assassinato.

Não vamos afligir nossos leitores com o detalhe de suas torturas; ele permaneceu firme, resignado, sem cólera e nada confessou; ele nem sequer simulou desprezar seus juízes, ele pediu com doçura aos exorcistas para poupá-lo: "E vocês, meus pais, lhes dizia ele, moderem o rigor de meus tormentos, não reduzam minha alma ao desespero". Sente-se através desse soluço da natureza que se queixa, toda a mansidão do cristão que perdoa. Os exorcistas para ocultar sua comoção, respondiam-lhe por insultos, e os executores choravam.

Três das religiosas, num de seus momentos lúcidos, vieram prostrar-se em frente do tribunal, gritando que Grandier era inocente; julgou-se que o demônio falava por suas bocas, e essa confissão fez apressar-lhe o suplício.

Urbano Grandier foi queimado vivo em 18 de agosto de 1634. Foi paciente e resignado até o fim. Quando fizeram-no descer da carroça, como tinha as pernas quebradas, ele caiu rudemente com o rosto no chão sem soltar um grito ou um só gemido. Um franciscano, chamado pai Grillau, rompeu então a multidão e veio levantar o paciente que abraçou chorando:

– Eu lhe trago, disse ele, a bênção de sua mãe, ela e eu oramos a Deus por você.

– Obrigado, meu pai, respondeu Grandier, só você tem piedade de mim, console minha pobre mãe e sirva-lhe de filho.

O tenente do prior, todo comovido, disse-lhe então:

– Senhor, perdoe-me a parte que sou forçado a tomar em seu suplício.

– Você não me ofendeu, respondeu Grandier, você é obrigado a cumprir os deveres de seu cargo.

Haviam-lhe prometido estrangulá-lo antes de queimá-lo, mas quando o carrasco quis puxar a corda, esta estava travada, e o infeliz cura caiu vivo no fogo.

Os principais exorcistas, o padre *Tranquilo* e o padre *Lactance*, morreram logo depois nos transportes de furioso frenesi; o padre *Surin*, que os substituiu, enlouqueceu; *Manoury*, o cirurgião que ajudara a torturar Grandier, morreu perseguido pelo fantasma da vítima. *Laubardemont* perdeu seu filho de um modo trágico e ele mesmo caiu na desgraça do seu senhor; as religiosas ficaram idiotas; tanto é verdade que se tratava de uma moléstia terrível e contagiosa; a moléstia mental do falso zelo e da falsa devoção. A providência pune os homens por suas próprias faltas, ela os instruiu pelas tristes consequências de seus erros.

Dez anos apenas depois da morte de Grandier renovaram-se na Normandia os escândalos de Loudun. Religiosas de Louviers acusaram a dois sacerdotes de as haver enfeitiçado; um desses padres estava morto, violaram a majestade do túmulo para arrancar-lhe o cadáver, os fenômenos de possessão foram os mesmos que em Loudun e Saint Baume. Essas moças histéricas traduziam em linguagem suja os pesadelos de seus diretores; os dois sacerdotes, um morto e outro vivo, foram condenados à fogueira. Coisa horrível, no mesmo poste amarraram um homem e um cadáver! O suplício de Mezence, essa ficção de um poeta pagão, achou cristãos para realizá-la, um povo cristão assistiu friamente a essa execução sacrílega e os pastores não compreenderam que profanando assim o sacerdócio e a morte, eles davam um espantoso sinal de impiedade!

Apelava-se para o século XVIII, e ele veio apagar as fogueiras com o sangue dos sacerdotes, e como sucede quase sempre, foram os bons que pagaram pelos maus.

Começara o século XVIII e queimavam-se ainda homens; a fé estava perdida e abandonava-se por hipocrisia o jovem Labarre aos mais horríveis suplícios por ter recusado a saudar uma procissão. Voltaire estava então no mundo, e sentiu crescer em seu coração uma vocação igual à de Átila. As paixões humanas profanavam a religião, e Deus enviava esse novo devastador para retomar a religião de um mundo que não era mais digno dela.

Em 1731, uma moça, *Catarina Cadiére*, de Toulon, acusou seu confessor, o padre Girard, jesuíta, de sedução e de magia; essa moça era uma extática estigmatizada que passara muito tempo por uma santa; houve toda uma história de ataques lascivos, de flagelações secretas, de contatos luxuriosos... Que lugar infame tem mistérios semelhantes aos de uma imaginação celibatária e desregrada por um perigoso misticismo! La Cadiére não foi acreditada, e o padre Girard escapou aos perigos de uma condenação; esse escândalo não foi por isso menos imenso, e o barulho que ele fez teve uma gargalhada por eco; dissemos que Voltaire achava-se então no mundo.

As pessoas supersticiosas tinham até então explicado os fenômenos extraordinários pela intervenção do diabo e dos espíritos; a escola de Voltaire, não menos absurda, negou contra toda evidência os próprios fenômenos.

O que não podemos explicar vem do diabo, diziam uns.

O que não podemos explicar não existe, respondiam outros.

A natureza, reproduzindo sempre em circunstâncias semelhantes as mesmas séries de fatos excêntricos e maravilhosos, protestava contra a ignorância presunçosa de uns e a ciência limitada dos outros.

Em todos os tempos, perturbações físicas acompanharam certas moléstias nervosas; os loucos, os epiléticos, os histéricos têm faculdades excepcionais, são sujeitos a alucinações contagiosas e produzem por vezes, quer na atmosfera, quer nos objetos que nos cercam, comoções e desarranjos.

O alucinado projeta seus sonhos ao redor dele, e é atormentado por sua sombra; o corpo cerca-se de seus reflexos que se tornaram disformes pelos sofrimentos do cérebro; ele mira-se então até certo ponto na luz astral cujas correntes excessivas, agindo à maneira de ímã, deslocam e fazem girar os móveis; ouvem-se então ruídos e vozes como nos sonhos. Esses fenômenos, repetidos tantas vezes em nossos dias que se tornaram vulgares, eram atribuídos por nossos pais aos fantasmas e aos demônios. A filosofia voltaireana achou mais simples negá-los, tratando de imbecis e idiotas as testemunhas oculares dos fatos mais incontestáveis.

Que há de mais averiguado, por exemplo, do que as maravilhas das convulsões no túmulo do diácono Paris, e nas reuniões dos extáticos de Saint Médard? Como explicar esses estranhos socorros que pediam os convulsionários? Milhares de pancadas de achas de lenha na cabeça, apertadelas capazes de esmagar um hipopótamo, torções de mamas com pinças de ferro, o crucificamento mesmo com pregos enfiados nos pés e nas mãos? Depois contorções sobre-humanas, ascensões aéreas? Os voltaireanos não quiseram ver nisto senão caratonhas e perneios; os jansenistas clamavam milagres e os verdadeiros católicos gemiam; mas a ciência que só devia intervir para explicar essa fantasiosa moléstia, a ciência conservara-se à parte; é a ela só portanto que pertencem agora as ursulinas de Loudun, as religiosas de Louviers, os convulsionários e os *médiuns* americanos. Os fenômenos de magnetismo não a põem no caminho de novas descobertas? A síntese química que se prepara, não levará aliás nossos físicos ao conhecimento da luz astral? E essa força universal uma vez conhecida, quem impedirá de determinar a força, o número e a direção de seus ímãs? Será toda uma revolução na ciência, se voltará à alta magia dos caldeus.

Muito se falou do *presbitério de Cideville*; Mirville, Gougenot des Mousseaux e outros crentes sem crítica viram nas coisas estranhas que lá se passavam uma revelação contemporânea do diabo; mas as mesmas coisas aconteceram em Saint-Maur, em 1706 e toda Paris correu para lá. Ouviam-se bater grandes golpes contra os muros, os leitos rolavam sem que ninguém neles tocasse, os móveis se deslocavam; tudo isso acabou por uma crise violenta acompanhada de um profundo desmaio durante o qual o dono da casa, moço de vinte e quatro a vinte e cinco anos, de constituição frágil e nervosa, julgou ouvir espíritos que lhe falavam longamente sem poder nunca repetir depois uma palavra do que eles lhe haviam dito.

Eis uma história de aparição do começo do século XVIII; a simplicidade da narração prova sua autenticidade, há certos caracteres de verdade que os inventores não imitam.

Um bom sacerdote de Valognes, chamado *Bezuel*, tendo sido convidado a jantar, em 7 de janeiro de 1708, em casa de uma senhora, parente do abade de Saint-Pierre, com esse abade, lhes contou, segundo seu desejo, a aparição de um de seus camaradas que ele tivera em pleno dia, há doze anos.

"Em 1695, diz-lhe Bezuel, sendo estudante de cerca de quinze anos, fiz conhecimento com dois filhos de Abaquene, procurador, estudantes como eu. O mais velho era de minha idade, o mais moço tinha 18 meses e chamava-se Desfontaines; fazíamos nossos passeios e todas as nossas partidas de festa juntos; e ou porque Desfontaines tivesse mais amizade por mim, ou porque fosse mais alegre, mais agradável, mais espiritual que seu irmão, eu o amava também mais.

"Em 1696, passeando ambos no claustro dos Capuchinhos, ele contou-me haver lido há pouco uma história de dois amigos que se prometeram que o que morresse primeiro viria dar novas de seu estado ao vivo; que o morto veio e disse-lhe coisas surpreendentes. A esse respeito, Desfontaines me disse que tinha um favor a me pedir e pedia-me imediatamente: era de fazer-lhe igual promessa e que de seu lado, ele me faria; respondi-lhe que não queria. Ele levou muitos meses a falar-me disso e muito seriamente; resisti sempre. Enfim, em agosto de 1696, como ele devia partir para ir estudar em Caen, ele insistiu tanto, com as lágrimas nos olhos, que vim a consentir. Ele puxou no momento dois pequenos papéis que ele mesmo escrevera, um assinado com seu sangue, onde ele me prometia, em caso de morte, de vir dar-me notícias de seu estado, o outro onde eu lhe prometia tal coisa. Ele picou no dedo, de onde saiu uma gota de sangue com que assinei meu nome; ele ficou arrebatado de ter meu bilhete, e abraçando-me deu-me mil agradecimentos.

"Tempos depois ele partia com seu irmão. Nossa separação nos causou muito pesar; nós nos dávamos de vez em quando nossas notícias e só havia decorrido seis semanas que eu recebera cartas, quando me sucedeu o que vou contar.

"A 31 de julho de 1697, uma quinta-feira, me lembrarei toda minha vida, o falecido Sr. de Sortoville, em cuja casa eu residia e que fora tão bom para mim, convidou-me a ir a um prado perto de Cordeliers e ajudar a apressar seu pessoal que trabalhava no feno; apenas um quarto de hora que eu estava lá, pelas duas horas e meia, de repente, tonto e tomado de uma fraqueza, apoiei-me em vão sobre minha foice, sendo preciso que eu me sentasse sobre o feno onde estive meia hora para voltar a mim. Passou-se isto; mas como nunca me havia sucedido coisa igual, fiquei muito surpreendido e cheguei a temer o começo de uma moléstia e pouca impressão ficou-me o resto do dia; é verdade que de noite dormi menos que de costume.

"No dia seguinte, à mesma hora, como eu levara ao prado o Sr. de Saint-Simon, neto do Sr. de Sortoville, que tinha então dez anos, achei-me no caminho atacado de tal fraqueza que me sentei numa pedra à sombra. Passou-se isto e continuamos nosso caminho; nesse dia não me sucedeu nada de mais e à noite não dormi nada.

"Enfim no dia seguinte, segundo dia de agosto, estando no celeiro onde se cortava o feno trazido do prado, precisamente à mesma hora, fui tomado de tal tontura e de tal fraqueza, porém maior que as outras. Tive uma vertigem e perdi os sentidos. Um dos empregados observou isso. Disseram-me que me perguntaram o que eu tinha e que respondi: Vi o que nunca eu acreditaria; não me lembro nem da pergunta nem da resposta. Isso no entanto está de acordo com o que me parece ter visto então como uma pessoa seminua, mas que eu não reconheci entretanto. Ajudaram-me a descer a escada, eu segurava-me bem nos degraus mas como eu vi Desfontaines, meu camarada, em baixo da escada, a fraqueza tomou-me de novo, a cabeça me transtornou e perdi os sentidos. Desceram-me e me puseram sobre um grande poste que servia de assento na grande praça dos Capuchinhos; eu não vi mais nem Sortoville nem seus criados, ainda que presentes; mas percebendo Desfontaines no pé da escada, que me chamava, recuei sobre meu assento como para lhe dar lugar, e os que me viam e que eu não via, ainda que eu tivesse os olhos abertos, notaram esse movimento.

"Como ele não vinha, levantei-me para ir ao seu encontro; ele dirigiu-se para mim, tomou-me o braço esquerdo com seu braço direito e conduziu-me a trinta passos dali, numa rua afastada, tendo-me assim seguro. Os criados, julgando que minha tontura tinha passado, e que eu estava pronto a qualquer necessidade, voltaram à sua tarefa, exceto um criadinho que foi dizer a Sortoville que eu estava falando sozinho. Sortoville acreditou que eu estava embriagado; aproximando-se ele me viu fazer algumas perguntas e algumas respostas que ele me disse depois.

"Estive lá perto de três quartos de hora a conversar com Desfontaines. 'Eu lhe prometi, disse-me ele, que se eu morresse primeiro, viria dizer a você. Afoguei-me anteontem na ribeira de Caen; pouco mais ou menos a esta hora, eu estava a passeio com conhecidos; fazia muito calor e nos deu vontade de tomar um banho; veio-me então uma fraqueza quando fui ao fundo do riacho. O abade de Henil-Jean, meu camarada, mergulhou para me pegar; eu segurei seu pé; mas ou que ele tivesse medo que fosse um salmão, ou que quisesse subir depressa à tona, ele sacudiu tão rudemente o calcanhar que me deu um forte golpe no peito e lançou-me no fundo da ribeira, que lá é muito profunda.'

"Desfontaines contou-me em seguida tudo o que lhe tinha acontecido em passeio e de que tinham conversado. Por mais que eu lhe perguntasse se ele estava salvo, se condenado, se estava no purgatório, se eu estava em estado de graça, ele continuou seu discurso como se nada tivesse ouvido e como se ele não quisesse compreender-me.

"Aproximei-me várias vezes para abraçá-lo, mas pareceu-me que eu não abraçava nada; eu sentia contudo que ele me sustentava fortemente pelo braço e que quando eu tratava de desviar minha cabeça para não vê-lo mais, porque eu não o via senão me afligindo, ele me sacudiu o braço para obrigar-me a olhá-lo e ouvi-lo.

"Ele me apareceu sempre maior do que eu jamais tinha visto, maior do que ele era no tempo de sua morte, visto como ele não crescera nos dezoito meses que não nos tínhamos visto; eu o via sempre a meio-corpo e nu, cabeça nua com seus cabelos louros e um letreiro branco enrolado em seus cabelos, sobre sua fronte, na qual havia escritura, eu não pude ler senão estas palavras: *In* etc.

"Era mesmo o seu tom de voz; ele não me pareceu nem alegre nem triste, mas numa situação calma e tranquila; ele pediu-me, quando seu irmão voltasse, de dizer-lhe certas coisas para comunicar a seu pai e sua mãe; pediu-me para dizer os sete salmos que ele tivera em penitência no domingo precedente, que ele não tinha ainda recitado, em seguida recomendou-me de falar a seu irmão; disse-me depois adeus e se afastou de mim, dizendo: 'Até, até... que era a despedida habitual de que se servia quando nos separávamos'.

"Ele me disse que, quando se afogava, seu irmão, escrevendo uma tradução, arrependera-se de tê-lo deixado ir, sem acompanhá-lo, temendo algum acidente; ele pintou-me tão bem o lugar onde se tinha afogado, e a árvore da avenida de Louvigni, onde escrevera algumas palavras, que dois anos depois, achando-me com o falecido cavalheiro Gotot, um dos que estavam com ele quando se afogou, eu lhe indiquei o lugar, e que contando as árvores de um certo lado, que Desfontaines me tinha especificado, fui direto à árvore e encontrei o que escrevera; ele disse-me também que o artigo dos sete salmos era verdadeiro, que ao sair da procissão, eles disseram sua penitência; seu irmão me disse depois que era certo que naquela hora ele escrevia sua versão e que se havia acusado de não ter acompanhado o irmão.

"Como eu passei perto de um mês sem poder fazer o que me disse Desfontaines a respeito de seu irmão, ele apareceu-me ainda duas vezes, antes de jantar, numa casa de campo onde eu costumava comer, a uma légua daqui. Achando-me mal, disse que me deixassem, que não era nada, e que ia voltar; fui ao canto do jardim, e então Desfontaines censurou-me por não ter ainda falado a seu irmão e conversamos durante um quarto de hora, sem que ele respondesse às minhas perguntas.

"Indo de manhã à Notre Dame de La Victorie ele apareceu-me ainda, mas por menos tempo e insistiu sempre em falar a seu irmão e deixou-me dizendo que 'Até, até...', e sem querer responder às minhas perguntas.

"É uma coisa notável que eu tive uma dor no lugar do braço que ele pegara a primeira vez, até que eu falei a seu irmão. Passei três dias sem dormir de espanto. Ao sair da primeira conversação, eu disse a Varonville, meu vizinho e camarada de estudos, que Desfontaines tinha se afogado e que ele mesmo acabava de me aparecer e de me falar. Ele foi correndo à casa de seus parentes para saber se era verdade; acabava-se de receber a notícia; mas por um mal entendido, ele compreendeu que era o mais velho. Ele assegurou-me que lera a carta de Desfontaines e acreditava assim; eu sustentei-lhe sempre que isso não podia ser, e que Desfontaines me aparecera mesmo; ele voltou e disse me chorando: 'É simplesmente verdade.'

"Nada me sucedeu depois e eis minha aventura no natural. Contaram-na diversamente, mas eu não a contei senão como acabo de lhe dizer. O falecido Godot disse-me que Desfontaines apareceu também ao Sr. Ménil-Jean. Mas eu não o conheço; ele mora a vinte léguas daqui, do lado de Argentan, e nada posso dizer além disso."

É preciso notar o caráter de sonho que se mostra por toda a parte nessa visão de um homem acordado mas meio asfixiado pelas emanações do feno. Se reconhecerá a embriaguez astral produzida pela congestão do cérebro. O estado de sonambulismo que é sua consequência, e que faz ver a Bezuel o último reflexo vivo que seu amigo deixou na luz. Ele está nu e só o podem ver a meio corpo, porque o resto estava oculto pela água do rio. A faixa nos cabelos era sem dúvida um lenço ou um cordão que servia ao banhista para prender a cabeleira.

Bezuel teve a intuição sonambólica de tudo o que se passara e pareceu-lhe saber da boca mesmo de seu amigo. Esse amigo aliás não lhe pareceu nem triste nem alegre, maneira de exprimir a impressão que lhe fez essa imagem sem vida toda de reminiscência e de reflexo. Quando essa visão lhe vem pela primeira vez, Bezuel, embriagado pelo odor do feno, deixa-se cair de uma escada e fere-se no braço; parece-lhe então, com a lógica dos sonhos, que seu amigo lhe serra o braço, e quando desperta sente ainda a dor, o que explica naturalmente pelo golpe que se dera; finalmente os discursos do defunto eram todos retrospectivos, nada revelando da morte nem da outra vida, o que prova mais uma vez o quanto é intransponível a barreira que separa o outro mundo deste.

A vida na profecia de Ezequiel é figurada por meio de rodas que giram umas nas outras; as formas elementares representadas pelos quatro animais, sobem e descem com a roda, e marcham sem nunca se atingirem, como os signos do Zodíaco. Nunca as rodas do movimento perpétuo voltam sobre si mesmas; nunca recuam as formas para as estações que deixaram; para voltar de onde se partiu deve-se ter feito o giro do círculo num movimento sempre o mesmo e sempre novo. Concluamos disso que tudo que se nos manifesta nesta vida, é um fenômeno desta mesma vida, e que não é dado neste mundo, nem a nosso pensamento, nem a nossa imaginação, nem mesmo a nossas alucinações e a nossos sonhos transpor, ainda mesmo por um momento, as barreiras temíveis da morte.

CAPÍTULO 7

ORIGENS MÁGICAS DA MAÇONARIA

A grande associação cabalística, conhecida na Europa sob o nome de *Maçonaria*, surge de repente no mundo, no momento em que o protesto contra a igreja acaba de desmembrar a unidade cristã. Os historiadores dessa ordem não sabem explicar-lhe a origem: uns lhe dão por mãe uma associação de pedreiros formada no tempo da construção da catedral de Estrasburgo; outros lhe dão Cromwell por fundador, sem entrarem em indagações se os ritos da maçonaria inglesa do tempo de Cromwell não são organizados contra este chefe da anarquia puritana; há ignorantes que atribuem aos jesuítas, senão a fundação ao menos a continuação e a direção dessa sociedade muito tempo secular e sempre misteriosa. À parte esta última opinião, que se refuta por si mesma, podem se conciliar todas as outras, dizendo que os irmãos maçons pediram aos construtores da catedral de Estrasburgo seu nome e os emblemas de sua arte, que eles se organizavam pela primeira vez publicamente na Inglaterra, a favor das instituições radicais e a despeito do despotismo de Cromwell.

Pode-se ajuntar que eles tiveram os templários por modelos, os rosa-cruzes por pais e os joanitas por antepassados. Seu dogma é o de Zoroastro e de Hermes, sua regra é a iniciação progressiva, seu princípio a igualdade regulada pela hierarquia e a fraternidade universal; são os continuadores da escola de Alexandria, herdeiros de todas as iniciações antigas; são os depositários dos segredos do Apocalipse e do *Sohar*; o objeto de seu culto é a verdade representada pela luz; eles toleram todas as crenças e não professam senão uma só e mesma filosofia; eles não procuram senão a verdade, não ensinam senão a realidade e querem chamar progressivamente todas as inteligências à razão.

O fim alegórico da maçonaria é a reconstrução do templo de Salomão; o fim real é a reconstituição da unidade social pela aliança da razão e da fé, e o restabelecimento da hierarquia, conforme a ciência e a virtude, com a iniciação e as provas por graus.

Nada é mais belo, está se vendo, nada é maior do que essas ideias e essas tendências; infelizmente as doutrinas da unidade e a submissão à hierarquia não se conservaram na maçonaria universal; houve logo aí uma maçonaria dissidente, oposta à maçonaria ortodoxa, e as maiores calamidades da revolução francesa foram o resultado dessa cisão.

Os franco-maçons tiveram sua lenda secreta; é a de Hiram, completada pela de Ciro e de Zorobabel.

Eis a lenda de Hiram:

Quando Salomão mandou construir o templo, confiou seus planos a um arquiteto chamado Hiram.

Esse arquiteto, para pôr ordem nos trabalhos, dividiu os trabalhadores segundo sua habilidade e como era grande o número deles, a fim de reconhecê-los, quer para empregá-los segundo seu mérito, quer para remunerá-los segundo seu trabalho, ele deu a cada categoria de aprendizes, de companheiros e aos mestres palavras de passe e senhas particulares.

Três companheiros quiseram usurpar a posição de mestres, sem o devido merecimento; puseram-se de emboscada nas três portas principais do templo, e quando Hiram se apresentou para sair, um dos companheiros pediu-lhe a palavra de ordem dos mestres, ameaçando-o com sua régua.

Hiram lhe respondeu: "Não foi assim que recebi a palavra que você me pediu".

O companheiro furioso bateu em Hiram com sua régua fazendo-lhe uma primeira ferida.

Hiram correu a uma outra porta, onde encontrou o segundo companheiro; mesma pergunta, a mesma resposta, e esta vez Hiram foi ferido com um esquadro, dizem outros com uma alavanca.

Na terceira porta estava o terceiro assassino que abateu o mestre com uma machadinha.

Esses três companheiros esconderam em seguida o cadáver sob um montão de escombros, e plantaram sobre esse túmulo improvisado um ramo de acácia, fugindo depois como Caim após a morte de Abel.

Salomão, porém, não vendo regressar seu arquiteto, despachou nove mestres para procurá-lo; o ramo de acácia lhes revelou o cadáver, eles o tiraram de sob os escombros e como lá havia ficado bastante tempo, eles exclamaram, levantando-o: *Mac benach*! o que significa: a carne solta-se dos ossos.

A Hiram foram prestadas as últimas honras, mandando depois Salomão 27 mestres à cata dos assassinos.

O primeiro foi surpreendido numa caverna; perto dele ardia uma lâmpada, corria um regato a seus pés e para sua defesa achava-se a seu lado um punhal. O mestre que penetrou na caverna reconheceu o assassino, tomou o punhal e feriu-o gritando: *Nekun!* palavra que quer dizer vingança; sua cabeça foi levada a Salomão que estremeceu ao vê-la e disse ao que tinha assassinado: "Desgraçado, você não sabia que eu me reservava o direito de punir?" Então todos os mestres se ajoelharam e pediram perdão para aquele cujo zelo o levara tão longe.

O segundo assassino foi traído por um homem que lhe dera asilo; ele se escondera num rochedo perto de um espinhadeiro ardente, sobre o qual brilhava um arco-íris; ao seu lado achava-se deitado um cão cuja vigilância os mestres enganaram; pegaram o criminoso, amarraram-no e conduziram-no a Jerusalém onde sofreu o último suplício.

O terceiro foi morto por um leão que foi preciso vencer para apoderar-se do cadáver; outras versões dizem que ele se defendeu a machadadas contra os mestres que chegaram enfim a desarmá-lo e o levaram a Salomão que lhe fez expiar seu crime.

Tal é a primeira lenda; eis agora a explicação.

Salomão é a personificação da ciência e da sabedoria supremas.

O templo é a realização e a figura do reino hierárquico da verdade e da razão sobre a terra.

Hiram é o homem que chegou ao domínio pela ciência e pela sabedoria.

Ele governa pela justiça e pela ordem, dando a cada um segundo suas obras.

Cada grau da ordem possui uma palavra que lhe exprime a inteligência.

Não há senão uma palavra para Hiram, mas essa palavra pronuncia-se de três maneiras diferentes.

De um modo para os aprendizes, e pronunciada por eles significa natureza e explica-se pelo trabalho.

De outro modo pelos companheiros e entre eles significa pensamento explicando-se pelo estudo.

De outro modo para os mestres e em sua boca significa verdade, palavra que se explica pela sabedoria.

Essa palavra é a de que servem para designar Deus, cujo verdadeiro nome é indizível e incomunicável.

Assim há três graus na hierarquia como há três portas no templo.

Há três raios na luz.

Há três forças na natureza.

Essas forças são representadas pela régua que une, a alavanca que levanta e a machadinha que firma.

A rebelião dos instintos brutais, contra a aristocracia hierática da sabedoria, arma-se sucessivamente dessas três forças que ela desvia da harmonia.

Há três rebeldes típicos:

O rebelde à natureza;

O rebelde à ciência;

O rebelde à verdade.

Eles eram representados no inferno dos antigos pelas três cabeças de Cérbero.

Eles são representados na Bíblia por Coré, Dathan e Abiron.

Na lenda maçônica, eles são designados por nomes que variam segundo os ritos.

O primeiro que se chama ordinariamente *Abiram* ou assassino de Hiram, fere o grão-mestre com a régua.

É a história do justo que se mata, em nome da lei, pelas paixões humanas.

O segundo, chamado *Mephiboseth,* do nome de um pretendente ridículo e enfermo à realeza de Davi, fere Hiram com a alavanca ou a esquadria.

É assim que a alavanca popular ou a esquadria de uma louca igualdade torna-se o instrumento da tirania entre as mãos da multidão atenta, mais infelizmente ainda do que a régua, à realeza da sabedoria e da virtude.

O terceiro enfim acaba com Hiram com a machadinha.

Como fazem os instintos brutais quando querem fazer a ordem em nome da violência e do medo, abafando a inteligência.

O ramo de acácia sobre o túmulo de Hiram é como a cruz sobre nossos altares.

É o sinal da ciência que sobrevive à ciência; é o ramo verde que anuncia uma outra primavera.

Quando os homens perturbam assim a ordem da natureza, a Providência intervém para restabelecê-la, como Salomão para vingar a morte de Hiram.

Aquele que assassinou com a régua, morre pelo punhal.

Aquele que feriu com a alavanca ou a esquadria, morrerá sob o machado da lei. É a sentença eterna dos regicidas.

Aquele que triunfou pela machadinha, cairá vítima da força de que abusou e será estrangulado pelo leão.

O assassino pela régua é denunciado pela mesma lâmpada que o esclarece e pela fonte onde mata sua sede, isto é, a ele será aplicada a pena de talião.

O assassino pela alavanca será surpreendido quando sua vigilância for deficiente como um cão adormecido e será entregue por seus cúmplices; porque a anarquia é a mãe da traição.

O leão que devora o assassino pela machadinha, é uma das formas da esfinge de Édipo.

E aquele que vencer o leão merecerá suceder a Hiram na sua dignidade.

O cadáver putrefato de Hiram mostra que as formas mudam, mas que o espírito fica.

A fonte de água que corre perto do primeiro facínora lembra o dilúvio que puniu os crimes contra a natureza.

O espinhadeiro ardente e o arco-íris que fazem descobrir o segundo assassino, representam a luz e a vida, denunciando os atentados contra o pensamento.

Enfim o leão vencido representa o triunfo do espírito sobre a matéria e a submissão definitiva da força à inteligência.

Desde o começo do trabalho do espírito para edificar o templo da unidade, Hiram foi morto muitas vezes e ressuscita sempre.

É Adonis morto pelo javali; é Osíris assassinado por Tífon.

É Pitágoras proscrito, é Orfeu despedaçado pelas bacantes, é Moisés abandonado nas cavernas do Monte Neba, é Jesus morto por Caifás, Judas e Pilatos.

Os verdadeiros maçons são portanto os que persistem em querer construir o templo, segundo o plano de Hiram.

Tal é a grande e principal lenda da maçonaria; as outras são menos belas e menos profundas, mas não pensamos dever divulgar-lhe os mistérios, e se bem que não tenhamos recebido a iniciação senão de Deus e de nossos trabalhos, consideramos o segredo da alta maçonaria como o nosso. Chegado por nossos esforços a um grau científico que nos impõe silêncio, não nos julgamos melhor empenhados por nossas convicções do que por um juramento. A ciência é uma nobreza que obriga e não desmereceremos a coroa principesca dos rosa-cruzes. Nós não cremos também na ressurreição de Hiram!

Os ritos da maçonaria são destinados a transmitir a lembrança das lendas da iniciação e a conservá-la entre nossos irmãos.

Nos perguntarão talvez como, se a maçonaria é tão sublime e tão santa, pôde ela ser proscrita e tantas vezes condenada pela igreja.

Já respondemos a essa questão, falando das cisões e das profanações da maçonaria.

A maçonaria é a gnose e os falsos gnósticos fizeram condenar os verdadeiros.

O que os obriga a esconder-se, não é o temor da luz, a luz é o que eles querem, o que eles procuram, o que eles adoram.

Mas eles temem os profanadores, isto é, os falsos intérpretes, os caluniadores, os céticos de sorriso estúpido, os inimigos de toda crença e de toda moralidade.

Em nosso tempo aliás um grande número de homens que se julgam francos-maçons, ignoram o sentido de seus ritos e perderam a chave de seus mistérios.

Eles não compreendem mais mesmo seus quadros simbólicos, e não entendem mais nada dos sinais hieroglíficos com que são pintados os tapetes de suas lojas.

Esses quadros e esses sinais são páginas do livro da ciência absoluta e universal.

Podem ser lidos com o auxílio das chaves cabalísticas e não têm nada de oculto para o iniciado que possui as clavículas de Salomão.

A maçonaria foi não somente profanada mas serviu mesmo de véu e de pretexto às cabalas da anarquia, pela influência oculta dos vingadores de Jaques de Molay, e dos continuadores da obra cismática do templo.

Em lugar de vingar a morte de Hiram vingaram-se seus assassinos.

Os anarquistas retomaram a régua, o esquadro e a malheta e em cima escreveram liberdade, igualdade e fraternidade.

Isto é, liberdade para as cobiças, igualdade na baixeza e fraternidade para destruir.

Eis os homens que a Igreja condenou justamente e que condenará sempre.

LIVRO VI

A MAGIA E A REVOLUÇÃO
ו, WAOU

CAPÍTULO 1

AUTORES NOTÁVEIS DO SÉCULO XVIII

Até o fim do século XVIII, a China era quase desconhecida do resto do mundo. Foi somente nessa época que esse vasto império, explorado por nossos missionários, nos é revelado por eles e nos aparece como uma necrópole de todas as ciências do passado. Parecem os chineses um povo de múmias. Entre eles não há progresso e vivem todos na imobilidade de suas tradições, das quais há muito se retiraram o espírito e a vida. Eles não sabem mais nada, mas se lembram vagamente de tudo. O gênio da China é o dragão das Sespérides, que defende os pomos de ouro do jardim da ciência. Seu tipo humano da divindade, em vez de vencer o dragão como Cadmo, acocorou-se, fascinado e magnetizado pelo monstro que faz espelhar em sua presença o reflexo indistinto de suas escamas.

O mistério só é vivo na China; a ciência se acha em letargia ou pelo menos dorme profundamente e só em sonho é que fala.

Dissemos que a China possui um *tarô* calculado sobre os mesmos dados cabalísticos e absolutos que o *Sepher Jesirah* dos hebreus; ela possui também um livro hieroglífico composto unicamente das combinações de duas figuras;

este livro é o *y-Kim*, atribuído ao imperador *Fo-hi*, e M. de Maison em suas *Cartas Sobre a China* o declara perfeitamente indecifrável.

Ele não o é todavia mais do que o *Sohar*, que parece ser um complemento curiosíssimo e um precioso apêndice. O *Sohar* é a explicação do trabalho da balança ou do equilíbrio universal: o *y-Kim* é a sua demonstração hieroglífica e cifrada.

A chave desse livro é um pentaclo conhecido sob o nome de *Trigramas de Fo-hi*. Segundo a lenda narrada no *Vay-ky*, coletânea de grande autoridade na China e que foi composta por Leon-Tao-Yuen, sob a dinastia dos Soms, há setecentos ou oitocentos anos, o imperador Fo-hi meditando um dia à beira de um regato sobre os grandes segredos da natureza, viu sair da água uma esfinge, isto é, um animal alegórico tendo a forma mista de um cavalo e de um dragão. Sua cabeça era comprida como a do cavalo, ele tinha quatro pés que acabavam por uma cauda de serpente; seu dorso era coberto de escamas sobre cada uma das quais brilhava a figura dos misteriosos Trigramas, menores nas extremidades, ou mais largas sobre o peito e sobre o dorso, mas em perfeita harmonia com as formas e apresentava as mesmas imagens que ele, mas em sentido inverso das formas e das imagens reais. Esse cavalo serpente, inspirador ou antes portador de inspirações como o Pégaso da mitologia grega, símbolo da vida universal, como a serpente de Cronos, iniciou Fo-hi na ciência universal. Os Trigramas serviram-lhe de introdução, ele contou as escamas do cavalo-serpente, e combinou os Trigramas de tantos modos que ele concebeu uma síntese das ciências comparadas e unidas entre si pelas harmonias preexistentes e necessárias da natureza; a redação das tábuas do *y-Kim* foi o resultado dessa maravilhosa combinação. Os números de Fo-hi são os mesmos que os da alta Cabala, seu pentaclo é semelhante ao de Salomão, como explicamos em nosso *Dogma e Ritual da Alta Magia*; suas tábuas correspondem às trinta e duas vias e às cinquenta portas da luz, e o *y-Kim* não poderia ter obscuridade para os sábios cabalistas que têm a chave do *Sepher Jesirah* e do *Sohar*.

A ciência da filosofia absoluta existiu pois na China. Os Kins são apenas os comentários desse absoluto oculto aos profanos, e eles são para o *y-Kim* o que o Pentateuco de Moisés é para as revelações do *Sifra de Zeniuta*, que é o livro dos mistérios, e a chave do *Sohar* entre os hebreus.

Kong-fu-tzee ou *Confúcio* não foi senão o revelador dessa Cabala que ele negara talvez para dela afastar as investigações dos profanos, como o sábio Talmudista *Maimônidas* negou as realidades da clavícula de Salomão; veio depois o materialista *Fo* que substituiu as tradições da feitiçaria indiana pela

FIGURA 15
O grande Arcano Hermético (segundo Basílio Valentino)

lembrança da alta magia dos egípcios. O culto de Fo paralisou na China o progresso das ciências, e a civilização abortada desse grande povo caiu na rotina e no embrutecimento.

Um filósofo de admirável sagacidade e de grande profundeza, o sábio *Leibnitz*, que fora tão digno de ser iniciado nas verdades supremas da ciência absoluta, cria ver no *y-Kim* sua própria invenção da aritmética binária, e na linha reta e na linha quebrada de Fo-hi, ele achava os caracteres 1 0, que ele mesmo empregava em seus cálculos; muito perto da verdade ele estava, a qual só entrevia num de seus cálculos sem poder abraçar-lhe o conjunto.

Disputas teológicas deram oportunidade a investigações mais importantes sobre as antiguidades religiosas da China; tratava-se de saber se os jesuítas tinham razão de tolerar entre os chineses convertidos ao cristianismo o culto do céu e o dos antepassados; em outros termos, se devia crer que pelo céu os letrados da China compreendiam Deus ou simplesmente o espaço e a natureza. Era muito natural mesmo dirigirem-se aos próprios letrados e ao bom senso público, mas não são essas autoridades teológicas; argumentou-se então, escreveu-se muito, intrigou-se mais; e os jesuítas que no fundo tinham razão, foram convencidos de não a ter pela forma, e criaram-lhes novas dificuldades que não são ainda superadas e que fazem ainda nos tempos de hoje correr na China o sangue de nossos mártires incansáveis.

Enquanto se disputava assim à religião suas conquistas na Ásia, imensa inquietação agitava a Europa. A fé cristã parecia a pique de extinguir-se aí e de todos os lados só se ouviam boatos de novas revelações e de milagres. Um homem seriamente versado na ciência e no mundo, *Emanuel Swedenborg*, admirava a Suécia por suas visões e de novos iluminados a Alemanha estava cheia. O misticismo dissidente conspirava para substituir os mistérios da religião hierárquica pelos mistérios da anarquia; uma iminente catástrofe se preparava.

Swedenborg, o mais honesto e o mais doce dos profetas do falso iluminismo, não era por isso menos perigoso que os outros. Pretender, de fato, que todos os homens sejam chamados a comunicar-se diretamente com o céu, é substituir o ensino religioso regular e a iniciação progressiva por todas as divagações do entusiasmo e todas as loucuras da imaginação e dos sonhos. Os iluminados inteligentes sentiam bem que sendo a religião uma das grandes necessidades da humanidade, jamais ser destruída; por isso eles queriam fazer da religião mesma, e do fanatismo que ela arrasta por uma consequência fatal do entusiasmo inspirado à ignorância, arma para destruir a autoridade hierárquica da Igreja, contando ver sair dos conflitos do fanatismo uma hierarquia nova da qual esperavam ser os fundadores e os chefes.

"Vocês seriam como deuses, conhecendo tudo sem ter tido o trabalho de aprender coisa alguma; vocês seriam como reis possuindo tudo sem ter tido o trabalho de adquirir nada."

Tais são em resumo as promessas do espírito revolucionário às multidões cobiçosas. O espírito revolucionário é o espírito de morte, é a antiga serpente da *Gênese*, e no entanto é o pai do movimento e do progresso, visto como as gerações não se renovam senão pela morte; é por isso que os Índios adoravam Xiva, o implacável destruidor cuja forma simbólica era a do amor físico e da geração material.

O sistema de Swedenborg não é outro senão a Cabala, menos o princípio da hierarquia; é o templo sem chave, de abóbada e sem alicerces; é um imenso edifício, felizmente todo fantástico e aéreo, porque se alguém tentasse um dia reduzi-lo sobre a terra, ele cairia sobre a cabeça do primeiro filho que experimentasse, não diremos de abalá-lo, mas de apoiar-se somente contra uma de suas principais colunas.

Organizar a anarquia, tal é o problema que os revolucionários têm e terão eternamente que resolver; é o rochedo de Sísifo que cairá sempre sobre eles; para existir um só instante eles são e serão sempre reduzidos fatalmente a improvisar um despotismo sem outra razão de ser que a necessidade, e que, por consequência, é violento e cego como ela. Ninguém escapa à monarquia harmoniosa da razão senão para cobrir sob a ditadura desordenada da loucura.

O meio proposto indiretamente por Swedenborg, para comunicar com o mundo espiritual, era um estado intermediário entre o sonho, o êxtase e a catalepsia. O iluminado sueco afirmava a possibilidade desse estado, mas não dava a teoria das práticas necessárias para a ele chegar; talvez seus discípulos, para preencher essa lacuna, recorressem ao ritual mágico da Índia, quando um homem de gênio veio completar por uma taumaturgia natural as intuições proféticas de Swedenborg. Esse homem era um médico alemão, chamado *Mesmer*.

Mesmer teve a glória de encontrar, sem iniciador e sem conhecimentos ocultos, o agente universal da vida e de seus prodígios; seus *Aforismos**, que os sábios de seu tempo deviam considerar como tantos paradoxos, virão um dia a ser as bases da síntese física.

Mesmer reconhece no ser natural, duas formas que são a substância e a vida, de onde resultam a fixidez e o movimento que constituem o equilíbrio das coisas.

Ele reconhece a existência de uma natureza primeiro fluídica, universal, capaz de fixidez e de movimentos, que, fixando-se, determina a constituição das substâncias, e que, movendo-se sempre, modifica e renova as formas.

Essa matéria fluídica é ativa e passiva; como passiva ela atrai-se a si mesma, como ativa ela projeta-se.

Por ela os mundos e os seres vivos que povoam os mundos, atraem-se e repelem-se; ela passa de uns a outros por uma circulação comparável à do sangue.

Ela mantém e renova a vida de todos os seres, ela é o agente de sua força e pode tornar-se o instrumento de sua vontade.

Os prodígios são os resultados das forças ou das vontades excepcionais.

---

* Mesmer. "*Memoires et asphorismes suivis des procédès d'Eslon*". 1846, I col. in 18.

Os fenômenos de coesão, de elasticidade, de densidade ou sutilidade dos corpos, são produzidos pelas diversas combinações das duas propriedades de fluido universal ou da matéria-prima.

A doença, como todas as desordens físicas, vem de um desarranjo do equilíbrio normal da matéria primária num corpo organizado.

Os corpos organizados são ou simpáticos ou antipáticos uns aos outros, em virtude de seu equilíbrio especial.

Os corpos simpáticos podem curar-se uns aos outros, restabelecendo mutuamente seu equilíbrio.

Essa propriedade dos corpos de equilibrar-se uns aos outros pela atração ou a projeção da matéria primária, Mesmer a denomina magnetismo, e como ela se especifica conforme as qualidades dos seres, quando ele estuda os seus fenômenos nos seres animados, ele a chama magnetismo animal.

Mesmer provou sua teoria por obras, e suas experiências foram coroadas de pleno êxito.

Tendo observado a analogia que existe entre os fenômenos de magnetismo animal e os de eletricidade, ele fez uso de condutores metálicos, que tocavam num reservatório comum que continha terra e água, para absorver e para projetar as duas forças; abandonou-se depois o aparelho complicado das celhas que se pode substituir por uma cadeia viva de mãos superpostas a um corpo circular e mau condutor como a madeira, o tecido de seda ou de lã etc.

Ele aplicou em seguida aos seres vivos e organizados os processos de imantação metálica, e adquiriu a certeza da realidade e da semelhança dos fenômenos que se seguiram.

Um só passo lhe restava a dar, era de declarar que os efeitos atribuídos em física aos quatro fluidos imponderáveis são as manifestações diversas de uma só e mesma força diversificada pelos seus usos, e que essa força inseparável da matéria primária e universal que ela faz mover, ora esplendorosa, ora ígnea, ora elétrica e ora magnética, não tem senão um só nome indicado por Moisés no *Gênese*, quando ele a faz aparecer por apelo do Onipotente, antes de todas as substâncias e antes de todas as formas; a *Luz*.

E agora não temamos de dizê-lo de antemão, porque mais tarde será reconhecido.

A grande coisa do século XVIII não é a enciclopédia, não é a filosofia sarcástica e debochada de Voltaire, não é a metafísica negativa de Diderot e de d'Alembert, não é a filantropia odiosa de Rousseau; é a física simpática e milagrosa de Mesmer! Mesmer é grande como Prometeu, ele deu aos homens o fogo do céu que Franklin soube apenas desviar.

Não faltou ao gênio de Mesmer, nem a sanção do ódio, nem a consagração das perseguições e das injúrias. Ele foi expulso da Alemanha, escarnecido na França, fazendo-lhe uma fortuna, porque suas curas eram evidentes e os doentes o procuravam e pagavam-lhe, depois diziam-se curados pelo acaso, para não atrair sobre eles o rancor dos sábios. Os corpos constituídos não deram mesmo ao taumaturgo a honra de examinar sua descoberta e o grande homem resignou-se a passar por um perfeito charlatão.

Os sábios sós não eram hostis ao mesmerismo, os homens sinceramente religiosos alarmavam-se dos perigos da nova descoberta, e os supersticiosos clamavam contra o escândalo e a magia. Os sábios previam os abusos, os insensatos não admitiam mesmo o emprego dessa maravilhosa potência. Não se iria em nome do magnestismo negar os milagres do Salvador e de seus santos, diziam uns; o que vai ser o poder do diabo, diziam outros? E todavia a religião que é verdadeira não deve temer a descoberta de nenhuma verdade; aliás, dando a medida do poder humano, o magnetismo não dá aos milagres divinos uma sanção nova, em lugar de destruí-la? É verdade que os tolos atribuirão ao diabo menos prodígios, o que lhes deixará menos ocasiões de exercer seu ódio e seus horrores; mas não são certamente as pessoas de verdadeira piedade que deixarão jamais de queixar-se disso; o diabo deve perder terreno quando a luz se faz e quando a ignorância se retira; mas as conquistas da ciência e da luz estendem, firmam e fazem amar cada vez mais ao mundo o império e a glória de Deus!

CAPÍTULO 2

PERSONAGENS MARAVILHOSOS DO SÉCULO XVIII

A credulidade do século XVIII voltou-se toda para a magia, porque as crenças vagas são a religião das almas sem fé; negavam-se milagres de Jesus Cristo e atribuíam-se ressurreições ao conde de Saint-Germain. Esse singular personagem era um teósofo misterioso que faziam passar por ter os segredos da grande obra e por fabricar diamantes e pedras preciosas; era aliás um homem do mundo, de agradável conversação e de grande distinção em suas maneiras. Madame de Genlis, que, durante sua infância, o via quase todos os dias, atesta que ele sabia dar mesmo a pedrarias que ele representava em pintura, todo o seu brilho natural e um fulgor cujo segredo nenhum químico ou pintor podia adivinhar. Teria achado ele o meio de fixar a luz sobre a tela, ou empregaria qualquer preparação de nácar ou alguma incrustação metálica? É o que nos é impossível de saber, visto que não nos resta nenhuma de suas pinturas maravilhosas.

O conde de Saint-Germain professava a religião católica, observando-lhe as práticas com uma grande fidelidade; no entanto falava-se de evocações suspeitas e de aparições estranhas e ele gabava-se de possuir o segredo da juventude eterna. Seria misticismo, seria loucura? Ninguém conhecia sua família e a ouvi-lo falar das coisas do tempo passado, parecia que ele vivera há muitos séculos. Ele falava pouco de tudo que se referia às ciências ocultas, e quando lhe pediam a iniciação, ele tinha a pretensão de não saber nada; ele mesmo escolhia seus discípulos, e lhes pedia a princípio uma obediência passiva, depois lhes falava de uma realeza à qual eram chamados, a de Melquisedeque e de Salomão, a realeza dos iniciados que é também um sacerdócio. "Seja o archote do mundo, dizia ele; se sua luz é apenas a de um planeta, nada será perante Deus; eu lhe reservo um esplendor junto do qual o do sol é uma sombra, então você dirigirá a marcha das estrelas, e governará os que reinam sobre os impérios."

Essas promessas, cuja significação bem compreendida não tem nada que possa admirar os verdadeiros adeptos, são referidas, senão textualmente pelo menos quanto ao sentido das palavras, pelo autor anônimo de uma *História das Sociedades Secretas na Alemanha*, e bastam para fazer compreender à que iniciação pertencia o conde de Saint-Germain.

Eis agora alguns detalhes até o presente desconhecidos sobre este iluminado:

Ele nascera em Lentmeritz, na Boêmia, no fim do século XVII e era filho natural ou adotivo de um rosa-cruz que se fazia chamar *Comes cabalicus*, o companheiro cabalista que foi ridicularizado sob o nome de *Conde de Gabalis*, pelo infeliz abade de Villars. Saint-Germain nunca falava de seu pai. Com sete anos de idade, dizia ele, fui proscrito e vagava com minha mãe na floresta. Esta mãe que ele queria falar era a ciência dos adeptos; sua idade de sete anos é a dos iniciados promovidos ao grau de mestres; as florestas são os impérios privados, segundo os adeptos, da verdadeira civilização e da verdadeira luz.

Os princípios de Saint-Germain eram os dos rosa-cruzes, e ele tinha fundado em sua pátria uma sociedade da qual se separou logo que as doutrinas anárquicas prevaleceram nas associações dos novos sectários da gnose.

Por isso ele foi desprezado por seus irmãos, acusado mesmo de traição, e alguns autores de memórias sobre o iluminismo parecem insinuar que ele foi precipitado nos calabouços do castelo de Ruel. Madame de Genlis, ao contrário, o faz morrer no ducado de Holstein, atormentado por sua consciência e agitado pelos terrores da outra vida. O que é certo é que ele desapareceu de repente de Paris, sem que se pudesse saber bem para onde ele se retirara, e que os iluminados deixaram cair, tanto quanto lhes foi possível, sobre sua memória, o véu do silêncio e do esquecimento. A sociedade que ele fundara sob o título de São Jakin, de que se fez S. Joaquim, durou até a Revolução e desapareceu então ou se transformou como tantas outras. Eis, a respeito desta sociedade, uma anedota que se acha nos panfletos hostis ao iluminismo; ela é extraída de uma correspondência de Viena. Tudo isso, como se vê, não tem nada de autêntico nem de certo. Contudo aí vai a anedota:

"Fui muito bem acolhido, por sua recomendação, por M. N. Z. Ele estava prevenido de minha chegada. A *harmônica* teve toda sua aprovação. Ele me falou a princípio de certos ensaios particulares de que nada compreendi de todo; só depois de certo tempo que minha inteligência percebeu a coisa. Ontem, à tarde, ele levou-me ao seu campo cujos jardins são muito bonitos. Templos, grotas, cascatas, labirintos, subterrâneos, proporcionam ao olhar uma longa série de encantos; mas um muro muito alto que cerca essas belezas me desagradou infinitamente, porque rouba a vista um sítio encantador...

"Eu levara a harmônica, segundo o convite de M. N. Z., para tocar nela apenas alguns minutos, em um lugar designado e a um sinal convencionado. Ele conduziu-me, depois de nossa visita ao jardim, a uma sala em frente da casa, e deixou-me logo sob qualquer pretexto. Era muito tarde; eu não o via voltar; o aborrecimento e o sono começavam a tomar-me, quando fui interrompido pela chegada de muitas carroças. Abri a janela; era noite e nada pude ver; compreendi ainda menos o cochichar baixo e misterioso dos que pareciam entrar na casa. Logo depois o sono dominou-me por completo, e depois de ter dormido perto de uma hora, fui despertado em sobressalto por um criado que mandavam para guiar-me e levar o instrumento. Ele caminhava muito depressa e muito longe na minha frente; eu o seguia maquinalmente quando ouvi sons de trombetas que me pareciam sair das profundezas de uma toca; neste momento, perdi de vista meu guia; e avançando para o lado de onde parecia vir o ruído, desci metade da escada de uma adega que se ofereceu em meu caminho. Julguem a minha surpresa. Aí entoavam monotonamente um canto fúnebre. Percebi distintamente um cadáver num caixão aberto; ao lado um homem vestido de branco parecia cheio de sangue; pareceu-me que lhe tinham aberto uma veia no braço direito. À exceção dos que lhe prestavam seu ministério, os outros estavam envolvidos em longos mantos negros com a espada nua em punho. Tanto quanto me permitiu julgar o terror de que fui tomado, havia à entrada da adega montões de ossos humanos acumulados uns sobre os outros. A luz que clareava esse espetáculo soturno me pareceu produzida por uma chama semelhante à do álcool ardente.

"Na incerteza de encontrar meu guia, apressei-me em retirar-me; eu o encontrei precisamente a alguns passos dali, a procurar-me; ele tinha o olhar espantado, tomando-me a mão com certa inquietação; em seguida arrastou-me a um jardim particular onde me julguei transportado pelo efeito da magia. A claridade que derramava um número prodigioso de lampiões, o murmúrio das cascatas, o canto dos rouxinóis artificiais, o perfume que lá se respirava exaltaram a princípio minha imaginação. Coloquei-me detrás de um gabinete de verduras, interiormente decorado com pompa, e no qual foi transportada imediatamente uma pessoa desmaiada (muito semelhante à que aparecia no caixão da adega); imediatamente fizeram-me sinal de tocar meu instrumento.

"Excessivamente comovido durante essa cena, muitas coisas deviam escapar-me;* observei entretanto que o indivíduo desmaiado voltou a si logo que toquei o instrumento, e que ele fez estas interrogações com surpresa: *Onde estou*? *Que voz eu escuto*? Gritos de alegria acompanhados de trombetas e de tímbalos foram a única resposta; correu-se às armas e todos se meteram no interior do jardim onde vi todo o mundo desaparecer.

"Eu lhe escrevo ainda agitadíssimo... Se eu não tivesse tido a precaução de anotar essa cena, imediatamente eu a tomaria hoje por um sonho."

O que há de mais inexplicável nessa história, é a presença do profano que a narra. Como a associação podia expor-se assim à divulgação de seus mistérios? Nos é impossível responder a esta questão, mas pelo que se refere aos mistérios mesmos, podemos facilmente explicá-los.

---

* O neófito de que se trata nesta carta, e que foi tomado por um cadáver, estava no estado de sonambulismo produzido pelo magnetismo. A propósito do gabinete de verdura de que trata a anedota e dos efeitos da *harmônica*, pode-se consultar uma curiosa obra: *História Crítica do Magnetismo Animal*, por Deleuze, 2ª ed., 1829, 2 vols. in 8º; ela contém fatos muito mordazes sobre a cadeia e a baqueta magnéticas, as árvores magnetizadas, a música, a voz do magnetizador e o instrumento que ele emprega. O autor é além de tudo um partidário do mesmerismo, o que não o torna suspeito nas suas opiniões.

Os sucessores dos antigos rosa-cruzes, anulando pouco a pouco da ciência austera e hierárquica de seus antepassados em iniciação, erigiram-se em seitas místicas; eles acolheram com entusiasmo os dogmas mágicos dos templários, e julgavam-se únicos depositários dos segredos do Evangelho de São João; viam eles nas narrações do Evangelho uma série alegórica de ritos próprios a completar a iniciação, e julgavam que a história do Cristo devia realizar-se na pessoa de cada um dos apóstolos; eles contavam uma lenda gnóstica segundo a qual o Salvador, cercado de perfumes e de faixas não teria sido encerrado no sepulcro novo de José de Arimateia, e teria voltado à vida na casa mesmo de São João. Era o pretendido mistério que eles celebravam ao som da harmônica e das trombetas. O recipiendário era convidado a fazer o sacrifício de sua vida, e sofria, de fato, uma sangria que lhe causava um desmaio, diziam-lhe que era a morte, e quando ele voltava a si, fanfarras de alegria e gritos de triunfo celebravam sua "ressurreição". Essas emoções diversas, estas cenas alternativamente soturnas e brilhantes, deviam impressionar para sempre sua imaginação, e torná-lo fanático ou vidente. Muitos acreditavam numa ressurreição real e julgavam-se seguros de não morrer mais. Os chefes da associação punham assim ao serviço de seus projetos ocultos o mais terrível de todos os instrumentos, a loucura, e asseguravam-se da parte de seus adeptos uma dessas dedicações fatais e infatigáveis que a demência produz na maioria das vezes e mais seguramente que a amizade.

A seita de S. Jakin era portanto uma sociedade de gnósticos dados às ilusões da magia fascinadora; ela possuía alguma coisa dos rosa-cruzes e dos templários; seu nome de S. Jakin vinha de um dos dois nomes gravados em iniciais sobre as duas principais colunas do templo de Salomão, Jakin e Boza. A inicial de Jakin em hebreu é o Iod, letra sagrada do alfabeto hebreu, inicial do nome de Jeová, que o de Jakin serve para velar aos profanos; eis por que a chamavam S. Jakin.

Os são jakinistas eram teósofos que se ocupavam muito de teurgia.

Tudo que se conta do misterioso conde de Saint-Germain leva a crer que ele era um físico hábil e um químico distinto; asseguram que ele possuía o segredo de soldar diamantes sem que se pudesse perceber nenhum vestígio do trabalho; ele tinha a arte de purificar as pedrarias e dar assim um grande preço aos mais imperfeitos e aos mais comuns; o autor imbecil e anônimo que já citamos, concede-lhe esse talento, mas nega que ele fizesse ouro algum dia, como se não se fizesse ouro, fazendo-se pedras preciosas. S. Germain inventou também, segundo o mesmo autor, e legou às ciências industriais a arte de dar ao cobre mais brilho e flexibilidade, outra invenção que bastava para fazer a fortuna de seu autor. Tais obras devem fazer perdoar ao conde S. Germain de ter conhecido muito a rainha Cleópatra e de ter mesmo conversado familiarmente com a rainha de Sabá. Era aliás ele um bom homem que amava as crianças e se deleitava em fazer-lhes bombons deliciosos e maravilhosos brinquedos; ele era moreno e de pequena estatura, sempre vestido ricamente, mas com muito gosto e deleitando-se aliás com todas as delícias do luxo. Dizem que o rei Luís XV o recebia familiarmente e ocupava-se com ele de diamantes e pedrarias... É provável que esse monarca, inteiramente dominado por cortesãos e absorvido por seus prazeres, cedeu, convidando S. Germain a algumas audiências particulares, antes a algum capricho de curiosidade feminina do que a um amor sério pela ciência. S. Germain esteve um momento em moda, e como era um velho amável que sabia unir a tagarelice de um devasso aos êxtases de um teósofo, ele fez furor em certos círculos, mas foi depois substituído por outras fantasias; assim vai o mundo.

Dizem que S. Germain não era outro que este misterioso Altotas que foi mestre em magia de um adepto de que vamos nos ocupar logo e que tomava o nome cabalístico de *Acharat*; não há nada menos fundado do que essa suposição, como veremos estudando esse novo personagem.

Enquanto o conde S. Germain estava em moda em Paris, um outro adepto misterioso percorria o mundo recrutando apóstolos para a filosofia de Hermes; era um alquimista que se fazia chamar *Lascaris* e dizia-se arquimandrista do Oriente, encarregado de recolher esmolas para um convento grego; apenas, em vez de pedir esmolas, Lascaris parecia suar ouro, pois deixava um sulco de ouro por onde passava. Por toda a parte ele aparecia e suas aparições mudavam de forma; aqui ele mostrava-se velho, ali era ainda moço; ele mesmo não fazia ouro, mas mandava fazer por seus discípulos aos quais deixava, quando se afastava, um pouco de pólvora de projeção. Nada de mais averiguado e de melhor estabelecido do que as transmutações operadas pelos emissários de Lascaris. Luiz de Figuier, em sua sábia obra sobre os alquimistas, não põe em dúvida nem a realidade nem a importância. Ora, como não há nada, sobretudo em física, mais inexorável que os fatos, deveria se concluir destes, que a pedra filosofal não é um devaneio, se a imensa tradição do ocultismo, se as mitologias antigas, se os trabalhos sérios dos maiores homens de todas as idades não demonstrassem aliás suficientemente a existência e a realidade.

Um alquimista moderno, que teve pressa em publicar seu segredo, conseguiu tirar ouro da prata por um processo nocivo, porque a prata destruída por ele só restitui mais ou menos um décimo de seu valor. Agripa, que nunca chegou à descoberta do dissolvente universal, fora entretanto mais feliz que nosso alquimista, porque achara em ouro um valor equivalente ao da prata empregada; ele não perdeu portanto absolutamente senão o seu trabalho, se é perdê-lo empregá-lo na investigação dos grandes segredos da natureza.

Empenhar pelo atrativo do ouro os homens a investigações que os conduziriam à filosofia absoluta, tal parece ter sido o alvo da propaganda de Lascaris, devendo o estudo dos livros herméticos levar necessariamente os homens de estudo ao conhecimento da Cabala. Os iniciados, de fato, pensavam no século XVIII que chegava seu tempo, uns para fundar uma hierarquia nova, outros para abater toda autoridade e levar todas as sumidades da ordem social o nível igualitário. As sociedades secretas enviavam seus exploradores por todo o mundo para sondar e despertar as opiniões: depois de Saint-Germain e Lascaris, Mesmer; depois de Mesmer, *Cagliostro*. Mas todos não eram da mesma escola: S. Germain era o homem dos iluminados teósofos, Lascaris representava os naturalistas ligados à tradição de Hermes.

Cagliostro era o agente dos templários, por isso ele escrevia numa circular dirigida a todos os franco-maçons de Londres, que chegara o tempo de por mãos à obra para reconstruir o templo do Eterno. Como os templários, Cagliostro dava-se às práticas da magia negra e praticava a ciência danosa das evocações; ele adivinhava o passado e o presente, predizia o futuro, fazia curas maravilhosas e pretendia também fazer ouro. Ele introduziu na maçonaria um novo rito que ele chamava rito egípcio e tentava ressuscitar o culto misterioso de Ísis. Ele mesmo, com a cabeça cercada de fitas e penteado como uma esfinge de Tebas, presidia solenidades noturnas em compartimentos cheios de hieróglifos e archotes. Ele tinha por sacerdotisas moças que ele chamava pombas e que exaltava até o êxtase para lhes fazer dar oráculos por meio da hidromancia, sendo a água um excelente condutor, um poderoso refletor e um meio muito refringente para a luz astral, como provam as miragens do mar e das nuvens.

Cagliostro, como se vê, continuava Mesmer, havia encontrado a chave dos fenômenos da mediomania; ele mesmo era um médium, isto é, um homem de uma organização nervosa excepcionalmente impressionável; unia a isso muita firmeza e altivez; a exageração pública e a imaginação das mulheres sobretudo faziam o resto. Cagliostro teve um sucesso extraordinário; ele era arrebatado por todos e seu busto achava-se em toda parte com esta inscrição: *o divino Cagliostro*. Desde esse momento pôde-se prever uma reação igual a essa voga; depois de ter sido um deus, Cagliostro tornou-se um intrigante, um charlatão, um explorador de sua mulher, um criminoso enfim, ao qual a inquisição de Roma julgou fazer graça condenando-o à prisão perpétua. O que fez crer que ele vendia sua mulher é que sua mulher o vendeu. Ele foi conduzido e preso numa cilada, moveram-lhe um processo e deste processo se publicou o que se quis.

Nesse ínterim rebentou a Revolução e todo o mundo se esqueceu de Cagliostro.

No entanto na história da magia esse adepto não deixa de ter sua importância; seu selo é tão importante como o de Salomão, e atesta sua iniciação nos segredos mais elevados da ciência. Esse selo explicado pelas letras cabalísticas dos nomes de Acharat e Altotas, exprime os principais caracteres do grande arcano e da grande obra. É uma serpente atravessada por uma flecha representando a letra *aleph* (א), imagem da união do ativo e do passivo, do espírito e da vida, da vontade e da luz. A flecha é a de Apolo antigo, a serpente é a Píton da fábula, o dragão verde dos filósofos herméticos. A letra *aleph* representa a unidade equilibrada. Esse pantaclo se reproduz sob diversas formas nos talismãs da antiga magia, mas ora a serpente é substituída pelo pavão de Juno, o pavão de cabeça real, de cauda multicor, o emblema da luz analisada, o pássaro da grande obra cuja plumagem é toda de ouro; ora, em lugar do pavão colorido, é o cordeiro branco, o cordeiro e o aríete solar atravessado pela cruz, como se vê ainda nas armas da cidade de Ruão. O pavão, o aríete e a serpente representam o mesmo sinal hieroglífico: o do princípio passivo e o cetro de Juno, a cruz e a flecha é o princípio ativo, a vontade, a ação mágica, a coagulação do dissolvente, a fixação pela projeção do volátil, a penetração da terra pelo fogo. A união dos dois; é a balança universal, é o grande arcano, é a grande obra, é o equilíbrio de Jakin e Boaz.

O trigrama L∴P∴D∴ que acompanha essa figura, quer dizer *liberdade, poder, dever*; significa também *luz, proporção, densidade; lei, princípio e direito*.

Os franco-maçons mudaram a ordem das letras e escrevendo L∴D∴P∴, fizeram delas as iniciais das palavras *liberdade de pensar*, que eles escrevem sobre uma ponte simbólica, que se lê para os profanos *liberdade de passar*. Nos atos do processo Cagliostro, é conhecido que ele deu a essas três letras em seus interrogatórios um outro significado; ele as teria traduzido por essa lenda: *Lilia destrue pedibus* (*calca aos pés os lírios*); e se pode citar em apoio dessa versão, uma medalha maçônica do século XVII ou XVIII, onde se vê uma espada cortando um ramo de lírio com estas palavras gravadas: *Talem dabit ultio messen*.

O nome de Acharat que tomava Cagliostro, escrito cabalisticamente em hebreu deste modo:

אש

אר

אה

exprime a tríplice unidade, שא, unidade de princípio e de equilíbrio; יאר, unidade de vida e perpetuidade do movimento regenerador; את, unidade de fim numa síntese absoluta.

O nome de Altotas, mestre de Cagliostro, compõe-se do nome de *Thot* e das sílabas *al* e *as*, que, lidas cabalisticamente, são *Sala*, que significa mensageiro, enviado; o nome inteiro significa então *Thot*, o Messias dos egípcios, e tal era de fato o que Cagliostro reconhecia antes de tudo por mestre.

A doutrina do grande Cofta, tal era, é sabido, o título que tomava Cagliostro, sua doutrina, dizemos, tinha um duplo objetivo, a regeneração moral e a regeneração física.

Eis para a regeneração moral os princípios do grande Cofta:

"Sobe ao Sinai com Moisés, ao Calvário, depois ao Tabor com Falegue, sobe o Carmel com Elias.

"Sobre o mais alto da montanha, você edificará seu tabernáculo.

"Ele será dividido em três edifícios todos unidos entre si e o do meio terá três andares.

"O primeiro andar ou andar térreo será o refeitório.

"O andar do meio será um quarto redondo com doze leitos ao redor e um no meio, será o quarto do sono e dos sonhos.

"O quarto superior, o do terceiro andar, será quadrado e aberto por dezesseis janelas, quatro de cada lado, será o quarto da luz.

"Aí, você vai orar só, durante quarenta noites e ira dormir durante quarenta noites no dormitório dos doze mestres.

"Então, você receberá as assinaturas dos sete gênios e obterá deles o pentagrama traçado sobre a folha de pergaminho virgem.

"É o sinal que ninguém conhece, senão o que o recebe.

"É o caráter oculto do seixo branco de que se falou na profecia do mais moço dos doze mestres.

"Então, seu espírito será iluminado de um fogo divino e seu corpo se tornará puro como o de uma criança. Sua penetração não terá limites, seu esforço será imenso; você entrará no repouso perpétuo, que é o começo da imortalidade, e poderá dizer com verdade e sem orgulho: Eu sou o que é".

Esse enigma significa que, para regenerar-se moralmente, é preciso estudar, compreender e realizar a alta Cabala.

Os três quartos são a aliança da vida física, das aspirações religiosas e da luz filosófica; os grandes mestres são os grandes reveladores cujos símbolos se devem compreender a assinatura dos sete espíritos, é a iniciação no grande arcano etc. etc. Tudo isso é portanto alegórico, e não se trata mais de mandar edificar em realidade uma casa de três andares, como na maçonaria não se trata de edificar um templo em Jerusalém.

Tratemos agora do segredo da regeneração física.

Para chegar aí é preciso, sempre segundo as prescrições ocultas do grande Cofta:

Fazer todos os cinquenta anos um retiro de quarenta dias à maneira de jubileu;

Durante a lua cheia de maio;

Só, no campo, com uma pessoa fiel;

Jejuar durante quarenta dias, bebendo o orvalho de maio, recolhido sobre os trigos em erva com uma roupa de linho puro e branco, comendo vegetação tenra e nova;

Começando a refeição por um grande copo de carvalho e terminando por um biscoito ou uma simples crosta de pão;

No décimo sétimo dia, uma leve sangria;

Tomar seis gotas de bálsamo de azoto pela manhã e seis à tarde, aumentar duas gotas por dia até trinta e duas;

Renovar então a pequena emissão de sangue no crepúsculo da manhã, dormir em seguida e ficar na cama até o fim da quarentena;

Tomar no primeiro despertar, depois da sangria, um primeiro grão de medicina universal;

Se sentirá um desmaio que deve durar três dias, depois convulsões, transpirações, evacuações consideráveis, depois do que se mudará a roupa e a cama;

Em seguida tomar um caldo de carne de boi, sem gordura, temperada com arruda, sálvia, valeriana, verdura e melissa;

No dia seguinte, segundo grão de medicina universal, isto é, de mercúrio astral combinado com o enxofre de ouro;

Um dia depois, um banho morno;

No 36º dia, beber um copo de vinho do Egito;

No 37º dia, terceiro e último grão de medicina universal;

Seguirá um sono profundo;

Os cabelos, os dentes e as unhas se renovarão, a pele se renovará;

No 38º dia, banho de ervas aromáticas de acordo com as indicações;

No 39º dia, ingerir em duas colheres de vinho tinto dez gotas de elixir de Acharat;

No 40º dia, a obra está terminada e o velho rejuvenescido.

É por meio desse regime jubilado que Cagliostro pretendia ter vivido muitos séculos. Era, como se vê, uma nova preparação do famoso banho de imortalidade dos gnósticos menandrianos. Cagliostro acreditaria seriamente? Em presença de seus juízes ele mostrou muita firmeza e presença de espírito, declarou-se católico, e disse que honrava no papa o chefe supremo da hierarquia religiosa. Sobre as questões relativas às ciências ocultas, ele respondeu de um modo enigmático e como lhe diziam que suas respostas eram absurdas e ininteligíveis:

– Como você pode saber que elas são absurdas, respondeu ele, se as acha ininteligíveis?

Os juízes ficaram furiosos e lhe perguntaram bruscamente os nomes dos pecados capitais; Cagliostro nomeou a luxúria, a avareza, a inveja, a gula e a preguiça.

– Você esqueceu o orgulho e a cólera, disseram-lhe.

– Perdoem-me, replicou o acusado, mas eu não queria nomeá-los em sua presença, por respeito e receio de ofendê-los.

Condenaram-no à morte; depois a pena foi comutada em detenção perpétua. Em sua prisão Cagliostro pediu seu confessor e indicou ele mesmo o sacerdote; era um homem pouco mais ou menos de seu feitio e de sua estatura. O confessor entrou e no fim de algum tempo viram-no sair; algumas horas depois, o carcereiro entrando na prisão do condenado, achou ali um cadáver desfigurado, estava coberto com as roupas de Cagliostro; nunca mais o sacerdote foi visto.

Amadores do maravilhoso asseguram que o grande Cofta está atualmente na América, onde ele é o pontífice supremo e invisível dos crentes nos espíritos batedores.

CAPÍTULO 3

PROFECIAS DE CAZOTTE

A escola dos filósofos desconhecidos, fundada por Pasqualis Martine e continuada por Saint Martin, parece ter encerrado os últimos adeptos da verdadeira iniciação. Saint Martin conhecia a chave antiga do *tarô*, isto é, o mistério dos alfabetos sagrados e dos hieróglifos hieráticos; ele deixou muitos pantaclos curiosíssimos que nunca foram gravados, mas nós temos cópias de alguns. Um desses pantaclos é a chave tradicional da grande obra, e Saint Martin o denomina a chave do inferno, porque é a chave das riquezas; os martinistas entre os iluminados foram os últimos cristãos e foram os iniciadores do famoso Cazotte.

Nós dissemos que no século XVIII se dera uma cisão no iluminismo: uns, conservadores das tradições da natureza e da ciência, queriam restaurar a hierarquia; os outros, ao contrário, queriam nivelar tudo, revelando o grande arcano que tornava impossíveis no mundo a realeza e o sacerdócio. Entre estes últimos, uns eram ambiciosos e perversos que esperavam dominar sobre os destroços do mundo; os outros eram imbecis e idiotas.

Os verdadeiros iniciados viam com espanto a sociedade lançada assim no precipício, e previam todos os horrores da anarquia. Essa revolução que mais tarde devia aparecer ao gênio moribundo de Vergniaud sob a sombria figura de Saturno devorando seus filhos, surgia já toda armada nos sonhos proféticos de Cazotte.

Uma tarde em que ele se achava no meio dos instrumentos cegos do jacobinismo futuro, ele lhes predisse a todos, seus destinos: aos mais fortes e aos mais fracos, o cadafalso; aos mais entusiastas o suicídio, e sua profecia que pareceu apenas uma lúgubre zombaria, foi plenamente realizada.* Esta profecia não era, de fato, senão um cálculo de probabilidades, e o cálculo tornou-se rigoroso, porque as sortes prováveis já tinham se mudado em consequências necessárias. La Harpe, que foi ferido por essa predição, apresentou mais tarde alguns detalhes para torná-la mais maravilhosa, como o número exato das navalhadas que devia dar-se um dos convidados etc.

É preciso perdoar um pouco dessa licença poética a todos os contadores de coisas extraordinárias, tais floreios não são precisamente mentiras, é pura e simplesmente poesia e estilo.

Dar aos homens naturalmente desiguais uma liberdade absoluta, é organizar a guerra social; e quando os que devem conter os instintos ferozes das multidões têm a loucura de desencadeá-las, não é preciso ser um profundo mágico para ver que eles serão devorados em primeiro lugar, visto como as cobiças animais se despedaçaram entre si até a vinda de um caçador audacioso e hábil que acabará com elas a tiros de espingarda ou emboscada.

---

* Deleuze, *Mémoires sur la faculté de prévision*, in 8. 1836.

Cazotte previra Marat, Marat previa uma reação e um ditador.

Cazotte havia estreado no mundo por alguns opúsculos de literatura frívola, e conta-se que ele devia sua iniciação à publicação de um de seus romances intitulado: *O Diabo Amoroso*. Esse romance, de fato, está cheio de intuições mágicas e a maior das provas da vida, a do amor, ali se mostra sob a verdadeira luz da doutrina dos adeptos.

O amor físico, de fato, essa paixão delirante, essa loucura invisível para os que são joguetes da imaginação, não é senão uma sedução da morte que quer renovar sua ceifa pelo renascimento. A Vênus física é a morte mascarada e vestida de cortesã; o amor é destruidor, como sua mãe, ele recruta vítimas para ela. Quando a cortesã chega a se saciar, a morte se desmascara e exige por sua vez sua presa. Eis por que a Igreja, que salva o nascimento pela santidade do casamento, desvenda e previne os deboches da morte condenando sem piedade todos os desvios do amor.

Se a mulher amada não é um anjo que se imortaliza pelos sacrifícios do dever nos braços daquele que ela ama, é uma estrige que o encerra, o esgota e o faz morrer, mostrando-se enfim a ele em toda hediondez de seu egoísmo brutal. Coitadas das vítimas do diabo amoroso! Desgraçados daqueles que se deixam prender nas lisonjas lascivas de Biondetta! Depressa o gracioso semblante da moça se transformará para eles nessa terrível cabeça de camelo que aparece tão tragicamente no fim do romance de Cazotte.

Há nos infernos, dizem os cabalistas, duas rainhas de estriges: uma é Lilit, a mãe dos abortos, e a outra, é Naema, a beleza fatal e assassina. Quando um homem é infiel à esposa que lhe destinava o céu, quando ele se entrega aos caprichos de uma paixão estéril, Deus lhe toma sua esposa legítima para entregá-lo aos abraços de Naema. Essa rainha das estriges sabe apresentar-se com todos os encantos da virgindade e do amor; ela desvia o coração dos pais e os obriga ao abandono de seus deveres e de seus filhos; ela impele os homens casados à viuvez, e força a um casamento sacrílego os homens consagrados a Deus. Quando ela usurpa o título de esposa, é fácil reconhecê-la: no dia de seu casamento ela é calva, porque sendo a cabeleira da mulher o véu do pudor, nesse dia lhe é interdita; visto como depois do casamento, ela afeta o desespero e o desgosto da existência, prega o suicídio e abandona enfim com violência o que lhe assiste, deixando-o marcado com uma estrela infernal entre os dois olhos.

Naema pode vir a ser mãe, dizem eles ainda, mas não educa nunca seus filhos; ela os dá para Lilit devorar, sua irmã fatal.

Essas alegorias cabalísticas que se pode ler no livro hebreu da *Revolução da Almas*, no *Dicionário Cabalístico do Sohar*, e nos *Comentários dos Talmudis-*

tas sobre o Sota, parecem ter sido conhecidas ou adivinhadas pelo autor do *Diabo Amoroso*; por isso dizem que depois da publicação dessa obra, ele recebeu a visita de um personagem desconhecido, envolvido num manto à maneira dos franco-juízes. Esse personagem fez-lhe sinais que Cazotte não compreendeu; depois, enfim, ele lhe perguntou se realmente ele não era iniciado. À resposta negativa de Cazotte, o desconhecido tomou uma fisionomia menos sombria e lhe disse:

– Vejo que você não é um depositário infiel de nossos segredos, mas um vaso de eleição para a ciência. Você gostaria de dominar realmente as paixões e os espíritos impuros?

Cazotte era curioso, seguiu-se uma longa conversação que foi a preliminar de muitas outras, e o autor do *Diabo Amoroso* foi realmente iniciado. Sua iniciação devia fazer dele um adepto dedicado da ordem e um inimigo perigoso para os anarquistas, e, de fato, vimos que se trata de uma montanha sobre a qual se eleva para regenerar-se segundo os símbolos do Cagliostro, mas essa montanha é branca de luz como o Tabor, ou vermelha de fogo e de sangue como o Sinai e o Calvário. Há duas sínteses esquemáticas, diz o *Sohar*: a branca que é a da guerra e da vida material; a cor do dia e a do sangue. Os jacobinos queriam elevar o estandarte do sangue, e seu altar elevava-se já sobre o estandarte da luz e seu tabernáculo místico se achava colocado sobre a montanha branca. A montanha sangrenta triunfou um momento e Cazotte foi proscrito. Ele tinha uma filha, uma criança heroica, que o salvou do massacre de l'Abbaye. *Mlle.* Cazotte não tinha partícula de nobreza ante seu nome, e foi o que a salvou desse "toast" de uma horrível fraternidade, pela qual se imortalizou a piedade filial de *Mademoiselle* de Sombreuil, essa nobre moça que, para desculpar-se de ser uma moça nobre, deveu beber à graça de seu pai no copo sangrento de seus degoladores!

Cazotte profetizara sua própria morte porque sua consciência o impelia a lutar até a morte contra a anarquia. Ele continuou então a obedecer à sua consciência, foi preso de novo e compareceu perante o tribunal revolucionário; estava de antemão condenado. O presidente, depois de ter pronunciado sua sentença, fez-lhe um discurso breve e estranho, cheio de estima e de pesar; ele o convocava a ver até o fim digno de si mesmo e a morrer como homem de coragem como tinha vivido. A revolução, mesmo no tribunal, era uma guerra civil e os irmãos se saudavam antes de se darem a morte. É que dos dois lados havia convicções sinceras e por consequência respeitáveis. O que morre porque crê na verdade é um herói, ainda quando se engana e os anarquistas da montanha sangrenta não foram somente ousados para enviar os outros ao cadafalso, eles lá compareceram sem empalidecer; que Deus e a posteridade lhes sejam juízes.

CAPÍTULO 4
REVOLUÇÃO FRANCESA

Havia no mundo um homem profundamente indignado de sentir-se covarde e vicioso e que responsabilizava de sua vergonha mal devorada a toda sociedade. Este homem era o amante infeliz da natureza, e a natureza, em sua cólera, o armara de eloquência como de um flagelo. Ele ousou questionar contra a ciência a causa da ignorância, contra a da civilização e da barbárie, contra todas as baixezas. O povo por instinto lapidou esse insensato, mas os grandes o acolheram, as mulheres o puseram na moda; ele obteve tanto sucesso que seu ódio contra a humanidade aumentou por isso e ele acabou matando-se de cólera e de desgosto.

Depois de sua morte, o mundo abalou-se para dirigir-se em realizações dos sonhos de J. Jacques Rousseau e os conspiradores que, depois da morte de Jaques de Molai, juraram a ruína do edifício social, estabeleceram na rua Plâtriére, na própria casa onde Rousseau morara, uma loja inaugurada sob as promessas do fanático de Gênova. Essa loja tornou-se o centro do movimento revolucionário, e um príncipe de sangue real jurou aí a perda dos sucessores de Felipe, o Belo, sobre o túmulo de Jaques de Molai.

Foi a nobreza do século XVIII que corrompeu o povo; os grandes, nessa época, eram possuídos de uma fúria de igualdade que começara com as orgias da regência; acanalhava-se então por prazer, e a corte deleitava-se em falar a gíria das ruas. Os registros da ordem dos templários atestam que o regente era grão-mestre dessa temível sociedade secreta, e que ele teve por sucessor o duque de Maine, os príncipes de Bourbon-Condé e de Bourbon-Conti, e o duque de Cossi-Brissac. Cagliostro unira em seu rito egípcio os auxiliares da segunda ordem; tudo apressava-se de obedecer a essa impulsão secreta e irresistível que impele para sua destruição as civilizações em decadência. Os acontecimentos não se fizeram esperar, eles vieram do modo como Cazotte os previra e se precipitaram impelidos por uma mão invisível. O infeliz Luiz XVI era aconselhado por seus inimigos mais mortais; eles obtiveram e fizeram encalhar o desgraçado projeto de evasão que acarretou a catástrofe de Varenes, como fizeram a orgia de Versalhes, como ordenaram a carnificina de 19 de agosto; por toda a parte comprometeram o rei, por toda a parte o salvaram do furor do povo, para agravar esse furor e motivar o acontecimento que eles preparavam há séculos; era um cadafalso que se fazia necessário à vingança dos templários. Sob a pressão da guerra civil, a Assembleia Nacional declarou o rei suspenso de seus poderes e deu-lhe para residência o palácio de Luxemburgo, mas uma outra assembleia mais secreta decidira de outro modo. A residência do rei decaído devia ser uma prisão e esta prisão só podia ser o antigo palácio dos templários, que ficará em pé com seu torreão e suas torres para esperar esse prisioneiro real prometido a implacáveis lembranças.

O rei estava no templo e a "elite" da cleresia francesa achava-se exilada ou na Abadia. O canhão troava sobre a Ponte Nova e cartazes ameaçadores proclamavam a pátria em perigo. Foi então que homens desconhecidos organizaram o massacre. Um personagem terrível, gigantesco, de barbas compridas, achava-se por toda a parte onde havia sacerdotes a degolar. "Olha, dizia ele com um riso escarnecedor e selvagem, eis aqui para os Albigenes e os Valdois! Olha, eis aqui para os templários! Para São Bartolomeu! Eis para os proscritos de Cevennes!" E ele batia com raiva, e batia sempre com o sabre, com o punhal e com a massa. As armas quebravam-se e renovavam-se em suas mãos, ele estava vermelho de sangue, da cabeça aos pés, sua barba estava toda empapada de sangue, e ele jurava com blasfêmias terríveis que só a lavaria com sangue.

Foi esse homem que propôs um brinde à nação, à angélica "mademoiselle" de Sombreuil.

Um outro anjo orava e chorava na torre do Templo, oferecendo a Deus suas dores e as de dois filhos, para obter dele o perdão da realeza e da França. Para expiar as loucas alegrias das Pompadour e das Dubarry, eram precisos todos os sofrimentos e todas as lágrimas desta virgem mártir – a Santa *Senhora Elisabeth.*

O jacobinismo estava já designado antes que se escolhesse a antiga igreja dos Jacobinos para reunir aí os chefes da conjuração; esse nome vem do de Jaques, nome fatal e predestinado às revoluções. Os exterminadores na França sempre se chamaram Jaques; o filósofo cuja fatal celebridade preparou novas jaquerias e serviu aos projetos sangrentos dos conspiradores joanitas chamavam-se Jean Jaques, e os motores ocultos da Revolução Francesa juraram o desabamento do trono e do altar sobre o túmulo de Jaques de Molai.

Depois da morte de Luiz XVI, no mesmo momento em que ele acabava de expirar sob o machado da Revolução, o homem de barba comprida, esse judeu errante do morticínio e da vingança encheu com o sangue real suas duas mãos e sacudindo-as sobre a cabeça do povo, gritou com voz terrível: "Povo francês, eu o batizo em nome de Jaques e da liberdade".*

Metade da obra achava-se feita, e era de agora em diante contra o papa que o exército do Templo devia dirigir todos seus esforços.

A espoliação das igrejas, a profanação das coisas sagradas, procissões zombadoras, a moralização do culto da razão na metrópole de Paris, foram o sinal dessa guerra nova. O papa foi queimado em efígie no Palácio Real, e imediatamente os exércitos da república se dispuseram a marchar sobre Roma.

Jaques de Molai e seus companheiros eram todos mártires, mas seus vingadores desonraram sua memória. A realeza regenerou-se sobre o cadafalso de Luiz XVI, a Igreja triunfou no cativeiro de Pio VI levado primeiro a Valença e morrendo de fadiga e de dores, mas os indignos sucessores dos antigos cavalheiros do Templo pereceram todos envolvidos em sua desastrosa vitória.

Houve no estado eclesiástico grandes abusos e grandes escândalos arrastados pelas desgraças das grandes riquezas; desapareceram as riquezas e viu-se voltar as grandes virtudes. Esses desastres temporais e esse triunfo espiritual foram preditos no Apocalipse de S. Metódio, de que já falamos. Possuímos desse livro um exemplar em letras góticas, impresso em 1527 e decorado com muitas figuras admiráveis: veem-se aí em primeiro lugar sacerdotes indignos lançando as coisas santas aos porcos; depois o povo revoltado assassinando os sacerdotes e quebrando-lhes os vasos sagrados na cabeça; depois o papa, prisioneiro dos homens de guerra, depois um cavalheiro coroado que com uma mão sustenta o estandarte da França e estende com a outra sua espada sobre a Itália; veem-se duas águias e um galo que traz uma coroa na cabeça e uma dupla flor de lis no peito; vê-se aí a segunda águia que faz aliança com os grifos e licórnios para expulsar o abutre de seu ninho e outras coisas impressionantes. Esse livro admirável não é comparavel senão a uma edição ilustrada das profecias do abade Joaquim (da Calábria), onde se veem os retratos de todos os papas futuros com os sinais alegóricos de seu reino até a vinda do Anticristo. Crônicas estranhas do futuro contadas como o passado e que faziam crer a uma sucessão de mundo, onde os acontecimentos se renovam, de maneira que a previsão das coisas futuras não seria senão a evocação dos reflexos perdidos do passado.

---

* Proudhomme, em seu *Journal*, reproduz por outra forma as palavras deste homem. Nós preferimos estas que damos aqui, de um velho que as ouviu.

CAPÍTULO 5

FENÔMENOS DA MEDIOMANIA

Em 1772 um habitante de Saint Mandé, de nome *Loiseaut*, estando na igreja, julgou ver de joelhos a seu lado um singular personagem: era um homem moreno que vestia simplesmente umas calças de lã grosseira. Esse homem tinha a barba comprida, os cabelos crespos e ao redor do pescoço uma cicatriz vermelha e circular; tinha um livro sobre o qual estava traçada em letras de ouro esta inscrição: *Ecce Agnus Dei*.

Loiseaut ficou muito admirado vendo que essa estranha figura não era vista por ninguém; terminando sua prece voltou à casa onde encontrou o mesmo personagem que o esperava; dirigindo-se para falar-lhe e perguntar-lhe o que queria, o fantástico visitante de repente desapareceu. Loiseaut recolheu-se ao leito com febre e não pôde adormecer. À noite viu seu quarto iluminar-se subitamente por um clarão avermelhado, e julgando que fosse um incêndio levantou-se bruscamente; em seguida, no meio do quarto, em cima da mesa, viu um prato dourado e nesse prato todo banhado de sangue a cabeça de seu visitante da véspera. Essa cabeça estava cercada de uma auréola vermelha, virava os olhos de uma maneira terrível e abrindo a boca como para gritar, ela disse com estranha voz sibilante: *Eu espero as cabeças dos reis e de suas cortesãs, espero Herodes e Herodíades*: depois extinguiu-se a auréola e o doente não viu mais nada.

Depois de alguns dias ele foi curado e pôde voltar a seus negócios. Quando atravessava a praça Luiz XV, foi ele abordado por um pobre que lhe pediu esmola; Loiseaut, sem olhar, tirou uma moeda e lançou no chapéu do desconhecido.

– *Obrigado, obrigado*, disse-lhe esse homem, *é uma cabeça de rei, mas aqui*, acrescenta ele estendendo a mão e mostrando o meio da praça, *aqui cairá outra e é esta a que eu espero.*

Loiseaut olhou então o pobre homem com surpresa e soltou um grito reconhecendo a estranha figura de sua visão.

– Cale-se, disse-lhe o mendigo, o tomariam por um louco, porque aqui ninguém me pode ver a não ser você. Você me reconheceu, eu o vejo, sou de fato S. João Batista, o Precursor, e eu venho anunciar-lhe o castigo dos sucessores de Herodes e dos herdeiros de Caifás; você pode repetir tudo o que eu lhe disser.

Desde essa época, Loiseaut julgava ver quase todos os dias São João Batista junto de si. A visão lhe falava longamente das desgraças que iam cair sobre a França e a Igreja.

Outros homens se tornaram visionários como Loiseaut. Eles formaram juntos uma sociedade mística que se reunia em grande segredo; os membros dessa associação colocavam-se em círculo segurando-se as mãos e esperavam as comunicações em silêncio; algumas vezes esperavam muitas horas, depois a figura de S. João aparecia entre eles; caíam todos juntos ou sucessivamente no sono magnético e viam desenrolar-se a seus olhos as cenas futuras da revolução e da restauração futura.

O diretor espiritual dessa seita ou desse círculo era um religioso chamado Dom Gerle que se tornou chefe com a morte de Loiseaut em 1788; depois na época da Revolução, tendo sido tomado do entusiasmo republicano, foi ele abandonado pelos outros sectários que seguiram muito as inspirações de seu principal sonâmbulo, a quem chamavam a irmã *Francisca André*.

Dom Gerle tinha também sua sonâmbula e ele veio exercer numa casa simples de Paris a profissão, nova então, de magnetizador; a vidente era uma velha mulher quase cega chamada Catarina Theot, que fez previsões que se realizaram, curou muitos doentes e como as profecias tinham sempre alguma coisa de político, a polícia do Comitê de Saúde Pública veio a tomar conhecimento do caso.

Uma tarde, Catarina Theot, cercada de seus adeptos achava-se em êxtase: "Escutem, dizia ela, ouço o ruído de seus passos, é o eleito misterioso da Providência, é o anjo da revolução, é o que será o seu salvador e a vítima, é o rei das ruínas e da regeneração, vocês o veem? Ele se aproxima: tem também a testa circundada da auréola sangrenta do Precursor; é ele que lavará todos os crimes dos que o farão morrer. Oh! Como são grandes seus destinos, você que vai fechar o abismo caindo nele! Veja-o enfeitado como para uma festa, tendo flores nas mãos... são as coroas de seu martírio..."

Depois, comovendo-se e banhando-se em lágrimas: Como foram cruéis suas provações, oh meu filho! exclamou ela, e quantos ingratos maldirão sua memória através das idades! Levantem-se! Levantem-se e inclinem-se, aqui está ele! É o rei... é o rei dos sacrifícios sangrentos.

Nesse momento a porta se abriu sem barulho e um homem, com chapéu desabado sobre os olhos e vestido com um manto, entrou no quarto; a assembleia ergueu-se, Catarina Theot estendeu para o recém-vindo suas mãos trêmulas: "Eu sabia que você devia vir, diz ela, e o esperava; aquele que você não vê e que eu vejo à minha direita mostrou-lhe a mim hoje, quando um relatório lhe foi enviado contra nós: acusaram-nos de conspirar pelo rei, e de fato, eu falei de um rei, de um rei do qual o Precursor me mostra neste momento a coroa manchada de sangue, e você sabe sobre que cabeça está ela suspensa? Sobre a sua, Maximiliano!"

A esse nome o desconhecido estremeceu como se um ferro em brasa o tivesse picado no peito, lançando ao seu redor um olhar rápido e inquieto, depois tomando uma posição impassível:

– O que você quer dizer? murmurou ele com voz breve e agitada, eu não o compreendo.

– Quero dizer, replicou Catarina Theot, que fará um belo sol naquele dia e que um homem vestido de azul e tendo na mão um cetro de flores será um instante o rei e o salvador do mundo; quero dizer que você será grande como Moisés e como Orfeu, quando, pondo o pé sobre a cabeça do monstro prestes a lhe devorar, você dirá aos carrascos e às vítimas que existe um Deus. Cesse de se ocultar, Robespierre, e mostre-nos sem empalidecer essa cabeça corajosa que Deus vai lançar no prato vazio de sua balança. A cabeça de Luiz XVI é pesada e só a sua pode equilibrar-lhe o peso.

– É uma ameaça, diz friamente Robespierre, deixando cair seu manto, e julgam por essa rapidez admirar meu patriotismo e influenciar minha consciência. Você pretende, por ameaças fanáticas e disparates de mulheres velhas, surpreender minhas resoluções, como conseguir espiar meus passos? Vocês me esperavam, ao que me parece, e coitados de vocês por ter me esperado! Porque, visto como forçaram a curiosidade, o visitante desconhecido, o observador sendo Maximiliano Robespierre, representante do povo, como representante do povo eu lhe denuncio ao Comitê de Salvação Pública e farei com que seja preso.

Tendo dito essas palavras, Robespierre atirou seu manto ao redor da cabeça altiva e caminhou para a porta; ninguém ousou detê-lo nem dirigir-lhe a palavra. Catarina Theot segurava as mãos e dizia: "Respeitem suas vontades, ele é rei e pontífice da era nova; se ele nos fere é porque Deus quer nos ferir: vamos estender o pescoço ao cutelo da Providência".

Os iniciados de Catarina Theot esperaram toda a noite que viessem prendê-los, porém ninguém apareceu; eles se separaram durante o dia seguinte; dois outros dias e duas outras noites se passaram durante as quais os membros da sociedade não procuraram esconder-se. No quinto dia, Catarina Theot e os que chamavam seus cúmplices, foram denunciados aos jacobinos por um inimigo secreto de Robespierre, que insinuou ardilosamente aos auditores dúvidas contra o tribuno. Falava-se de ditadura, o nome do rei tinha mesmo sido pronunciado. Robespierre o sabia e como ele o toleraria?

Robespierre alçou os ombros, mas no dia seguinte Catarina Theot, Dom Gerle e alguns outros foram presos e enviados para essas prisões que não se abrem mais, uma vez que se tenha entrado nelas, senão para a tarefa cotidiana do carrasco.

A história da entrevista de Robespierre com Catarina Theot se espalhou, ninguém sabe como. Já a contrapolícia dos futuros termidorianos espiava o vaidoso ditador e o acusavam de misticismo, porque ele acreditava em Deus. Robespierre não era contudo nem amigo nem inimigo da seita dos nossos joanitas; ele viera à casa de Catarina para observar fenômenos: descontente por ter sido descoberto, saiu proferindo ameaças que ele não realizou, e os que transformaram em conspiração as reuniões secretas do velho monge e da velha beata esperavam fazer sair desse processo uma dúvida ou ao menos um ridículo que se ligaria à reputação do incorruptível Maximiliano.

A profecia de Catarina Theot teve sua realização pela inauguração do culto do Ser Supremo e a reação rápida de Termidor.

Durante esse tempo, a seita que se aliara à irmã André, cujas revelações um senhor Ducy escreveu, continuava suas visões e seus milagres. Sua ideia fixa era a conservação da legitimidade pelo reino futuro de Luiz XVII; muitas vezes eles salvaram em sonho o pobre orfãozinho do Templo e julgavam realmente tê-lo salvo; antigas profecias prometiam o trono dos lírios a um mancebo outrora cativo. Santa Brígida, S. Hildegarda, Bernardo Tollard, Lichtemberger anunciavam todos uma restauração milagrosa após grandes desastres. Os neo-joanitas foram os intérpretes e os continuadores dessas predições, nunca lhes faltaram os Luiz XVII e eles tiveram sucessivamente sete ou oito, todos perfeitamente autênticos e não menos perfeitamente conservadores; é devido às influências dessa seita que devemos depois as revelações do camponês Martorl (de Gallardon) e os prodígios de Vintras.

Nesse círculo magnético como nas assembleias dos *quakers* ou dos tremedores da Grã-Bretanha, o entusiasmo era contagioso e se transmitia de irmão a irmão. Depois da morte da irmã André, a segunda vista e a faculdade de profetizar foram a cota de um indivíduo de nome Legros que estava em Charenton quando aí puseram provisoriamente Martim. Ele reconheceu um irmão no camponês simplório que nunca havia visto. Todos esses sectários, a força de querer Luiz XVII, o criavam até certo ponto, isto é, que eles evocaram de tais alucinações que se faziam médiuns à imagem e à semelhança do tipo magnético, e julgando-se realmente o menino real escapado do Templo, eles atraíram a eles todos os reflexos dessa doce e frágil vítima e lembravam-se das circunstâncias conhecidas somente da família de Luiz XVI. Esse fenômeno, por mais incrível que pareça, não é impossível nem inacreditável. Paracelso assegura que, se por um esforço extraordinário de vontade, alguém puder aparentar-se que é uma pessoa diferente de si mesma, se saberia imediatamente o mais secreto pensamento dessa outra pessoa e atraíam para si suas íntimas lembranças. Muitas vezes depois de uma palestra que nos pôs em relação de imaginação com nosso interlocutor, sonhamos dormindo reminiscências inéditas de sua vida. Entre os falsos Luiz XVII, deve-se no entanto reconhecer alguns que não eram impostores mas alucinados, e entre últimos, é preciso distinguir um genovês, chamado Naündorff, visionário como Swedenborg e de uma convicção tão contagiosa que antigos servidores da família real o reconheceram e lançaram-se a seus pés chorando: ele trazia consigo os sinais particulares e as cicatrizes de Luiz XVII; expunha sua infância com uma verdade notável, entrava em minúcias insignificantes que são decisivas para as lembranças íntimas. Seus próprios traços eram os que teve esse órfão de Luiz XVI, se tivesse vivido. Uma só coisa enfim lhe faltava para ser verdadeiramente Luiz XVII, era não ser Naündorff.

O poder contagioso do magnetismo desse alucinado era tal, que sua morte não desiludiu nenhum dos crentes em seu reino futuro. Vimos um dos mais convencidos, ao qual objetamos timidamente, quando ele falava da Restauração próxima de que ele chamava a *verdadeira legitimidade*, que seu Luiz XVII estava morto. "Então é mais difícil a Deus de o ressuscitar que não foi a nossos pais de salvá-lo do Templo!" respondeu-nos ele com um sorriso tão triunfante que era quase desdenhoso. A isso nada tínhamos que replicar e inevitável nos foi inclinar diante de tal convicção.

CAPÍTULO 6

OS ILUMINADOS DA ALEMANHA

A Alemanha é a terra natal do misticismo metafísico e dos fantasmas; ela mesmo fantasma do antigo império romano, ela evoca sempre a grande sombra de

Hermano, consagrando-lhe o simulacro das águias cativas de Varo. O patriotismo dos jovens alemães é sempre o dos antigos germanos; eles não sonham a invasão das religiões risonhas da Itália, eles não a aceitam quando muito senão como uma desforra, mas eles morriam mil vezes pela defesa de seus lares; eles amam seus velhos castelos e suas velhas lendas das margens do Reno; eles leem pacientemente os tratados mais obscuros de sua filosofia, e veem nas brumas de seu céu e na fumaça de seu cachimbo mil coisas indizíveis que os iniciam nas maravilhas do outro mundo.

Muito antes que se falasse na América e na França de *médiuns* e de evocações, havia na Prússia iluminados e videntes que mantinham conferências regulares com os mortos. Um grande senhor mandara edificar em Berlim uma casa destinada às evocações; o rei Frederico Guilherme era extremamente curioso de todos esses mistérios e encerrava-se muitas vezes nessa casa com um adepto chamado Steinert; às impressões que ele recebia lá produziam-se sensações tão vivas que vinha a desfalecer e só voltava a si quando lhe davam algumas gotas de um elixir mágico semelhante ao de Cagliostro. Encontra-se numa correspondência secreta sobre os primeiros tempos do reino desse príncipe, citado pelo marquês de Luchet em sua Diatribe Contra os Iluminados, uma descrição do quarto escuro onde se faziam as evocações; ele era quadrado, separado em dois por um véu transparente diante do qual estava colocado o forno mágico ou o altar dos perfumes; detrás do véu estava um pedestal sobre o qual aparecia o espírito. Eckartskausen, em seu livro alemão sobre a magia, descreve todo o aparelho dessa fantasmagoria. É um sistema de máquinas e de processos para ajudar a imaginação a criar os fantasmas que ele deseja e para lançar os consultantes numa espécie de sonambulismo despertado, muito semelhante à sobre-excitação nervosa produzida pelo ópio ou pelo haxixe. Os que se contentarem com as explicações dadas pelo autor que acabamos de citar não verão nas aparições senão efeitos de lanterna mágica; há outra coisa certamente, e a lanterna mágica não é nesse negócio um instrumento útil, mas não absolutamente necessário à produção do fenômeno. Ninguém faz sair dos reflexos de um vidro de cor semblantes, antes conhecidos e que se evocam pelo pensamento; ninguém faz falar as imagens pintadas de uma lanterna, e eles não vêm responder às questões da consciência. O rei da Prússia, a quem a casa pertencia, sabia a maravilha como ela era maquinada, e não se deixava iludir por uma trapaça, como o pretende o autor da correspondência secreta. Os meios naturais preparavam e realizavam o prodígio; e lá se davam realmente coisas de admirar o mais cético e a perturbar o mais ousado. Schropffer, aliás, não empregava nem a lanterna mágica nem o véu, mas dava para beber a seus vizinhos um *punch* preparado por ele; as figuras que ele fazia aparecer eram como as do médium americano Home, meio corporais e produziam uma sensação estranha aos que tentavam apalpá-las. Era alguma coisa semelhante a uma comoção elétrica que fazia estremecer a pele, e não se sentia nada se, antes de tocar na visão, se tivesse o cuidado de molhar as mãos. Schroepffer era de boa fé, como é também o americano Home; ele acreditava na realidade dos espíritos que ele evocava e matou-se quando veio a duvidar deles.

Lavater, que morreu também violentamente, era inteiramente dado à evocação dos espíritos, tendo dois às suas ordens; ele fazia parte de um círculo onde a gente caía em êxtase por meio da harmônica; fazia-se então a cadeia, e uma espécie de idiota servia de intérprete ao espírito escrevendo sob sua impulsão. Esse espírito dava-se por um cabalista judeu morto antes do nascimento de Jesus Cristo e fez escrever pelo médium coisas de todo dignas dos sonâmbulos de Cahagnet,* como esta revelação sobre as penas da outra vida onde o espírito assegura que a alma do imperador Francisco é condenada no outro mundo a fazer a conta e o estado exato de todas as conchas de caramujos que podem existir ou ter existido em todo o universo. Ele revelou também que os verdadeiros nomes dos três magos não eram, como o dizia a tradição dos lendários *Gaspar, Melchior, Baltazar*, mas *Vrasapharmion, Melchisedech e Baleathrasaron*; parece ler-se nomes escritos por nossas modernas *mesas girantes*. O espírito declarou ainda mais que ele mesmo se achava de penitência por ter levantado o gládio mágico contra seu pai e que estava disposto a fazer presente a seus amigos de seu retrato. A seu pedido, colocaram detrás de um anteparo, papel, cores todas preparadas, pincéis; viu-se então desenhar-se sobre o anteparo a silhueta de uma pequenina mão e ouviu-se um pequeno atrito sobre o papel; quando o ruído cessou, todo o mundo acorreu e foi encontrado um retrato grosseiramente pintado, representando um velho rabino vestido de preto com uma "fraise" branca caindo sobre os ombros e um boné negro no alto da cabeça, costume um tanto excêntrico para um personagem anterior a Jesus Cristo; a pintura, aliás, era manchada e incorreta e muito se parecia à obra de alguma criança que se deleitasse em fazer coloridos com os olhos cerrados.

As instruções escritas pela mão do médium sob a impulsão de Gablidone são de uma obscuridade que domina a de todos os metafísicos alemães.

---

* Cahagnet é autor das seguintes obras: *Arcanos da Vida Futura*, 1848-1854, 3 vols.; *Luz dos mortos*, 1851, 1 vol.; *Magia Magnética*, 2ª ed., 1858, 1 vol.; *Santuário do Espiritualismo*, 1850, 1 vol.; *Revelações de Ultratumba*, 1856, 1 vol., etc.

"Não se deve dar, diz ele, o nome de majestade levianamente; majestade vem de mago, porque os magos, sendo pontífices e reis, eram as primeiras majestades.

"Pecar mortalmente é ofender Deus em sua majestade, isto é, feri-lo como pai lançando a morte nas fontes da vida. A fonte do Pai é luz e vida, a fonte do Filho é sangue e água, a fonte do Espírito Santo é fogo e ouro. Peca-se contra o Pai pela mentira, contra o Filho pelo ódio, e contra o Espírito Santo pela devassidão que é obra de morte e destruição". O bom Lavater recebia essas comunicações como oráculos, e quando ele pedia ao espírito alguns esclarecimentos novos, respondia Gablidone: Virá o grande iniciador e nascerá com o século próximo; então a religião dos patriarcas será conhecida sobre nosso globo. Ele explicará ao mundo o trigrama de Agion, Helion, Tetragramaton e o Senhor cujo corpo é cercado de um triângulo aparecerá sobre o quarto degrau do altar; o ângulo supremo será vermelho e a divisa misteriosa do triângulo será: *Venite ad patres osphal*. – Que quer dizer a palavra osfal? Perguntou um dos assistentes ao espírito. O médium escreveu estas três palavras: *Alphos, M: Aphon, Eliphismatis*, sem dar outras explicações; alguns intérpretes concluíram daí que a magia prometida no século XIX se chamaria *Mafom*, filho de Elifisma; era uma explicação talvez um pouco arriscada.

Não há nada mais perigoso do que o misticismo porque ele produz a loucura que desfaz todas as combinações da sabedoria humana. São sempre loucos que revolvem o mundo, e o que os grandes políticos nunca preveem, são os golpes de cabeça e os de mão dos insensatos. O arquiteto do templo de Diana em Éfeso, prometendo-se uma glória eterna, não contara com Eróstrato.

Os girondinos não previram Marat. Que era preciso para mudar a face do mundo? Diz Pascal a propósito de Cromwell; um grão de areia formado por acaso nas entranhas de um homem. Quantas grandes coisas se efetuam por coisas que nada são! Quando o templo da civilização se abate, é sempre um cego como Sansão quem lhe sacudiu as colunas.

Um miserável da escória do povo tem insônias e julga-se chamado para libertar o mundo do Anticristo. Esse homem apunhala Henrique IV e envia à França consternada o nome de *Ravaillac*. Os taumaturgos alemães veem em *Napoleão* o Apolion do *Apocalipse* e ele se considera um filho, um jovem iluminado chamado *Stabs*, para matar esse Atlas militar que, nesse momento carregava sobre seus ombros o mundo arrancado ao caos da anarquia; mas essa influência magnética que o imperador chamava sua *estrela* era mais poderosa então que o movimento fanático dos círculos alemães; Stabs não pôde ou não ousou ferir. Napoleão quis interrogá-lo e admirou sua resolução e sua audácia; contudo como ele se conhecia em grandeza, não quis diminuir o novo Cévola, fazendo-lhe graça, ele o estimou bastante para levá-lo a sério, e para deixar fuzilá-lo.

Carl Sand, que matou *Kotzebue* era também uma desgraçada criança perdida de misticismo, desgarrada pelas sociedades secretas onde se jurava a vingança sobre punhais. Kotzebue merecia talvez ser esbofeteado, o cutelo de Sand o reabilitou, fazendo dele um mártir; é belo, de fato, morrer inimigo e vítima daqueles que se vingam pela emboscada e pelo assassinato! As sociedades secretas da Alemanha tinham cerimônias e ritos que se relacionavam mais ou menos aos da antiga magia; na sociedade de Mopses, por exemplo, se renovava com formas brandas e quase agradáveis a celebração dos mistérios do sabá e da recepção secreta dos templários. O bode bafomético foi substituído por um cão, era Hermanubis em lugar de Pã; a ciência em lugar da natureza, substituição equivalente, já que só se conhecia a natureza pela ciência. Os dois sexos eram admitidos entre os Mopses como no sabá; a recepção era acompanhada de uivos e esgares, e, como entre os templários, propunha-se ao recipiendário de beijar a sua escolha a pousada do diabo, o do grão-mestre ou o de Mopse; o Mopse era, como acabamos de dizer, uma pequena figura de cartão coberta de seda, representando um cão, chamado *Mops* em alemão. Devia-se, com efeito, antes de ser recebido beijar as traseiras do Mopse, como se beijava as do boi Mendés, nas iniciações do sabá. Os Mopses não se obrigavam uns aos outros por juramentos, eles davam simplesmente sua palavra de honra, o que é o juramento mais sagrado dos homens de bem; suas reuniões se passavam como as do sabá, em danças e festins, somente as senhoras ficavam vestidas, não tinham gatos pendurados vivos a seus cintos e não comiam criancinhas: era um sabá civilizado.

O sabá teve na Alemanha seu grande poeta e a magia sua epopeia, é o drama gigantesco do Fausto, essa Babel consumada do gênio humano, Goethe era iniciado em todos os mistérios da magia filosófica, praticara mesmo em sua mocidade a magia cerimonial, e o resultado dessas tentativas audaciosas fora para ele a princípio um profundo desgosto da vida e um violento desejo de morrer. Ele realizou realmente seu suicídio, não em um ato, mas em um livro: ele fez o romance *Werther*, esta obra fatal que prega a morte e que fez tantos seguidores; depois, vitorioso enfim do desânimo e do desgosto, chegado às regiões serenas da verdade e da paz, ele escreveu *Fausto*. Fausto é o magnífico comentário de uma das mais belas páginas do Evangelho, a parábola do filho pródigo. É a iniciação ao pecado pela ciência insubmissa, à dor pelo pecado; à expiação e à ciência harmoniosa pela dor. O gênio humano, representado por Fausto, toma por criado o espírito do mal que aspira a tornar-se mestre, e rápido esgota tudo o que a imaginação põe de alegria nos amores ilegítimos, atravessa as orgias da loucura, depois atraído pelo encanto da soberana beleza, reergue-se do fundo de seus desencantos para ascender às alturas da abstração e do ideal imperecível; aí, Mefistófeles não está mais à vontade, o galhofeiro implacável torna-se triste, Voltaire dá lugar a Chateaubriand; à medida que a luz se faz, o anjo das trevas se torce sobre si mesmo e atormenta-se, os anjos o envolvem, ele os admira a contragosto seu, ele ama, chora, é vencido.

Na primeira parte do drama, tínhamos visto Fausto separado violentamente de Margarida e vozes do céu proclamavam: Ela salvou-se, enquanto o levaram ao suplício; mas Fausto pode ser perdido, pois é sempre amado de Margarida, seu coração já não é noivo no céu! A grande obra de redenção pela solidariedade acontece. A vítima seria sempre consolada de suas torturas, se ela não convertesse seu carrasco? O perdão não é a vingança dos filhos do céu? O amor que primeiro chegou ao céu, atrai a ele a ciência pela simpatia; o cristianismo revela-se em sua admirável síntese. A nova Eva lavou com o sangue de Abel a mancha da fronte de Caim, e chora de alegria sobre seus dois filhos que se conservam abraçados.

O inferno, daí em diante inútil, fechou-se por causa do engrandecimento do céu. O problema do mal recebeu sua única solução e o bem só necessário e triunfante vai reinar na eternidade.

Tal é o belo sonho do maior de todos os poetas, mas infelizmente aqui o filósofo esquece todas as leis do equilíbrio, quer absorver a luz num esplendor sem sombra e o movimento num repouso absoluto que seria a cessação da vida. Enquanto houver uma luz visível haverá uma sombra proporcional a essa luz. O repouso não será nunca a felicidade se não for equilibrado por um movimento semelhante e contrário; enquanto houver uma bênção livre, o blasfemo será possível; enquanto houver um céu, haverá um inferno. É a lei imutável da natureza, é a vontade eterna da justiça que é Deus.

CAPÍTULO 7

IMPÉRIO E RESTAURAÇÃO

Napoleão enchia o mundo das maravilhas e ele mesmo era a maior maravilha do mundo; sua mulher, a imperatriz Josefina, curiosa e crédula como uma velha desocupada, passava de encantamentos em encantamentos. Essa glória lhe fora predita, asseguram, por uma velha cigana e o povo dos campos ainda crê que Josefina era o bom gênio do imperador; era de fato uma doce e modesta conselheira que o desviaria de muitos obstáculos se ele ouvisse sempre sua voz mas a fatalidade ou antes a Providência o impelia para a frente e o que tinha de vir a ser estava escrito.

Numa profecia atribuída a S. Cezário, mas que é assinada por João Vatiguerro e que se acha no *Liber mirabilis*, coleção de predições impressas em 1524, leem-se estas palavras admiráveis:

"As igrejas serão manchadas e profanadas, o culto público cessará...

"A águia voará pelo mundo e submeterá muitas nações.

"O maior príncipe e mais augusto soberano de todo Ocidente fugirá depois de uma derrota sobrenatural...

"O muito nobre príncipe será posto em cativeiro por seus inimigos e se afligirá pensando nos que lhe eram afeiçoados...

"Antes que a paz se restabeleça na França, os mesmos acontecimentos recomeçarão e se produzirão muitas vezes...

"A águia será coroada de três diademas e entrará vitoriosa em seu ninho de onde não sairá mais senão para elevar-se ao céu".

Nostradamo, depois de ter predito a espoliação das igrejas e o morticínio dos sacerdotes, anuncia que um imperador nascerá perto da Itália, que sua soberania custará muito sangue à França, e que os seus o trairão e o acusarão do sangue derramado.

Um imperador nascerá perto da Itália
Que, ao império, bem caro será vendido
Mas deve ver com quem vai aliar-se
Que o dirão menos príncipe que o carrasco.

De simples soldado subirá ao império

Valente nas armas, na Igreja ao pior,
Tratar os sacerdotes como a água faz à esponja.

Isto é, que no momento das maiores calamidades da Igreja ele acumulará os sacerdotes de bem.

Numa *Coleção de Profecias*, publicada em 1820, de que possuímos um exemplar, se nos depara, depois de uma predição relativa a Napoleão I, esta frase:

"E fará o sobrinho o que o tio não pôde fazer".

A célebre "mademoiselle" Lenormand possuía em sua biblioteca em volume cartonado, dorso de pergaminho, contendo o *Tratado de Olivário Sobre as Profecias*, seguido de dez páginas manuscritas onde o reino de Napoleão e sua queda eram formalmente anunciados. A adivinhadora comunicou esse livro à imperatriz Josefina. Já que acabamos de nomear "mademoiselle" Lenormand, devemos dizer algumas palavras sobre essa mulher singular; era uma moça gorda e feia, enfática nos seus discursos, ininteligível em seu estilo, mas sonâmbula despertada e de uma lucidez toda particular; sob o segundo império e sob a restauração foi a adivinhadora da moda. Não há nada mais enfadonho do que a leitura de suas obras, mas punha cartas com o maior êxito.

A cartomancia reencontrada na França por Eteila não é outra coisa que a consulta da sorte por meio de sinais convencionados de antemão; esse sinais combinados com os números, inspiram oráculos ao médium que se magnetiza olhando-os. Tiram-se esses sinais ao acaso depois de os ter lentamente embaralhados, dispõem-nos por números cabalísticos, e eles respondem sempre ao pensamento daquele que os interroga seriamente e de boa fé porque trazemos em nós todo um mundo de pressentimentos aos quais só falta um pretexto para aparecer.

As naturezas impressionáveis e sensitivas recebem de nós o choque magnético que lhes comunica o cunho de nosso estado nervoso. O médium pode então ler nossos receios e nossas esperanças nas rugas da água, na configuração das nuvens, nos pontos lançados ao acaso sobre a terra, nos desenhos deixados sobre um pires pelo café, nas sortes de um jogo de cartas ou de um *tarô*. O *tarô* sobretudo, este livro cabalístico e sábio, de que todas as combinações são uma revelação das harmonias preexistentes entre os sinais, as letras e os números, o *tarô* é então de um emprego verdadeiramente maravilhoso. Mas não podemos impunemente arrancar-nos assim a nós mesmos os segredos de nossa comunicação íntima com a luz universal.

A consulta das cartas e dos *tarôs* é uma verdadeira evocação que se pode fazer sem perigo e sem crime. Nas evocações, forçamos nosso corpo astral a nos aparecer, na adivinhação o forçamos a nos falar; damos assim um corpo a nossas quimeras e fazemos uma realidade próxima desse futuro que será verdadeiramente o nosso, quando o evocarmos pelo Verbo e o adotamos pela fé. Contrair o hábito da adivinhação e das consultas magnéticas, é fazer um pacto com a vertigem: ora, nós já estabelecemos que a vertigem é o inferno.

"Mademoiselle" Lenormand era louca de afetação de sua arte e de si mesmo; o mundo não girava sem ela, e ela julgava-se necessária ao equilíbrio europeu. No tempo do Congresso de Aix-la-Chapelle, a adivinhadora partiu seguida de todo seu mobiliário e fez barulho em todas as alfândegas e atormentou todas as autoridades para que fossem forçados a ocuparem-se dela: era a verdadeira mosca de coche (*alusão à fábula de La Fontaine*), e que mosca! À sua volta ela publicou suas impressões e pôs no cabeçalho de seu livro uma vinheta, onde ela se representa cercada de todas as potências que a consultam e que tremem em sua presença.

Os grandes acontecimentos que se acabam de realizar no mundo voltaram nessa época as almas para o misticismo; começara uma reação religiosa e os soberanos que formaram a santa aliança sentiam a necessidade de unir à cruz seus cetros agrupados. O imperador Alexandre, principalmente, acreditava que chegara a hora para a santa Rússia de converter o mundo à ortodoxia universal.

A seita dos *salvadores de Luiz XVII*, seita intrigante e agitada, quis aproveitar dessa disposição para fundar um novo sacerdócio e conseguiu introduzir perto do imperador da Rússia uma de suas iluminadas. Essa nova Catarina Theot, que os sectários chamavam irmã Salomé, chamava-se *madame Bouche*; ela passou dezoito meses na corte do imperador, tendo com ele algumas vezes confabulações secretas; mas Alexandre tinha mais imaginação devota que entusiasmo verdadeiro, ele se deleitava com o maravilhoso, e pretendia que o distraíssem. Seus confidentes místicos apresentaram-lhe uma profetisa nova que o fez esquecer sua Salomé, era a famosa *madame de Krudener*, esta amável "coquette" de piedade e de virtudes que fez e não foi Valéria. Sua ambição era contudo que a julgassem a heroína de seu livro, e como uma de suas vítimas amigas a exigiam de dar nome ao herói, ela designou um homem eminente daquele tempo. "Mas então, diz a amiga, o desenlace de seu livro não é conforme a verdade da anedota, porque este senhor não morreu. – Oh, minha amiga, exclamou madame de Krudener, eu lhe asseguro que ele não tem mais valor por isto." Esta resposta caiu no gosto. Madame de Krudener exerceu sobre o espírito um pouco fraco de Alexandre uma influência muito grande para alarmar seus cúmplices; ele encerrava-se muitas vezes com ela para orar, mas ela perdeu-se por excesso de zelo. Um dia, como o imperador ia deixá-la, ela lança-se em sua frente e pede-lhe para não sair. "Deus revela-me, disse ela, que você corre um grande perigo: querem matá-lo; um assassino está escondido no palácio." O imperador alarma-se, toca a campainha e se faz cercar de guardas; fazem-se investigações e acaba-se encontrando um pobre diabo munido de um punhal. Esse homem, interrogado, perturba-se e por fim confessa que foi introduzido pela própria madame de Krudener.

Seria exato, e essa mulher teria representado nesse negócio o papel de Ltude perto de Madame Pompadour? Seria falso, e este homem, confrontado pelos inimigos do imperador teria por missão secreta, se o crime não se consumasse, de perder Mme. de Krudener? De todos os modos, a pobre profetisa foi perdida. O imperador, envergonhado de ter sido iludido, a despediu, sem ouvi-la, e ela deveu julgar-se bastante feliz ainda de a deixarem tão barato.

A igrejinha de Luiz XVII não se deu por vencida com a desgraça da mãe Bouche e viu em Mme. de Krudener um verdadeiro castigo do céu; eles continuaram suas profecias e fizerem milagres. Sob o reino de Luiz XVIII eles puseram em foco um camponês de Beauce, de nome *Martin*, que sustentava ter visto um anjo. Este anjo cujo costume e figura ele descrevia, tinha a aparência de um lacaio de casa rica: tinha uma casaca muito comprida e apertada, de cor amarelada ou loura; era pálido, delicado e tinha na cabeça um chapéu provavelmente envernizado. O que há de estranho e o que prova mais uma vez quantos recursos há na penitência e na audácia, é que esse homem se fez levar a sério e chegou a introduzir-se junto ao rei. Asseguram que ele o espantou por revelações de sua vida íntima, revelações que não têm nada de impossível nem mesmo de extraordinário, agora que os fenômenos de magnetismo estão melhor constatados e conhecidos.

Luiz XVIII, aliás, era cético bastante para ser crédulo. A dúvida em presença do ser e de suas harmonias, o ceticismo em face das matemáticas eternas e das leis imutáveis da vida que tornam a divindade presente e visível por toda a parte, não é a mais tola das superstições e a mais indesculpável como a mais perigosa de todas as credulidades?

LIVRO VII

A MAGIA NO SÉCULO XIX
ו, ZAIN

CAPÍTULO 1

OS MAGNETIZADORES MÍSTICOS E OS MATERIALISTAS

A negação do dogma fundamental da religião católica, tão poeticamente formulada no poema de Fausto, dera seus frutos no mundo. A moral privada de sua sanção eterna tornava-se duvidosa e cambaleante. Um místico materialista revolveu o sistema de Swedenborg para criar sobre a terra o paraíso das atrações proporcionais aos destinos. Pelas atrações, Fourier compreendia as paixões sensuais, às quais ele prometia uma expansão integral e absoluta. Deus, que é a suprema razão, assinala com um selo terrível essas doutrinas reprovadas: os discípulos de Fourier começaram pelo absurdo, acabaram pela loucura.

Eles creram seriamente na mudança próxima do Oceano em uma vasta tigela de limonada, na criação futura dos antileões e das antiserpentes, na correspondência epistolar dos planetas uns com os outros. Nós não falamos da famosa cauda de trinta e dois pés com que queriam, dizem, gratificar a espécie humana, porque eles mesmos tiveram a generosidade de renunciar a essa cauda e de considerar a sua realização possível, segundo o mestre, como puramente hipotético.

É por meio de tais absurdos que devia levar a negação do equilíbrio, e há no fundo de todas essas loucuras mais lógica do que se pensa. A mesma razão que necessita a dor na humanidade, torna indispensável o amargor das águas do mar; suponha boa a expansão integral dos instintos e não poderá mais admitir a existência dos animais ferozes; dai ao homem por toda moralidade a aptidão de satisfazer seus apetites, ele terá sempre alguma coisa a desejar aos orangotangos e aos macacos. Negar o inferno, é negar o céu, porque, conforme a mais alta interpretação do dogma único de Hermes, o inferno é a razão equilibrante do céu, porque a harmonia resulta da analogia dos contrários. *Quod superius, sicut quod inferius*, a superioridade existe em razão da inferioridade; é a profundidade que determina a altura, e se você encher os vales fará desaparecer as montanhas; assim se ofuscar as sombras, aniquilará a luz que só é visível pelo contraste graduado da sombra e da claridade e produzirá a obscuridade universal por um imenso deslumbramento; as cores mesmo só existem na luz pela presença da sombra, é a tríplice aliança do dia e da noite; é a imagem luminosa do dogma, é a luz feita sombra, como o Salvador é o Verbo feito homem, e tudo isso repousa sobre a mesma lei, a lei primeira da criação, a lei única e absoluta da natureza, a da distinção e da ponderação harmoniosa das forças contrárias no equilíbrio universal.

Não é o dogma do inferno, são as interpretações temerárias desse dogma que revoltaram a consciência pública. Esses sonhos bárbaros da Idade Média, esses suplícios atrozes e obscenos esculpidos sobre os pórticos das igrejas, esta infame caldeira onde cozinham carnes humanas para sempre vivas sofrerem e à fumaça da qual se rejubilam os eleitos, tudo isso é absurdo e ímpio, mas tudo isso não pertence ao dogma sagrado da Igreja. A crueldade atribuída a Deus é a mais terrível das blasfêmias, e é por isso mesmo que o mal é para sempre sem remédio, quando a vontade do homem se recusa à bondade de Deus.

Deus não inflige aos danados as torturas da reprovação, como não dá a morte aos que se suicidam.

– Trabalhe para possuir, e será feliz, diz ao homem a justiça suprema.

– Eu quero possuir e gozar sem trabalhar!

– Então você roubará e sofrerá.

– Eu me revoltarei.

– Então você se quebrará e sofrerá mais.

– Eu me revoltarei sempre.

– Então você sofrerá eternamente.

Tal é a sentença da razão absoluta e da soberana justiça; que pode responder a isso o orgulho da loucura humana?

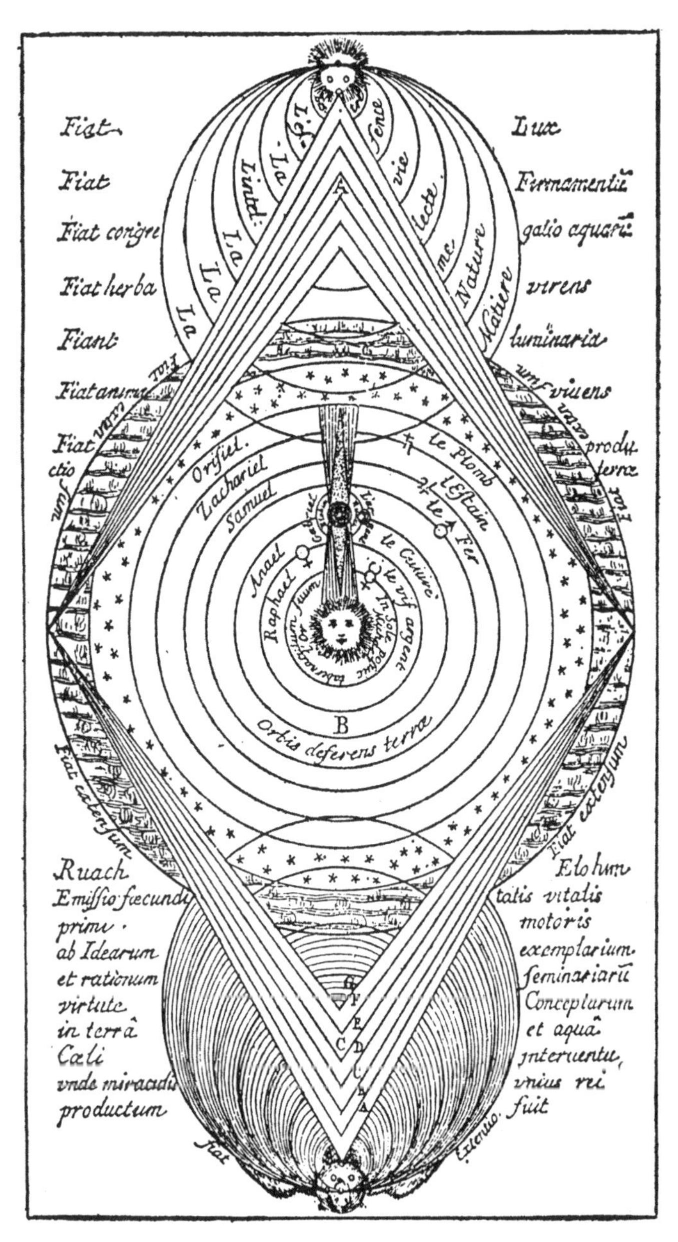

FIGURA 16
Plano geral da doutrina dos cabalistas

A religião não tem maiores inimigos do que o misticismo temerário que toma as visões de sua febre por revelações divinas. Não foram os teólogos que criaram o império do diabo, foram os falsos devotos e os feiticeiros.

Crer numa visão de nosso cérebro antes que na autoridade da razão e da piedade públicas, tal é sempre o começo da heresia em região, da loucura na ordem da filosofia humana; um louco não seria nunca louco se acreditasse na razão dos outros.

As visões não faltam nunca à piedade revoltada, assim como as quimeras a uma razão que se excomunga e que se desvia.

Sob esse ponto de vista o magnetismo tem certamente seus perigos; porque o estado de crise acarreta também as alucinações como as intuições lúcidas.

Consagraremos neste livro um capítulo especial aos magnetizadores, uns místicos, outros materialistas e os preveniremos, em nome da ciência, dos perigos a que se expõem.

As consultas da sorte, as experiências magnéticas e as evocações pertencem a uma só e mesma ordem de fenômenos. Ora, são fenômenos de que não se poderia abusar impunemente, neles vai um pouco da razão e da vida.

Há trinta ou quarenta anos, um vigário da igreja de Notre Dame, homem muito piedoso e estimável aliás, apaixonara-se pelo magnetismo e entregava-se a frequentes experiências, consagrando mais tempo do que devia à leitura dos místicos e sobretudo do vertiginoso Swedenborg; sua cabeça cedo se cansou, teve insônias, levantava-se então para estudar, ou mesmo quando o estudo não bastava para acalmar as agitações de seu cérebro, ele tomava a chave da igreja onde entrava pela porta vermelha; penetrava depois no coro iluminado somente por fraca lâmpada do altar-mor, sentava-se e aí ficava até o dia seguinte, em êxtase nas preces e meditações profundas.

Uma noite, o assunto de sua meditação era a danação eterna, ele pensava na doutrina tão ameaçadora do pequeno número dos eleitos, e não sabia como conciliar essa rigorosa exclusão do maior número com a bondade infinita de Deus que quer que todos os homens sejam salvos, diz a Escritura Santa e que cheguem ao conhecimento da verdade; ele pensava nesse suplício do fogo que o mais cruel tirano da terra não quereria infligir, se ele o pudesse, durante um dia só, a seu mais cruel inimigo e a dúvida entrava de todos os lados em seu coração: em seguida pôs-se a pensar nas explicações conciliatórias da teologia. A Igreja não define o fogo do inferno, ele é eterno, segundo o Evangelho, mas em parte nenhuma está escrito que o maior número dos homens o deve sofrer eternamente. Muitos condenados poderão não ter que suportar senão a pena de dam, isto é, a privação de Deus; enfim a Igreja proíbe absolutamente de supor a danação da pessoa. Os pagãos poderão ser salvos pelo batismo do desejo, os pecadores escandalosos por um arrependimento súbito e perfeito, enfim é preciso esperar por todos e orar por todos, exceto por um só, o de quem disse o Senhor que fora melhor para esse homem não ter nascido.

O vigário parou nesse último pensamento e pensou de repente que um só homem trazia assim oficialmente o peso da reprovação desde muitos séculos; que Judas Iscariotes, porque é dele de quem se trata na passagem da Escritura, depois de se ter arrependido de sua hediondez até a morrer dela, tornou-se o bode emissário da humanidade, o Atlas do inferno, o Prometeu da danação, ele que o Salvador prestes a morrer chamara seu amigo! Seus olhos então encheram-se da lágrimas, parecendo-lhe que a redenção seria sem efeito, se não salvasse Judas. É por isso e por isso só, repetia ele em sua exaltação, que eu quisera morrer uma segunda vez, se eu fora o Salvador! Mas Jesus Cristo não é melhor do que eu mil vezes? Que deve fazer ele agora no céu, enquanto eu choro, seu infeliz apóstolo na terra?... O que ele faz, ajuntou o padre exaltando-se gradativamente, ele tortura-me e consola-me; eu o sinto, ele diz a meu coração que o pária do Evangelho é salvo, e que ele será, pela longa maldição que pesa ainda sobre sua memória, o redentor de todos os párias... Mas se é assim, um novo Evangelho deve-se anunciar ao mundo... o da misericórdia infinita, universal, em nome de Judas regenerado... Mas eu deliro, sou um herético, um ímpio!... Não, porquanto estou de boa fé. Depois, unindo as mãos com fervor: "Meu Deus, diz o vigário, dei-me o que não recusaria anteriormente à fé, o que não recusa ainda hoje... um milagre para me convencer e me fortalecer, um milagre como penhor de uma missão nova".

O entusiasta então levanta-se, e no silêncio da noite, tão formidável ao pé dos altares, na imensidade dessa igreja muda e sombria, ele pronuncia em altas vozes, com voz lenta e solene, esta evocação:

"Você que maldiz há dezoito séculos, e que eu choro, porque parece que tomou o inferno apenas para si, a fim de nos deixar o céu, infeliz Judas, se é verdade que o sangue de seu Mestre lhe purificou, se você é salvo, vem impor-me as mãos para o sacerdócio da misericórdia e do amor!"

Tendo disso essas palavras e enquanto o eco despertado em sobressalto as murmurava ainda sob as abóbadas apavoradas, o vigário levanta-se, atravessa o coro, e vai ajoelhar-se sob a lâmpada ao pé do altar-mor. "Então, diz ele (porque é a ele mesmo que devemos a narração desta história), então eu senti positivamente e realmente duas mãos quentes e vivas, pousaram-se sobre minha cabeça como as do bispo no dia da ordenação, eu não dormia, não desmaiara, eu as senti; era um contato real e que durou alguns minutos. Deus me exaltara, fizera-se o milagre, novos deveres me eram impostos, e uma vida nova começara para mim; a partir do dia seguinte, eu devia ser um novo homem..."

No dia seguinte, de fato, o infeliz vigário estava louco.

O sonho de um céu sem inferno, o sonho de Fausto fez muitas outras vítimas nesse infeliz século de dúvida e de egoísmo que não chegou a realizar senão um inferno sem céu. Deus mesmo se tornava inútil num sistema onde tudo era permitido, onde tudo era bem. Os homens chegados a não mais temer um juiz supremo acharam muito fácil passar sem o Deus das boas pessoas, menos Deus, de fato, que as próprias boas pessoas. Os loucos que se erigiram em vencedores do diabo chegaram a se fazer deuses dele. Nosso século é sem dúvida o destas mascaradas pretendidas divinas, que conhecemos de todas as formas.

O deus Ganneau, boa e poética natureza, que dera sua camisa aos pobres e que reabilitava os ladrões, Ganneau que admirava Lacenaire e que não matara uma mosca; o deus Ganneau, negociante de botões na rua *Croix des Petits-Champs*, que era visionário como Swedenborg e que escrevia suas inspirações em estilo de Jeannot, o deus Tourreil, bom e excelente homem que diviniza a mulher e quer que Adão tenha saído de Eva; o deus Augusto Comte, que conservava da religião católica tudo, exceto duas coisas, duas misérias: a existência de Deus e a imortalidade da alma; o deus Wronski, verdadeiro sábio esse, que teve a glória e a felicidade de encontrar os primeiros teoremas da Cabala e que, tendo vendido a comunicação por cento e cinquenta mil francos a um rico imbecil chamado Arson, declara em um de seus livros mais célebres que o dito Arson, por se ter recusado a pagá-lo integralmente, tornou-se realmente e em verdade a besta do *Apocalipse*.

Eis essa curiosa passagem, que acabamos de citar, para que não nos acusem de injustiça para com um homem cujos trabalhos nos foram úteis e de que fizemos sinceramente o elogio em nossas precedentes publicações. Wronski, para forçar Arson a pagá-lo, publicara um brochura intitulada *Sim ou Não*, isto é, comprou de mim, sim ou não, por cento e cinquenta mil francos minha descoberta do absoluto?

Ora, eis aqui em que termos, em seu livro intitulado *Reforma da Filosofia*, Wronski chama a atenção do universo inteiro para a publicação dessa brochura; se achará pela mesma ocasião nesta passagem uma amostra curiosa do estilo desse negociante do absoluto.

"Esse fato da descoberta do absoluto que parece revoltar os homens tão fortemente, se acha já constatado em um grande escândalo, o do famoso *sim ou não*, tão decisivo para o brilhante triunfo da verdade que dele derivou, como é notável pela aparição repentina do ser simbólico com que ameaça o *Apocalipse*, desse monstro da criação, que traz na testa o nome de *Mistério*, e que, esta vez, temendo ser ferido mortalmente, não pôde mais conter na sombra suas terríveis convulsões, e veio, pela via dos jornais e por todas as outras vias onde se arrasta o público, mostrar à plena luz sua raiva infernal e sua extrema impostura etc."

É bom saber que esse pobre Arson, que é acusado aqui de raiva infernal e de extrema impostura já havia pago ao hierofante quarenta ou cinquenta mil francos.

O absoluto que Wronski vendia tão caro, o damos depois, e damos de graça a nossos leitores, porque a verdade é devida ao mundo e ninguém tem o direito de se apropriar dela e comercializá-la. Possa esse ato de justiça expiar a falta de um homem que morreu num estado próximo da misericórdia, depois de ter trabalhado tanto não para a ciência que ele não era talvez digno de compreendê-la nem possuí-la.

CAPÍTULO 2

DAS ALUCINAÇÕES

Há sempre no fundo do fanatismo de todas as seitas um princípio de ambição e de cobiça; Jesus mesmo muitas vezes repreendera severamente alguns de seus discípulos que não o cercavam, durante os dias de suas privações e de seu exílio no meio mesmo de sua pátria, senão na esperança de um reino onde eles teriam os primeiros lugares. Quanto mais loucas são as esperanças, tanto mais seduzem certas imaginações; paga-se então de sua bolsa e de sua pessoa a felicidade de esperar. É assim que o deus Wronski arruinava imbecis, prometendo-lhes o absoluto; que o deus Augusto Comte fazia seis mil libras de renda à custa de seus adoradores, aos quais distribuíra antecipadamente dignidades fantásticas, realizáveis quando sua doutrina houvesse conquistado o mundo; é assim que certos magnetizadores tiraram dinheiro de um grande número de tolos, prometendo-lhes tesouros que os espíritos perturbam sempre. Alguns sectários creem realmente no que eles prometem, e esses são os mais incansáveis e os mais ousados em suas intrigas; o dinheiro, os milagres, as profecias, nada lhes falta, porque eles têm este absoluto de vontade e de ação que faz realmente prodígios, são mágicos sem o saber.

A seita dos salvadores de Luiz XVII pertence, sob esse ponto de vista, à história da magia. A loucura desses homens é contagiosa a ponto de ganhar às suas crenças os mesmos que vêm procurá-los para as combater; eles conseguem as peças mais importantes e as mais difíceis de achar, atraem a eles as mais singulares testemunhas, evocam lembranças perdidas, comandam o exército dos sonhos, fazem aparecer anjos a Martin, sangue a Rosa Tamisier, um anjo em andrajos a Eugênio Vintras. Esta última história é curiosa por causa de suas consequências fenomenais e vamos contá-la.

Em 1839, os salvadores de Luiz XVII que encheram os almanaques de profecias para o ano de 1840, sabendo bem que, se todo o mundo esperasse uma revolução, esta revolução não tardaria a se efetuar; os salvadores de Luiz XVII que não tinham mais seu profeta Martin, resolveram ter um outro; alguns de seus agentes mais zelosos estavam na Normandia, país em que o falso Luiz XVII tinha a pretensão de ser o duque; eles lançaram os olhos sobre um operário devoto, de um caráter exaltado e de cabeça fraca e eis o meio de que lançaram mão: eles imaginaram uma carta dirigida ao príncipe, isto é, ao pretenso Luiz XVII, encheram essa carta de promessas enfáticas do reino futuro, juntas a expressões místicas capazes de fazer impressão sobre uma cabeça fraca e fizeram cair essa carta nas mãos do operário, que se chamava Eugênio Vintras, com as circunstâncias que ele mesmo nos vai expor:

"6 de agosto de 1839.

Cerca de 9 horas, eu estava ocupado a escrever... batem à porta do quarto onde eu estava; julgando que era um operário que tinha negócios comigo, respondo muito bruscamente: Entre. Fiquei surpreendido, em vez de um operário, de ver um velho em andrajos; perguntei-lhe somente o que ele queria.

Ele me respondeu muito tranquilamente: *Não se incomode, Pierre Michel* (nome de que ninguém se serve para chamar-me; em todo o país chamam-me Eugênio, e mesmo quando eu assino alguma coisa eu nunca ponho estes dois prenomes).

Esta resposta de meu velho causou-me uma certa sensação; mas ela aumentou quando ele me disse: "Estou muito cansado; onde quer que eu me apresente, encaram-me com desprezo ou como um ladrão". Estas últimas palavras aterrorizaram-me muito ainda que ditas com ar triste e infeliz. Levantei-me e pus-lhe na mão uma moeda, dizendo-lhe: eu não o tomo por isso, meu bom homem. E assim dizendo, fiz-lhe perceber que eu queria despedi-lo cortesmente. Ele compreendeu bem e virou-me as costas tristemente.

Mal ele pôs os pés no último degrau, puxei a porta e tranquei-a à chave. Não o ouvindo descer, chamei um operário e disse-lhe que subisse ao meu quarto. Aí, sob pretexto de negócios, fiz percorrer comigo todos os lugares onde eu julgava possível ocultar-se o velho que eu não vira sair. Esse operário sobe a meu quarto, eu saio com ele, fechando a porta à chave e percorro os menores recantos. Nada vi.

Eu ia entrar na fábrica, quando de repente ouço repicar uma missa. Senti prazer pensando que, apesar do desarranjo de meu velho, eu poderia contudo assistir a uma missa. Corri então a meu quarto para tomar um livro de oração. Achei, no lugar onde eu escrevia, uma carta dirigida a Mme. Generés, em Londres. Essa carta era assinada e escrita por M. Paul de Montfleury, de Caen, e continha uma contestação de heresia e uma profissão de fé ortodoxa.

Essa carta embora dirigida a Mme. de Generés, era destinada a por sob os olhos do *duque de Normandia* as maiores verdades de nossa santa religião católica, apostólica e romana. Sobre a carta estava a moeda que eu dera ao velho."

Em outra carta, Pierre Michel confessa que a figura desse velho não lhe era desconhecida, mas que o vendo assim aparecer de repente, ele teve extraordinário medo, aferrolhou a porta quando ele saiu, escutando muito tempo na porta se o ouvia descer. O velho mendigo tirou sem dúvida seus sapatos sem fazer barulho, porque Vintras nada ouviu; corre então à janela e não o vê sair, embora ele tivesse saído há muito tempo.

Eis meu homem agitado, ele pede socorro, procura por toda a parte, acha enfim a carta que lhe queriam mandar ler; é evidentemente uma carta caída do céu. Eis Vintras dedicado a Luiz XVII, ei-lo visionário pelo resto da vida, porque a imagem do velho mendigo não o deixou mais.

Esse mendigo se tornará São Miguel, porque ele o chamou Pedro Miguel, associação de ideias semelhantes às do sonho. Os alucinados da seita de Luiz XVII adivinharam, com a segunda vista dos maníacos, até o momento em que era preciso ferir a fraca cabeça de Vintras para fazer dele em um só instante um iluminado e um profeta.

A seita de Luiz XVII compõe-se sobretudo de antigos servidores da realeza legitimista, por isso Vintras tornado seu médium, é o fiel reflexo de todas essas imaginações cheias de lembranças romanescas e de misticismo envelhecido. São por toda a parte, nas visões do novo profeta, lírios banhados de sangue, anjos em roupas de cavalheiros, santos mascarados em trovadores. Depois aparecem hóstias coladas sobre seda azul. Vintras tem suores de sangue e seu sangue aparece sobre as hóstias, onde ele desenha corações com lendas da escrita e da ortografia de Vintras; cálices vazios aparecem de repente cheios de vinho, depois onde cai o vinho aparecem manchas de sangue. Os iniciados creem ouvir uma música deliciosa e respirar perfumes desconhecidos; sacerdotes chamados a constatar esses prodígios são arrastados na corrente do entusiasmo.

Um cura da diocese de Tours, um velho e venerável eclesiástico, deixa sua paróquia e segue à procura do profeta. Vimos esse sacerdote, ele contou-nos as maravilhas de Vintras com o acento da mais perfeita convicção, mostrou-nos hóstias injetadas de sangue de uma maneira inexplicável e nos comunicou atas assinadas por mais de cinquenta testemunhas, todas pessoas de respeito, artistas, médicos, homens de lei, um cavalheiro de Razac e uma duquesa de Armaillé. Os médicos analisaram o fluido vermelho que corria das hóstias e se reconheceu que era verdadeiramente sangue humano; mesmos os inimigos de Vintras, e ele os tinha cruéis, não contestam os milagres e contentam-se de atribuí-los ao demônio. Mas conceba, dizia-me o abade Charvoz, este cura de Touraine, de que falamos, conceba o demônio falsificando o sangue de Jesus Cristo sobre hóstias realmente sagradas? O abade Charvoz era realmente um sacerdote, e esses sinais se produzem também sobre as hóstias que ele consagra. Entretanto a seita de Vintras é anárquica e absurda, Deus não faz milagres em seu favor. Resta a explicação natural dos fenômenos, e no curso dessa obra, nós o indicamos bastante para que seja inútil demonstrar aqui.

Vintras, que seus sectários fazem um novo Cristo, teve também seus Iscariotes; dois membros da seita, um certo Gozzoli e um tal Alexandre Geoffroi, publicaram contra ele as revelações mais odiosas. A dar-lhes crédito, os sectários de Tilly-sur-Seules (assim se chamava sua residência) se entregavam às práticas mais obscuras; eles celebravam em sua capela particular, que chamavam o Cenáculo, missas sacrílegas às quais assistiam os eleitos em estado completo de nudez; a certo momento, todos gesticulavam, desfaziam-se em lágrimas clamando: "Amor! Amor!" e eles lançavam-se nos braços uns dos outros; nos será permitido omitir o resto. Eram as orgias dos antigos gnósticos, mas sem que se dessem ao trabalho de apagar a luz. Geoffroi assegura que Vintras o iniciou em um gênero de preces, que consistia no ato monstruoso de Onan, exercido ao pé dos altares, mas aqui o denunciador é muito odioso para ser acreditado sobre palavra. O abade Charvoz a quem falamos dessas acusações infames, disse-nos que era preciso atribuí-las ao ódio de dois homens expulsos da associação por terem cometido os atos de que acusam Vintras. Seja como for, as desordens morais engendram naturalmente as desordens físicas, e as excitações anormais do sistema nervoso produzem quase sempre desregramentos excêntricos nos costumes; se portanto Vintras é inocente, ele poderia e pode ainda tornar-se culpado.

O papa Gregório XVI, por um breve de 8 de novembro de 1843, condenou formalmente a seita de Vintras.

Eis um espécime do estilo desse iluminado homem aliás sem instrução e cujos escritos enfáticos formigam de faltas de francês:

"Durmam, durmam, indolentes mortais; fiquem, fiquem, ainda sobre seus leitos macios; sorriam a seus sonhos de festas e de grandezas; o anjo da aliança desceu sobre suas montanhas, escreveu seu nome até no cálice de suas flores; ele tocou, com os anéis que enfeitam seus pés, os rios que fazem seu orgulho e sua esperança; os carvalhos de suas florestas tomaram o brilho de sua fronte por uma nova aurora; o mar, com um pulo voluptuoso, saudou seu olhar. Inclinem-se para o lado da terra, mas não se espantem desse ruído tão ativo dos túmulos. Dorme, dorme ainda; Elias, no ocidente, põe uma cruz na porta do templo; ele a sela com fogo e aço de um punhal".

Ainda o templo, o fogo e o punhal. Coisa estranha! Os loucos refletem-se uns nos outros, todos os fanáticos trocam suas inspirações, e o profeta de Luiz XVII torna-se aqui o eco do grito de vingança dos templários.

Verdade é que Vintras não se julga responsável por seus escritos; eis como ele fala deles:

"Oh! Se meu espírito tivesse qualquer parte nesses escritos que se condenam, eu inclinaria minha cabeça e o temor entraria em minha alma. Não é obra minha; eu não dei à ela meu concurso por investigação ou por desejo. Estou calmo; meu leito não conhece a insônia; as vigílias não fatigaram minhas pálpebras; meu sono é puro como quando Deus o criou. Eu posso dizer a meu Deus com um coração livre: *Custodi animam meam et erue me; non erubescam quoniam speravi in te*".

Um outro pretenso reformador, o que se erigia Messias dos ergásculos e do cadafalso, *Lacenaire*, ao qual não comparamos certamente Vintras, escrevia também de sua prisão:

Como uma virgem casta e pura,
Em sonhos de amor eu velo e adormeço.
Alguém me ensinará o que é um remorso?

O argumento de Vintras, para legitimar sua inspiração, não é então conclusivo, porque serviu igualmente a Lacenaire como desculpa e mesmo para legitimar também, não mais devaneios, porém crimes.

Condenados pelo papa, os sectários de Tilly-sur-Seules condenaram o papa por sua vez; Vintras, de sua autoridade privada, arvorou-se em soberano pontífice. A forma de suas vestimentas sacerdotais lhe foi revelada; ele conduz um diadema de ouro com um lingam indiano sobre a fronte; reveste uma roupa de púrpura e segura na mão um cetro mágico terminado por uma mão cujos dedos são fechados, com exceção do polegar e do auricular os dedos consagrados à Vênus e a Mercúrio, hieróglifo do hermafrodita antigo, cultos orgíacos e dos priapos do sabá. Assim as reminiscências e os reflexos da magia negra trazidas pela luz astral vem ligar-se aos mistérios da Índia e ao culto profano de Bafomé, os êxtases desse doente contagioso que tem em Londres sua enfermaria, e que continua a fazer aí adeptos e vítimas.

Por isso a exaltação do pobre profeta não está sempre isenta de pavor e de remorsos, diga o que se disser, e por vezes ele deixa escapar as mais tristes confissões. Eis o que encontramos numa carta dirigida a um de seus mais íntimos amigos:

"Estou sempre à espera de novos tormentos. Amanhã chega a família Verger, vou ver sobre seus traços a pureza de sua alma anunciando-se por sua alegria; toda minha felicidade passada será lembrada; citarão nomes que eu pronunciei com amor em tempos pouco afastados. Enfim, tudo o que fizer as delícias dos outros será para mim novas torturas. Será preciso estar à mesa; enquanto revolverem meu coração com um gladio, eu deverei sorrir! Oh! Se contudo estas palavras terríveis que eu ouvi não fossem eternas, eu amaria ainda meu cruel suplício. Perdão, meu caro, eu não poderei viver sem amar a Deus!

"Ouve, se sua caridade de homem o permitir, como ministro de Deus vivo, eu não a reclamo, o que seu mestre vomitou de sua boca, deve ser maldito por você: Na noite de domingo para segunda-feira (18 a 19 de maio) um sonho terrível deu em minha alma como em meu corpo um golpe mortal. Eu estava em Saint-Paix; não havia mais ninguém no castelo; no entanto suas portas estavam abertas. Prontamente subi à santa capela; ia abrir-lhe a porta quando vi escrito sobre esta, em caracteres de fogo: Não se aproxime deste lugar, você que eu vomitei da boca! Não pude descer; caí aniquilado sobre o primeiro degrau; mas julguem o meu terror quando não vi mais ao redor de mim senão um largo e profundo abismo. Havia no fundo, monstros horríveis que me chamavam seu irmão!

"Veio-me neste momento o pensamento que o santo arcanjo também me chamava seu irmão. Que diferença fazia saltar minha alma da mais viva alegria; e estes, ouvindo-os chamar assim, eu me torcia em convulsões semelhantes às que lhes faria experimentar a virtude que Deus ligara à minha cruz de graça no tempo de sua aparição de 28 de abril próximo.

"Procurei agarrar-me a alguma coisa para evitar rolar neste golfo sem fim. Orava à mãe de Deus, à divina Maria, eu a chamava em meu socorro. Ela era surda à minha voz. Durante este tempo eu rolava sempre, deixando farrapos de minha carne nas pontas escarpadas que bordavam este terrível abismo! De repente turbilhões de chamas elevam-se para mim da profundeza onde eu ia cair. Ouvia os gritos de uma alegria feroz e eu não podia mais orar. De súbito uma voz mais horrorosa do que os longos bramidos do trovão numa violenta borrasca retumba em meus ouvidos. Ouvi estas palavras: Você julgava me vencer e vê que eu o venci; eu lhe ensinei a ser humilde a meu modo; vem gozar minhas doçuras, torne-se um de meus melhores amigos; aprenda a conhecer o tirano do céu; vem conosco vomitar-lhe blasfêmias e pragas; agora para você outra coisa é inútil! Depois, soltando uma longa gargalhada, ele me disse: Olha Maria, a que você chamava seu escudo, contra nós, vê seu sorriso gracioso, ouça sua doce voz.

"Meu caro, eu a vi acima do abismo; seus olhos de um azul celeste estão cheios de brilho, seus lábios vermelhos tornaram-se violetas, sua voz tão suave e tão divina mudou-se, tornou-se dura e terrível! Ela lançou-me estas palavras como um raio: Role, orgulhoso, nestes lugares cheios de fogo que habitam os demônios.

"Todo meu sangue refluiu para meu coração; julguei que soara a hora, onde o inferno terrestre ia dar lugar ao inferno eterno! Pude ainda reunir algumas palavras da *Ave Maria*; não sei quanto tempo levei... sei que ao entrar achei a criada deitada; ela disse-me que era tarde.

"Ah! Se eu fizesse conhecer aos inimigos da obra da misericórdia o que se passa em mim, seriam eles que clamariam vitória? Eles diriam que são bem as provas de uma monomania. Satisfaz a Deus que tal fosse, eu seria menos digno de lástima. Mas não temam nada, se Deus não quer ouvir a minha voz para mim eu orarei para que ele dobre meus sofrimentos, mas que o oculte a seus inimigos."

Aqui a alucinação triunfante eleva-se até ao sublime; Vintras consente em ser danado, contanto que não digam que ele é louco; único instinto do prêmio inestimável da razão que sobrevive à razão mesma; o homem embriagado não se preocupa com o temor de passar por bêbado; o insensato e o monomaníaco preferem a morte a confessarem seu delírio. É que, segundo a bela sentença de Cabes, que já citamos, não há para o homem senão um bem desejável, é a sabedoria, que é o uso da razão e ele tem apenas a temer uma verdadeira e suprema desgraça; é a loucura.

CAPÍTULO 3

OS MAGNETIZADORES E OS SONÂMBULOS

A Igreja, em sua alta sabedoria, nos proíbe de consultar a sorte e de violar por uma indiscreta curiosidade os segredos do futuro; mas nos tempos de hoje a voz da Igreja não é mais ouvida e a multidão volta aos adivinhos e às pitonisas; os sonâmbulos tornaram-se os oráculos dos que não creem mais nos preceitos do Evangelho e ninguém pensa que a preocupação de um acontecimento predito suprime de alguma forma nossa liberdade e paralisa nossos meios de defesa; consultando a magia para prever os acontecimentos futuros damos asas à fatalidade.

Os sonâmbulos são as sibilas de nossa época, como as sibilas eram os sonâmbulos da antiguidade; felizes os consultantes que não põem sua credulidade ao serviço de magnetizadores imorais ou insensatos, porque eles comunicaram pelo fato mesmo de sua generosa consultação à imortalidade ou à loucura dos inspiradores do oráculo; o propósito do magnetizador é fácil e os tolos são em grande número.

É, portanto, importante conhecer entre os que se ocupam do magnetismo, quais são os homens verdadeiramente sérios.

Entre esses devemos colocar em primeiro lugar o barão Du Potet, cujos trabalhos conscienciosos fizeram dar um grande passo à ciência de Mesmer.

Du Potet abriu em Paris uma escola prática de magnetismo onde era prometido ao público instruir-se dos processos e verificar os fenômenos.

O barão Du Potet é uma natureza excepcional e particularmente intuitiva. Como todos os contemporâneos, mesmo os mais instruídos, ele ignora a Cabala e seus mistérios e apesar disso o magnetismo lhe revelou a magia; ele sentiu necessidade de revelar e de ocultar essa ciência terrível ainda para ele mesmo, e escreveu um livro que ele vendeu somente a seus adeptos e sob o selo do segredo mais absoluto. Esse segredo, nos não o prometemos a Du Potet, mas o guardaremos em respeito às convicções do hierofante; nos basta dizer que seu livro é a mais notável de todas as obras de pura intuição; nós não o julgamos perigoso porque Du Potet indica forças cujo emprego ele não precisa. Ele sabe que se pode prejudicar ou fazer bem, matar ou salvar pelos processos magnéticos; mas esses processos, ele não os indica de modo claro e prático e nós o felicitamos por isso, porque o direito de vida e de morte supõe uma soberania divina e essa soberania, nós consideraríamos como um indigno aquele que a conhecendo e a possuindo consentisse em vendê-la de qualquer modo que fosse.

Du Potet estabeleceu vitoriosamente a existência dessa luz astral na qual os crisíacos percebem todas as imagens e todos os reflexos do pensamento; ele provoca projeções vivas dessa luz por meio de um aparelho absorvente que ele chama o *espelho mágico*; é simplesmente um círculo ou um quadrado de carvão de pó fino e peneirado. Nesse espaço negativo, a luz projetada pelo crisíaco e pelo magnetizador reunidos, colora imediatamente e realiza todas as formas correspondentes a suas impressões nervosas.

Nesse espelho verdadeiramente mágico, aparecem para o indivíduo submetido ao sonambulismo todos os sonhos do ópio ou do haxixe, uns risonhos, outros sinistros; o doente deve ser arrancado desse espetáculo, se não quiserem que ele caia em convulsões.

Esses fenômenos são semelhantes aos da hidromancia praticada por Cagliostro; a água, considerada atentamente, ofusca e turva a vista; então o cansaço dos olhos favorecem as alucinações do cérebro. Cagliostro queria para essas experiências os indivíduos virgens e perfeitamente inocentes, a fim de não ter a temer as divagações nervosas produzidas pelas reminiscências eróticas. O espelho mágico de Du Potet é talvez mais fatigante para o sistema nervoso inteiro, mas as ofuscações da hidromancia devem ter uma influência mais temível sobre o cérebro.

Du Potet é um destes homens fortemente convencidos que suportam corajosamente o pouco-caso da ciência e os preconceitos da opinião, repetindo baixinho a profissão de fé secreta de Galileu: *no entanto a terra gira*!

Descobriu-se muito recentemente que as mesas giratórias assim como a imantação humana dá aos objetos móveis submetidos à influência dos crisíacos, um movimento de rotação. Mesmo as massas mais pesadas podem ser levantadas e movidas no espaço por essa força, porque a gravidade só existe em razão do equilíbrio de duas forças de luz astral, aumente a ação de uma das duas, a outra cederá imediatamente. Ora, se o aparelho nervoso aspira e respira essa luz, tornando-a negativa ou positiva conforme o aumento de excitação pessoal do paciente, todos os corpos inertes submetidos à sua ação e impregnados de sua vida tornarão mais leves ou mais pesados conforme o fluxo e o refluxo da luz que arrasta no novo equilíbrio de seu movimento os corpos porosos e maus condutores ao redor de um centro vivo, como os astros no espaço são impelidos, equilibrados e gravitam ao redor do Sol.

Esse poder excêntrico de atração ou de projeção supõe sempre um estado doentio naquele que é o paciente; os *médiuns* são todos uns seres excêntricos e mal equilibrados e a mediomania supõe ou ocasiona uma série de outras manias nervosas, ideias fixas, desregramentos de apetites, erotomania desordenada, pendores à morte ou ao suicídio. Entre os seres assim afetados, a responsabilidade parece não existir mais; eles fazem o mal com a consciência do bem; choram de piedade na igreja e podem ser surpreendidos em terríveis bacanais; eles têm uma maneira de explicar tudo, é o diabo, são os espíritos que os obsedam e os arrastam. Que você quer deles? O que lhes pergunta? Eles não vivem mais neles mesmos, é um ser misterioso que os anima, é ele que age em seu lugar, este ser se chama legião!

Os ensaios reiterados de uma pessoa de boa saúde para se criar faculdades de médium fatigam, adoecem, e podem desarranjar sua razão. Foi o que sucedeu a Victor Hennequin, antigo redator da *Democracia Pacífica* e membro, depois de 1848, da Assembleia Nacional; era um jovem advogado de uma palavra abundante e fácil; não lhe faltava nem instrução nem talento, mas estava impregnado dos sonhos de Fourier; exilado depois de 2 de dezembro, ele entregou-se na inércia de seu retiro às experiências das mesas giratórias; foi em seguida atingido de mediomania e julgou-se ser o instrumento das revelações da alma da terra. Ele publicou um livro intitulado: *Salvemos o Gênero Humano*; era uma mistura de lembranças falansterianas e de reminiscências cristãs, um último clarão de razão moribunda aí brilha ainda, mas as experiências continuaram e a loucura triunfou. Em uma última obra, Hennequin representa Deus como um imenso pólipo colocado no centro da terra com antenas e trombas contornadas em verrumas que vão e vêm através de seu cérebro e o de sua mulher Otávia. Logo depois se soube que Hennequin morrera após um acesso de demência furiosa numa casa de alienados.

Ouvimos falar de uma senhora da alta roda que se entregara a conversações com os pretensos espíritos dos móveis, e que, escandalizada pelas respostas inconvenientes de seu velador, fez a viagem de Roma para entregar o móvel herético à Santa Sé; ela levara consigo o culpado e dele fez um auto de fé na capital do mundo cristão. É melhor queimar seu móvel do que enlouquecer e em verdade para essa dama o perigo era iminente.

Não vamos rir dela, nós, filhos de um século de razão, onde homens sérios, como o conde de Mirville, atribuem ao diabo os fenômenos inexplicados da natureza.

Num melodrama que se representa nos bulevares, fala-se de um mágico que, para fazer um auxiliar formidável, criou um androide, um monstro de garras de leão, chifres de touro e escamas de leviatã; ele dá vida a esta esfinge híbrida e foge. O monstro o persegue, aparece entre ele e sua noiva, incendeia sua casa, queima seu pai, rapta seu filho, persegue-o até o mar, sobe com ele num navio que ele faz virar e acabar por um raio.

Esse espetáculo terrível, visível à força de terror, realizou-se na história da humanidade, e a poesia foi personificada no fantasma do mal que lhe emprestou todas as forças da natureza. Ela queria fazer desse espantalho um auxiliar à moral depois teve medo desta hediondez produzida pelos seus sonhos. Desde esse tempo, o monstro nos persegue através das idades, aparece terrível e recurvado entre nós, e os objetos de nossos amores, pesadelo imundo, ele abafa nossos filhos durante seu sono, ele leva na criação, essa casa paterna da humanidade, o incêndio inapagável do inferno, queima e tortura para sempre nossos pais e nossas mães; ele estende suas asas negras para nos ocultar o céu e nos grita: Não há mais esperanças! Ele sobe na garupa e galopa como o pesar; mergulha no oceano do desespero a última arca de nossa esperança; é o antigo Arimã dos Persas, é o Tífon do Egito, é o deus negro dos sectários de Manés, do conde de Mirville e da magia negra do diabo, é o horror do mundo e o ídolo dos maus cristãos. Os homens tentaram rir dele e tiveram medo. Fizeram caricaturas dele e estremecem porque lhes parece ver essas mesmas caricaturas se animarem por sua vez para zombar deles. Entretanto seu reino passou, mas não perecerá abatido pelo raio do céu; a ciência conquistou o fogo do trovão, fez archotes, o monstro se desvanecerá diante dos esplendores da ciência e da verdade; o gênio da ignorância e da noite só pode ser fulminado pela luz.

CAPÍTULO 4

OS FANTASISTAS EM MAGIA

Há vinte anos um de nossos amigos de infância, Afonso Esquiros, publicou um livro de alta fantasia, intitulado *O Mágico.*Era tudo o que o romantismo de então podia imaginar de mais bizarro; o autor dava a seu mágico um prostíbulo de mulheres mortas, mas embalsamadas por um processo encontrado depois por Ganal. Um androide de bronze que pregava a castidade, um hermafrodita amoroso da lua e que mantinha com ela uma frequente correspondência, e muitas outras coisas que não nos recordamos. Esquiros, pela publicação desse romance, fundou uma escola de fantasistas em magia, cujo representante mais distinto é atualmente Henri Delaage.

Henri Delaage é um escritor fecundo, um taumaturgo desconhecido e um fascinador hábil. Seu estilo não é menos admirável que as ideias de Esquiros, seu iniciador e seu mestre; assim em seu livro *Ressuscitados,* ele diz, falando de uma objeção contra o cristianismo: "Vou segurar esta objeção pela garganta, e quando eu a soltar, a terra retumbará surdamente sob o peso de seu cadáver estrangulado". É verdade que ele não responde grande coisa a essa objeção, mas você quer que se responda a uma objeção estrangulada, quando a terra retumbou surdamente sob o peso de seu cadáver?

Delaage é, conforme dissemos, um taumaturgo desconhecido; ele confessou, de fato, a uma pessoa de nosso conhecimento que durante um inverno onde reinava a terrível moléstia de peito que se chama gripe, só lhe bastava entrar num salão para curar imediatamente todas as pessoas que aí se achavam; é verdade que ele foi vítima do milagre, porque ganhou uma rouquidão que não o deixou mais.

Muitos amigos de Delaage nos asseguraram que ele tem o dom da onipresença; mal o deixam no escritório da *Pátria,* encontram-no em casa de Dentu, seu editor; foge-se apavorado, entra-se em casa onde ele se acha à sua procura.

Delaage é também um fascinador hábil. Uma senhora que acabava de ler um de seus livros, declarava que ela não conhecia no mundo nada de mais belo e de melhor escrito, mas não é somente pelos seus livros que Delaage comunica o dom da beleza. Um dia acabávamos de ler um folhetim assinado por Fiorentino, onde se dizia que os encantos físicos do jovem mágico igualavam ou mesmo excediam aos dos anjos. Encontramos Delaage e o interrogamos com curiosidade sobre essa revelação singular. Delaage mete a mão em seu colete, levanta sorrindo os olhos para o céu... Felizmente tínhamos conosco o *Enchiridion* de Leão III, que é, como se sabe, um preservativo contra os encantamentos e a beleza angélica do fascinador ficou invisível a nossos olhos.

Daremos a Delaage elogios mais sérios que os dos admiradores de sua beleza: ele declara-se sinceramente católico, e proclama altamente seu respeito e seu amor pela religião; ora a religião poderá fazer dele um santo, o que é um título mais estimável e mais glorioso do que o de feiticeiro.

É por causa de sua qualidade de publicista que nomeamos esse moço em primeiro lugar entre os fantasistas da magia. Esse lugar sob todos os outros respeitos pertencia ao conde de Ourches, homem venerável pela sua idade, que consagra sua vida e sua fortuna às experiências magnéticas. Em sua casa os móveis e as senhoras sonâmbulas se entregavam a danças desenfreadas; os móveis se cansam e se quebram, mas as senhoras, ao que asseguram, procedem melhor.

Durante muito tempo o conde de Ourches foi dominado por uma ideia fixa: o receio de ser enterrado vivo e ele escreveu muitas memórias sobre a necessidade de verificar os óbitos de modo mais certo do que se faz habitualmente.

Ourches tinha tanto mais razão de temer quanto seu temperamento é exuberante e sua extrema suscetibilidade nervosa, diariamente sobre-excitada por suas experiências com as belas sonâmbulas, o expõe talvez a ataques de apoplexia.

O conde de Ourches é em magnetismo o discípulo do abade Faria, e em necromancia pertence à escola do barão de Guldenstubbé.

O *barão de Guldenstubbé* publicou um livro intitulado *Pneumatologia positiva e experimental; a realidade dos espíritos e o fenômeno maravilhoso de sua escritura direta.*

Eis como ele mesmo narra sua descoberta:

Foi já no corrente ano de 1850, *cerca de três anos antes da invasão da epidemia das mesas girantes; que o autor quis introduzir na França os círculos de espiritualismo da América, as pancadas misteriosas de Rochester e a escritura puramente maquinal dos médiuns.*

Ele encontrou infelizmente muitos obstáculos da parte dos outros magnetizadores. Os *fluidistas*, e mesmo os que se intitulam *magnetizadores espiritualistas*, mas que não eram em verdade senão *sonambulizadores de pouco valor,* trataram as pancadas misteriosas do espiritualismo americano, de loucuras e imaginações.

Por isso só no fim de seis meses, pôde o autor formar o primeiro círculo segundo o modo dos americanos, graças ao concurso precioso que lhe prestou M. Roustan, antigo médium da *Sociedade de Magnetizadores Espiritualistas,* homem simples mas cheio de entusiasmo pela santa causa do espiritismo. Muitas outras pessoas vieram juntar-se a nós, entre as quais se deve citar o falecido abade Chatel, o fundador da Igreja francesa, que, apesar de suas tendências racionalistas, acabou por admitir a realidade de uma revelação objetiva e sobrenatural, condição indispensável do espiritualismo e de todas as religiões positivas. *É sabido que os círculos americanos são baseados* (abstração feita de certas condições morais, igualmente requeridas) *sobre a distinção dos princípios magnéticos ou positivos e elétricos ou negativos.*

Esses círculos se compõem de *doze pessoas,* seis das quais representam os *elementos positivos,* e as outras os *elementos negativos ou sensitivos,* e que os homens sejam dotados de qualidade *positivas e magnéticas.*

Deve-se pois estudar bem a condição moral e física de cada um, antes de formar círculos, porque há mulheres delicadas que têm qualidades masculinas, como alguns homens vigorosos não são mais do que mulheres no moral. Coloca-se uma mesa num lugar espaçoso e arejado. O médium (ou os meios) deve assentar-se à cabeceira da mesa e ficar de todo isolado; ele serve de condutor à eletricidade por sua calma e sua quietude contemplativa. Um bom sonâmbulo é em geral um excelente *médium.* À direita do médium colocam-se *seis naturezas elétricas ou negativas,* que se reconhecem geralmente pelas qualidades afetuosas do coração e por sua sensibilidade, pondo-se imediatamente junto ao médium a pessoa mais *sensitiva* ou *negativa* do círculo. Dá-se o mesmo quanto às *naturezas positivas* que se põem à esquerda do médium, entre as quais a pessoa mais *positiva*; a mais inteligente deve se colocar igualmente junto do médium. Para formar a cadeia, devem as doze pessoas colocar a mão direita sobre a tábua, pondo a *mão esquerda do vizinho em cima,* fazendo assim o giro da mesa do mesmo modo. Quanto ao médium ou aos meios, se há alguns, eles ficam inteiramente isolados das doze pessoas que formam a cadeia.

"Obtivemos no fim de várias sessões certos fenômenos notáveis, tais como abalos simultâneos, sentidos por todos os membros do círculo no momento da *evocação mental das pessoas mais inteligentes.* O mesmo aconteceu com golpes misteriosos e sons estranhos; muitas *pessoas mesmo muito insensíveis tiveram visões simultâneas,* se bem que ficassem em estado ordinário de vigília. Quanto aos sujeitos sensíveis, eles adquiriram a *admirável faculdade dos médiuns*, de escrever *maquinalmente, graças a essa atração invisível*, a qual se serve de um braço sem inteligência para exprimir suas ideias. De resto os indivíduos insensíveis ressentiam essa influência misteriosa de um sopro externo, mas o efeito não era tão forte para pôr em movimento seus membros. Por fim, todos esses fenômenos obtidos segundo o modo do espiritualismo americano, têm o defeito de ser ainda mais ou menos *indiretos, porque nestas experiências não se pode dispensar a intervenção de um ser humano, de um médium*. O mesmo acontece com as *mesas girantes e falantes*, que invadiram a Europa no começo do ano de 1853.

"O autor fez muitas experiências de mesas com seu amigo, o conde de Ourches, um dos homens mais versados na magia e nas ciências ocultas. Conseguindo pouco a pouco, pôr as tábuas *em movimento, sem contato algum*; o conde de Ourches as fez levantar mesmo sem contato. O autor fez as mesas andarem com grande rapidez e sem o concurso do círculo magnético. A mesma coisa se verificou com as vibrações de um plano, fenômeno obtido já a 20 de janeiro de 1856, em presença dos condes de *Szapary* e de *Ourches*. Todos esses fenômenos revelam bem a realidade de certas forças ocultas, *mas estes fatos não demonstram bastante a existência real e substancial das inteligências invisíveis*, independentes de nossa vontade e de nossa imaginação cujo poder foi aumentado, é certo, em nossos dias. Daí a censura que se faz aos espiritualistas americanos de só ter comunicações insignificantes e vagas com o mundo dos espíritos que só se manifestam por certos golpes misteriosos, e pela vibração de alguns sonhos. De fato, só há um *fenômeno direto, inteligente e material ao mesmo tempo, independente de nossa vontade e de nossa imaginação* tal como a escritura direta dos espíritos que não se evocaram ou invocaram, *que possa servir de prova irrefutável da realidade do mundo sobrenatural.*

"O autor, estando sempre em busca de uma pessoa inteligente e palpável ao mesmo tempo, da realidade substancial do mundo sobrenatural, a fim de demonstrar por fatos incontestáveis, a imortalidade da alma, não deixou nunca de dirigir preces fervorosas ao Eterno para indicar aos homens um meio infalível para reafirmar a fé na imortalidade da alma, essa base eterna da religião. O Eterno, cuja misericórdia é infinita, altamente exaltou essa fraca prece. Um belo dia, 1º de janeiro de 1856, veio a ideia do autor de experimentar se os espíritos podiam escrever diretamente, sem o *intermédio de um médium*. Conhecendo a escritura direta e maravilhosa do Decálogo segundo Moisés, e a escritura igualmente direta e misteriosa durante o festim do rei Baltasar segundo Daniel, tendo além disso ouvido falar dos mistérios modernos de Straford na América, onde se encontram certos caracteres ilegíveis e estranhos traçados sobre pedaços de papel, e que não pareciam se originar dos médiuns, o autor quis constatar a realidade de um fenômeno cujo alcance seria imenso se existisse realmente.

"Ele pôs então um papel branco de cartas e um lápis apontado, numa pequena caixa fechada à chave, trazendo esta chave sempre consigo e sem dar parte desta experiência a ninguém. Esperou durante doze dias em vão, sem notar o menor traço de lápis sobre o papel, mas qual não foi seu espanto quando notou a 13 de agosto de 1856, certos caracteres misteriosos traçados sobre o papel; mal ele os observou quando repetiu *dez vezes* durante este dia, para sempre memorável, a mesma experiência, pondo sempre no fim de uma meia hora, uma nova folha de papel branco na mesa e na caixa. A experiência foi coroada cada vez de completo êxito.

"No dia seguinte, 14 de agosto, o autor fez de novo umas vinte experiências, deixando a caixa aberta e não a perdendo de vista; foi então que viu que caracteres e palavras na língua ateniana se formaram ou foram gravadas sobre o papel, sem que o lápis se mexesse. Desde este momento, o autor, vendo a inutilidade do lápis, deixou de pô-lo sobre o papel; ele coloca simplesmente um papel branco sobre uma mesa, ou sobre o pedestal das estátuas antigas ou sobre os sarcófagos, sobre as urnas etc., no *Louvre*, em *Saint-Denis*, na igreja *Saint-Etienne-du-Mont* etc. A mesma coisa se dá com as experiências feitas nos diferentes cemitérios de Paris. Por fim o autor não gosta dos cemitérios, a maioria dos espíritos preferem os lugares onde eles viveram durante sua carreira terrestre, aos lugares onde repousa seu despojo mortal."

Estamos longe de pôr em dúvida os fenômenos singulares observados pelo barão, mas lhe faremos observar que a descoberta fora feita antes dele por Lavater e que ela está ainda longe de algumas linhas obtidas por Guldenstubbé no retrato pintado à aquarela do cabalista Gablidone.

Agora, em nome da ciência, diremos a Guldenstubbé, não para ele que não nos acreditará, mas para os observadores sérios desses fenômenos extraordinários:

Senhor barão, as escrituras que você obtém não vêm do outro mundo, você mesmo as traçou sem saber. Por suas experiências você multiplicou excessivamente e destruiu pela excessiva tensão de sua vontade o equilíbrio de seu corpo fluídico e astral, e o forçou a realizar seus sonhos e ele traça em caracteres emprestados a suas lembranças, o reflexo de suas imaginações e de seus pensamentos.

Se estivesse mergulhado num sono magnético perfeitamente lúcido, veria a miragem luminosa de sua mão alongar-se como uma sombra ao sol poente e traçar sobre o papel preparado por você ou seus amigos os caracteres que lhes admiram.

Essa luz corporal que emana da terra e de você é contida por um invólucro fluídico de extrema elasticidade, e esse invólucro se forma da quintessência de seus espíritos vitais e de seu sangue.

Essa quintessência dá à luz uma cor determinada por uma vontade secreta, ela faz o que você sonha que ela é; então os caracteres imprimem-se sobre o papel como os sinais sobre o corpo das crianças que ainda não nasceram sob a influência das imaginações de suas mães.

Essa tinta que você vê aparecer no papel é seu sangue enegrecido e transfigurado. Você se esgota à medida que as escrituras se multiplicam. Se continua suas experiências, seu cérebro se enfraquecerá gradualmente, sua memória se perderá, ressentirá nas articulações dos membros e dos dedos dores inexprimíveis e morrerá enfim, quer fulminado subitamente, quer numa longa agonia acompanhada de alucinações e de demência. Eis aí quanto ao barão de Guldenstubbé.

Diremos agora ao conde de Ourches: Você não será enterrado vivo, mas se arrisca a morrer pelas mesmas precauções que tomar para não morrer assim.

As pessoas enterradas vivas não podem aliás ter debaixo da terra senão sonhos rápidos e de pouca duração, podendo viver contudo aí muito tempo conservadas pela luz astral num estado completo de sonambulismo lúcido.

Suas almas acham-se então sobre a terra ainda presas ao corpo adormecido por uma cadeia invisível; se são almas ávidas e criminosas, elas podem aspirar a quintessência do sangue das pessoas adormecidas de sono natural, e transmitir essa seiva a seu corpo enterrado para conservá-lo mais tempo, na esperança vaga que ele será enfim restituído à vida. É esse espantoso fenômeno que se chama vampirismo, fenômeno cuja realidade foi constatada por numerosas experiências e tão bem atestadas como tudo o que há de mais solene na história.

Se você duvida da possibilidade dessa vida magnética do corpo humano na terra, leia essa narração de um oficial inglês chamado *Osborne*, atestada ao barão Du Potet pelo general *Ventura*.

No dia 6 de junho (1838) diz Osborne, a monotonia de uma vida de campo foi felizmente interrompida pela chegada de um indivíduo célebre no Pendjab. Ele gozava entre os Sikhs de uma grande veneração por causa da faculdade que ele tinha de ficar enterrado o tempo que lhe conviesse. Contavam-se no país fatos tão extraordinários sobre esse homem e tantas pessoas respeitáveis garantiam sua autenticidade, que estamos desejosos de vê-lo. Ele contou-nos que exercia seu *ofício* (o de fazer-se enterrar) há muitos anos e que em diversos pontos da Índia repetiu essa estranha experiência. Dentre os homens dignos de fé que disso dão testemunho, devo citar o capitão Wade, agente político em Lodiana. Afirmou-me esse oficial, ter assistido à *ressurreição* desse faquir depois de um enterramento que teve lugar alguns meses antes, em presença do general Ventura, do Marajá e dos principais chefes *sikhs*. Eis os detalhes que lhe tinham dado sobre o enterramento, e os que ele acrescentava, segundo sua própria autoridade, sobre a exumação.

"Depois de alguns preparativos que duraram alguns dias e que repugnaria enumerar, o faquir declarou estar pronto para a prova. O marajá, os chefes *sikhs* e o general Ventura reuniram-se perto de um túmulo de pedra construído expressamente para recebê-lo. Sob seus olhos, o faquir fechou com cera, com exceção da boca, todas as aberturas de seu corpo que podiam dar entrada ao ar, despojando-se em seguida das roupas que trazia; envolveram-no então num saco de tela, e segundo seu desejo viraram-lhe a língua para trás, de modo a fechar-lhe a garganta; imediatamente após essa operação o faquir caiu numa espécie de letargia. Fechou-se o saco que o continha, que foi selado pelo marajá. Depois puseram esse saco numa caixa de madeira com cadeado e o enterraram; lançaram uma grande quantidade de terra em cima, pisaram essa terra e nela semearam aveia; por fim postaram-se sentinelas ao redor, com ordem de vigiar noite e dia.

"Apesar de todas estas precauções, o marajá conservava dúvidas; ele veio duas vezes no espaço de dez meses, tempo durante o qual o faquir ficou enterrado. Mandamos abrir o túmulo em sua presença; o faquir achava-se no saco, frio e inanimado, tal como o haviam posto. Expirados os dez meses, procedeu-se à exumação definitiva do faquir. O general Ventura e o capitão Wade vieram abrir o cadeado, quebrar os selos e tirar a caixa do túmulo. Retirou-se o faquir: nenhuma pulsação quer do coração, quer do pulso indicava a presença da vida. Como primeira medida destinada a reanimá-lo, uma pessoa introduziu-lhe delicadamente o dedo na boca e pôs a língua na posição natural. Só no alto da cabeça havia calor sensível. Derramando lentamente água quente sobre o corpo, obtiveram-se pouco a pouco alguns sinais de vida; depois de duas horas de cuidados, o faquir levantou-se e começou a andar, sorrindo.

"Este homem extraordinário conta que durante seu enterramento ele teve sonhos deliciosos, mas que o momento do despertar lhe é sempre penoso; antes de voltar à consciência de sua própria existência ele sente vertigens.

"Ele tem perto de trinta anos; sua figura é desagradável, tem certa expressão manhosa.

"Conversamos muito tempo e ele ofereceu-se para fazer-se enterrar em nossa presença. Aceitamos o seu oferecimento e marcamos "rendez-vous" em Lahore, prometendo-lhe de fazer ficar enterrado todo o tempo que durasse nossa estadia nesta cidade.

"Tal é a narração de Osborne. Esta vez ainda o faquir se deixou enterrar? A nova experiência podia ser decisiva. Eis o que aconteceu:

"Quinze dias depois da visita do faquir a seu campo, os oficiais ingleses chegaram a Lahore onde escolheram um lugar que lhes pareceu favorável, mandaram construir uma sepultura de pedra com uma caixa de madeira bem sólida e exigiram o faquir. Este veio encontrá-los no dia seguinte, testemunhando-lhes o desejo ardente de provar que não era um impostor. Ele já havia passado, dizia, aos preparativos necessários à experiência; seu porte traía entretanto a inquietação e o abatimento. Ele quis antes saber qual era sua recompensa: prometeram-lhe a quantia de mil e quinhentas rúpias e uma renda de duas mil rúpias por ano que eles se encarregariam de obter do rei. Satisfeito sobre este ponto, ele quis saber que precauções contava tomar; os oficiais fizeram-lhe ver o aparelho de cadeados e de chaves e preveniram-lhe que sentinelas escolhidas entre os soldados ingleses vigiariam ao redor durante uma semana. O faquir ficou satisfeito e proferiu muitas injúrias contra os *Frenghis*, contra os incrédulos que lhe queriam arrebatar a reputação; exprimiu a suspeita que queriam atentar contra sua vida, recusou de abandonar-se assim à vigilância dos europeus, pediu que as chaves de cada cadeado fossem dadas a alguns de seus correligionários e insistiu sobretudo para que os funcionários não fossem inimigos de sua religião. Os oficiais não quiseram aceder a estas condições. Diferentes entrevistas tiveram lugar sem resultado.

"Estas hesitações e estes receios do faquir serão provas decisivas contra eles? Resulta daí que todas as pessoas que anteriormente sustentaram ter visto os fatos sobre os quais repousa sua celebridade quiseram impô-la ou foram alvos de uma hábil mistificação?"

Confessamos que não podemos duvidar, segundo o número e o caráter das testemunhas, que o faquir não se tenha feito realmente enterrar; mas admitindo mesmo que depois do amortalhamento ele conseguira comunicar-se com o exterior, seria ainda inexplicável como ele poderia ficar privado de respiração durante todo o tempo que decorreu entre seu enterro e o momento em que seus cúmplices lhe vieram em auxílio. Osborne cita em nota um trecho da *Fotografia Médica de Lodiana*, do Dr. MacGregor, médico inglês que assistiu a uma das exumações, e que, testemunha do estado de letargia do faquir e de sua volta gradual à vida, procura seriamente explicá-lo. Um outro oficial inglês, Boileau, numa obra publicada há alguns anos, conta que foi testemunha de uma outra experiência onde todos os fatos se passaram da mesma maneira. as pessoas que quiserem satisfazer mais amplamente sua curiosidade, podem procurar com confiança os fatos que acabamos de indicar.

Existe ainda um grande número de atas sobre a exumação dos vampiros. As carnes estavam em estado notável de conservação, mas exalavam cheiro de sangue, seus cabelos haviam crescido extraordinariamente e saíam em anéis entre as fendas do caixão. A vida não existia mais no aparelho que serve à respiração, mas somente no coração que de animal parecia se ter tornado vegetal. Para matar o vampiro, era preciso atravessar-lhe o peito com uma ponta aguda, então um grito terrível anunciava que o sonâmbulo do túmulo despertara em sobressalto numa verdadeira morte.

Para tornar essa morte definitiva, cercava-se o túmulo do vampiro de espadas plantadas no solo com as pontas para o ar, porque os fantasmas da luz astral se decompõem pela ação das pontas metálicas que, atraindo essa luz para o reservatório comum, destroem-lhe os montes coagulados.

Ajuntemos, para tranquilizar as pessoas tímidas, que os casos de vampirismo são felizmente muito raros e que uma pessoa sã de espírito e de corpo não poderia ser vítima de um vampiro se não abandonou em vida seu corpo e sua alma por qualquer cumplicidade de crime ou de paixão desregrada.

Eis uma história de vampiro que é referida por *Tournefort* em sua *Viagem ao levante*.

"Fomos testemunhas, diz o autor, na ilha de Micone, de uma cena bem singular, por ocasião de um destes mortos, que julgam ver regressar, depois de seu enterramento. Povos do Norte os chamavam *Vampiros*; os gregos os designam sob o nome de *Broucolaques*. O que se vai contar a história era um camponês de Micone, de natural triste e briguento; é uma circunstância a notar em relação a tais assuntos: ele foi morto no campo, não sabendo ninguém como nem por quê.

" Dois dias depois que o enterraram numa capela da cidade, correu o boato que o viam passar de noite, a grande passos; que ele vinha nas casas derrubar os móveis, apagar as lâmpadas, abraçar as pessoas pelas costas e fazer mil pequenas brincadeiras. A princípio isto despertou riso; mas o negócio tornou-se sério, quando as pessoas de respeito começaram a queixar-se. Os papas (sacerdotes gregos) aceitaram os fatos e sem dúvida eles tinham suas razões. Não se deixou de mandar dizer missas; o camponês continuava a mesma vida sem se corrigir. Depois de algumas reuniões dos principais da cidade, dos sacerdotes e religiosos, conclui-se que era preciso, não sei por que antigo cerimonial, esperar os nove dias depois do enterro.

"No décimo dia, celebrou-se uma missa na capela onde estava o corpo, a fim de expulsar o demônio que se julgava estar lá encerrado. Depois da missa, desenterrou-se o corpo e tiram-lhe o coração; o cadáver tinha tão mau cheiro que se foi obrigado a queimar incenso, mas a fumaça, confundida com o mau odor, só fez aumentá-lo e começou a aquecer aquelas pobres pessoas.

"Muitos dos assistentes asseguravam que o sangue deste infeliz era muito vermelho; outros juravam que o corpo estava ainda quente, de onde se concluía que o morto não estava bem morto, ou para melhor dizer, de se ter deixado reanimar pelo diabo; eis precisamente a ideia que eles têm de um brucolaco; fazia-se então retumbar este nome de um modo espantoso. Uma multidão de pessoas que apareceram, protestaram muito alto que eles perceberam bem que este corpo não se tinha enrijecido, quando o levaram do campo à igreja para o enterrar; e que, por consequência, era um verdadeiro brucolaco; era o estribilho.

"Quando nos perguntaram o que pensávamos deste morto, respondíamos que o julgávamos muito morto; e que, por este pretendido sangue vermelho, podia-se ver facilmente que não era mais do que um pus de muito mau odor; enfim, fizemos o que foi possível para curar ou pelo menos para não azedar sua imaginação ferida, explicando-lhes os pretensos vapores e o calor de um cadáver.

"Apesar de todos os nossos raciocínios, opinou-se de queimar o coração do morto, que, depois desta execução, não foi mais dócil do que anteriormente e fez ainda mais ruído. Acusaram-no de bater nas pessoas à noite, de empurrar as portas, quebrar janelas, rasgar roupas e de esvaziar garrafas. Eu penso que ele só poupou a casa do cônsul onde morávamos. Todo o mundo tinha a imaginação invertida. As pessoas de melhor espírito estavam tão impressionadas como as outras. Era uma verdadeira moléstia do cérebro, tão perigosa como a mania e a raiva. Viam-se famílias inteiras abandonar suas casas e vir das extremidades da cidade trazer seus leitos às praças para aí passar a noite. Cada um se lastimava de algum novo insulto, e os mais sensatos retiravam-se para o campo.

"Os cidadãos mais zelosos pelo bem público julgavam que se tinha faltado ao ponto mais essencial da cerimônia; só se devia celebrar a missa, no pensar deles, depois de ter tirado o coração deste infeliz. Pretendiam eles que, com esta precaução, não se teria deixado de surpreender o diabo.

"Depois de todos estes raciocínios, acharam-se todos no mesmo embaraço que no primeiro dia. Havia reuniões dia e noite; fizeram-se procissões durante três dias e três noites; os papas foram obrigados a jejuar.

"Numa prevenção tão geral, tomamos o partido de não dizer nada, porque não só éramos tratados de ridículos como de infiéis. Como fazer voltar a si todo um povo? Todas as manhãs, davam-nos a comédia pela narração de novas loucuras deste pássaro da noite; acusavam-no mesmo de ter cometido os pecados mais abomináveis.

"Entretanto repetimos tantas vezes aos administradores da cidade, que, num caso tal, não se deixaria em nosso país, de fazer guardar à noite, para observar o que se passasse, que por fim se prenderiam alguns vagabundos, que certamente, tinham parte em todas estas desordens; mas cedo se revelou tudo, porque, dois dias depois, para se vingarem do jejum que fizeram na prisão, eles começaram a esvaziar as garrafas de vinho, das casas daqueles que eram tolos demais para abandonar seus lares à noite. Foram então obrigados a voltar às preces.

"Um dia, quando recitavam certas orações, depois de ter plantado não sei quantas espadas nuas sobre o fosso do cadáver que se desenterrava três ou quatro vezes por dia, segundo o capricho do primeiro que aparecia, um albanês, que se achava presente, disse com um tom doutoral, que era muito ridículo em tal caso, de servir-se de espadas dos cristãos.

"Vocês não veem, pobre gente, dizia ele, que a guarnição destas espadas fazendo uma cruz com o punho, impede o diabo de sair deste corpo? Por que não se servir antes dos sabres dos turcos?"

"A opinião deste hábil homem de nada serviu, o brucolaco não pareceu mais tratável e ninguém sabia a que santo se apegar, quando de uma só vez, como se houvesse combinação, puseram-se todos a gritar, por toda a cidade, que era preciso queimar o brucolaco por inteiro; que depois disso eles desafiavam o diabo a vir ocupá-lo de novo, que melhor seria recorrer a esta medida extrema do que deixar deserta a ilha.

"Levaram então o brucolaco, por ordem dos administradores, à ponta da ilha S. Georges, onde prepararam uma grande fogueira com alcatrão, receosos de que a lenha, um tanto verde, não ardesse muito depressa. Os restos deste infeliz cadáver aí foram lançados e consumidos em pouco tempo. Era a 1º de janeiro de 1701. Desde então não se ouviram mais queixas contra o brucolaco; contentaram-se em dizer que o diabo tinha sido pego esta vez e muitas canções foram feitas para ridicularizá-lo."

Notemos na exposição de Tournefort que ele admite a realidade das visões que aterrorizavam todo um povo.

Que ele não contesta nem a flexibilidade nem o calor do cadáver, mas que ele procura explicá-los e isto somente com o fim louvável sem dúvida de acalmar aquela pobre gente.

Que ele não fala da decomposição do cadáver mas somente do seu mau cheiro, mau cheiro natural aos cadáveres vampiros, como aos cogumelos venenosos.

Que ele atesta enfim que o cadáver uma vez queimado, os prodígios e as visões cessaram.

Mas eis-nos muito longe das fantasias da magia, esqueçamos os vampiros e digamos algumas palavras sobre o cartomante *Edmundo*.

Edmundo é o feiticeiro favorito das senhoras do quarteirão de Notre Dame de Lorete; ele ocupa, na rua Fontaine Saint-Georges nº 30, um pequeno compartimento onde comparecem clientes de ambos os sexos. Edmundo é um homem de grande estatura, um pouco obeso, tez pálida, fisionomia aberta, palavra simpática. Ele parece crer em sua arte e continuar em consciência os exercícios e a sorte de Eteila e das senhoritas Lenormand. Nós o interrogamos sobre seus processos, e ele nos respondeu com o acento da franqueza e com muita polidez que ele, desde sua infância, se apaixonou pelas ciências ocultas e que desde muito cedo se dedicou à adivinhação; que ele ignora os segredos filosóficos das altas ciências e que ele não tem as chaves da Cabala de Salomão, mas que é sensitivo ao mais alto ponto e que só a presença de seus clientes o impressiona tão vivamente que ele sente de alguma forma seu destino. Parece-me, dizia ele, que eu ouço ruídos singulares, ruídos de cadeias em redor dos predestinados do cárcere, gritos e gemidos ao redor dos que morrem de morte violenta, odores sobrenaturais vêm-se assaltar e me sufocam. Um dia em presença de uma mulher velada e vestida de negro, fui tomado de assalto e senti um cheiro de palha e de sangue. "Senhora, disse-lhe eu, retire-se, você está cercada de uma atmosfera de morte e de prisão. Pois bem! Sim, respondeu-me então esta mulher, revelando seu semblante pálido, fui acusada de infanticídio e saio da prisão. Como você leu o meu passado, diga agora meu futuro."

Um de nossos amigos e de nossos discípulos na Cabala, perfeitamente desconhecido de Edmundo, foi um dia consultá-lo; ele tinha pago adiantado e esperava os oráculos, quando Edmundo levantando-se com respeito pediu-lhe que tomasse seu dinheiro. "Nada tenho que lhe dizer, disse ele, seu destino está fechado para mim com a chave do ocultismo; tudo que eu poderia dizer-lhe você o sabe tão bem como eu."

Edmundo ocupa-se também de astrologia judiciária, tira horóscopos de temas de natividade; tem, em uma palavra, tudo o que diz respeito a seu estado. É aliás uma profissão triste e fatigante a sua; com quantas cabeças doentes e corações enfermos não deve estar ele continuamente em contato! E depois, as tolas exigências de uns, as censuras injustas de outros, as confidências absurdas, os pedidos de filtros e feitiços, as obsessões dos loucos, tudo isto, na verdade, faz-lhe ganhar bem o seu dinheiro.

Edmundo não é todavia senão um sonâmbulo como Alexis, ele se magnetiza com seus cartões cheios de figuras diabólicas, veste-se de preto e dá suas consultas num gabinete escuro; é o profeta do mistério.

CAPÍTULO 5

LEMBRANÇAS ÍNTIMAS DO AUTOR

Em 1839, o autor deste livro recebeu uma manhã a visita de Afonso Esquiros.

– Venha comigo ver o *mapah*, disse-me este último.

– Que vem a ser o *mapah*?

– É um deus.

– Obrigado, então, eu só amo os deuses invisíveis.

– Venha então, é o louco mais eloquente, mais radioso e mais soberbo que eu já vi.

– Meu amigo, eu tenho medo dos loucos, a loucura é contagiosa.

– Oh! meu caro, eu venho buscá-lo, vamos!

– Pois bem! Como você insiste, vamos ver o *mapah*.

Num terrível casebre, estava um homem barbudo, de uma figura majestosa e profética, carregando habitualmente sobre sua roupa uma velha peliça de mulher, o que lhe dava o ar de um pobre doido; ele estava cercado de muitos homens barbudos e extáticos como ele e de uma mulher de traços imóveis, semelhante a uma sonâmbula adormecida.

Suas maneiras eram bruscas porém simpáticas, sua eloquência arrebatadora, seus olhos alucinados; falava em tom enfático, animava-se até que uma espuma esbranquiçada vinha aos seus lábios. Alguém definiu o abade de Lamennais, como fazendo suas noventa e três páscoas; esta definição conviria melhor ao misticismo do *mapah*, a julgar-se por este fragmento que escapa de seu entusiasmo lírico:

"A humanidade devia falir: assim o queria seu destino, para que fosse ele mesmo o instrumento de sua reconstituição, e que na grandeza e na majestade do trabalho humano passando por todas suas fases de luz e de trevas, aparecessem manifestamente a grandeza e a majestade de Deus.

"E a unidade primitiva quebrou-se pela queda; a dor introduziu-se no mundo sob a forma de serpente; e a árvore da vida tornou-se a árvore da morte.

"E sendo assim as coisas, Deus disse à mulher: Você dará à luz na dor; depois acrescenta: É por você que será esmagada a cabeça da serpente.

"E a mulher é a primeira escrava; ela compreendeu sua missão divina e o parto penoso começou.

"Eis por que, desde a hora da queda, o papel da humanidade foi apenas um papel de *iniciação*, papel grande e terrível; eis por que todos os termos desta mesma iniciação, de que nossa mãe comum *Eva* é o alfa, e nossa mãe comum *Liberdade* o ômega, são igualmente santos e sagrados aos olhos de Deus.

"Eu vi um imenso navio com um mastro gigantesco, em cujos flancos, de um lado olhava-se o Ocidente e do outro o Oriente.

"E do lado do Ocidente, este navio apoiava-se sobre os cumes nevados de três montanhas, cuja base se perdia num mar furioso.

"E cada uma destas montanhas tinha seu nome sangrento preso a seu flanco. A primeira chamava-se Golgotha; a segunda Monte São João; a terceira Santa Helena.

"E no centro do mastro gigantesco, do lado do Ocidente, achava-se fixada uma cruz de cinco braços sobre a qual expirava uma mulher.

"Em cima da cabeça desta mulher, lia-se:

França
18 de junho de 1815
Quinta-feira Santa

"E cada um dos cinco braços da cruz, sobre a qual ela estava estendida, representava uma das cinco partes do mundo; sua cabeça repousava sobre a Europa e uma nuvem a cercava.

"E do lado do navio que olhava o Oriente, as trevas não existiam; e a embarcação estava parada no limiar da cidade de Deus sobre a cripta de um arco triunfal que o sol iluminava com os seus raios.

"E a mesma mulher aparecia de novo, mas transfigurada e radiosa. Ela levantava a pedra de um sepulcro; sobre esta pedra estava escrito:

Restauração, dias do túmulo
29 de julho de 1830
Páscoas."

O *mapah* era, como se vê, um continuador de Catarina Theot, de Dom Gerle, e entretanto estranha simpatia das loucuras entre si, ele nos declarou um dia confidencialmente que ele era Luiz XVII, voltado à terra para uma obra de regeneração, e que essa mulher que vivia com ele fora Maria Antonieta, da França. Ele explicava então suas teorias revolucionárias até a extravagância, como a última palavra das pretensões violentas de Caim, destinadas a trazer por uma reação fatal o triunfo do justo Abel. Esquiros e eu fomos ver o *mapah* para nos divertirmos de sua demência e nossa imaginação ficou impressionada com os seus discursos. Éramos dois amigos de colégio à moda de Luiz Lambert e Balzac e muitas vezes sonhávamos juntos devotamentos impossíveis e heroísmos desconhecidos. Depois de ter ouvido Ganneau, assim se chamava o *mapah*, começamos a pensar que belo seria dizer ao mundo a última palavra da revolução e de fechar o abismo da anarquia, aí nos lançando como Cúrtio. Este orgulho de estudante deu origem ao *Evangelho do Povo e à Bíblia da Liberdade*, loucuras que Esquiros e seu desastrado amigo pagaram muito caro.

Tal é o perigo das manias entusiastas, elas são contagiosas e ninguém se inclina impunemente à beira do abismo da demência; aqui está alguma coisa bem terrível.

Entre os discípulos do *mapah* achava-se um mancebo nervoso e débil chamado Sobrier. Este perdeu completamente a cabeça e julgou-se predestinado a salvar o mundo provocando a crise suprema de uma revolução universal.

Chegam os dias de fevereiro de 1808. Um motim provocara uma mudança de ministério; tudo estava acabado, os parisienses estavam contentes e os bulevares iluminados.

De repente aparece um moço nas ruas populosas do quarteirão Saint Martin. Ele se faz preceder de dois garotos, um trazendo um archote e outro fazendo a chamada; uma aglomeração se forma, o jovem sobe a uma cadeira e incita a multidão. São coisas incoerentes, incendiárias, mas a conclusão é que é preciso ir ao bulevar dos Capuchinhos levar ao ministério a vontade do povo.

No canto de todas as ruas o energúmeno repete a mesma arenga e marcha à frente da multidão, com duas pistolas em punho, sempre precedido do archote e do tambor.

A multidão dos curiosos que enchia os bulevares ajunta-se por curiosidade ao cortejo do discursador. Pouco depois não é mais uma aglomeração, é uma massa popular que rola sobre o Bulevar dos Italianos.

No meio dessa tromba, o moço e os dois garotos desapareceram, mas defronte do hotel dos Capuchinhos disparam um tiro de pistola sobre a multidão.

Esse tiro de pistola, era a revolução e fora dado por um louco.

Durante toda a noite, dois carretões carregados de cadáveres passeavam pelas ruas ao clarão dos archotes; no dia seguinte Paris inteira achava-se em barricadas e Sobrier sem conhecimento era conduzido à sua casa. Era Sobrier que, sem saber o que fazia, vinha pôr o mundo em agitação.

Ganneau e Sobrier morreram, e se pode agora, sem perigo para eles, revelar a história desse terrível exemplo do magnetismo dos entusiastas e das fatalidades que podem arrastar as moléstias nervosas de certos homens. Temos de fonte segura as coisas que contamos e pensamos que essa revelação pode trazer um alívio à consciência do Belisário da poesia, o autor da *História dos Girondinos*.

Os fenômenos magnéticos produzidos por Ganneau duraram ainda depois de sua morte. Sua viúva, mulher sem instrução e de inteligência muito negativa, ficara no sonambulismo extático em que seu marido a mergulhara. Semelhante a essas crianças que sofrem a forma das imaginações de suas mães, ela tornou-se uma imagem viva de Maria Antonieta, prisioneira na *conciergerie*. Suas maneiras são as de uma rainha para sempre viúva e desolada; por vezes somente ela deixa escapar alguns queixumes que indicam que seu sonho a extenua, mas ela se indigna soberanamente contra os que procuram despertá-la; ela não apresenta aliás nenhum sinal de alienação mental; sua conduta exterior é razoável, sua vida perfeitamente honrada, regular. Nada é mais tocante, ao nosso ver, que essa obsessão perseverante de um ser loucamente amado, que sobreviveu numa alucinação conjugal. Se Artemísia existiu, é permitido crer que Mausolo era também um poderoso magnetizador e que ele arrastara e fixara para sempre as afeições de uma mulher toda sensitiva, fora dos limites do livre-arbítrio e da razão.

CAPÍTULO 6

DAS CIÊNCIAS OCULTAS

O segredo das ciências ocultas é o da mesma natureza, é o segredo da geração dos anjos e dos mundos, é o da onipotência de Deus!

Vocês serão como os Eloins, conhecendo o bem e o mal, disse a serpente da Gênese e a árvore da ciência tornou-se a árvore da morte.

Há seis mil anos, os mártires da ciência trabalham e morrem ao pé dessa árvore para que ela se torne a árvore da vida.

O absoluto procurado pelos insensatos e achado pelos sábios, é a *verdade, a realidade e a razão do equilíbrio universal*!

O equilíbrio é a harmonia que resulta da analogia dos contrários.

Até o presente a humanidade tentou manter-se em um só pé, ora sobre um ora sobre outro.

As civilizações elevaram-se e pereceram quer pela demência anárquica do despotismo, quer pela anarquia despótica da revolta.

Ora os entusiasmos supersticiosos, ora os miseráveis cálculos do instinto materialista desviaram as nações e Deus impele o mundo enfim para a razão crente e as crenças razoáveis.

Temos tido bastante profetas sem filosofia e filósofos sem religião; os crentes cegos e os céticos se parecem e estão também longe uns como os outros da salvação eterna.

No caos da dúvida universal e dos conflitos da ciência e da fé, os grandes homens e os videntes não foram senão artistas doentes que procuravam a beleza ideal aos riscos e perigos de sua razão e de sua vida.

Por isso veja-os todos ainda, essas sublimes crianças, eles são fantasiosos e nervosos como mulheres, um nada os fere, a razão os ofende, são injustos uns para com os outros, e eles que não vivem senão para serem coroados, são os primeiros a fazer em seus fantasiosos humores o que Pitágoras proíbe de modo tão tocante em seus símbolos admiráveis, eles despedaçam e calcam aos pés as coroas! São os alienados da glória, mas Deus, para impedi-los de se tornarem perigosos, os contém com as cadeias da opinião.

O tribunal da mediocridade julga o gênio sem apelação porque o gênio sendo a luz do mundo, é olhado como nulo e como morto desde que ele não ilumina.

O entusiasmo do poeta é controlado pelo sangue ferido da prosaica multidão. O entusiasta que o bom senso público não aceita, não é um gênio, é um louco.

Não diga que os grandes artistas são os escravos da multidão ignorante, porque é dela que seu talento recebe o equilíbrio da razão.

A luz é o equilíbrio da sombra e da claridade.

O movimento é o equilíbrio da inércia e da atividade.

A autoridade é o equilíbrio da liberdade e do poder.

A sabedoria é o equilíbrio nos pensamentos.

A virtude é o equilíbrio nas afeições; a beleza é o equilíbrio nas formas.

As belas linhas são as linhas justas, e as magnificências da natureza são uma álgebra de graças e de esplendores.

Tudo o que é justo é belo; tudo o que é belo deve ser justo.

O céu e o inferno são o equilíbrio da vida moral; o bem e o mal são o equilíbrio da liberdade.

A grande obra é a conquista do ponto central onde reside a força equilibrante. Por toda a parte, aliás, as reações da força equilibrada conservam a vida universal pelo movimento perpétuo do nascimento e da morte.

É por isso que os filósofos herméticos comparam seu ouro ao sol.

É por isso que esse ouro cura todas as moléstias da alma e dá imortalidade. Os homens chegados a esse ponto central são os verdadeiros adeptos, são os taumaturgos da ciência e da razão.

Eles são senhores de todas as riquezas do mundo e dos mundos, são os confidentes e os amigos dos príncipes do céu, e a natureza lhes obedece porque eles querem o que quer a lei que faz marchar a natureza.

Eis o que o Salvador do mundo chama o *reino de Deus*! É o *sanctum regnum* da santa cabala. É a coroa e o anel de Salomão, é o cetro de José diante do qual se inclinam as estrelas do céu e as searas da terra.

Essa onipotência nós a encontramos e nós não a vendemos, mas se Deus nos encarregasse de a vender, nós não encontraríamos toda a fortuna dos compradores; nós lhe pediríamos mais, não para nós mas para ela, toda sua alma e toda sua vida!

CAPÍTULO 7

RESUMO E CONCLUSÃO

Resta agora resumir e concluir.

Resumir a história de uma ciência é resumir a ciência. Por isso vamos recapitular os grandes princípios da iniciação conservados e transmitidos através de todas as idades.

A ciência mágica é a ciência absoluta do equilíbrio.

Essa ciência é essencialmente religiosa, presidiu a formação dos dogmas do antigo mundo e foi assim a mãe alimentadora de todas as civilizações.

Mãe pudica e misteriosa, que, aleitando de poesia e de inspiração as gerações nascentes, cobria seu semblante e seu seio!

Antes de todo princípio, ela nos diz crer em Deus e adorá-lo sem procurar defini-lo, porque muitas vezes por nossa inteligência imperfeita, um Deus definido é de alguma forma um Deus finito.

Mas depois de Deus, ela nos mostra como princípios soberanos das coisas, as matemáticas eternas e as forças equilibradas.

Na Bíblia está escrito que Deus dispôs tudo pelo peso, o número e a medida; eis o texto:

Omnia in pondere et numero et mensurâ disponit Deus.

Assim o peso, isto é, o equilíbrio, o número ou a quantidade e a medida, isto é, a proporção, tais são as bases eternas ou divinas da ciência da natureza.

A fórmula do equilíbrio é esta:

"A harmonia resulta da analogia dos contrários".

O número é a escala das analogias de que a proporção é a medida. Toda filosofia oculta do *Sohar* poderia chamar-se a ciência do equilíbrio.

A chave dos números se acha no *Sepher Jesirah*. A geração dos números é semelhante à filiação das ideias e à produção das formas.

De maneira que, em seu alfabeto sagrado, os sábios hierofantes da Cabala reuniam os sinais hieroglíficos dos números, das ideias e das formas.

As combinações desse alfabeto dão equações de ideias, e medem, indicando-as, todas as combinações possíveis nas formas naturais.

Deus, disse o Gênese, fez o homem à sua imagem; ora, o homem, sendo o resumo vivo da criação, conclui-se que a criação também é feita à imagem de Deus.

Há no universo três coisas: o *espírito*, o *mediador plástico* e a *matéria*.

Os antigos davam ao espírito por instrumento imediato o fluido ígneo ao qual emprestavam o nome genérico de *enxofre*; ao mediador plástico, o nome de *mercúrio*, por causa do simbolismo representado pelo caduceu, e à matéria o nome de *sal*, por causa do sal fixo que fica depois da combustão e que resiste à ação do fogo.

Eles comparavam o enxofre ao pai, por causa da atividade geradora do fogo; o mercúrio à mãe por seu poder de atração e de reprodução; e o sal era para eles o filho ou a substância submetida à educação da natureza.

A substância criada para eles era uma, e eles a chamavam luz.

Luz positiva ou ígnea, o enxofre volátil; luz negativa ou tornada visível pelas vibrações do fogo, o mercúrio fluido etéreo; e luz neutralizada ou sombra, o misto coagulado ou fixado sob a forma de terra ou de sal.

Eis porque Hermes Trimegisto exprime-se assim no seu símbolo conhecido sob o nome de *Tábua de esmeralda*:

"O que está em cima é como o que está embaixo, e o que está embaixo é como o que está em cima para formar as maravilhas da coisa única".

Isto é, que o movimento universal é produzido pelas semelhanças do fixo e do volátil, tendendo a fixar-se, e o fixo a volatizar, o que produz uma troca contínua entre as formas da substância única e, por essa troca, as combinações incessantemente renovadas das formas universais.

O fogo é Osíris ou o sol, a luz é Ísis ou a lua, eles são o pai e a mãe do grande Telesma, isto é, da substância universal, não que eles sejam seus criadores, mas eles representam as duas forças geradoras e seu esforço combinado produz o fixo ou a terra, o que faz dizer a Hermes que sua força chegou a toda sua manifestação quando a terra foi formada. Osíris não é portanto Deus, mesmo para os grandes hierofantes do santuário egípcio. Osíris não é senão a sombra luminosa ou ígnea do princípio intelectual da vida e é por isso que no momento das últimas iniciações lançava-se correndo na orelha do adepto essa revelação terrível: *Osíris é um deus negro*.

Infeliz, de fato, do recipiendário cuja inteligência não se elevasse pela fé acima dos símbolos puramente físicos da revelação egípcia! Essa palavra tornava-se para ele uma fórmula de ateísmo e seu espírito era ferido de cegueira! Ela era ao contrário para o crente de um gênio mais elevado, a garantia das mais sublimes esperanças. Filho, parecia dizer-lhe o iniciador, você toma uma lâmpada pelo sol, mas sua lâmpada é apenas uma estrela da noite; existe um verdadeiro sol; sai da noite e procura o dia.

O que os antigos chamavam os *quatro elementos* não eram para eles corpos simples, mas as quatro formas elementares da substância única. Essas quatro formas eram representadas sobre a esfinge: o ar pelas asas, a água pelo seio da mulher, a terra pelo corpo de touro, o fogo pelas garras de leão.

A substância una, três vezes tripla em modo de essência e quádrupla em modo de existência, tal é o segredo das três pirâmides triangulares de elevação, quadradas pela base e guardadas pela esfinge. O Egito, elevando esses monumentos, quis assentar as colunas de Hércules da ciência universal.

Por isso, as areias subiram, os séculos passaram e as pirâmides sempre grandes propõem às nações seu enigma cuja palavra foi perdida. Quanto à esfinge, parece ter desaparecido na poeira das idades. Os grandes impérios de Daniel reinaram alternativamente sobre a terra e se enterraram com todo seu peso no túmulo. Conquistas da guerra, fundações do trabalho, obras das paixões humanas, tudo afundou com o corpo simbólico da esfinge; agora a cabeça humana se levanta sozinha acima das areias do deserto, como se ela esperasse o império universal do pensamento.

Adivinhe ou morra! Tal era o terrível dilema estabelecido pela esfinge aos aspirantes da realeza de Tebas. É que realmente os segredos da ciência são os da vida; trata-se de reinar ou de servir, de ser ou de não ser. As forças naturais nos despedaçarão, se não nos servirem para conquistar o mundo. Rei ou vítima, não há meio termo entre esse abismo e essa sumidade, a menos que não se deixe cair na massa dos que não são nada, porque eles não perguntam nunca por que vivem nem o que eles são.

As formas da esfinge representam também por semelhança hieroglífica as quatro propriedades do agente mágico, universal, isto é, da luz astral: dissolver, coagular, aquecer, resfriar. Essas quatro propriedades dirigidas pela vontade do homem podem modificar todas as formas da natureza e produzir, segundo a impulsão dada, a vida ou a morte, a saúde ou a doença, o amor ou o ódio, mesmo a riqueza ou a pobreza. Elas podem pôr ao serviço da imaginação todos os reflexos da luz; elas são a solução paradoxal das questões mais temerárias que se possam dar à alta magia.

Eis as questões paradoxais da curiosidade humana; vamos trazê-las e respondê-las:

1. Pode-se escapar da morte?
2. A pedra filosofal existe? Como encontrá-la?
3. Podemos nos fazer servir pelos espíritos?
4. Que é a clavícula, o anel e o selo de Salomão?

5. É possível prever o futuro por cálculos certos?
6. É possível fazer a vontade de cada um, o bem ou o mal por influência mágica?
7. Que é preciso para ser um verdadeiro mágico?
8. Em que consistem precisamente as forças da magia negra?

Chamamos paradoxais a essas questões que estão fora de toda a ciência e que parecem ser antecipadamente resolvidas negativamente pela fé.

Essas questões são temerárias se são feitas por um profano e sua solução completada por um adepto se assemelharia a um sortilégio.

Deus e a natureza fecharam o santuário íntimo da alta ciência, de maneira que além de certo limite, o que sabe falaria inutilmente, não se faria compreender; a revelação do grande arcano mágico é então felizmente impossível.

As soluções que vamos dar serão, portanto, a última expressão do verbo mágico, nós as daremos tão claras como podem ser, mas não nos encarregamos de fazê-las compreender a todos os nossos leitores.

QUESTÕES 1 e 2

1. Pode-se escapar à morte?
2. A pedra filosofal existe? Como encontrá-la?

RESPOSTA

Pode-se escapar à morte de dois modos: no tempo e na eternidade.

No tempo, curando todas as moléstias e evitando as enfermidades da velhice.

E na eternidade, perpetuando pela lembrança a identidade pessoal nas transformações da existência.

Estabeleçamos em princípio:

1º Que a vida resultante do movimento não pode conservar-se senão pela sucessão e o aperfeiçoamento das formas;

2º Que a ciência do movimento perpétuo é a ciência da vida;

3º Que a ciência tem por objeto a justa ponderação das influências equilibradas;

4º Que todo renovamento se opera pela destruição e que assim toda geração é uma morte, e toda morte uma geração.

Agora estabeleçamos com os antigos sábios, que o princípio universal da vida é um movimento substancial ou uma substância eterna e essencialmente movida e motora, invisível e impalpável, em estado volátil e que se manifesta materialmente fixando-se pelos fenômenos da polarização.

Essa substância é infalível, incorruptível e por consequência imortal.

Mas suas manifestações pela forma são eternamente mudadas pela perpetuidade do movimento.

Assim tudo morre porque tudo vive e se pudesse eternizar uma forma, se deteria o movimento e se teria criado a única morte verdadeira.

Aprisionar para sempre uma alma num corpo humano mumificado, tal seria a solução horrível do paradoxo mágico da pretendida imortalidade num mesmo corpo e sobre a mesma terra.

Tudo se regenera pelo dissolvente universal que é a substância primeira.

Esse dissolvente concentra sua força na quintessência, isto é, no centro equilibrante de uma dupla polaridade.

Os quatro elementos dos antigos são as quatro formas populares do ímã universal representado por uma cruz.

Essa cruz gira indefinidamente em torno de seu centro, estabelecendo assim o enigma da quadratura do círculo.

O verbo criador se faz ouvir do meio da cruz e ele clama: Tudo está consumado.

É na justa proporção das quatro formas elementares que é preciso procurar a medicina universal do corpo, como a medicina da alma nos é apresentada pela religião no que se oferece eternamente sobre a cruz pela salvação do mundo.

A imantação e a polarização dos corpos celestes resultam de sua gravitação equilibrada em torno dos sóis, que são os reservatórios comuns de seu eletromagnetismo.

A vibração da quintessência em torno dos reservatórios comuns se manifesta pela luz, e a luz revela sua polarização pelas cores.

O branco é a cor da quintessência. Para seu polo negativo essa cor se condensa em azul e se fixa em negro; mas para seu polo positivo, ela se condensa em amarelo e se fixa em vermelho.

A vida irradiante vai portanto sempre do negro ao vermelho, passando pelo branco; e a vida absorvida desce do vermelho ao negro, atravessando o mesmo meio.

As quatro nuances intermediárias ou mistas produzem com as três cores da silepse, da análise e da síntese luminosa o que se chama as sete cores do prisma ou do espectro solar.

Estas sete cores formam sete atmosferas ou sete zonas luminosas ao redor de cada sol, e o planeta dominante em cada zona se acha imantado de um modo semelhante à cor de sua atmosfera.

Os metais nas entranhas da terra se formam como os planetas no céu, pelas especialidades de uma luz latente que se decompõe atravessando diversos meios.

Apoderar-se do sujeito no qual a luz metálica é latente, antes que ela se tenha especializado, e levá-la ao extremo polo positivo, isto é, ao vermelho vivo, por um fogo emprestado à mesma luz, tal é todo o segredo da grande obra.

Compreende-se que essa luz positiva em seu extremo grau de condensação é a vida mesma tornada fixa e pode servir de dissolvente universal e de medicina a todos os gêneros de doença.

Mas para arrancar à marcassita do estíbio, do arsênico dos filósofos seu esperma metálico vivo e andrógeno, é preciso um primeiro dissolvente que é um monturo mineral salino, é preciso ainda mais o concurso do magnetismo e da eletricidade.

O resto se faz por si mesmo, num só vaso, num só forno, e pelo fogo graduado de uma só lâmpada; é, dizem os adeptos, um trabalho de mulher e de crianças.

O que os alquimistas e os físicos modernos chamam calor, luz, eletricidade, magnetismo, não era para os antigos senão manifestações fenomenais elementares da substância única chamada *aour* אוד, *od* אזכ e *ob* אוד, pelos hebreus. *Od* é o nome ativo, *ob* o nome do passivo, e *aour*, de que os filósofos herméticos fizeram seu *ouro*, é o nome do misto andrógeno e equilibrado.

O ouro vulgar é o *aour* metalizado, o ouro filosófico é o *aour* no estado de pedra solúvel.

Em teoria, segundo a ciência transcendental dos antigos, a pedra filosofal que cura todas as moléstias e opera a transmutação dos metais, existe então incontestavelmente. Existe e pode existir de fato? Se nós o afirmássemos, não nos acreditariam, damos portanto essa afirmação como uma solução paradoxal aos paradoxos expressos pelas duas primeiras questões e passemos ao segundo capítulo.

Nota – Não respondemos à questão subsidiária. *Como fazer para encontrá-la*? Porque M. de La Palisse responderia em nosso lugar que para encontrá-la é preciso procurá-la, a não ser que se ache por acaso.

QUESTÕES 3 e 4

3. Podemos nos fazer servir pelos espíritos?
4. Que é a clavícula, o selo e o anel de Salomão?

RESPOSTAS

Quando o Salvador do mundo triunfou, na sua tentação do deserto, das três cobiças que avassalam a alma humana:

a dos apetites, a das ambições e a da cobiça,

está escrito que os anjos se aproximaram dele e o serviram.

Porque os espíritos estão a serviço do espírito soberano, e o espírito soberano é o que encadeia as turbulências desregradas e os ímpetos injustos da carne.

Notemos contudo que é contra a ordem da Providência intervertir a série natural das comunicações entre os seres.

Nós não vemos que o Salvador e os apóstolos evocaram as almas dos mortos.

A imortalidade da alma sendo um dos dogmas mais consoladores da religião, deve ser reservada às aspirações da fé, e não será por consequência nunca provado por fatos acessíveis à crítica da ciência.

Por isso o abalo ou a perda da razão é e será sempre o castigo dos que tiverem a temeridade de olhar, na outra vida, com os olhos desta.

Por isso as tradições mágicas fazem sempre aparecer os mortos evocados, com seus semblantes tristes e coléricos.

Eles se lastimam de ter sido perturbados em seu repouso e não proferem senão censuras e ameaças.

As chaves ou clavículas de Salomão são forças religiosas e racionais expressas por sinais e que servem menos para evocar os espíritos do que para se preservar a si mesmo de toda aberração nas experiências relativas às ciências ocultas.

O selo resume as chaves, o anel lhe indica o uso.

O anel de Salomão é ao mesmo tempo circular e quadrado e ele representa assim o mistério da quadratura do círculo.

Ele se compõe de sete quadrados dispostos de modo a formar um círculo. Nele se adaptam dois engastes, um circular, o outro quadrado, um de ouro, o outro de prata.

O anel deve ser feito de filigrana dos sete metais.

No engaste de prata engasta-se uma pedra branca, e no de ouro uma pedra vermelha com estes dizeres:

Sobre a pedra branca, o sinal do macrocosmo;

Sobre a pedra vermelha, o sinal do microcosmo.

Quando se põe o anel no dedo, uma das pedras deve estar dentro da mão, a outra fora, conforme se deseje falar aos espíritos de luz ou às potências das trevas.

Expliquemos em algumas palavras a onipotência desse anel.

A vontade é onipotente quando se arma das forças vivas da natureza.

O pensamento é ocioso e morto e enquanto ele não se manifesta pelo verbo ou pelo sinal, não pode então nem excitar nem dirigir a vontade.

O sinal sendo a forma necessária do pensamento é o instrumento indispensável da vontade.

Quanto mais perfeito é o sinal, tanto mais fortemente é o pensamento formulado, e maior por consequência é a vontade dirigida com poder.

A fé cega transporta as montanhas, que será então a fé exercida por uma ciência completa e imutável?

Se nossa alma pudesse concentrar toda sua inteligência e toda a sua energia na emissão de uma só palavra, esta palavra por si só não seria onipotente?

O anel de Salomão, com seu duplo selo, é toda a ciência e toda a fé dos magos reunidas num sinal.

É o símbolo de todas as forças do céu e da terra e das leis santas que as regem, quer no macrocosmo celeste, quer no microcosmo humano.

É o talismã dos talismãs, o pantaclo dos pantaclos.

O anel de Salomão é onipotente, se é um sinal vivo, mas é ineficaz se é um sinal morto; a vida dos sinais é a inteligência e a fé, inteligência da natureza, fé em seu motor eterno.

O estudo aprofundado da natureza pode afastar de Deus o observador desatento em quem a fadiga do espírito paralisa os ímpetos do coração.

É nisso que as ciências ocultas podem ser perigosas e mesmo fatais a certas almas.

A exatidão matemática, o rigor absoluto das leis da natureza, o conjunto e a simplicidade destas leis, dão a muitos a idéia de um mecanismo necessário, eterno, inexorável, e a providência desaparece para eles atrás das máquinas de ferro de um relógio de movimento perpétuo.

Eles não refletem no fato temível da liberdade e da autocracia das criaturas inteligentes.

Um homem dispõe a seu grado da existência de seres organizados como ele; ele pode atingir os pássaros no ar, os peixes na água, os animais selvagens nas florestas; ele pode cortar ou incendiar as próprias florestas, minar e fazer saltar os rochedos e as montanhas, mudar ao seu redor todas as formas, e apesar das analogias ascendentes da natureza, ele não creria na existência de seres inteligentes como ele que poderiam a seu grado deslocar, quebrar e incendiar os mundos, soprar sobre os sóis para apagá-los, ou atomizá-los para fazer estrelas... seres tão grandes que eles escapam à vista como escapamos sem dúvida à da traça ou do ácaro... E se tais seres existem sem que o universo seja mil vezes desmoronado, não se deve admitir que eles obedecem todos a uma vontade suprema, a uma força poderosa e sábia, que lhes proíbe de deslocar os mundos, como nos proíbe de destruir o ninho da andorinha e a crisálida da borboleta? Para o mago que sente essa força no fundo de sua consciência e que não vê mais nas leis do universo senão os instrumentos da justiça eterna, o selo de Salomão, suas clavículas e seu anel, são as insígnias da suprema realeza.

QUESTÕES 5 e 6

5. Pode-se prever o futuro por cálculos certos?
6. Pode-se fazer bem ou mal por influência mágica?

RESPOSTAS

Dois jogadores de xadrez de força igual, sentaram-se em uma mesa, começam a partida; qual dos dois ganhará?

– O que for mais atento ao jogo.

Se eu conheço as preocupações de um e de outro, posso dizer certamente o resultado de sua partida.

No jogo de xadrez, prever é ganhar, o mesmo se dá no jogo da vida.

Nada na vida acontece por acaso, o acaso é o imprevisto; mas o imprevisto do ignorante fora previsto pelo sábio.

Todo acontecimento, como toda a forma, resulta de um equilíbrio de forças e estas forças podem ser representadas por números.

O futuro pode então ser de antemão determinado pelo cálculo.

Toda ação violenta é equilibrada por uma reação igual, o riso prognostica as lágrimas e foi por isso que o Salvador disse: Felizes os que choram!

Foi por isso também que ele dizia: O que se eleva será abaixado, o que se abaixa será elevado.

Hoje Nabucodonosor se faz Deus, amanhã ele será transformado em animal.

Hoje Alexandre faz sua entrada na Babilônia, e lhe oferecerão incenso em todos os altares, amanhã ele morrerá brutalmente envenenado.

O futuro está no passado; o passado está no futuro. Quando o gênio prevê, ele se lembra.

Os efeitos se encadeiam tão necessariamente e tão exatamente às causas e tornam-se em seguida eles mesmos causas de efeitos novos tão em conformidade aos primeiros no seu modo de se produzir que um só fato pode revelar ao vidente toda uma genealogia dos mistérios.

Assim como o Cristo veio, é certo que o Anticristo virá; mas a vida do Anticristo precederá o triunfo do Espírito Santo.

O século de dinheiro em que vivemos é o precursor das mais abundantes caridades e das maiores boas obras que já se tenham visto no mundo.

Mas é preciso saber que a vontade do homem modifica as causas fatais, e que uma só impulsão dada por um homem pode mudar o equilíbrio de todo um mundo.

Se tal é o poder do homem no mundo que é seu domínio, o que não serão os gênios dos sóis!

A menor das egrégoras poderia de um sopro, dilatando subitamente o calórico latente de nossa terra, fazê-la arrebentar e desaparecer como uma pequena nuvem de cinza.

O homem pode também com um sopro fazer esvair toda a felicidade de um de seus semelhantes.

Os homens são imantados como os mundos, eles irradiam sua luz especial como os sóis.

Uns são mais absorventes, os outros irradiam mais voluntariamente.

Ninguém é isolado no mundo, todo homem é uma fatalidade ou uma providência.

Augusto e Cina se encontram; ambos são orgulhosos e implacáveis, eis a fatalidade.

Cina quer fatalmente e livremente matar Augusto; Augusto é arrastado fatalmente a puni-lo, ele quer perdoar-lhe e livremente ele lhe perdoa. Aqui a fatalidade se transforma em providência, e o século de Augusto inaugurado por essa bondade sublime torna-se digno de ver nascer aquele que dirá: "Perdoe a seus inimigos!" Augusto, perdoando Cina, expiou todas as vinganças de Otávio.

Enquanto um homem se acha escravizado às exigências da fatalidade é um profano, este é um homem que é preciso repelir para longe do santuário da ciência.

A ciência, de fato, seria entre suas mãos um instrumento terrível de destruição.

O homem livre ao contrário, isto é, aquele que domina pela inteligência os instintos cegos da vida, este é essencialmente conservador e reparador, porque a natureza é o domínio de seu poder, o templo de sua imortalidade.

Quando o profano quisesse fazer bem, ele faria mal.

O iniciado não pode querer fazer mal; se ele fere, é para castigar e para curar.

O sopro do profano é mortal; o do iniciado vivifica.

O profano sofre para fazer sofrer os outros, o iniciado sofre para que os outros não sofram.

O profano embebe suas flechas em seu próprio sangue e as envenena; o iniciado, livre com uma gota de seu sangue, cura as mais cruéis feridas.

QUESTÕES 7 e 8

7. Que se deve fazer para ser um verdadeiro mágico?

8. Em que consistem precisamente as forças da magia negra?

RESPOSTAS

O homem que dispõe das forças ocultas da natureza, sem se expor a ser esmagado por ela, esse é um verdadeiro mágico.

Zoroastro criou os dogmas e as civilizações primitivas do Oriente e desapareceu como Édipo numa tempestade.

Orfeu deu a poesia à Grécia, e com esta poesia a beleza de todas as grandezas, e pereceu numa orgia à qual recusara se meter.

Juliano, apesar de todas suas virtudes, foi apenas um iniciado na magia negra. Ele morreu vítima e não mártir; sua morte foi uma destruição, uma derrota; ele não compreendia sua época. Ele conhecia o dogma da alta magia, porém aplicava mal seus rituais.

Apolônio de Tiana e Sinésio não foram outra coisa que filósofos maravilhosos, que cultivaram a verdadeira ciência mas não fizeram nada para a posteridade.

Os magos do Evangelho reinavam então nas três partes do mundo conhecido, e os oráculos calavam-se ouvindo os vagidos da criancinha de Belém.

O rei dos reis, o mago dos magos, viera ao mundo, e os cultos, as leis, os impérios, tudo estava mudado!

Entre Jesus Cristo e Napoleão, o mundo maravilhoso fica vazio.

Napoleão, esse Verbo de guerra, esse Messias armado, veio fatalmente e sem o saber, completar a palavra cristã. A revelação cristã nos ensinava a morrer, a civilização napoleônica deve ensinar-nos a vencer.

Desses dois verbos contrários em aparência, o devotamento e a vitória, sofrer, morrer, combater e vencer, forma-se o grande arcano da HONRA!

Cruz do Salvador, cruz do bravo, vocês não são completas uma sem a outra, porque só aquele que sabe dedicar-se e morrer, sabe vencer!

E como devotar-se e morrer, se não se crê na vida eterna?

Napoleão, que morrera em aparência, devia voltar ao mundo na pessoa de um homem realizador de seu espírito.

Salomão e Carlos Magno voltarão também em um só monarca, e então S. João Evangelista, que, segundo a tradição deve reviver no fim dos tempos, ressuscitará também na pessoa de um soberano pontífice que será o apóstolo da inteligência e da caridade.

E esses dois príncipes reunidos, anunciados por todos os profetas, realizarão o prodígio da regeneração do mundo. Então florescerá a ciência dos verdadeiros mágicos; porque, até o presente, nossos operadores de prodígios foram em sua maior parte homens fatais e feiticeiros; isto é, instrumentos cegos da sorte.

Os senhores que a fatalidade deita ao mundo, são cedo derrubados por ela. Os que triunfam pelas paixões serão a presa das paixões. Quando Prometeu teve ciúmes de Júpiter e furtou-lhe seu raio, ele quis fazer-se também uma águia imortal, mas não criou nem imortalizou senão um abutre.

A fábula diz ainda que um rei ímpio chamado Íxion quis violentar a rainha do céu, mas não abraçou senão uma nuvem passageira e foi amarrado por serpentes de fogo à roda inexorável da fatalidade.

Essas profundas alegorias ameaçam os falsos adeptos, os profanadores da ciência, os impostores da magia negra.

A força da magia negra é o contágio da vertigem, é a epidemia da demência.

A fatalidade das paixões é como uma serpente de fogo que rola e se torce ao redor do mundo devorando as almas.

Mas a inteligência pacífica, risonha e cheia de amor, representada pela mãe de Deus, põe-lhe a fé sobre a cabeça.

A fatalidade devora-se a si mesma; é a antiga serpente de Cronos que rói eternamente sua cauda. Ou antes são duas serpentes inimigas que se batem e se devoram, até que a harmonia os encante e os faça enlaçar pacificamente ao redor do caduceu de Hermes.

CONCLUSÃO

Crer que não existe no ser um princípio inteligente universal e absoluto, é a mais temerária e a mais absurda de todas as crenças.

Crença, porque é a negação do indefinido e do indefinível.

Crença temerária, porque ela é isolante e desconsoladora; crença absurda, porque supõe o mais completo nada, em lugar da mais inteira perfeição.

Na natureza, tudo se conserva pelo equilíbrio e se renova pelo movimento.

O equilíbrio é a ordem; e o movimento é o progresso.

A ciência do equilíbrio e do movimento é a ciência absoluta da natureza.

O homem, por essa ciência, pode produzir e dirigir fenômenos naturais, elevando-se sempre para uma inteligência mais alta e mais perfeita que a sua.

O equilíbrio moral é o concurso da ciência e da fé, distintas em suas forças e reunidas em sua ação para dar ao espírito e ao coração do homem uma regra que é a razão.

Porque a ciência que nega a fé é tão pouco razoável como a fé que nega a ciência.

O objeto da fé não poderia ser nem definido nem sobretudo negado pela ciência, mas a ciência é chamada a averiguar a base racional das hipóteses da fé.

Uma crença isolada não constitui a fé porque lhe falta autoridade, e por consequência garantia moral, ela não pode levar senão ao fanatismo ou à superstição.

A fé é a confiança que dá uma religião, uma comunhão de crença.

A verdadeira religião se constitui pelo sufrágio universal. Ela é, portanto, essencialmente e sempre católica, isto é, universal. É uma ditadura ideal aclamada geralmente no domínio revolucionário do desconhecido.

A lei do equilíbrio, quando for melhor explicada, fará cessar todas as guerras e todas as revoluções do velho mundo.

Houve conflito entre os poderes como entre as forças morais. Censuram-se atualmente os papas a se acomodarem no poder temporal, sem pensar na tendência protestante dos príncipes pela usurpação do poder espiritual.

Enquanto os príncipes tiverem a pretensão de ser papas, o papa será forçado, pela mesma lei do equilíbrio, à pretensão de ser rei.

O mundo inteiro sonha ainda com a unidade de poder, e não compreende o poder do dualismo equilibrado.

Diante dos reis usurpadores da potência espiritual, se o papa não fosse mais rei, ele não seria mais nada. O papa na ordem temporal sofre como qualquer outro os preconceitos de seu século. Ele não poderia portanto abdicar seu poder temporal quando esta abdicação seria um escândalo para a metade do mundo.

Quando a opinião soberana do universo tiver proclamado altamente que um príncipe temporal não pode ser papa, quando o czar de todas as Rússias e o soberano da Grã-Bretanha tiverem renunciado o seu sacerdócio risível, o papa saberá o que lhe resta fazer.

Até lá, ele deve lutar e morrer, se for preciso, para defender a integridade do patrimônio de São Pedro.

A ciência do equilíbrio moral fará cessar as querelas de religião e as blasfêmias filosóficas. Todos os homens inteligentes serão religiosos, quando for bem reconhecido que a religião não atenta à liberdade de exame, e todos os homens verdadeiramente religiosos respeitarão uma ciência que reconhecerá a existência e a necessidade de uma religião universal.

Essa ciência derramará uma nova luz sobre a filosofia da história e dará um plano sintético de todas as ciências naturais. A lei das forças equilibradas e das compensações orgânicas revelará uma física e uma química novas; então de descoberta em descoberta, se chegará à filosofia hermética, e se admirarão esses prodígios de simplicidade e de clareza esquecidos há tanto tempo.

A filosofia então será exata como as matemáticas, porque as ideias verdadeiras, isto é, idênticas ao ser, constituindo a ciência da realidade, forneceram com a razão e a justiça, proporções exatas e rigorosas como os números. O erro portanto não será mais possível como a ignorância; o verdadeiro saber não se enganará mais.

A estética cessará de ser subordinada aos caprichos do gosto que muda com a moda. Se o belo é o esplendor do verdadeiro, será submetido a cálculos infalíveis a irradiação de uma luz cujo foco será incontestavelmente conhecido e determinado com uma rigorosa precisão.

A poesia não terá mais tendências loucas e subversivas. Os poetas não serão mais esses encantadores perigosos que Platão bania de sua república coroando-os de flores; eles serão os músicos da razão e os graciosos matemáticos da harmonia.

Será que a terra se tornará um Eldorado? Não; porque enquanto houver humanidade, haverá crianças, isto é, fracos, pequenos, ignorantes e pobres.

Mas a sociedade será governada pelos seus verdadeiros senhores, e não haverá mais mal sem remédio na vida humana.

Se reconhecerá que os milagres divinos são os da ordem eterna e não mais serão adorados os fantasmas da imaginação sobre a fé dos prodígios não explicados. A estranheza dos fenômenos prova apenas nossa ignorância diante das leis da natureza. Quando Deus quer fazer-se conhecer a nós, ele esclarece nossa razão e não procura confundi-la ou espantá-la.

Se saberá até onde se estende o poder do homem criado à imagem e semelhança de Deus. Se compreenderá que ele também é criador em sua esfera e que sua bondade dirigida pela eterna razão é a providência subalterna dos seres colocados pela natureza, sob sua influência e sob seu domínio; a religião não terá mais nada a temer do progresso que dirigirá.

Um doutor justamente reverenciado em seus ensinamentos do catolicismo, o feliz Vicente de Lérins, exprime admiravelmente esse acordo do progresso e da autoridade conservadora.

No seu pensar, a verdadeira fé não é digna de nossa confiança senão por essa autoridade invariável que torna seus dogmas inacessíveis aos caprichos da ignorância humana. "Entretanto, acrescenta Lérins, essa imobilidade não é a morte; nós conservamos, ao contrário, para o futuro, um germe de vida. O que nós cremos hoje sem compreendê-lo, o futuro o compreenderá e se rejubilará de ter conhecimento. *Posteritas intellectum gratuletur, quod ante vetustas non intellectum venerabatur*. Se portanto nos perguntarem: será que todo progresso se acha excluído da religião de Jesus Cristo? Não, sem dúvida, e nós esperamos um muito grande."

Mas é preciso que seja realmente um progresso e não uma mudança de crença. O progresso, é o acréscimo e o desenvolvimento de cada coisa em cada ordem e sua natureza. A desordem, é a confusão, e a mistura das coisas e de sua natureza. Sem dúvida nenhuma, deve haver, tanto para os homens em geral como para cada um em particular, segundo a marcha natural das idades da Igreja, graus diferentes de inteligência, de ciência e de sabedoria, mas de tal maneira que tudo seja conservado, e que o dogma guarde sempre o mesmo espírito e a mesma definição. A religião deve desenvolver sucessivamente as almas, como a vida desenvolve os corpos que engrandeceu, sendo sempre os mesmos.

Que diferença entre a flor infantil da primeira idade e a maturidade da velhice! Os velhos são contudo os mesmos, quanto à pessoa, que eles eram na adolescência; só mudaram o exterior e as aparências. Os membros da criança no berço são muito frágeis, apesar disso eles têm os mesmos princípios rudimentares que os homens; eles engrandecem sem que seu número aumente, e o velho nisso nada mais tem do que a criança. E assim deve ser, sob pena de deformidade ou de morte.

O mesmo se dá com a religião de Jesus Cristo e o progresso para ela se efetua nas mesmas condições e segundo as mesmas leis. Os anos a tornam mais forte e a engrandecem, mas nada aproximam a tudo que compõe seu ser. Ela nasceu completa e perfeita em suas proporções, que podem crescer e estender-se sem mudar. Nossos pais semearam trigo, nossos sobrinhos não devem colher joio. As searas intermediárias não mudam nada à natureza do grão; devemos tomá-lo e deixá-lo sempre o mesmo.

O catolicismo plantou rosas, devemos substituí-las por espinhos? Não, sem dúvida, ou desgraçados de nós! O bálsamo e o cinamomo desse paraíso espiritual não devem mudar-se sob nossas mãos em acônito e em veneno. Tudo o que, na Igreja, esta bela companheira de Deus, foi semeado por nossos pais, deve aí ser cultivado e mantido pelos filhos; é isso que deve sempre crescer e florir; mas isso pode engrandecer e deve desenvolver-se. Deus permite de fato que os dogmas dessa filosofia celeste sejam, pelo progresso do tempo, estudados, trabalhados, polidos de qualquer forma; mas o que é proibido, é mudá-los; o que é um crime, é truncá-los, mutilá-los. Que eles recebam uma nova luz e distinções mais sábias, mas que guardem sempre sua plenitude, sua integridade, sua propriedade.

Consideremos então como adquiridas em proveito da Igreja universal todas as conquistas da ciência no passado, e lhe prometamos, com Vicente de Lérins, a herança completa dos progressos vindouros! A ela todas as grandes aspirações de Zoroastro e todas as descobertas de Hermes! À ela a chave da arca santa, à ela o anel de Salomão, porque ela representa a santa e imutável hierarquia. Suas lutas tornaram-na mais forte, suas quedas aparentes a tornarão mais estável; ela sofre para reinar, ela cai para ressuscitar!

"Vocês devem estar alertas, diz o conde José de Maistre, para um acontecimento imenso na ordem divina, para o qual caminhamos com acelerada rapidez que deve chamar a atenção de todos os observadores"; oráculos aterrorizadores anunciam aliás que os tempos são chegados. Muitas profecias contidas no Apocalipse se referiam a nossos tempos modernos. Um escultor chegou até a dizer que o advento já havia começado e que a nação francesa devia ser o grande instrumento da maior das revoluções. Não há talvez um homem verdadeiramente religioso na Europa (eu falo da classe instruída) que não espere neste momento alguma coisa extraordinária. Ora, não será nada esse grito geral que anuncia grandes coisas? Remonte aos séculos passados, transporte-se ao nascimento do Salvador; nessa época, uma voz alta e misteriosa, partida das regiões orientais, não exclamava: "O Oriente está a ponto de triunfar... O vencedor partirá da Judeia... Um menino divino nos é dado; ele vai aparecer; ele desce do mais alto dos céus; ele trará a idade de ouro sobre a terra". Essas ideias eram universalmente espalhadas, e como se prestavam infinitamente à poesia, o maior poeta latino apoderou-se delas e as revestiu de cores mais brilhantes em seu *Pollion*.

Hoje, como no tempo de Virgílio, o universo está na expectativa. Como desprezaríamos essa grande persuasão, e com que direito condenaríamos os homens que, advertidos por esses sinais divinos, se entregam a santas investigações?

Vocês querem uma prova do que se prepara? Procurem-na nas ciências; considerem bem a marcha da química, da astronomia mesma, e verão aonde elas nos conduzem.

Acreditarão, por exemplo, que Newton nos leve a Pitágoras e que incessantemente será demonstrado que os corpos celestes são movidos precisamente, como o corpo humano, por inteligências que lhe são unidas, sem que ninguém saiba como; é entretanto o que está prestes a verificar-se, sem que haja logo nenhum meio de disputar. Essa doutrina poderá parecer paradoxal sem dúvida, e mesmo ridícula, porque a opinião vizinha a impõe; mas esperem que a afinidade natural da religião e a religião as reúnam na cabeça de um só homem de gênio. A aparição desse homem não poderá estar afastada. Então opiniões que nos parecem hoje ou extravagantes ou insensatas serão axiomas de que ninguém duvidará e se falará de nossa estupidez atual como falamos da superstição da Idade Média.*

No *segundo tomo* de suas obras, pág. 697, S. Tomás diz esta bela palavra: "Tudo que Deus quer é justo, mas o *justo* não deve ser chamado assim unicamente porque Deus o quer: *non ex hoc dicitur justum quod Deus illud vult*". A doutrina moral do futuro está aí encerrada inteiramente; e desse princípio fecundo pode-se imediatamente deduzir isto: Não é somente bom, no ponto de vista da fé, fazer o que Deus ordena, mas ainda, no ponto de vista da razão, é bom e razoável obedecer-lhe. O homem então poderá dizer: Eu faço o bem não somente porque *Deus o quer*, mas também porque eu o quero. A vontade humana será assim submetida e livre ao mesmo tempo; porque a razão, demonstrando de um modo irrecusável a sabedoria das prescrições da fé agirá por seu próprio movimento, regulando-se segundo a lei divina, de que virá a ser de qualquer modo a sanção humana. Então não haverá mais nem superstição, nem impiedade possível, o que facilmente se compreende segundo o que acabamos de dizer, em religião e em filosofia prática, isto é, em moral, a

* José de Maistre, *Soirées de Saint Pétersbourg*, 1821, p. 308.

autoridade absoluta existirá e os dogmas morais poderão somente então revelar-se e estabelecer-se.

Até lá, teremos a dor e o pavor de ver todos os dias se pôr em dúvida os princípios mais simples e mais comuns do direito e o dever entre os homens. Sem dúvida se farão calar os blasfemadores; mas uma coisa é impor silêncio, outra coisa é persuadir e convencer.

Enquanto a alta magia foi profanada pela maldade dos homens, a Igreja deveu prescrevê-la. Os falsos gnósticos infamaram o nome tão puro do gnosticismo, e os feiticeiros foram injustos com os filhos dos magos; mas a religião amiga da tradição e guardiã dos tesouros da antiguidade, não poderia repelir por mais tempo uma doutrina anterior à Bíblia, e que concorda tão perfeitamente com o respeito tradicional do passado, as esperanças mais vivas do progresso do futuro?

O povo se inicia pelo trabalho e pela fé na propriedade e na ciência. Haverá sempre um povo como haverá sempre crianças; mas quando a democracia tornada santa for uma mãe para o povo, as vias da emancipação serão abertas a todos, emancipação pessoal, sucessiva, progressiva, pela qual todos os chamados poderão, por seus esforços, chegar à classe dos eleitos. É esse mistério que a iniciação antiga ocultava sob suas sombras; é para esses eleitos do futuro que estão reservados os milagres da natureza sujeitadas à vontade do homem. O bastão sacerdotal deve ser a vara mágica dos milagres, ele o foi no templo de Moisés e de Hermes e o será ainda. O espectro do mago virá a ser o do rei ou do imperador do mundo e esse será de direito o primeiro entre os homens que se mostrará de fato o mais forte pela ciência e pela virtude.

Então a magia não será mais uma ciência oculta senão para os ignorantes, mas será para todos uma ciência incontestável. Então a revelação universal tornará a soldar uns aos outros todos os anéis de sua cadeia de ouro. A epopeia humana será terminada e os esforços, mesmo dos Titãs, não terão servido senão para realçar o altar do verdadeiro Deus.

Então todas as formas que revestiu sucessivamente o pensamento divino renascerão imortais e perfeitas.

Todos os traços que havia esboçado a arte sucessiva das nações se reunirão e formarão a imagem completa de Deus.

Esse dogma purificado e saído do caos produzirá naturalmente a moral infalível e a ordem social se construirá sobre essa base. Os sistemas que se chocam agora são as sombras do crepúsculo. Deixemos que eles passem. O sol e a terra prosseguem sua marcha; insensato seria quem duvidasse do dia!

Há quem diga: O catolicismo não é mais do que um tronco seco, derrubem-no.

Insensatos! Não veem que sob a casca ressequida se renova incessantemente a árvore viva? A verdade não tem passado nem futuro; ela é eterna. O que acaba não é ela, são nossos sonhos.

O martelo e o machado que destroem aos olhos dos homens, não são na mão de Deus senão a foice do podador, e os ramos mortos, isto é, as superstições e as heresias, em religião, em ciência e em política, podem só ser cortadas sobre a árvore das crenças e das convicções eternas.

Nossa *História da Magia* teve por fim demonstrar que, no princípio, os grandes símbolos da religião foram ao mesmo tempo os da ciência então oculta. Que a religião e a ciência, reunidas no futuro, se ajudem entre si então, e se amem como duas irmãs, considerando que elas tiveram o mesmo berço.